乔治·萧泊纳说：有些人只看见事物的表面，他们"为什么"。
而我却想象事物从未呈现的一面，我问"为什么不"。

信用卡嘉年华 2.0

CREDITCARD CARNIVAL

蔡清而 著

中国社会科学出版社

图书在版编目（CIP）数据

信用卡嘉年华 2.0/蔡清而著．—北京：中国社会科学
出版社，2010.8
ISBN 978 - 7 - 5004 - 8754 - 8

Ⅰ．①信…　Ⅱ．①蔡…　Ⅲ．①信用卡—基本知识—中
国　Ⅳ．①F823.46

中国版本图书馆 CIP 数据核字（2010）第 083376 号

策划编辑　卢小生（E - mail：georgelu@ vip. sina. com）
责任编辑　卢小生
责任校对　修广平
封面设计　杨　蕾
技术编辑　李　建

出版发行　中国社会科学出版社
社　　址　北京鼓楼西大街甲 158 号　　　邮　编　100720
电　　话　010 - 84029450（邮购）
网　　址　http：//www. csspw. cn
经　　销　新华书店
印　　刷　北京新魏印刷厂　　　　　　　装　订　广增装订厂
版　　次　2010 年 8 月第 1 版　　　　　　印　次　2010 年 8 月第 1 次印刷
开　　本　710×1000　1/16　　　　　　　插　页　2
印　　张　22.5　　　　　　　　　　　　　印　数　1—6000 册
字　　数　369 千字
定　　价　40.00 元

目　　录

上篇　信用卡嘉年华1.0版

下篇　信用卡嘉年华2.0

导论　信用卡嘉年华：美国与中国

> 有些人只看见事物的表面，他们问的是"为什么"。而我却想象事物从未呈现的一面，我问"为什么不"。
>
> ——［英］乔治·萧伯纳

在人类文明进程中，或许没有比信用卡的产生和普及更奇特、更令人着迷的经济与社会现象了。

信用卡无疑是人类最重要的发明之一。2007 年 11 月 11 日，《南方都市报》全文转载了英国《独立报》评选出的"101 种改变世界的发明"，1950年诞生的信用卡位列第二十一。这 101 种发明大到 1964 年发明的互联网，小到 1592 年发明的温度计，无不体现人类追求科技进步的愿望和智慧。

21. Creditcard［信用卡］1950 年

在信用卡到来前，消费者被迫揣着大把的钞票逛来逛去。今天，只需要一刷卡——仅在英国就有 6600 万张流通的信用卡，比英国人口还多 600 万——我们就可以买到几乎任何东西，即使它超过了我们的消费能力。能够享受这种方便而危险的消费方式，还得感谢一个叫拉尔夫·施奈德的美国人，他发明了最早的信用卡大莱卡。

信用卡的出现无疑是自货币出现以来金钱史上的一次革命。正如美国著名经济学家戴维·S. 埃文斯（David S. Evans）、理查德·斯默兰（Richard Schmalensee）合著的《银行卡时代——消费支付的数字化革命》（第二版）所述：

货币发展史上有四次意义重大的创新：一是金属铸币形式货币的诞生；二是付款承诺——支票的发明；三是纸币的发明；四是通过支付卡和其他方式实现的电子化货币的出现。

信用卡的普及无疑是交易出现以来商业史上的一个里程碑。在被问及"在您看来，本世纪最伟大的营销创新是什么？"时，现代营销学之父菲利普·科特勒博士的回答是：

最伟大的物理发明包括媒体的进步和电话、收音机、电视机以及电脑。而最伟大的营销创新包括信用卡、分期付款以及"不满意退款"的保证。

信用卡无疑已经、正在、即将改变很多人的生活。被誉为"创新理论之父"的约瑟夫·熊彼特在弥留之际对他的学生、如今已被誉为"现代管理之父"的彼得·德鲁克说了这样一番话："我现在已经到了这样的年龄，知道仅仅凭借自己的著作和理论而要流芳百世是不够的。除非能改变人们的生活，否则这些著作和理论没有任何重大的意义。"这次会面的时间是 1950 年元旦，巧的是信用卡就面世于这一年，冥冥之中似有天意：很多人的生活注定因信用卡而改变，世界注定因信用卡而改变。当今全球最大的两个国际信用卡组织对"改变人们的生活"都有深刻的理解，可谓约瑟夫·熊彼特的知音。

登录维萨国际组织（Visa Inc.，下同）的中文网站，点击"Visa 的优越价值"按钮，你会看到如下文字：

Visa 改变我们的生活方式

Visa 在亚太区乃至全球各地为人们的生活方式带来变革，从印度偏僻的村落，一直延伸至繁华的东南亚都市，甚至更远的地方。Visa 提供的不只是一张卡片，更让您尽享自由和安枕无忧，去实现自己的理想。只要手持 Visa 卡，要应付突如其来的事件也绰绰有余，更可随时随地购物付账，既安全又方便。

登录万事达卡国际组织（MasterCard Worldwide，下同）的中文网站，点击"我们的卡片"按钮，你会看到如下文字：

Different cards of different lifestyles

您可根据自己的生活方式和需要选择理想的卡。每一种卡都各有特色，同时，也都具有万事达卡便捷、安全和世界范围通用的特点。

嘉年华与狂欢节

信用卡为什么能改变人们的生活？回答这个问题，其难度不亚于回答"基督教为什么能影响人们的心灵？"

《圣经·新约》中有一个魔鬼试探耶稣的故事：魔鬼把耶稣困在旷野里，40 天没有给耶稣东西吃，耶稣虽然饥饿，却没有接受魔鬼的诱惑。后来，为了纪念耶稣在这 40 天中的荒野禁食，信徒们就把每年复活节前的 40 天时间作为斋戒及忏悔的日子，既不能食肉也不得娱乐，生活肃穆而又沉闷，这就是大斋节或四旬斋（Lent）。而在斋戒期开始前的一周或半周内，信徒们会举行宴会、舞会、游行并纵情欢乐。这种纵情欢乐的时光逐渐演变成为一个在拉丁语中称做 Carnevale（意思就是"告别肉食"）的宗教习俗和节日，再译成英文就是 Carnival，在 20 世纪 70 年代，复旦大学外文系陆谷孙教授将 Carnival 及其中文译名"嘉年华"，收入他主编的《新英汉词典》和《英汉大词典》。如今已没有多少人坚守大斋节的清规戒律，但传统的狂欢活动却保留了下来，并以"狂欢节"驰名全球。

在这个关于"嘉年华的来历"的故事中，有四个关键词需要我们特别留意：诱惑、忏悔、纵情、狂欢。"信用卡为什么能改变人们的生活？"这个问题的答案就蕴涵在这四个关键词中：人们因受到诱惑而寻求忏悔，但是内在的有限理性往往不敌外在的无限诱惑；偶尔的欲望排遣常常诱发恣意的本性宣泄，个体的纵情寻欢最终汇成群体的狂欢浪潮。透着质朴的"狂欢节"，充满诗意的"嘉年华"，其本质都是欲望的盛宴。

苏联思想家、文学批评家巴赫金（M. M. Bakhtin）在他的诗学理论中描述了狂欢节的四个特征：首先是"随便而亲昵的接触"，由于取消了等级，人与人之间的距离因此不再存在；其次是"插科打诨"，人的行为、姿态、语言都从等级地位中解放出来，形成了一种新型的相互关系；再次是"俯就"，狂欢节使神圣与粗俗、崇高与卑下、伟大与渺小、聪明与愚蠢互相接近、结为一体；最后是"粗鄙"即"狂欢式的冒渎不敬"，如与世上和人体生殖能力相关联的不洁秽语、对神圣文字和箴言的模仿讥讽等。巴赫金还从文学角度分析了"狂欢节生活化"现象：狂欢节是没有舞台、不分演员和观众的一种游艺，在狂欢节中，所有人都是积极的参与者，也都参与狂欢戏的演出；在"狂欢节生活化"的情境中，人们不是消极地看待狂欢，严格地说，也不是在演戏，而是生活在狂欢之中，依照狂欢节的样式和规则过活，说白了就是过着"狂欢节样式的生活"；而狂欢节样式的生活是脱离常轨的生活，在某种程度上是"翻了个儿的生活"，决定普通生活（也就是非狂欢节式的生活）的规则和秩序的那些道德戒律、人文传统都已经消失殆尽。

反观当今的美国和中国，亿兆百姓正迷醉于由信用卡衍生出的"狂欢节生活化情境"且乐在其中、热衷于借信用卡创制出的"狂欢节样式的生活"而浑然不觉，进而以恢宏的气势、壮阔的场景秀出了令世人惊叹的信用卡嘉年华。

1.0 版与 2.0 版：异曲同工

美国的信用卡嘉年华已是甚嚣尘上。有人把当今的美国经济比喻为"全球最大的一张信用卡"，非常形象！没有信用卡，美国就不成其为美国。2008 年 2 月 1 日，德国国际电台"德国之声"的网站刊载了一篇述评，从中我们可以了解到美国经济的如下事实：每年的信用卡交易额近 2 万亿美元，约为国内生产总值（GDP）的 20%；美国经济的 70% 靠私人消费来支撑，而维持私人消费的基础就是消费信贷和信用卡；信用卡的未偿信贷总额达到 9150 亿美元，信用额度使用率超过 50% 的持卡人占国民总数的 1/7；平均每个家庭拥有 5 张以上信用卡，在已发行的信用卡中仅维萨卡和万事达卡就有约 10 亿张；2006 年寄出的争取新信用卡客户的信件达 50 亿封以上，塞满了家家户户的信箱。相关资料显示，美国至少有 4000 家公司发行了信用卡，而且都是全国发行；在过去 20 年里，美国信用卡发卡量每年的增长率都在 20% 以上，不到 4 年就会翻一倍，20 年间翻了好几倍，市场扩张非常迅速。

中国的信用卡嘉年华初具规模且大有奋起直追之势：信用卡（含贷记卡、准贷记卡）的累计发卡量从 2005 年年末的 2681 万张增长到 2006 年年末的 4958 万张、再到 2007 年年末的 9026 万张，两年新增近 2.4 倍；贷记卡的累计发卡量则从 2005 年年末的 852 万张增长到 2006 年年末的 2934 万张、2007 年年末的 7161 万张，两年新增 7.4 倍①；截至 2007 年年末，信用卡授信额度超过 6300 亿元，信用卡应偿信贷余额（outstandings）达到 750 亿元；按信用卡持卡人人均持卡 1.6 张、循环信贷（revolving credit）使用率 11.8%②推算，信用卡持卡人的人均授信额度为 11167.74 元，循环信贷使用者的人均应偿信贷余额为 11266.89 元，分别相当于 2007 年全年城镇居民人均可支配收入 13786 元的 81.01% 和 81.73%；在 15 家全国性商业银行中，有 14 家已发行信用卡，尚未发卡的中国邮政储蓄银行也已着手开展筹备工作；累计发卡量、新增发卡量成为各大发卡银行竞争及公众关注的焦点，信用卡新品种层出不穷。

本书取名《信用卡嘉年华 2.0》，乃是基于这样一种认识：如果把美国的信用卡嘉年华定义为 1.0 版，那么中国的信用卡嘉年华就可以定义为 2.0 版，因为后者实质上是前者的模拟品或升级版。

从宏观层面看，1.0 版、2.0 版的时代背景是相同的。那就是工业化、城市化进程。在任何一个时代，摆脱贫困、奔向富足、过上舒适而又体面的生活都是大多数人的自发追求，工业化、城市化不仅极大地激发了人们的这种欲望，而且也为这种欲望的快速满足提供了无限的可能，使得成千上万的人为此义无反顾地投身于移民大军，从乡村到城镇，从小城市到大

---

① 2005 年、2006 年的数据来自《中国支付体系发展报告（2006）》（中国人民银行网站，2008 年 1 月 8 日上网），2007 年的数据来自《2007 年我国支付体系保持平稳、高效运行》（中国人民银行网站，2008 年 4 月 9 日上网）。

② 上海证券报、大正市场研究公司（Diagaid Market Research）于 2007 年 6 月 6 日联合发布的《2007 年中国信用卡消费者研究报告》显示，信用卡持卡人人均持卡 1.6 张，使用循环信贷的比例为 11.8%。

都会，从本邦故土到异国他乡，掀起了一浪接一浪的"移民潮"。在选择栖身之地、确定安居之所的过程中，移民人口以全新的人生理想、价值观念、工作形态、生活方式撞击着原有的经济与社会秩序，引发了深刻的经济与社会变迁，金融业则是发生这种撞击和变迁的一个重要领域：随着经济条件的逐渐改善和物质财富的逐步累积，移民人口对便利的支付工具和便捷的信贷供给产生了多样化、个性化的需求；政府机构则认为，在全社会范围内持续满足这种需求，是衡量经济发展和社会进步的一个重要标志。因此，无论在美国还是在中国，移民人口都是消费信贷最为普及、信用卡持卡人最多的人群之一，工业化、城市化及由此激荡出的"移民潮"为信用卡由小众走向大众提供了持久的、不竭的动力。

从中观层面看，1.0 版、2.0 版的金融生态是相同的。中国信用卡产业赖以发展的金融环境与美国非常相似：中国的银行系统在很多方面模仿了美国的联邦储备系统，中国的监管体系也是模仿美国的监管体系而建立的①。长期以来，中国人民银行、中国银行业监督管理委员会选派了许多官员前往美国联邦储备银行、国际货币基金组织、世界银行接受培训，他们回国后学以致用的就是美国的金融发展模式和金融监管经验；在 2003 年 7 月中国银联正式启用银联国际标准"62"字头 BIN② 号以前，中国境内发行的符合国际标准的信用卡不是贴维萨国际组织的标识，就是贴万事达卡国际组织的标识，更多的是两个标识都贴上，中国的发卡银行及从业人员对信用卡的最初认识都来自维萨国际组织、万事达卡国际组织，而这两个组织都是美国背景；2006—2007 年，中国的银行卡产业发生了为时将近 1 年的"单币卡"与"双币卡"之争，起因就是按这两个国际组织的技术标准发行的双币卡（人民币与美元）可以借助中国银联的清算网络进行人民币的转接业务，而按中国银联的技术标准发行的单币卡（人民币）却不能借助这两个国际组织的清算网络进行美元转接业务。

---

① 《银行业的未来》，第 184 页，香港东亚银行前主席李国宝（戴维·李）在接受路透社记者的访谈时提供了这一信息。

② BIN 是银行标识码（Bank Identification Number）的简称。银行标识码即银行卡卡号的前 6 位数字，为发卡银行的唯一标识。该标识码由国际标准化组织统一管理并分配，一般由银行卡国际组织申请，然后再分配给其下属会员银行使用，因而银行标识码也是银行卡所属组织和所执行标准的反映。

从微观层面看，中国信用卡产业的行业标杆是相同的。美国花旗集团长期保持的"全球金融业市场领先者"形象在中国各发卡银行中广受推崇：吸收花旗集团"大零售"的银行经营理念，从战略转型的高度重新审视零售银行业务及信用卡业务的战略地位、全面规划零售银行业务及信用卡业务的发展战略；借鉴花旗集团"大零售"的银行组织架构，按照专业化、标准化和国际化的要求建立独立运作的信用卡事业部，构筑起融经营和管理为一体的信用卡业务拓展体系；引进花旗集团"没有顶尖的人才，就没有一流的事业"的用人观念，实施"借助外部智慧促成信用卡业务超常规增长"的专才工程，聘请境外资深的信用卡业务专家担任信用卡事业部的领军人物；效仿花旗集团"市场份额领先"的竞争策略，通过严格的目标管理和绩效考核实现信用卡发卡量的爆发式增长，在发掘客户、培育市场的同时抢占发展先机、争夺市场份额；参照花旗集团"外延式营销（Hunter）与内涵式营销（Farmer）相结合"的营销模式，建立专职推广信用卡、拓展新客户的直销团队（Direct Sales, DS），进而以信用卡业务为切入点带动各业务条线之间的交叉销售（Cross Selling）。

1.0 版与 2.0 版：殊途同归

由于发展信用卡产业的时机不同、路径不同，美国和中国的信用卡嘉年华气象各异，1.0 版与 2.0 版精彩纷呈。

贷记卡与借记卡

美国是"先发展贷记卡，后发展借记卡"。美国的第一张信用卡是1950 年大来俱乐部发行的大来卡，借记卡是在 25 年后的 1975 年才出现的，此时信用卡已获得长足发展：5 年前的 1970 年，仅美洲银行卡就有约 2700 万个持卡人和约 56.5 万家特约商户[①]。借记卡起初很少被人们使

---

① ［美］埃文斯：《银行卡时代——消费支付的数字化革命》，中国金融出版社 2006 年版，第 71 页。

用，直到 20 世纪 90 年代这种状况才被彻底扭转：由于维萨国际组织大力推广签名借记卡（也称离线借记卡）、美国各地的银行业协会大力推广密码借记卡（也称在线借记卡），借记卡得到了迅速发展。2002 年，美国的借记卡交易总额达到 4900 亿美元，其中签名交易占 66%、密码交易占 34%[①]。

中国是"先发展借记卡，后发展贷记卡"。中国的第一张信用卡是 1985 年 6 月中国银行珠海市分行发行的"中银卡"，其性质属于准贷记卡。1995 年 3 月，广东发展银行发行广发人民币 VISA 信用卡及转账卡、广发美元 VISA 信用卡及转账卡，中国才有了真正意义上的贷记卡。中国信用卡产业开始走上快车道是在 2003 年，这一年被称为"中国信用卡元年"。截至 2007 年年末，中国的借记卡累计发卡数为 140969 万张，是信用卡累计发卡数的 15.62 倍，借记卡的先行发展培养了人们的刷卡消费习惯、积累了众多的刷卡消费人群，这为信用卡的快速发展奠定了良好的客户基础。

信贷工具与支付工具

在美国，信用卡的金融身份是信贷工具，是消费信贷的主流供给渠道。20 世纪 30 年代美国发生经济大危机，一些商家主动向特定的客户群提供以分期付款为主要特征的消费信贷，其目的就是增加商品销售，摆脱经营困境。在随后的 20 年里，美国中等以上收入家庭逐步认可和接受了基于商业信用的分期付款消费方式。信用卡的出现使分期付款得以突破商业信用的局限而释放出巨大的潜能：由于商业银行的银行信用替代了商家的商业信用，分期付款不再局限于特定的商家，消费信贷的发放范围和发放规模都大为扩展。信用卡介入消费信贷领域为人们提供了非常便利的信贷工具，只要成为持卡人就可以享有发卡银行的循环信贷、得到特约商户的价格优惠，同时特约商户可获得更多商机、发卡银行可拿到商户折扣，堪称"多赢"。

---

① ［美］埃文斯：《银行卡时代——消费支付的数字化革命》，中国金融出版社 2006 年版，第 90 页。

在中国，信用卡的金融身份是支付工具，是支付体系的重要组成部分。在2007年4月18日举行的《中国支付体系发展报告（2006）》新闻发布会上，中国人民银行苏宁副行长指出：包括借记卡、贷记卡和准贷记卡在内的银行卡已是我国个人使用最为广泛的非现金支付工具；经过多年的发展，我国已初步形成具有中国特色的银行卡支付体系，在银行卡产业发展的三个主要领域（银行卡产品、银行卡受理市场和银行卡发展模式）都体现了自己的特点，基本形成了以借记卡为主体、信用卡快速发展的银行卡产品体系。中国的信用卡持卡人对银行卡的认识都是从借记卡开始的，大多数持卡人都是把信用卡当做借记卡来使用，其用卡行为主要就是在特约商户刷卡消费，只有很少一部分持卡人经常用到信用卡的预借现金功能和循环信贷功能。

先购买后付款与先消费后还款

美国人用"先购买，后付款"（Buy now, Pay later）高度概括信用卡的功能，这是因为信用卡有效地增强了持卡人对耐用消费品的购买能力。"先购买，后付款"所强调的是购买者的付款能力：购买耐用消费品的花费一般都比较大，往往是持卡人月收入甚至年收入的若干倍，一次付清确实超出了不少潜在购买者的经济能力，而信用卡的信贷功能可以帮助他们提前实现购买愿望。这个口号最早是由商家提出来的，其目的就是促销商品。美国的信用卡发卡机构承接了这个口号并予以发扬光大：在全部消费信贷债务中，循环信贷的应偿信贷余额所占的份额从1950年的0增长到1970年的大约4%、1980年的16%、1990年的31%、2000年的44%[①]，说明信用卡循环信贷大量地替代了其他形式的消费信贷债务。

中国人则用"先消费，后还款"（Consume now, Repay later）来高度概括信用卡的功能，这是因为信用卡在中国最初主要用于购买快速消费品。"先消费，后还款"强调持卡人的还款能力：刷卡消费所使用的资金是由银行先垫支的，只要到期如数还清欠款，持卡人就可以继续使用银行

---

① ［美］埃文斯：《银行卡时代——消费支付的数字化革命》，中国金融出版社2006年版，第54页。

资金。这个口号的"知识产权"属于发卡银行，其初衷是扭转用惯了借记卡的人改用贷记卡：刷借记卡用的都是自己的存款，而刷信用卡用的是银行的垫款。受这个口号的影响，中国人民银行于 1999 年 1 月 5 日发布、从 1999 年 3 月 1 日起施行的《银行卡业务管理办法》对贷记卡给出了如下定义：贷记卡是指发卡银行给予持卡人一定的信用额度，持卡人可在信用额度内先消费、后还款的信用卡。该定义一直沿用到现在。

银行发卡与非银行经济体发卡

美国第一张由银行发行的信用卡是富兰克林国民银行于 1951 年发行的签账卡，发行美国第一张信用卡的大来俱乐部属于非银行经济体。20 世纪 90 年代初，美国的三大非银行经济体（美国电话与电报公司、通用电气和通用汽车）涉足信用卡业务领域，强有力地推动了信用卡产业的发展。在当今美国的四大信用卡品牌中，维萨、万事达两个品牌的发卡机构主要是银行，而美国运通、发现两个品牌的发卡机构则主要是非银行经济体。

迄今为止，中国只允许经过批准的商业银行发行信用卡，中国人民银行于 1996 年 1 月 26 日发布、自 1996 年 4 月 1 日起实行的《信用卡业务管理办法》第五条有如下规定：非金融机构、非银行金融机构、境外金融机构的驻华代表机构不得经营信用卡业务。该管理办法是在中国金融业实行分业经营的特殊背景下出台的，时至今日依然有效，非银行经济体要与信用卡产业有关联，只能与经批准可发行信用卡的商业银行合作、发行联名卡或认同卡。

∞ ∞

美国与中国已经在越来越多的国际事务中找到了共同点，甚至结成伙伴关系。2007 年 5 月 22—23 日，"第二次中美战略经济对话"在美国华盛顿举行，对话所取得的成果之一是：

在 2007 年 12 月第三次中美战略经济对话之前，允许具有经营人民币零售业务资格的外资法人银行发行符合中国银行卡业务、技术标准的人民币银行卡，享受与中资银行同等待遇①。

　　这一成果意味着：中国这个世界上人口最多的国家将向美国这个世界上实力最强的国家进一步开放银行业，美国一手炮制的信用卡嘉年华1.0版即将在中国加速再现并逐步演化为2.0版，而其他世界贸易组织成员国在中国设立的所有外资法人银行都可以借此实现自己的夙愿，在中国的信用卡嘉年华中分享愉悦。

　　2010年5月25日，第二轮中美战略与经济对话在北京发布成果清单，宣布战略对话取得26项具体成果、经济对话达成五方面重要内容，其中经济对话达成的第一项内容就是：双方承认进一步加快转变经济发展方式、调整经济结构；美方承诺将推动建立更加平衡和可持续的经济发展模式，提高储蓄率；中方将继续提高国内消费对经济发展的贡献率，加强社会保障体系建设。

　　2010年5月26日，中国银行业协会发布《2009年中国信用卡产业发展蓝皮书》，将信用卡产业定义为一个涉及多行业的综合性产业，对国民经济发展和GDP增长的贡献起着积极的作用，是国民经济发展中重要的组成部分。《2009年中国信用卡产业发展蓝皮书》显示：2009年中国信用卡交易总金额达3.5万亿元，同比增长69.9%；截至2009年底，中国信用卡发卡总量达到1.86亿张，同比增长30.37%，交易笔数达到19.7亿笔，同比增长32%。

　　中国银行业协会选择在第二轮中美战略与经济对话成果清单公布的次日发布《2009年中国信用卡产业发展蓝皮书》，这预示着中国信用卡产业即将迎来大发展时期。

---

　　①　《第二次中美战略经济对话联合情况说明》，新华网，2007年5月26日。

上篇　信用卡嘉年华 1.0 版

第一章 远大前程

> 他已经在我们伟大母亲恩泽深厚的宽广怀抱里被接纳为美利坚人。在这里，天下各地的人们已经被熔铸成一个新的种族，今后凭着他们的世代辛勤，必将在全世界引起翻天覆地的巨大变化。
>
> —— ［美］赫克特·莱弗克尔

美国是当今世界上消费经济最发达、最成熟的国家，这已是众所周知的了。但是，美国原本不是一个热衷于消费的社会，从殖民时代到 19 世纪中叶，美国经济和文化一直为崇尚节俭、反对奢华的清教徒精神所主宰。从南北战争（1861—1865 年）结束到 20 世纪中期约 100 年时间里，美国从一个非常节俭的联邦蜕变为世界上消费最为旺盛的国度。这一转变既曲折又有趣，其间不乏偶然因素，但整个进程却是历史的必然。

美国梦

美国前国务卿科林·鲍威尔（Colin Powell）是很多美国人心目中"美国梦"梦想成真的完美典范：出生于纽约市贫民区的一个黑人移民家庭，因家境贫寒而一边上学、一边打工，主要是当搬运工和勤杂工；在纽约市立学院读大学期间参加了后备军官训练团，开始其军旅生涯，此后逐步成长为美军四星上将，先后担任里根总统的国家安全顾问、老布什总统和克林顿总统的参谋长联席会议主席、小布什总统的国务卿。在他的自传

《我的美国之路》中译本出版时，他写了这样一段"致中国读者"的话：

> 这本自传描写的是一个出身贫贱、由于个人的努力和种种机遇而上升到美国责任最重大又最受信任的岗位上的一个人的生平。我深信，通过艰苦奋斗和刚毅不拔的决心来改变自己的命运是各国人民的共同愿望，这种愿望激励着千千万万的美国人，同样激励着千千万万的中国人。本书讲述的是一个带普遍性的故事，谨愿它对加强中美两国关系能作出微薄的贡献。

说到普遍性，"美国梦"的确带有普遍性，是大多数美国人坚定不移的人生信条之一，说白了，就是"通过努力奋斗，改变自己的社会地位，实现自己的人生理想"。其核心是"人人机会均等，人人可以成功"。正如科林·鲍威尔的自传所述："我的父母到这个国家来不是寻求政府支持，而是寻找就业机会。"[①] 乐观向上的"美国梦"就是这样激励着一代又一代美国人自力更生、奋发向上，努力开创自己的美好未来。

更美好，更富裕，更充实

"美国梦"（American Dream）这个词，据考证出自美国历史学家詹姆士·特拉斯洛·亚当斯（James Truslow Adams）的笔下，他在 1932 年出版的《美国的史诗》一书中谈及 American Dream，就是"对一个国度的梦想：在那里，根据各自的能力或业绩，人们的生活应该更美好、更富裕、更充实"。在他看来，"美国梦"绝不仅仅是对物质财富（如高档住宅、私家汽车、家用电器等）的追求，还包括为实现这种追求而积淀的精神财富，诸如"个人自由"、"自我实现"、"社会认同"，等等。但他也不得不承认这样的事实：大多数美国人主要还是从物质富足的角度来界定何谓"更美好，更富裕，更充实"的，即便在大萧条最艰难的日子里也是如此。1959 年，《星期六晚报》登载了一幅插图，形象地诠释了当时美国人的"美国梦"。在插图中，一对年轻男女亲密地依偎在温暖的夏夜

---

① ［美］科林·鲍威尔：《我的美国之路》，昆仑出版社 2010 年版，第 680 页。

的树下，他们以充满梦想的目光仰望着夜空，在夜空中，他们看见的场景是：坐落在牧场上的带游泳池的错层住宅，儿子在打网球，女儿在弹钢琴，住宅旁边停放着一辆越野车和一辆家庭旅行车，住宅里面则摆放着高保真音响设备、电视机、坚固耐用的电动工具、得心应手的家用电器①。

用《远大前程》给这幅插图题名是最恰当不过的了。英国小说家查尔斯·狄更斯（Charles Dickens）1861 年发表的名著《远大前程》的英文名字是 Great Expectations，而 expectation 的中文意思就是"热切的期望"。小说的主人公皮普一心想成为上等人，但却命运多舛、饱经忧患，小说的结局是梦想破灭的皮普与他爱恋已久的埃斯苔拉有情人终成眷属。而与皮普同时期的美国人是幸运的：19 世纪后 40 年，美国经济、社会发生了根本性、革命性的历史转型，使得美国从以传统农业经济为主的、注重储蓄的节俭型社会转变为以现代工业经济为主的、注重消费的小康型社会，这一巨变为大多数美国人实现自己的"美国梦"提供了机会。而驱动这种转型的动力来源则是美国当时的三股时代洪流：工业化、城市化和移民潮。

工业化

美国的工业化是从 1816 年开始的，1860 年已成为仅次于英国的世界第二大制造业国家。南北战争结束使美国工业化进程得以加快并在1890—1920 年间完成工业化，到 1900 年，美国已成为世界第一经济大国（李佐军，2003）。从 1865 年南北战争结束到 1898 年美西战争爆发，美国主要产品的产量都呈现跨越式增长：小麦增长 256%，谷物增长 222%，精糖增长 460%，煤炭增长 800%，钢轨增长 523%，投入运行的铁路线增长 567% 以上；原油从 300 万桶增长到 1898 万桶，钢锭和铸件由不足 2 万吨增长到 900 万吨。这种增长并未因美国对西班牙开战而停滞不前，正相反，在整个 20 世纪初期仍以同样惊人的速度飙升：1913 年，美国的现代燃料能源消费等于英国、德国、俄国、法国和奥匈帝国五国的总消费量；

---

① ［美］伦德尔·卡尔德：《融资美国梦：消费信贷文化史》，上海人民出版社 2007 年版，第 4—5 页。

1914 年，美国的煤产量为 4.55 亿吨，英国为 2.92 亿吨，德国为 2.77 亿吨，美国既是世界上最大的石油生产国，同时又是最大的铜消费国，生铁产量比英国、德国和法国三国的总和还要多，钢产量几乎与英国、德国、俄国和法国四国的总和持平；1914 年，美国的铁路线达 25 万英里，俄国仅有 4.6 万英里且延伸面积是美国的 2.5 倍；美国的出口额从 1860 年的 3.34 亿美元增长到 1914 年的 23.65 亿美元，增长近 6.1 倍，进口额从 1860 年的 3.56 亿美元增长到 1914 年的 18.96 亿美元，增长了 4.3 倍①。

工业化快速、持续推进带来了强国和富民的双重效果。1860—1890 年期间，美国工人的实际工资增长了 50%，这一增长的大部分出现在 1880 年以后，增长的工资与当时下降的物价共同作用，推动了可支配收入的增长②。在造就大批工薪阶层、大幅度增加其可支配收入的同时，工业化也影响和改变了家庭经济的供给机制：在传统的农业经济中，农村家庭自给自足，其经济来源主要是按季节或按年度收获的农副产品，现货交易在其消费支付手段中占据主导地位；而在兴盛的工业经济中，城市家庭分享着批量化工业生产的成果，其主要经济来源是按周或按月发放的工薪收入，现金交易成为城市家庭消费支付的主要手段。这种变化的影响和意义是非同寻常的！

表 1.1   1860—1913 年美国部分经济指标及在世界上排名统计表

经济指标	1860 年	1880 年	1990 年	1913 年
占世界工业的份额（%）	7.2（5）	14.7（2）	23.6（1）	32（1）
人均工业增值水平	21（2）	38（2）	69（2）	126（1）
工业相对潜力指数		46.9（2）	127（1）	298.1（1）
钢铁产量（百万吨）		9.3（1）	10.3（1）	31.8（1）
能源消耗（百万吨）		147（1）	248（1）	541（1）
人均国民收入（美元）			319	354
总人口（万人）		6260	7590	9730
城市化率（%）	16.1	22.7	32	43.8

资料来源：国务院发展研究中心"新型工业化道路研究"课题组、李佐军执笔：《美国工业化特点及其对我国的借鉴意义》，中国权威经济论文库。

---

① 《大国的兴衰》，第 234—237 页。
② ［美］伦德尔·卡尔德：《融资美国梦：消费信贷文化史》，上海人民出版社 2007 年版，第 62 页。

还记得卓别林的无声电影《摩登时代》里的那个查理吗？他每天的工作就是机械地重复把螺丝帽拧紧的动作，以至于把别人的鼻子和纽扣都当成了螺丝帽。周薪制、月薪制的作用类似于螺丝帽，在工业化过程中，周薪制、月薪制的日益普及使工薪阶层附着于工业化大生产的肌体之上，周而复始，无形中产生了某种人身依附。

城市化

美国的早期城市主要是港口城市，集中于东海岸，如纽约、波士顿、查尔斯顿、费城等。城市化是近代工业化的产物，工业化使手工作坊转变为各种规模的工厂，城市由原来的商品集散地转变为工业生产集中地，非农业人口逐渐向城市集中并最终超过农业人口。南北战争是美国城市化的分水岭。南北战争前的 1830—1860 年是美国城市化的起步阶段，当时的城市主要集中于已启动工业化进程的美国东部大西洋沿岸，城市人口占全国人口的比重由 1820 年的 7% 上升到 1860 年的 19.8%，1820—1860 年间城市人口的增长速度达到平均每 10 年 57%，城市规模也相应增大。1820年，美国 10 万人口以上的城市仅有 1 个（纽约），1860 年增加到 9 个。1860—1920 年是美国城市化的加速阶段，工业化从东向西扩展，在五大湖周围的东北部和中西部地区形成了制造业带。工业化的提速和国内市场的扩大使美国的工业经济渐趋成熟，美国顺利地由农业社会转变为工业社会。由于城市化进程显著加快，城市数量迅速增加，城市规模逐渐扩大，城市人口占全国人口的比重由 1860 年的 19.8% 上升到 1920 年的 51.2%，标志着美国的城市化基本完成[①]。在此期间，美国的城乡人口比例从 1840 年的 11∶89 变成 1880 年的 28∶72、1900 年的 40∶60、1920 年的 51∶49，从农村流向城市的人口迁徙非常明显[②]。

城市化重塑了家庭经济的需求机制。机械化大生产使劳动生产率成倍提高，可供销售的商品迅速丰富起来，客观上要求有一种大型的新的分销

---

① 王春艳：《美国城市化的历史、特征及启示》，《城市问题》2007 年第 6 期。

② 黄安年：《美国城市化的兴起和资源、环境保护政策》，选自《美国的崛起》，中国社会科学出版社 1992 年版。

方式相匹配。此时百货商店应运而生，第一次将大批量、多品牌、多功能、琳琅满目的商品展现在消费者面前，满足了消费者的各种需求，新型分销方式由此推动了工业生产的良性循环。19世纪60年代和70年代，百货商店能在美国纽约、波士顿、费城等大城市蓬勃发展，就是因为满足了日益扩大的城市人口的需求。在攀比心理和消费文化的双重诱导下，城市家庭很难全然不顾及时下流行的消费风尚、我行我素地承续俭朴的生活：在正进入快速发展期的美国当时的社会环境中，这意味着社会地位的攀升比别人慢了一步。

表1.2　　　　　　**18世纪末至20世纪初美国城市化概况表**

城市类型	年份	个数（个）	年份	个数（个）
100万以上人口的大城市	1880	1	1900	3
50万—100万人口的中等城市	1860	2	1910	5
10万—50万人口的小城市	1860	7	1900	32
1万—10万人口的小城镇	1860	84	1909	402

城市类型	年份	个数（人）	人口数（人）	占全国人口的比重（%）
8000以上人口的城镇和城市	1790	6	131472	3.3
	1840	44	1453994	8.5
	1860	141	5072256	16.1
	1880	286	11318547	22.5
	1900	547	39797185	40.5

资料来源：黄安年：《美国城市化的兴起和资源、环境保护政策》，选自《美国的崛起》，中国社会科学出版社1992年版。

卓别林的另一部无声电影《城市之光》让我们真切地体会到衣着得体、外观整洁是城市生活的必需。为了能治好卖花女的眼睛，查理拼命挣钱、备尝艰辛，甚至进了监狱；重见光明的卖花女认出了刚从监狱出来、衣衫褴褛、外表邋遢的查理就是她的恩人，查理尴尬而又无助的表情令人心酸，他多么不愿意她看到自己的这副样子。

移民潮

工业化和城市化是所有发达国家共同经历过的阶段，但大规模的人口迁徙却是美国独特的重大社会变迁。美国历史就是一部错综复杂的由境内移民（mobility）和入境移民（migration）交织而成的移民史，美国就是在其国民不断迁徙和流动的过程中发展起来的。

美国大规模的境内移民主要包括：持续一个多世纪的西进运动（18世纪末至19世纪末）不断地把东部居民和移民推向边疆，直到东太平洋沿岸；随着美国工业化和城市化的加速，大量农村人口和外来移民被吸引到迅速发展的城市，使城市人口逐渐超过了农村人口；近数十年来出现的大批城市居民陆续向城市近郊迁移、众多国民戏剧性地从"冻土带"（美国东北部的阿拉斯加州）向"阳光带"（美国的东南部、南部、西南部）流动的人口大迁移。

表 1.3		1840—1910 年美国人口分布统计表				单位：%
项目	年份	东海岸	中东部	中西部	西部	合计
全国	1860	51	35	12	2	100
人口	1910	41	29	22	8	100
农业	1840	75	25			100
劳动力	1900	43	39	14	4	100

资料来源：黄安年：《美国城市化的兴起和资源、环境保护政策》，选自《美国的崛起》，中国社会科学出版社 1992 年版。

但是，要论及流动人数最多、持续的时间最长、对美国历史影响最大的人口流动，则是从世界各地涌入美国的外来移民，移民是美国区别于世界上所有其他国家的一个重要特征。1820 年，美国政府开始统计年入境移民人数，到 1990 年，美国的入境移民人数累计达到 5699.3 万人。如果把 1820 年以前的殖民地时代和建国初期的移民、20 世纪 60 年代以来的各种非法移民都计算在内，美国的移民人数应该超过 7000 万人，因而美国是个"由外来移民及其后裔组成的国家"。

表 1.4   1820—1990 年美国入境移民统计表

时间	境内移民（万人）	入境移民人数（万人）	
1820—1830 年	15.2	506.2	
1831—1840 年	59.9		
1841—1850 年	171.3		
1851—1860 年	259.8		
1861—1870 年	231.5	1406.2	3677.8
1871—1880 年	281.2		
1881—1890 年	524.7		
1891—1900 年	368.8		
1901—1910 年	879.5	1863.8	
1911—1920 年	573.6		
1921—1930 年	410.7		
1931—1940 年	52.8	407.8	
1941—1950 年	103.5		
1951—1960 年	251.5		
1961—1970 年	332.2	1515.3	
1971—1980 年	449.3		
1981—1990 年	733.8		
合计	5367.1	5699.3	

资料来源：美国商业部：《美国统计资料摘编》，哥伦比亚特区（华盛顿）政府印刷局 1992 年版，第 10 页。

在 1861—1960 年的 100 年时间里，美国入境移民达到 3677.8 万人，其中：1861—1900 年为 1406.2 万人，比 1820—1860 年的 506.2 万人多了 1.78 倍。发生这种突变自有其历史原因：1861 年美国南北战争爆发，为了打赢这场战争和发展美国经济，林肯政府于 1862 年和 1864 年先后颁布《宅地法》和《鼓励外来移民法》，极大地推动了移民潮；1868 年生效的美国《宪法》第 14 条修正案规定，"凡在合众国出生或归化合众国并受其管辖者，均为合众国及所居住的州的公民"，使那些打算永久性地定居美国的移民取得了公民资格。移民为工业化、城市化提供了充足的后备劳动大军，工业化、城市化获得新的动力并吸引来更多移民，因而 1901—1930 年的移民人数继续增多并呈现出加速度，30 年的移民人数超过了前40 年。20 世纪 30 年代美国经济大危机、40 年代第二次世界大战先后爆发使 1931—1960 年这 30 年的移民人数锐减，直到 60 年代才重新回到上升轨道。

入境移民大都不是富人，19 世纪下半叶的移民更是如此。这一时期的入境移民主要来自爱尔兰、东欧、南欧，大都是逃避原住国的饥荒、战争、宗教或民族迫害的难民，在登陆地做短暂停留之后大量涌入美国东部、中部工业中心城市。无论何时来到美国，移民们必须解决的问题首先是生存，其次是作为后来者尽快融入所栖身的社区及作为新成员尽快跻身当地主流社会，他们没有原住国的先辈或家族的财源支持，所承受的压力很大。境内移民从一地搬迁到另一地，境况或许比入境移民好一些，但他们也面临着类似的问题、承受着同样的压力。由此我们不难理解，美国人何以那么认同自力更生、那么崇尚个人奋斗！在移民人口中，最为典型的、主流的家庭形态就是由父母与未成年子女组成的"核心家庭"（Nuclear Family），没有传统的三代同堂的大家庭可依靠，因而大多数移民家庭都不得不面对这样的现实：实现自己的"美国梦"，除了靠积累，就得靠借贷。

综上所述，19 世纪后 40 年，工业化、城市化和移民潮三大社会变迁相互叠加，为消费信贷在美国快速发展奠定了物质基础。相对于欧洲国家而言，消费信贷在美国有最大的市场需求，也最符合美国的文化传统。在这一时代背景下，20 世纪前 30 年，美国成功地开发和建立了一个普及大众的消费信贷系统，并借助这一系统造就了这个世界上最为强大的消费经济体和现代化国家。如果不是消费信贷支撑起超前消费的生活方式，美国的大多数家庭，包括不少中产阶级家庭恐怕都很难实现他们毕生所追求的"美国梦"，因为他们的"美国梦"既是一套其价值无法用市场来衡量的"自由"理想，也是一份价格不菲的梦想商品清单[①]。

---

① ［美］伦德尔·卡尔德：《融资美国梦：消费信贷文化史》，上海人民出版社 2007 年版，第 5 页。

繁华都市：制造"美国梦"的梦工场，实现"美国梦"的竞技场

消费信贷

消费信贷制度成型于 1915 年之后的 20 年间。在此之前，美国人的主流意识沿袭着崇尚勤俭、憎恶债务的思维定式，这种思维定式来源于宗教信仰和文化传统。工业化、城市化和移民潮使美国人逐步打破宗教信仰和文化传统的禁锢，脱胎于赊购和应急贷款、采取分期付款和家庭负债外壳的消费信贷让诸多美国人的"美国梦"梦想成真。

清教伦理

16 世纪宗教改革使新教（Protestantism）于 1534 年确立为英国国教，英国国王宣布宗教改革结束。但新教的激进派却主张继续进行宗教改革，以进一步清除宗教腐败、纯洁教会组织，这一派即所谓的清教（Puritanism）。清教徒因反对英国王室的宗教专制和经济压榨而屡遭镇压、迫害，其中的一部分遂于 17 世纪上半叶逃往英国在北美的新英格兰殖民地避难。① 此即美国清教徒的由来。

　　清教徒笃信基督教禁欲主义教义。著名社会学家、德国划时代的思想家马克斯·韦伯（Max Weber）一生致力于从比较研究角度探讨世界各主要民族的精神和文化气质与该民族的社会和经济发展之间的内在关系，在《新教伦理与资本主义精神》这部社会学经典著作中，他得出的结论是：与天主教徒相比，新教徒更具有资本主义精神。他的研究表明：天主教徒鄙视世俗工作，只有圣职才能真正体现对神的侍奉；与之相反，新教徒认为，从事世俗职业也是一种"天职"，努力完成世俗工作同样需要极大的热情和持久的毅力，因而同样能体现出对神的侍奉。天主教徒的禁欲与世界上所有其他宗教的禁欲一样，属于"出世"的禁欲，即不关心世俗事务的清心寡欲；而新教徒的禁欲则更具"入世"性，他们关注现世，既努力追求事业成功、非常敬业和勤勉，又尽力克制个人私欲、非常节俭和节约。马克斯·韦伯引用了循道宗（新教四大教派之一）创始人约翰·卫斯理（John Wesley）的话来证实新教如何倡导资本主义精神："我们不应阻止人们勤俭，我们必须敦促所有的基督徒都尽其所能获得他们所能获得的一切，节省下他们所能节省的一切，事实上也就是敦促他们发家致富。"②

　　在维多利亚时代（1837—1901 年）的美国，"节俭"是经济生活的最高准则，人们被反复告诫"花光你能够赚到的全部收入不仅是愚蠢的，而且肯定是错误的"，人们受到的最直接的劝导之一就是切不要"用小钱时聪明，花大钱时愚蠢"。在这一时期，清教牧师们关于个人债务与道德缺失的关联性的论述在大多数人的头脑中根深蒂固，将债务与疾病、恶魔联系起来的隐喻比比皆是。美国清教主义代表人物科顿·马瑟（Cotton Mather）要求清教徒们"以乌龟爬行的速度进入负债状态，以雄鹰疾飞的速度摆脱债务"。在他看来，债务加倍放大了诱惑的力量，从而支配了清

---

① 《美国文化批评集》，第 117 页。
② 《新教伦理与资本主义精神》，第 137 页。

教徒的自控力。他列举了欠债的种种"恶果":借钱行为诱使人们在没有明确的偿还计划的情况下欠下债务;欠债使债务人为打发债权人而堕入不诚实状态;债务诱引欠债的人利用亲友的善心帮助自己缓解直至摆脱债务,却将亲友推入财务困境。他强调,债务是一种使人对抗上帝意志的"诱惑",因为借钱是"为了满足自己的肉体欲望",这暴露出借钱的人对上帝安排给他们的人生境况的不满态度。在清教主义的影响下,维多利亚时代的理财伦理将推迟消费奉为旨在促进人品力量的一种精神操练①。

古典经济学的集大成者亚当·斯密在 1776 年出版的《国民财富的性质和原因的研究》(简称《国富论》)中研究了资本积累及应用对一国财富增长和积聚的重要性,认为节俭是资本积累及应用的关键路径,明确指出:

> 无论就哪一个观点说,奢侈都是公众的敌人,节俭都是社会的恩人。②

清教主义的价值观和家庭观与他的这一论断一脉相承,被维多利亚时代的大多数美国人奉为圭臬。然而,美国社会并非铁板一块,无论清教主义的影响有多大,整个维多利亚时代个人债务和家庭负债依然不是个别现象。

赊购

赊购(Charge)属于账面信贷(Book Credit),其主要特征是债务人可以在自己方便的时候偿还欠款。在美利坚合众国成立之初,由于货币非常短缺,难以得到现金,采用 30 天或者一季收获时间的赊购方式购买商品几乎是美国家庭的普遍做法。货币短缺是因为在殖民地时期美国对英国形成巨大的贸易逆差,黄金和白银都被用于填补贸易赤字。进入 19 世纪,

---

① [美]伦德尔·卡尔德:《融资美国梦:消费信贷文化史》,上海人民出版社 2007 年版,第 85—100 页。

② 《国民财富的性质和原因的研究》上卷,第 313 页。

亚当·斯密

收入相对宽裕的家庭出现了用现金购买非耐用品的倾向，但对多数家庭来说，在食品杂货店、面包店、缝纫点、女装裁缝店开设赊购账户依然是一个强大的诱惑。19世纪20—50年代，美国人用"写在纸上的承诺"把东部和西部交织起来，在高度个人化的赊购交易基础之上形成了全国范围的"赊购"巨网，建立起赊购交易和实物交易并行、独立于法定货币之外的经济体系，有效地解决了当时银行数量不够、流通货币稀缺的问题。

南北战争以后现金交易逐渐增多，账面信贷有所衰落，但"食品杂货记账"和"肉食记账"仍然是常见的家庭惯例，赊购一直是信贷系统中位于住房抵押贷款之后的最大的信贷来源。19世纪80年代和90年代，大多数百货公司实施了管理改革，其中包括对赊账的集中管理，这使推广新赊购账户（Charge Account）的活动得以开展，在此之前只有少数人享有在百货公司开设赊购账户的特权。随着更多的商户加入到以赊购账户吸引更多顾客惠顾的行列，越来越多的要求获得记账特权的顾客出现在商户的柜台前。为了能够简化身份认定、加快交易速度，商户们在世纪之交开始在经过评估的赊购账户顾客中发放小金属牌，作为赊购账户拥有者的凭据。到了 20 世纪 20 年代，金属质的赊购者身份牌已在全国的商店中普遍使用。美国消费文化史学家伦德尔·卡尔德认为，这种赊购者身份牌就是现代信用卡的祖先①。

小额贷款

19 世纪中叶以后，美国小额贷款（Small Loan）市场在工业化的推动下获得稳定发展。这种推动作用来自两个方面：一方面，工业化大生产支付给就业工人的工资增加了他们的可支配收入、提高了他们的生活期望值，使他们为提升家庭消费水平而走进小额贷款市场；另一方面，工业化大生产剥夺了失业工人的稳定收入来源，他们不得不从小额贷款市场寻求补救资金来源，以防止家庭消费下滑。已就业的工人对小额贷款也会有应急性的不时之需：他们的收入来源频繁地被疾病、工伤、罢工、资方对付罢工所实施的停产、季节性失业、短暂裁员、工厂倒闭所中断；他们在经济景气时期因受到错误判断之害而产生理财不当的行为。此时，美国尚未建立起社会福利体系，工薪阶层应对意外经济困难的选择非常有限：不是变卖并不丰厚的家产，就是借贷，而借贷的主要渠道就是小额贷款机构。

当时的小额贷款数额从 10—50 美元不等，均以短期贷款的形式贷出，其利息经常远远高出 6% 的法定利率。小额贷款机构采取诸多措施确保其资金安全：借款人必须符合贷款的最基本条件，要么拥有稳定收入，要么持有某种高价值的商品；借款人必须回答大约 50 个问题，内容涉及过去和目前的就业情况、当前的财务状况、信贷推荐人；借款人必须在贷款文件上亲笔签字，这些文件包括一张标明贷款金额的本票、一张动产抵押契据或一张工资转让证书、一份授权扣押担保品的表格、一份当前负债状况的声明；信贷调查既要核查借款人的资信状况，也要核查信贷推荐人的资

---

① ［美］伦德尔·卡尔德：《融资美国梦：消费信贷文化史》，上海人民出版社 2007 年版，第 63 页。

信状况；贷款偿还计划是按照发薪日安排的，大多数贷款都要求逐周还款；如果借款人没有按期偿还贷款，小额贷款机构可以采取一系列渐进性的强制措施逼迫借款人就范。按周支付的还款安排提供了一种使还款变得更具有强制性的约束机制，一方面使较大数额的贷款变为可能，另一方面掩饰了小额贷款机构向借款人收取高额利息这一事实。

19 世纪，美国各州都有"反高利贷法"，其目的是防止债务人受高利贷的盘剥。由于法定利率定得很低，贷款金额小、客户数量大的小额贷款因经营成本很高而根本无法获利，只能违法地以高利贷的方式存在。1916年，来自 5 个州的小额贷款业者组建美国小额贷款经纪人联合会（American Association of Small Loan Brokers），当年就有 325 家小额贷款机构成为创始会员，次年即更名为美国产业放贷机构协会（American Industrial Lenders Association）。1929 年，其成员机构达到 1008 个。1917 年，4 个州向立法机构提交《统一小额信贷法》（*Uniform Small Loan Law*），其中有 3 个州审议通过。20 世纪 20 年代，小额贷款业进入大繁荣时期。1916—1929 年，美国小额贷款的年末未偿应还款额从 825 万美元增长到 2.55 亿美元①，增长了近 30 倍。1932 年，有 25 个州颁行了《统一小额信贷法》。

分期付款赊销

分期付款（Installment）是以零售营销策略的面目出现在 19 世纪初的，最早获得分期付款赊销的美国人是被认为具有优良人品和还款能力的人，赊销的商品主要是家具和家居用品。美国的分期付款赊销属于"附条件的销售"（Conditional Sales）：随着商品从卖方转移到买方手中，其占有权、使用权以及所有权的附带权利全都转移到买方手中，在这个意义上商品的确"属于"买主。但是，为了保护卖方的利益，买卖合同通常都有附加条款，要么抵押该商品，作为该笔贷款的担保，要么使卖方手里拥有足够的"产权"，以便在买方出现违反分期付款约定的情况下收回商品的所有权。19 世纪末，美国各州关于分期付款赊销的法律都做出规定：

---

① ［美］伦德尔·卡尔德：《融资美国梦：消费信贷文化史》，上海人民出版社 2007 年版，第 141 页。

在买方违约时，卖方不仅有权收回商品，而且有权不退还已经支付的所有分期付款。19 世纪 50—80 年代，机械化农具和缝纫机因采取分期付款赊销方式而得到迅速推广和普及。到 19 世纪末 20 世纪初，分期付款赊销方式已扩展到家具行业、家居用品行业、服装行业、家用电器行业。

19 世纪八九十年代，分期付款成为工薪阶层家庭理财的一种固定方式。这种做法最先在移民家庭中流行开来，因为这些家庭需要商品，但是手中没有多少现金可资用度。移民中的小商贩充当起中间人的角色，将移民家庭的这类需求转变为自己的商机：他从百货商店或批发商户那里赊购商品，通常就是移民家庭急需的家具、家用电器、缝纫机、衣物、首饰、花色品种繁多的装饰物和摆设物，再以非常宽松的分期付款方式赊销给自己的移民邻里。各类商家纷纷加入分期付款赊销者的行列，起初只是某些商家受到小商贩的成功范例的启发、主动为之，随后则是更多商家迫于竞争压力不得不为。从工薪阶层的视角来看，分期付款使他们可以用未来的收入购买商品，轻而易举地解决了这样一个令人烦恼的问题：在没有储蓄的境况下，如何靠有限的工薪收入提高消费水平及生活水平？他们也真切地体会到分期付款赊销给他们带来的"超前消费"的好处：可以购买到比现款支付所能购买到的更为昂贵的耐用消费品。1860—1920 年，美国工人的名义工资年增长率大约为 1.3%，实际工资翻了一番[1]，这并不足以让工薪阶层有能力用现金购买家具或缝纫机这样的商品，却足以使某些工人获得可支配收入的余裕，可以用来定期支付分期付款。这为分期付款赊销的持续发展创造了必要条件。

第一次世界大战结束后，美国经济衰退，刺激了分期付款赊销的巨大浪潮，百货公司、五金器具商店、电器商店、珠宝首饰商、高档服装商以及其他零售商纷纷仓促行动，以便在竞争中抢得先机。在整个 20 年代，赊销办法如雨后春笋般地涌现，零售商们以形形色色的手法将赊购账户转为分期付款赊销账户。1910—1929 年，零售业分期付款赊销的年营业额从约 5 亿美元增长到大约 70 美元、增长了约 13 倍[2]。在此期间，分期付

---

[1] ［美］伦德尔·卡尔德：《融资美国梦：消费信贷文化史》，上海人民出版社 2007 年版，第 164 页。

[2] 同上书，第 191 页。

款信贷不仅对工薪阶层魅力依旧，而且对越来越多的中产阶级产生了吸引力，其区别仅在于：前者主要赊销便宜的耐用消费品如洗衣机、电唱机、收音机、吸尘器等，后者主要赊销高档耐用消费品如汽车、电冰箱、豪华家具、珠宝首饰等。截至 1930 年，汽车 60%—75%、家具 80%—90%、洗衣机 75%、吸尘器 65%、珠宝首饰 18%—25%、收音机 75%、电唱机 80%的销售量都是由分期付款信贷提供资金的①。到 30 年代末，几乎所有的耐用消费品零售商都提供了各式各样的分期付款赊销办法。

住房抵押贷款

住房是"美国梦"梦想成真的首选商品，成千上万美国人的最大梦想就是有自己的住房。19 世纪最后 30 年，中低收入家庭的住房价格在 1000—4500 美元之间，一个年收入为 1000 美元的家庭购买一幢中等价位的住房，必须在长达 15 年时间里每年将年收入的 10% 储蓄起来。大多数家庭都不愿意等待那么漫长的时间。当时美国的商业银行仅提供为期 30 天或 60 天的短期贷款，既不续做住房贷款业务，也不给其他任何"消费性"目的的融资。这一时期最重要的住房抵押贷款机构是住房互助协会（Building and Loan Association）。

住房互助协会是一种互助合作性质的组织，1831 年始见于费城的爱尔兰移民社区，随后迅速发展，到 1893 年，开展业务的住房互助协会达到 5838 家，拥有 5 亿美元的抵押贷款，成为美国第三大住房抵押贷款来源②，其宗旨也从移民之间的互助合作逐渐转变为让中等收入者都买得起住房。住房互助协会的运作方式大致如下：（1）只有会员才能获得住房抵押贷款。成为会员的方法就是按规定的价格（通常是 1 美元）购买规定数量（通常是 10 份）的股份。（2）会员以出价竞争的方式获得贷款权，必须按规定的比例支付权利金（一般为贷款总额的 30%）才能行使其贷款权、得到所需要的贷款并用于建造住房。（3）作为还款保障，借

---

① ［美］伦德尔·卡尔德：《融资美国梦：消费信贷文化史》，上海人民出版社 2007 年版，第 192 页。

② 同上书，第 59 页。

款人的住房和股份均须抵押给协会。（4）在预先规定的贷款年限（通常为 8 年或 10 年）内，借款人必须按月向协会支付所欠贷款的本金和利息，直到债务还清、抵押解除。由此看来，住房互助协会本质上提供了一种分期偿还的住房抵押贷款：贷款本金和利息按贷款年限分摊到每个月份，借款人逐月以分期付款的方式还清欠款。

住房抵押贷款让诸多美国家庭提前实现了"居者有其屋"的奋斗目标。美国人口普查局的数字显示，1890 年元旦，美国已有 29% 的住房采用抵押贷款，平均每幢住房负债 1139 美元。到 19 世纪末，住房抵押贷款已成美国家庭债务中最大的单项贷款。作为一种目的性很强的主动负债，住房抵押贷款为美国的工业化、城市化、移民潮提供了助燃剂，但其助燃作用似有其地域性：19 世纪与 20 世纪之交，美国各地的住房业主比例（有房家庭占家庭总数的比例）差异悬殊，纽约最低，仅为 11%，俄亥俄州的托莱多最高，达到 58%[①]。

汽车融资贷款

1908 年，福特汽车公司推出第一款"T"型车，揭开了汽车从小众市场时期走向大众市场时期的序幕。在此之前，汽车一直都是只有富人才能消受得起的奢华。通过采用流水装配线这一全新的生产技术和先进的管理方法，福特汽车公司使"T"型车的价格从 1909 年的 950 美元降低到 1916 年的 360 美元。然而即便是这样，一部"T"型车仍要花去一个工薪阶层几乎半年的收入或一个白领阶层年薪的 1/4。如何让这些无力全额付款的人买得起车、形成真正的大众汽车市场，事关汽车制造业能否在技术革新、管理创新的基础上做大做强。

汽车融资贷款在 1909 年以前就已出现在旧车市场：旧车经销商以首付车价的 1/3—1/2，余款按月支付，直至付清的方式向中等收入的工薪阶层提供二手车购车融资。专营购车融资业务的赊销融资公司出现在 1913 年，该公司向汽车经销商提供两方面的信贷支持：一是汽车经销商

---

① ［美］伦德尔·卡尔德：《融资美国梦：消费信贷文化史》，上海人民出版社 2007 年版，第 60 页。

向汽车制造商订购新车所需货款；二是汽车经销商向购买汽车的个人客户提供的分期付款赊销贷款。1916 年，一位金融顾问在分析了汽车市场的动向之后，警示亨利·福特：分期付款将成为汽车行业的大势所趋。但亨利·福特对此不屑一顾，坚持购买福特车必须全额支付现款。亨利·福特对银行信贷有着根深蒂固的不信任，而且此时福特汽车公司的生产和销售一路领先，形势大好。

通用汽车公司的高管层清楚地看到汽车融资贷款对于促进汽车销售、提高市场份额具有重大作用，于 1919 年 3 月组建了通用汽车金融公司（General Motors Acceptance Corporation），向其经销商并通过这些经销商向购车者提供汽车融资贷款：首付车价的 1/3，余款以 6 个月或 12 个月的分期付款方式付清。通用汽车公司是当时最大的汽车制造商之一，通用汽车金融公司的信誉和服务是其他赊销融资公司所无法比拟的，对购车者有着巨大的吸引力，因而极大地扩展了通用汽车公司的市场销售。

由于采用了更新的技术，通用汽车公司的大众车型乘用更舒适，设计也更时尚，尽管标价比福特车高一些，但有汽车融资贷款助力，卖得反而比福特车更快。福特汽车公司的低价策略对于巩固其市场份额确实有效，但利润率却直线下跌。1923 年，福特汽车公司的市场占有率达到 57%，但生产一辆汽车的盈利下降到 2 美元左右[①]。为了挽回颓势，1923 年福特汽车公司推出一个先储蓄后买车的"周付购车"办法，但未能奏效。1926 年，通用第一次超越福特，占居市场领先地位。1927 年，福特汽车公司终于推出了自己的汽车融资贷款，但为时已晚，无法夺回其市场领先地位。

1917—1925 年，美国的汽车融资公司从十余家增加到近 1600 多家，其贷款总额到 1926 年至少达到 40 亿美元。1929 年，高达 75% 的新车是以分期付款赊销的方式销售的，分期付款债务的 50% 以上被用于购买汽车[②]。分期付款赊销是世界汽车制造业最具有革命意义的事件，与其说汽车以分期付款赊销的方式卖给了美国人，倒不如说是用分期付款赊销方式将汽车卖给大多数美国人。

---

① ［美］伦德尔·卡尔德：《融资美国梦：消费信贷文化史》，上海人民出版社 2007 年版，第 185—186 页。

② 同上书，第 183、193 页。

消费信贷革命

1920—1926 年，越来越多的美国家庭以分期付款方式主动负债，全美国家庭的未偿应还款额几乎翻了一番，家庭债务占家庭收入的比例从 4.68% 上升到 7.25%[①]。在此同时，消费信贷不断受到指责和攻击：分期付款助长了整个社会的奢侈风气，使许多家庭陷入难以自拔的债务困境，是"剥夺自由的制度"；家庭负债动摇了整个社会的道德基础，让诸多国民陷入无从排解的债务焦虑，是"国家走向破产的第一步"。为消费信贷辩护的人也不在少数，但始终缺乏令人信服的理论支持和道德认同。1927 年，双方的论战发生了逆转。

"消费者信贷"替代"消费性信贷"

1926 年，美国银行家协会公布的一份报告得出以消费为目的的信贷在国民经济中占有"适当位置"的结论，全国节俭委员会的公共关系顾问的一篇文章承认分期付款信贷确有益处，美国第 30 任总统约翰·卡尔文·柯立芝（John Calvin Coolidge）在一次访谈中谨慎地认可了分期付款购买。1927 年，美国著名经济学家、哥伦比亚大学经济学教授埃德温·塞里格曼（Edwin R. A. Seligman）将消费性信贷重新阐释为消费者信贷，对传统消费观念和古典信贷理论进行了彻底清算，为消费信贷领域的思想革命提供了理论依据和道德范式。

古典经济学的传统是尊生产、贬消费，认为只有生产过程才创造价值。亚当·斯密认为，资本的生产性应用是国民财富增长和积聚的源泉，因节俭而增加的个人财富应当转化为新的资本供应。他明确地区分了生产性借贷和消费性借贷两种借贷行为：

---

① ［美］伦德尔·卡尔德：《融资美国梦：消费信贷文化史》，上海人民出版社 2007 年版，第 232 页。

贷出取息的资财，出租人总是看做资本。出租人总希望借贷期满，资财复归于己，而在借期中借用人因曾使用这资财，要付他年租若干。这种资财，在借用人手里，可用做资本，亦可用做留供目前消费的资财。如果用做资本，就是用来维持生产性劳动者，可再生产价值，并提供利润。在这场合，他无须割让或侵蚀任何其他收入的资源便能偿还该资本及其利息。如果用做目前消费的资财，他就成为浪费者，他夺去了维持勤劳阶级的基金，来维持游惰阶级。在这场合，除非他侵蚀某种收入的资源如地产或地租，他就无法偿还资本、支付利息。

贷出取息的资财，无疑有时兼用在这两种用途上，但用在前一用途的较多，用在后一用途的较少。借钱挥霍的人，势难久立，借钱给他的人，常要后悔愚不可及。除了重利盘剥者，像这样的贷借，对双方都毫无利益。社会上固然难免有这种贷借的事件发生，但因人各自利，所以，可以相信，它不会像我们所想象的那样常有。任何比较谨慎的富人，如果问他愿以大部分资财贷给牟利的人呢，或是浪费的人呢？他听了，怕只会发笑，笑你会提出这样不成问题的问题。借用人虽然不是世上很有名的节俭家，但即在他们之中，节俭的终必比奢侈的多得多，勤劳的终必比游惰的多得多。[①]

亚当·斯密对后一种借贷行为是否能够受人欢迎持怀疑态度。他认为，用于即期消费的信贷与人们自己的利益和天生的节俭品质完全相悖，没有必要做进一步讨论。古典信贷理论则将信贷区隔为生产性信贷（Productive Credit）和消费性信贷（Consumptive Credit）两大类。生产性信贷为以获利为目的的企业经济提供资金，消费性信贷为以满足个人消费需求为目的的家庭经济提供资金。在古典信贷理论的价值判断中，生产性信贷增加社会财富，消费性信贷代表了对经济资源的一种消耗，因而生产性信贷优于消费性信贷。基于这样的价值判断，古典信贷理论主张社会应当尽可能地把经济资源和生产创造的价值集中起来投入再生产，以不断获取财富增值。

---

① 《国民财富的性质和原因的研究》（上卷），第313页。

　　1925 年，埃德温·塞里格曼在接受通用汽车公司董事会的委托和资助后，组建了一个研究团队，着手研究分期付款信贷问题，其研究成果就是 1927 年出版的专著《分期付款销售经济学》。该书总结了他的研究团队完成的关于消费信贷五项事实调查及统计分析：（1）消费者研究。寻找出随着地域分布、社区规模、商店规模、时序推移变化的信贷趋势。（2）商品调查。描述了汽车、家具、钢琴、图书、珠宝首饰等关键行业分期付款赊销的历史。（3）销售商研究。揭示赊销汽车所占比例及汽车销售商家的其他事实。（4）收回研究。分析汽车融资贷款者违约的主要原因和防止违约的一般方法。（5）经济萧条研究。分析总体经济状况恶化对消费信贷的影响。该书的结论是：消费信贷对现代经济有显著的价值和贡献，应当得到社会的承认和支持。该书最重要的、对当时社会产生了最直接影响的成果则是对"奢侈"与"必需"、"储蓄"与"节俭"、"消费性信贷"与"生产性信贷"等在传统观念中似乎不言自明的二元对立范畴进行了话语解构。

　　埃德温·塞里格曼指出：以"生产性信贷"与"消费性信贷"来区分人们的信贷活动是毫无意义的，应当尊重客观真理，用"生产者信贷"（Producer Credit）与"消费者信贷"（Consumer Credit）这两个新术语取而代之。他论证了尊生产、贬消费的意识形态源于传统社会资源稀缺、产品匮乏的现实，是工业化早期阶段的资本积累需求在上层建筑上的反映。随着工业化的深入发展，人们的物质生活日益丰富，对生产和消费的看法也在逐步发生变化。20 世纪初，工业化大生产所创造的商品种类越来越丰富，数量越来越庞大，"节俭为了生产"的传统信条有害无益。他认为，生产可能对社会有益，也可能对社会产生破坏作用；消费也是如此。因此，生产与消费并没有本质意义上的区别，都是追求"对财富的生产性利用，正如在以正面方式利用所有机会时见到的情形"。他还断言：随着富足"物质基础"的形成，继续坚持以生产为中心的社会精神反而意味着人为地造成商品大量剩余；如果不说服人们停止储蓄、启动消费，从而吸收正在生产出来的数量如此巨大的商品，各行各业终将被迫减少工作时间，降低工资水平，以应对生产过剩的威胁。

　　埃德温·塞里格曼的成就岂止是创造了"消费者信贷"这一关键术语，他还引入了"在使用过程中付款"（pay as you use）这一重要概念。

指责和攻击消费信贷的一个主要论点是：分期付款赊购的实质是"先购买，后付款"（buy now，pay later），这一规则将追求即期满足的欲望提升到自我克制和不懈坚持的品质之上，从而阻碍了良好人品和理性行为的形成。对这种指责，埃德温·塞里格曼针锋相对地予以批驳，指出，"先购买，后付款"是对分期付款购买的事实真相的一种错误描述，因为分期付款赊购不同于以记账制度为基础的传统意义上的赊购，分期付款赊购最主要的特征是以首付款项支出为前提的定期还款，购买者在使用商品之前已经支付首付款项，然后才有权使用商品并在使用过程中获得满足，所以，购买者实际上是以每次部分付款的方式为他将来的使用和满足支付货币。

从"在使用过程中付款"这一概念出发，埃德温·塞里格曼重新定义了"储蓄"概念：购买者分期付款赊购所使用的货币收入本质上属于"被储蓄起来的"收入，因而其购买行为在本质上属于"储蓄"行为，不是传统意义上的将收入节余存入银行，而是将当期收入投资于耐用消费品。在他看来，分期付款导致的强制"储蓄"使消费者更为"节俭"和克己：每月定期还款和违约收回商品，这种强制性的制度设计迫使消费者只有努力工作，才能按时还款；消费者享受了耐用消费品带来的休闲愉悦，更有能力努力工作；由于受到当期收入有限的约束，消费者在无意义的非耐用消费品上浪费其财力的可能性比较小。埃德温·塞里格曼还进一步论证了"奢侈"与"必需"的相对性：追求高档耐用消费品的愿望可以启动创新→资本→生产→创新的转轮，从而会提升工资水平，提高生活水准，将昨天的奢侈品转变为今天的必需品；人们对奢侈品的追求能够将文明推向更高水平，购买奢侈品还是必需品应当允许个人自行作出决定。

在埃德温·塞里格曼的引导下，美国国民对消费信贷有了全新的认识：消费是对财富的"生产性利用"，使用消费信贷购买耐用消费品有助于获得精神愉悦、缓解工作压力、增进健康和幸福，是"不用提供资本的生产"（production without capitalization），所生产的是令人满意的生活。《分期付款销售经济学》不仅为消费信贷研究提供了新方法和新视野，而且彻底破除了消费信贷使用者的负罪感。

消费文化转型

埃德温·塞里格曼成功地论证了富足文化取代匮乏文化的合理性与必然性，美国随之出现了消费文化转型的三大表征，以消费信贷和家庭负债为主要特征的美国生活方式得以确立，为美国完成消费信贷革命、进入现代消费社会奠定了坚实基础。

消费文化转型的第一个重要表征是：人们对现金购物的看法发生了根本的改变。在 20 世纪 20 年代，使用现金购买商品是富裕阶层和中产阶级显示身份的典型做派，采用分期付款方式购买商品的人通常不是被视为"穷人，不懂节俭的人"，就是被当做"过一天算一天的人，不负责任的人"。

到了 20 世纪 30 年代，分期付款赊购已经变成中产阶级最为典型的消费行为。美国国家经济研究局（National Bureau of Economic Research）资助的一项全国性的抽样调查显示，1935—1936 年，收入低于 500 美元的贫穷家庭中只有 12% 的人使用分期付款方式，而收入在 1750—2000 美元的中产阶级家庭的比例高达 32%[①]。在 19 世纪 30 年代，如果一位中产阶级男士用现金购买冬天穿的外套，人们的第一反应是皱眉和惊讶："这是怎么回事！难道他无法获得分期付款信贷？" 1939 年 10 月，纽约梅西百货公司（Macy's）放弃坚守了 80 年的"全额现付，谢绝赊购"的传统，推出以"现金赊销"命名的分期付款赊购服务，成为美国最后一个向消费信贷革命缴械投降的著名百货公司。这一事件在美国各家报纸占据了头版头条的位置，成为轰动一时的特大新闻。

消费文化转型的第二个重要表征是：妇女的社会地位得到了普遍提高。在尊生产、贬消费的传统文化中，男主外、负责养家糊口，女主内、负责料理家务，丈夫创造财富，妻子消耗财富。消费信贷使得各种家庭耐用消费品（特别是缝纫机、洗衣机、吸尘器、洗碗机等）逐渐普及，妇女得以从繁重的、琐碎的家务劳动中解放出来，有更多的时间和精力做其

---

① ［美］伦德尔·卡尔德：《融资美国梦：消费信贷文化史》，上海人民出版社 2007 年版，第 195 页。

他事情，包括：借助收音机以及后来出现的电视机了解家庭之外的新事物，接受旨在掌握个人谋生技能、改善家庭经济状况的成人教育，乃至出外工作、与丈夫分担挣钱养家的重负。消费信贷确立了妇女在家庭消费和家庭理财方面的主导地位，几乎所有的耐用消费品都是由妇女做主购买的，这就破除了美国社会由来已久的把女性排除在金融决策权之外的传统观念（这一问题一直到 20 世纪 70 年代还依然存在）。20 世纪 30 年代，美国爆发经济危机，为了能够按时偿还分期付款赊购所欠下的家庭债务、维持家庭既有的消费水平和生活水准，众多妇女走出家门、走向社会，加入就业大军，与丈夫一样辛勤地工作，凭自己的双手和智慧为社会创造财富，给家庭增加收入，赢得了相对独立的家庭地位和社会地位。

消费文化转型的第三个重要表征是：美国国民的工作观和生活观在消费信贷的基础上达到了新的二元统一。为了能持续地按时偿还分期付款债务，美国国民被迫削减心血来潮的消费，尽可能节省不必要的开支，勤奋地从事一份或多份工作，以便确保可靠的收入来源。分期付款赊购确保购买了高档耐用消费品、已生活在富足状态之中的美国国民不懈地努力工作而不是一味地寻求享乐，他们更多的是作为生产者而不是消费者立于天地之间，他们更多的是把消费当做一种生产性的财富利用方式、而不是浪费性的财富利用方式，这种生产性既具体又抽象，诸如个人健康、家庭幸福、社会身份、人生意义，等等。他们把自己的人生严格区分为工作领域和生活领域、公司时间和个人时间：对待公司工作，他们遵循的是"效率"原则，是勇于进取、精于谋划、讲求协作、崇尚业绩的生产者；对待个人生活，他们遵循的是"公平"原则，是张扬个性、愉悦自我、追求自由、实现自我的消费者。无论作为敬业的生产者还是作为放纵的消费者，他们都有克己苦行（asceticism）和贪婪攫取（acquisitiveness）的两面性①，"努力干，尽情玩"是他们的真实写照。

大萧条的检验

20 世纪 20 年代，美国经济始终处于繁荣时期，越来越多的州立法机

---

① 《美国文化批评集》，第 11—12 页。

构审议并通过了《统一小额信贷法》的法律，小额信贷机构和消费信贷机构得到了认可和赞同，几乎所有消费信贷机构的分支机构都得到了扩展，越来越多的美国国民非常自信地选择基于分期付款和家庭负债的生活方式，越来越大的贷款需求使消费信贷行业的业务量快速增长、消费信贷总量在 1929 年 10 月突破了 70 亿美元大关①。

大萧条时期，美国国民勒紧裤腰带还债，"美国梦"依然是他们的精神动力

1929 年 10 月，美国纽约股市大崩盘，随之而来的大萧条将美国经济推向了崩溃点：全国的失业率从 1929 年的 3.2% 飙升到 1933 年的 25%，同时还有与这个比例相当的人处于部分失业状态，某些城市和地区的失业率高达 90%，各个行业的工资水平大幅度下降②。在此之前，人们早就预测当商业周期进入下降期时消费信贷领域将会遭遇灭顶之灾：在商业衰退

① ［美］伦德尔·卡尔德：《融资美国梦：消费信贷文化史》，上海人民出版社 2007 年版，第 261 页。
② 同上。

驱使下，工薪阶层将涌向赊销零售商家和小额贷款机构，希望能靠借来的钱度过失业阶段、维持他们习惯了的消费水平；小额贷款机构则会因短视而贸然行动，采取贷款给失业者这一充满风险的办法来扩大业务；工薪阶层会用新债偿还旧债，从而背负过多债务、陷入破产境地；一旦形成破产的"蝴蝶"效应，整个消费信贷体系将轰然崩塌。现在，经济危机已经降临，消费信贷体系是否能够经受严峻考验、战胜经济衰退，人们拭目以待。

然而，令许多人感到惊讶的是，消费信贷债务总额却并没有伴随着失业率大幅上升，而是几乎下降了一半。从 1929 年的 76 亿美元下降到 1933 年的 39 亿美元，债务占收入的比例相应地从 9.34% 降低到 8.71%①。这是因为，在 1930—1932 年的最艰难时期，人们普遍选择了勒紧裤腰带还债，而不是利用分期付款赊销继续购买商品，其结果就是分期付款消费债务急剧减少。工薪阶层尤其如此，工资减少或失去工作的预期迫使他们在财务方面变得非常保守，非基本消费被大幅度削减。1932 年年初，纽约市紧急救济局（Emergency Relief Bureau）对 6340 个家庭的一项调查显示，在这些家庭中，81% 缺乏食物，88% 拖欠房租，63% 拖欠人寿保险保费，50% 深度负债（借贷数额已达到其人寿保险的总值），74% 已经向亲友伸手借钱，23% 已出售或典当家具以便凑钱购买食品，但这些家庭都不愿申请救济②。

与此同时，尽管逾期未收账款大量增多，但真正无法偿还其债务的人却寥寥无几，人们想尽一切办法拼凑资金、还清欠款，以避免因违约而失去他们的高档耐用消费品。因为按法律规定，债权人对分期付款赊销商品拥有优先处置权，如果债务人违约，商品将被收回，已经支付的分期付款也不予退还。许多背负逾期债务的人为此不得不采取"拆东墙补西墙"的办法，从财务信贷公司借钱付清分期付款逾期欠款，只求能够保住如住房、汽车这样的最重要的家庭财产。因此，在大萧条时期美国的两大类消费信贷业务表现出大不相同的走势：分期付款消费信贷迅速减少，个人财

① ［美］伦德尔·卡尔德：《融资美国梦：消费信贷文化史》，上海人民出版社 2007 年版，第 263 页。

② 同上书，第 264 页。

务现金信贷却反而在增加，1934—1937 年个人财务信贷公司发放的贷款中有 25% --75% 被用于五花八门的现有债务再融资[①]。总体来看，美国新兴的消费信贷行业经受住了大萧条的挑战，不但没有崩溃，而且有所发展。

革命获得成功

大萧条不仅检验了美国的消费信贷体系，而且考验了美国的国民经济体制。人们认为，为了刺激经济走出低谷、走向复苏，必须打通经济衰退所引起的"消费阻塞"（consumer constipation）。于是美国的消费信贷体系增加了三个新成员：以前不涉猎消费信贷业务的零售商家、美国政府和全国的商业银行。这三个新成员的加入使 20 世纪 30 年代成为消费信贷机构的繁荣发展时期，消费债务的正当性得到完善，消费信贷的普及性得到提高，消费信贷体系的法律基础和制度基础得到巩固和扩展，成为国民经济体系的重要组成部分。

以前不涉猎消费信贷业务的零售商家改变初衷，是因为看到分期付款赊销账户特有的优越性：利用这类赊销账户销售商品，商家可以定期得到购买者的分期付款；当购买者因陷入财务困境而被迫与商家谈判以便重新安排还债时间表时，商家已经得到所卖商品的多半甚至接近全部价款，并且依法拥有所卖商品的优先处置权。而若继续采用赊购账户，在债务人破产之时，商家与其他债权人处于同样地位，只能按比例得到债务人所剩资产的一部分。此外，分期付款赊销的债务人受到商品可能被收回的威胁，还款情况好于赊购的债务人。由于越来越多的零售商家涉足于分期付款赊销业务，耐用消费品信贷业务重获良好发展势头，信贷总量从 1933 年的 7.99 亿美元增长到 1939 年的 16 亿美元，翻了一番。消费信贷融资公司在这一过程中起到了推波助澜的作用：由于竞争日趋激烈，消费信贷融资公司不得不轮番降低首付金额、延长合同还款期限。1935 年，万能信贷有限公司推出了面向福特汽车的"月供 25 美元购车方案"，该方案的还

---

① ［美］伦德尔·卡尔德：《融资美国梦：消费信贷文化史》，上海人民出版社 2007 年版，第 266 页。

款期限超过 24 个月，这么长的期限在 20 年代根本就没人听说过。公用事业公司也想从消费信贷业务中分一杯羹，如电力公司就为增加电力需求而放宽家用电器的还款条件：一台售价 200—300 美元的电冰箱仅仅首付 10 美元就能买到，余款可以在 18 个月内付清①。

美国政府于 1932 年成立了联邦住房贷款银行系统（Federal Home Loan Bank System），负责向包括住房互助协会在内的住房贷款放贷机构发放抵押贷款，为住房抵押贷款市场提供急需的资金。在罗斯福总统实行"新政"（New Deal）期间，美国政府采取了一系列保护和促进消费信贷发展的措施：组建电器化家庭和农场管理局（Electric Home and Farm Authority），从制造商那里直接购买低档电冰箱和其他电器，通过当地公用事业局以分期付款方式出售给公众；组建农业信贷管理局（Farm Credit Administration），负责向农民合作社提供资金支持，授权农民合作社面向农民发放用于消费目的的贷款；颁布住房业主再融资法案（Home Owners' Refinancing Act），组建隶属于联邦住房贷款银行系统的住房业主贷款公司（Home Owners' Loan Corporation），向全国的面临失去住房抵押品赎回权的家庭发放低息贷款；颁布联邦信贷协会法案（Federal Credit Union Act），对各州的信贷协会进行重组，恢复和增强信贷协会吸收会员储蓄、发放低息贷款的能力；成立以"住房现代化"为目标的联邦住房管理局（Federal Housing Administration），为住房贷款放贷机构提供贷款保险，鼓励这些放贷机构扩大放贷规模；成立联邦存款保险公司（Federal Deposit Insurance Corporation），以政府信用为银行储蓄提供保险。

全国的商业银行因受到联邦存款保险制度的保护而打消了对于储户大量挤兑存款的顾虑，彻底改变了一味地排斥消费信贷业务的守旧立场。在正统的金融信条中，储蓄是神圣不可侵犯的，不能允许出现任何可能危害储户利益的做法，尤其是要避免因放贷期限偏长、资金头寸不足而陷入当储户集中提取存款时无法应对的境地。出于这样的考虑，经济危机爆发之前绝大多数商业银行只经营期限只有 30 天或 60 天的企业贷款，拒绝将贷款发放给消费者。在银行家看来，消费贷款是充满风险的：消费者一般都

---

① ［美］伦德尔·卡尔德：《融资美国梦：消费信贷文化史》，上海人民出版社 2007 年版，第 270 页。

危乎高哉！美国的消费信贷债务总量不断攀升、屡创新高

没有现成的抵押品，通常也不打算将贷款投资于可以清偿全部贷款的营利性事业。更要命的是，发放给消费者的贷款几乎都是长期贷款，资金都被长期占用，引发存款挤兑问题可怎么办？但是，有联邦存款保险公司为所有银行储蓄的 98.5% 提供政府保险①、联邦住房管理局为住房贷款提供保险，情况就完全不同了，消费信贷变得对银行家们特别地有吸引力。1939

① ［美］伦德尔·卡尔德：《融资美国梦：消费信贷文化史》，上海人民出版社 2007 年版，第 278 页。

年，商业银行面向个人发放的现金贷款总量超过小额贷款机构，首次成为全国范围内最大的现金贷款放贷机构。在随后的 1940 年，商业银行面向个人发放的分期付款消费贷款总量一举超过分期付款融资公司，成为全国范围内最大的分期付款供应机构①。时至今日，商业银行仍然是消费信贷体系中最重要的制度性现金贷款放贷机构。

∞ ∞ ∞ ∞ ∞ ∞ ∞ ∞ ∞ ∞ ∞ ∞ ∞ ∞ ∞ ∞ ∞

消费信贷革命及消费文化转型给美国国民带来的是前所未有的自信，美国当代著名诗人、意象派诗歌运动的发起人埃兹拉·庞德（Ezra Pound）讲述的这个故事极为传神地表达了美国国民的自信：

> "你在画什么，强尼？"
> "画上帝。"
> "可是，没人知道上帝长什么样子啊！"
> "我画好之后，他们就都知道了。"②

在这种自信的感召下，美国国民在消费信贷革命时期奠定的基础之上继续前行，美国的消费信贷机构自 1940 年大萧条结束以来，不断开发出消费信贷的新方式和新用途。美国的消费信贷总额自 1945 年第二次世界大战结束以来屡创新高，从 57 亿美元攀升到 1998 年 7 月的 1.266 万亿美元③。在这个过程中，美国社会并不缺乏警世之语，但很快就被湮没在更为亢奋的消费信贷浪潮之中：

> 《哈勃周刊》，1940 年（当消费债务为 55 亿美元时）："债务威胁民主制度。"
> 《商业周刊》，1949 年（当消费债务翻一番，达到 116 亿美元时）："这个国家是否深陷债务泥潭之中？"

---

① ［美］伦德尔·卡尔德：《融资美国梦：消费信贷文化史》，上海人民出版社 2007 年版，第 279 页。

② 《世界著名作家访谈录》，第 55 页。

③ ［美］伦德尔·卡尔德：《融资美国梦：消费信贷文化史》，上海人民出版社 2007 年版，第 290 页。

《美国新闻与世界报道》，1959 年（当消费债务再增两倍，上升至 392 亿美元时）："负债人数和总量双创新高。"

《国家》，1973 年（当消费债务又增 3 倍，达到 1551 亿美元时）："债务如山。"

《变动时代》，1989 年（当消费债务再飙升 4 倍，蹿至 7950 亿美元时）："我们是否被债务淹没？"

《美国新闻与世界报道》，1997 年（当债务达到 1.2 万亿美元时）："债务一直淹没他们的鼻环（X 一代）。"①

1950 年，信用卡的诞生为美国的消费信贷提供了新工具，增添了新动力，信用卡因安全、方便、即时等多重优点而成为集支付、分期付款和小额贷款于一身的消费信贷主导形态。在当今的美国，信用卡不仅基本上取代了除住房抵押贷款外的各类消费信贷工具（包括耐用消费品分期付款、个人或家庭财务信贷、应急性的即时信贷），而且正越来越多地取代现金和个人支票。

---

① ［美］伦德尔·卡尔德：《融资美国梦：消费信贷文化史》，上海人民出版社 2007 年版，第 291 页。

第二章　奔腾年代

好的目标可以被坏的方法所歪曲。依靠人民按照自己的价值标准自由地管理他们的生活，乃是使一个伟大社会发挥其全部潜力的最可靠的方法。

—— ［美］米尔顿·弗里德曼

从 20 世纪中期到现在，消费信贷的持续增长为美国信用卡产业的长足发展提供了广阔天地，美国国民以独步寰宇、舍我其谁的姿态不断地在信用卡领域开疆拓土、推陈出新，使美国逐步衍变成为当今世界上信用卡产业最发达、最成熟的国家。但美国信用卡产业的发展同样经历了一个曲折的过程、呈现出一条渐变的轨迹，大致可以划分为以 1972 年、1992 年这两个关键年份为节点的三个历史时期：初创时期、成长时期和繁荣时期。

初创时期（1950—1971 年）

从世界上第一张信用卡诞生到信用卡产业的两大发展模式基本确立，信用卡产业的发展实现了三次飞跃，货币史就此翻开了全新的一页。但是，由于信用卡的经营模式和盈利模式都还没有定型，美国的众多发卡机构并没有从初创时期的信用卡产业尝到多少甜头。

第一张信用卡

消费信贷最初的经营机构不是商业银行，信用卡的发明者也不是商业银行。信用卡的前身是 19 世纪与 20 世纪之交出现的、用于识别赊购者身份的金属质赊购牌（charge plates）。到 20 世纪 20 年代，这种赊购牌已在全国的商店中普遍使用，但只有那些"偿付能力绝对没有问题"的人可以获得信用支持、拥有赊购账户。同一时期的石油公司则发行了优惠卡（courtesy card），凭卡即可以赊购的方式加油。

有关世界上第一张信用卡诞生的故事流传着多个版本，流传最广的版本是：1949 年的一天，纽约一家小额贷款机构的总裁、35 岁的弗兰克·麦克纳马拉（Frank McNamara）在纽约著名的梅杰木屋烤肉店（Major's Cabin Grill），招待当时的百货业名人阿尔弗雷德·布鲁明代尔（Alfred Bloomingdale）用午餐，在咖啡喝到一半的时候，才发现没有把钱包带在身边，深感难堪之余，不得不打电话让妻子带现金来付账。这件事触发了他的创业灵感：建立一个餐馆赊账网络，以避免这类事情再发生。1950 年年初，弗兰克·麦克纳马拉与他的好友拉尔夫·施奈德（Ralf Schneider）律师合伙投资 1 万美元，筹集了 150 万美元启动资金，创立了"大来俱乐部"（Diners Club），向曼哈顿的一批特定客户发行签名即可赊账的大来卡（Diners Club Card），并与纽约市的 14 家餐馆签订了受理协议。

在其他版本中，人们把发明信用卡的荣誉归于阿尔弗雷德·布鲁明代尔或拉尔夫·施奈德，原因是：阿尔弗雷德·布鲁明代尔是销售行家、一度担任过大来俱乐部总裁，拉尔夫·施奈德是执业律师、制订了大来卡发行和推广的初期计划，他们都为处于创业时期的大来俱乐部贡献过自己的专业知识和商业智慧。1989 年，美国《生活》杂志将大来卡真正的发明者弗兰克·麦克纳马拉列入"20 世纪最有影响力的 100 位美国人"。

作为替代现金和支票的支付工具，大来卡具有无可置疑的生命力。在大来卡发卡一周年之际，"大来俱乐部"已小有规模：持卡人达到 4.2 万人，每位持卡人都要支付 18 美元，作为加入该俱乐部的年费（Annual Fee）；签订受理协议的签约商户（主要是餐馆，还有一些旅馆和夜总会）达到 330 家，所有签约商户都要将持卡人签单额的一定比例（平均 7%）、

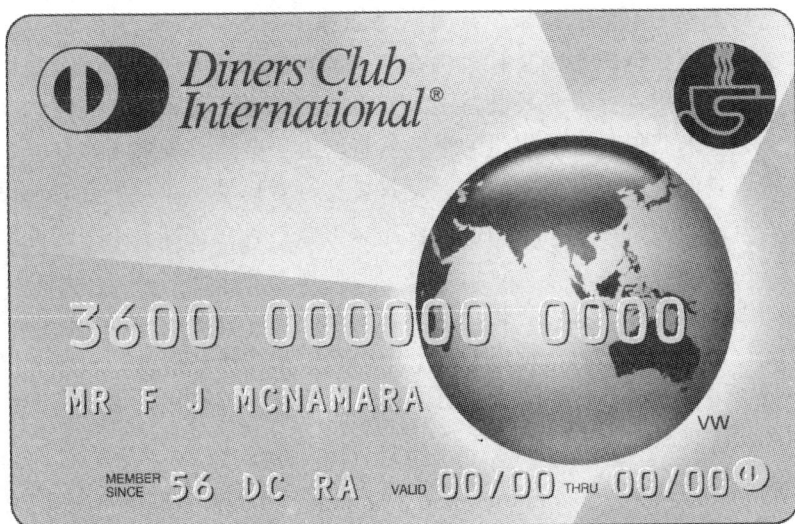

以弗兰克·麦克纳马拉的名字命名的大来卡样卡

作为商户折扣（Merchant Discount）支付给该俱乐部，换取该俱乐部提供的代垫账款的清算服务。五年后的 1956 年，大来俱乐部的年交易额超过了 2.9 亿美元，特约商户已达到 9000 家，并且覆盖了几乎所有的旅行和娱乐类商户。1957 年，大来俱乐部将持卡人的年费提高到 26 美元，而商户折扣率仍维持在 7% 的水平，但其收入的大部分（几乎 70%）来自商户。1958 年，大来俱乐部的年交易额超过了 4.65 亿美元，商户折扣和年费两项收入的获利总计达到了 4000 万美元[①]。大来卡能够获得如此快速的发展，要归功于麦克纳马拉和施奈德，因为是他们将史无前例的商业创意植入其中，大来卡既是签名即可赊账的签账卡（Charge card）又是可以在所有的签约商户使用的普适卡（General Purpose card，简称 GP card），兼顾了签约商户和持卡人双方的利益，使得商户折扣和年费两项收入都能随着发卡数的增多而稳定增长。

与赊购牌相比，普适卡是一个革命性的商业创意：申请人不必到许多

---

① 《银行卡时代：消费支付的数字化革命》，第 60—61 页。

赊销商户去逐一申请赊购账户，为同时管理多个来源的赊购账单而烦恼，也不必到商业银行或小额贷款机构去申请消费信贷并为这个目的证明自己为人正直、信用良好，只要其持卡人身份得到认可，就可以在所有的签约商户，凭签名获得发行者提供的消费信贷。由于普适卡提供了这样一个能使消费信贷的贷放更有效率的平台，只要发行者比签约商户更有效地提供持卡人所需的消费信贷，签约商户就能从中获利，而且没有了消费者延期还账甚至违约的后顾之忧。普适卡也使商业银行和小额贷款机构得到了解脱：如果不是普适卡发行者提供了消费信贷支持，满足了消费信贷需求，商业银行和小额贷款机构都得专设若干消费信贷专员，由他们与每一位消费信贷申请人面谈征信和放款事宜。因此，普适卡的推出是信用卡产业发展的第一次飞跃。

运通卡的崛起

1958 年 10 月 1 日，百年老店美国运通公司（American Express Company）推出了运通卡（American Express Card）。美国运通公司于 1850 年在纽约州布法罗市创立，是一家经营快递业务（从东部往西部快递信件、包裹、小件货物、黄金、美钞）的快递公司，其业务规模因顺应了西进运动的需要而持续扩大。1882 年，美国运通公司推出了资金汇兑业务。在资金汇兑业务持续增长的基础上，美国运通公司于 1891 年推出世界上第一张旅行支票（Travelers Cheque），并设置了多种面值，十年之内其旅行支票的年发行额就已超过了 600 万美元。起初，持有人只能在美国运通公司的营业网点将旅行支票兑换成现金，后来则可直接在美国运通公司授权的商户兑现，到 1950 年创立 100 周年时，美国运通公司已是全球最大的旅行服务商和私营邮件服务商，在世界各地拥有 173 个分支机构。此后，旅行支票业务和旅行代理业务成为美国运通公司的主营业务。截至1951 年，美国运通公司累计发行的旅行支票达到了约 65 亿美元，控制了美国旅行支票业务的 70% 以上。到 1955 年，美国运通公司所拥有的旅行代理网点增加到近 400 个，是 1945 年的 8 倍①。

---

① 《银行卡时代：消费支付的数字化革命》，第 64 页。

　　大来俱乐部的经营模式、大来卡的业务拓展方式及由此所产生的示范效应吸引了诸多竞争对手加入签账卡行业，如 1956 年美国旅馆业协会发行了环球旅行卡（Universal Travel Card）、1957 年《美食家》杂志发行了晚餐俱乐部卡。而签账卡的发行数量日见增多，对美国运通公司的旅行支票业务和旅行代理业务构成了威胁：人们越来越多地使用签账卡支付其旅行和娱乐费用。美国运通公司于 1953 年对此作出反应，并开始筹划自己的签账卡计划。1956 年，美国运通公司曾考虑收购大来俱乐部，但并没有付诸实施。1958 年，美国运通公司收购了环球旅行卡和《美食家》杂志俱乐部卡，随即采取"快捷"的方式正式发行运通卡，以拥有 1.75 万家特约商户和 25 万持卡人的高起点进军签账卡行业。美国运通公司所采用的定价策略与大来俱乐部有所不同：大来卡的年费是 26 美元，运通卡的年费是 31 美元，其目的是为了树立运通卡比大来卡更"高档"的形象；大来卡的商户折扣率是 7%，运通卡的商户折扣率是 3%—7%（餐馆按签账额的不同设定为 5%—7%，旅馆按签账额的不同设定为 3%—

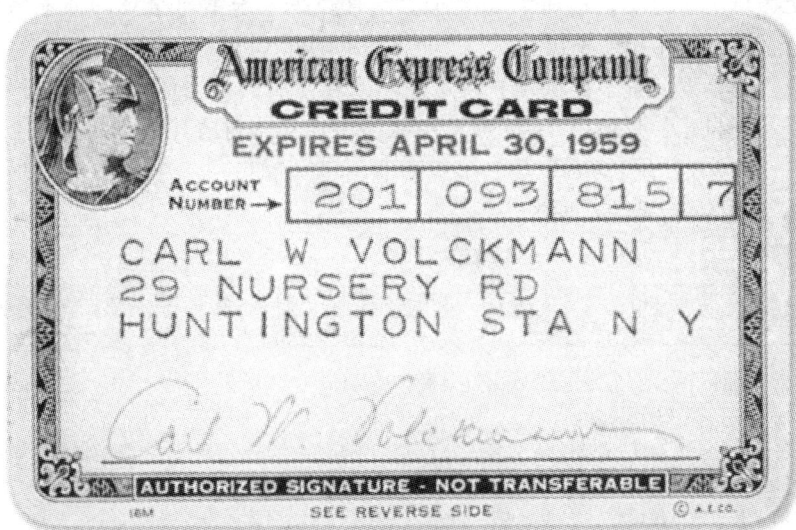

美国运通公司于 1958 年发行的运通卡

5%)①。按照商户类别设定不同的商户折扣率的做法今天已成为行业惯例。

运通卡业务的发展起初并不顺利，因为美国运通公司没能很好地解决持卡人延期还款的问题，导致坏账损失大量出现。当 1961 年其坏账损失创出新高、不痛下决心将难以为继时，美国运通公司聘用了后来被誉为"支付卡之父"的乔治·沃特斯（George Watters）执掌运通卡业务。乔治·沃特斯肩负重任，以强硬的手法，双管齐下：一是加大坏账催收力度，对那些没有及时还款的持卡人施加压力，很快就扭转了坏账损失不断攀升的局面。二是实施高年费政策，先是提高到 39 美元，随后再提高到 48 美元。年费一再提高，目的是树立运通卡是为富裕阶层提供便利的签账卡的品牌形象。此举果然奏效，运通卡的新增发卡量没有因年费提高而明显减少，而是继续快速扩张。到 1962 年，运通卡的持卡人达到 90 万、特约商户达到8.2 万户，当年首次实现小额盈利②。此时距运通卡推出已有 4 年时间。

运通卡吸取了大来卡的成功经验，从至少以下两个方面为信用卡产业的发展注入了新的商业创意：一是确立了以吸纳高端客户为主的竞争策略，市场定位更为精准，二是对餐馆和旅馆设定了不同的商户折扣率，定价策略更为科学。但是，运通卡在本质上没有超越大来卡所奠定的商业模式，两者都属于信用额度不可循环（Non – Revolving Credit）的签账卡，其最大的特点是：发行者不提供预先设定的、循环使用的信用额度，因为持卡人不能延期付账、必须在 60 天（含 30 天宽限期）内付清其全部欠款。

美国银行卡的创举

1958 年 9 月，美国银行（Bank of America）③ 采取小规模测试的方式

---

① 《银行卡时代：消费支付的数字化革命》，第 64 页。

② 同上书，第 65 页。

③ 推出美国银行卡的银行是后来成为美国银行的一部分的美洲国民信托储蓄银行（Bank of America, NT&SA）。1996 年，前身为意大利银行（Bank of Italy）的美洲国民信托储蓄银行收购了大陆伊利诺伊国民银行（Continental Illinois National Bank）并更名为美洲银行公司（BankAmerica Corp）。1998 年，前身为北卡罗来纳国民银行（North Carolina National Bank）的万国银行（Nations Bank）收购了美洲银行公司并更名为美国美洲银行（Bank of America）。2002 年 8 月 26日，美国美洲银行宣布，将该行在中国大陆注册的中文名字由"美国美洲银行"更改为"美国银行"。为了简便起见，无论哪个时期，我们都称为美国银行。

推出了美国银行卡（Bank Americard）：信誉好的美国银行客户可以得到信用额度为 1500 美元或 2600 美元的信用卡；消费金额超过 260 美元的交易必须获得授权才能成交；得到认可的某些持卡人可以使用循环信用①。在此之前，富兰克林国民银行（Franklin National Bank）于 1951 年在纽约长岛发行签账卡，成为美国第一个发行信用卡的银行，圣荷西第一国民银行（First National Bank of San Jose）于 1953 年发行了自己的信用卡，以期在与美国银行的竞争中能够占据一席之地。1954 年，美国银行开始着手研究这项新兴业务，但最初的结论认为，这不是一种足够好的业务，直到 1958 年才决定在加利福尼亚州弗雷斯诺市发行自己的信用卡。发卡初期，美国银行的进展还算顺利：有 300 家零售商户签了约，弗雷斯诺市的每一位美国银行客户都得到了一张美国银行卡。但问题随后就来了：没有更多的零售商户愿意加入签约商户行列。

美国银行解决这个问题的方式非常的新颖：给弗雷斯诺市的几乎所有家庭邮寄了共计 6 万张美国银行卡。这就是信用卡发展史上著名的 "1958 年弗雷斯诺大投递事件"。向准客户直接邮寄美国银行卡的创意出自乔·威廉姆斯（Joe Williams），他是信用卡发行小规模测试计划的主管，把美国银行卡设计成具有循环信用功能的信用卡就是他的构想。乔·威廉姆斯仔细地研究了此前各家银行发行银行卡的失败教训和大来俱乐部推广大来卡的成功经验，从 "好人总是比坏人多" 的基本前提和消费信贷终将普及的乐观预期出发，作出了以下三个关于循环信用的人性假设及行为推断：（1）人是有良知的，绝大多数人既不会故意拖欠借款和赖账不还，也不会蓄意伪冒和欺诈；（2）人是有理性的，大多数人都有能力（或在经过教育之后有能力）控制住自己的消费冲动，管理好自己的借贷意愿；（3）人是有差异的，不少信用卡持卡人会自觉不自觉地使用循环信用，支付循环利息。大投递之后的 5 个月，又有 800 家零售商户成为美国银行的签约商户，因为足够多的消费者持有美国银行卡使零售商们相信签约是值得的。美国银行原本计划先跟踪弗雷斯诺大投递的财务效果，再考虑向整个加州推广，但对竞争的担忧迫使美国银行加快了发卡进程。到 1959

---

① 《银行卡时代：消费支付的数字化革命》，第 62 页。

年年末，加州近 200 万个家庭持有美国银行卡，签约商户达到 2.5 万家①。

然而事实证明，乔·威廉姆斯对民众品行的估计过于乐观。加快发卡进程之后，美国银行没有就此走上卡业务良性运转的轨道，而是遇到了各种没有遇见到的麻烦：伪冒和欺诈猖獗，拖欠债务的账户数是预期的 5 倍，大型零售商户拒绝加入到签约商户阵营，公众和舆论对直接邮寄的发卡方式大加挞伐。四大问题一齐发作，着实让美国银行措手不及，难以招架，再加上又没有设立专门的催收部门，一时之间坏账数额迅速上升，使得美国银行的卡业务在 1960 年损失了 4500 万美元，乔·威廉姆斯本人也因此被迫辞职。但是，美国银行并没有就此罢手，而是想方设法摆脱困境：一方面致力于解决拖欠债务的催收和坏账债务的清理问题；另一方面把商户折扣率降低到 3%，以吸引更多的零售商户。1961 年，美国银行的卡业务首次实现盈利，到 1962 年债务拖欠率即显著下降，特约商户增加到 3.5 万户②。

美国银行卡最大的特点就是具有循环功能：在得到美国银行认可的前提下，持卡人可以不一次付清账单中列出的全部应还款额，余额滚入下一个月，发卡银行则开始对该余额收取贷款利息，直到持卡人还清该余额。与签账卡相比，循环卡（Revolving Credit Card）给予其持卡人更多选择：每月付清账单中列出的全部欠款，这种卡就等同于签账卡；如果使用循环信用，则可以先偿还一部分欠款，待手头宽裕之时再还清其余的欠款。由于多了这后一种选择，持卡人调度资金的灵活性、便捷性都大为提高。此外，美国银行卡从来没有向持卡人收取年费，而是通过循环利息和商户折扣获取收益。近半个世纪过去了，循环信贷一直作为信用卡的核心功能延续至今，循环利息则始终构成信用卡发卡机构最主要的收益来源之一。因此，循环卡的面世是信用卡产业发展的第二次飞跃。

两大发展模式基本确立

1966 年，美国信用卡产业发生了两件具有奠基石和里程碑意义的大

---

① 《银行卡时代：消费支付的数字化革命》，第 63 页。
② 同上。

事：一是美国银行创立了特许发卡模式，以后逐步演变为现在的维萨国际信用卡组织；二是美国东部五个城市的中小银行创立了竞合发卡模式，以后逐步演变为现在的万事达卡国际信用卡组织。

普适卡诞生 10 周年的 1960 年，美国已产生三大全国性的信用卡发卡机构：大来俱乐部、美国运通公司和希尔顿信用公司（Hilton Credit Corporation）。希尔顿信用公司是希尔顿酒店旗下负责销售全权委托卡（Carte Blanche card）的签账卡公司，1958 年，该公司成立时，希尔顿酒店已经发行了 100 万张可在其全球连锁酒店使用的名为"全权委托卡"的签账卡。希尔顿信用公司实行的是 4.5% 的商户折扣率，不久又降低到 4%。这样，拥有 60 万会员的全国餐饮业协会对大来俱乐部7%、美国运通公司 5%—7% 的商户折扣率很不满意，公开支持全权委托卡。三大全国性发卡机构既要在全国范围内相互竞争，又要应对加州的美国银行和纽约的大通曼哈顿银行（Chase Manhattan）的区域性竞争。大通曼哈顿银行于 1958 年向纽约市民发行了循环卡，1962 年将循环卡业务出售给了美国运通公司的一家子公司，这种卡发展成为覆盖美国东北部的 Uni－Card，1969 年大通曼哈顿银行回购了 Uni－Card 业务，并在 1972 年加入美国银行卡协会时，将 Uni－Card 品牌转换为美国银行卡品牌。1965 年，全权委托卡被纽约第一国民城市银行（The First National City Bank of New York）收购，原因是发卡对象选择错误和签账处理系统低效导致持续亏损。纽约第一国民城市银行于 1976 年更名为花旗银行。

大来卡、运通卡、全权委托卡主要在旅行和娱乐行业使用，因而也称旅行娱乐卡（T&E Cards），其持卡人主要是商务旅行人士和富裕家庭，与大多数美国人并不相干，因而即使到了 1970 年也只有 9.2% 的家庭持有。由于受到 1927 年《麦克法登法案》（McFadden Act）关于商业银行跨州设立分行，1956 年《银行控股公司法》（Banking Holding Companies Act）关于银行控股公司跨州经营的限制，美国银行很难与三大旅行娱乐卡公司争高低。为了把美国银行卡推向全国，美国银行于 1966 年宣布在全国范围内有选择地许可一些银行运营美国银行卡业务，获得许可的银行（特许银行）可以使用"美国银行卡"品牌独立运营，所有与特许银行签约的零售商户都必须受理所有的美国银行卡。美国银行向特许银行收取

11.3 万美元的加入费和不超过持卡人交易额 0.5% 的特许费[①]。两个月后，美国运通公司、大来俱乐部、希尔顿信用公司先后都推出了各自的银行特许经营业务：特许银行发行运通卡，可以向持卡人提供最低 9000 美元的信用额度，美国运通公司不仅不收特许费，而且还按发卡量支付发卡佣金；大来俱乐部收取特许费的标准是资产规模不到 45 亿美元的银行 22625 美元，对 45 亿美元以上的银行收 45250 美元；希尔顿信用公司则按每 450 万美元资产 45 美元、不低于 22625 美元的方式收取特许费[②]。

但三大旅行娱乐卡公司开展特许业务的各种努力都没有吸引来任何一家银行，这是因为，大银行，特别是持有全国性银行经营牌照的银行有实力采取专营模式（go - it - alone model）自行发展"专属式的信用卡系统"（proprietary card system），对发行非自有品牌的信用卡没有什么兴趣；中小银行则可以采取竞合模式（coopetition model）发行自己的信用卡。"竞合"（coopetition）是"竞争"（competition）与"合作"（cooperation）的合成词，指既竞争又合作：为获得签约商户和持卡人而竞争，为统一信用卡业务标准而合作。由于独自建立信用卡系统非常困难，伊利诺伊州的五家银行于 1964 年组建了中西部银行卡协会（The Midwest BankCard Association），竞合模式正式登场。五家银行在芝加哥地区争夺持卡人和签约商户，同时又在两个方面开展合作：一方面实现了持卡人与签约商户的资源共享，任何一家银行的持卡人都可以在五家银行的任何一家签约商户用卡消费，任何一家银行的签约商户都可以受理五家银行所发行的任何一张卡；另一方面明确了资源共享的前提是付费，任何一家银行的持卡人在另一家银行的签约商户用卡消费，该持卡人的发卡银行必须将消费额的一定比例支付给该商户的签约银行。到 1967 年 1 月，伊利诺伊州、印第安纳州和密歇根州的近 600 家银行加入该协会。

中西部银行卡协会的做法产生了示范效应，美国其他地区的银行纷纷效仿。1966 年，银行间卡协会（Interbank Card Association，ICA）成立（其创始银行来自布法罗、匹兹堡、密尔沃基、西雅图和凤凰城五个城市）。同年，加利福尼亚州的四家银行则组建了西部各州银行卡协会

---

① 《银行卡时代：消费支付的数字化革命》，第 64 页。
② 同上书，第 68 页。

（Western States Bankcard Association，WSBA），共同使用名为"万事签"（Master Charge）的服务标识发行信用卡。1967 年，加州发行"万事签"标识卡的银行全部加入了银行间卡协会。到 1968 年 2 月，银行间卡协会已在至少 7 个州拥有 286 家会员银行。两大全国性银行卡体系（美国银行的特许体系和银行间卡协会的竞合体系）的竞争态势就此形成，此后开展信用卡业务的银行只需要在两大银行卡体系中选定一个。由于银行间卡协会只收取"适中的"入会费和小额年费以充抵其运营成本，与美国银行卡的特许模式相比具有成本上的比较优势，多数大银行都选择了加入银行间卡协会。1970 年，美国银行因特许经营日趋困难而不得不同意组建会员所有制的全国美国银行卡公司（National BankAmericard Inc.，NBI），将特许体系转换为竞合体系。至此，信用卡产业两大发展模式基本确立：一是发行签账卡，以年费和商户折扣为其收益来源的专营模式；二是发行循环卡，以循环利息和商户折扣为其收益来源的竞合模式。

竞合模式彻底改变了美国信用卡产业的发展路径，不仅在与专营模式的竞技中优势尽显，而且在信用卡走向大众、遍及全球的进程中发挥了无可替代的作用，逐步成为世界各国发展其信用卡产业的主流模式。因此，竞合模式的创立是信用卡产业发展的第三次飞跃。

发卡银行严重亏损

两大竞合组织的会员制运营模式为其会员银行提供了专营模式所无法提供的专业化机会。由于任何一家会员银行所发行的信用卡都可以在所有会员银行的任何一家签约商户使用，会员银行可以像以前那样兼做发卡业务和收单业务（Acquiring Service），也可选择只做发卡业务或只做收单业务。大多数银行是两者兼做，同时也有一些银行只做发卡业务或只做收单业务。

20 世纪 60 年代末和 70 年代初，两大竞合组织很容易吸引到银行加入，其最主要原因就是银行都希望把所加入的竞合组织的品牌作为共同拥有的品牌来营销，以便在跨州经营的限制被取消之后能够实现全国扩张。银行间卡协会于 1969 年将其受理品牌更名为由西部各州银行卡协会始创的"万事签"。美国银行卡公司于 1970 年成立，都是顺应这种期望以求扩大既有阵营的举措。除此之外，还有其他一些原因使银行纷纷加入竞合组织。其一，银行担心自己在竞争中会落后乃至落败。许多银行开展信用卡业务就是为了先发制人，或对竞争对手的发卡计划予以反击。其二，看到信用卡正越来越多地替代赊购账户、赊销账户、支票、现金，越来越多的银行逐渐地相信信用卡是实现"无现金社会"（cashless society）的垫脚石。其三，信用卡为交叉销售（cross selling）创造了机会，许多银行甚至认为，没有信用卡就不能给零售商客户群提供满意的银行服务。其四，虽然盈利前景尚不明朗甚至面临挑战，但一些银行业已证明经营信用卡业务是可以盈利的。竞合组织的吸引力的确很强。1971 年，全美国的发卡银行达到了 600 家①，签约商户超过了 82 万家②。

然而良好的愿望并不是盈利的保证。60 年代末和 70 年代初发卡银行陷入了严重亏损的境地。1970 年，银行业信用卡业务的亏损总额达到了4.4 亿美元，比 1969 年增加了 50%，相当于信用卡未清偿信贷余额的3.4%。富国银行（Wells Fargo）在 1967—1970 年 4 年的损失超过 2700万美元；信孚银行（Bankers Trust）1969 年亏损了近 2200 万美元，1970年亏损超过 1100 万美元；里格斯国民银行（Riggs National Bank）1970 年亏损近 400 万美元③。导致银行亏损攀升的原因是多方面的，可以从发卡银行和整个产业两个方面来分析。首先，发卡银行的经营管理是有问题的。其一，发卡银行在进入信用卡产业之前，远没有为解决必定会出现的众多问题做好准备，也就注定要为怎么做可行、怎么做不可行付出高昂的学费。其二，信用卡业务的最大特征是规模经济，在达到盈亏临界点所要求的规模之前，亏损额会持续上升，此时要有足够的勇气和毅力坚持下去。其次，整个产业远没有达到有序运营的状态。其一，大规模地邮寄免年费循环卡是当时普遍采用的发卡方式，发卡银行既不做严格的信用审查，也不能确保卡片邮寄的安全性，导致欺诈率和坏账率居高不下。其二，竞合组织只能借助纸质单据和往来函件处理所有交易，效率很低，也没有找到协调会员银行争端、兼顾发卡银行和收单银行利益的有效途径。

1971 年是美国银行信用卡业务首次实现盈利的 10 周年，众多发卡银

---

① 《银行卡时代：消费支付的数字化革命》，第 79 页。

② 同上书，第 128 页。

③ 同上。

行继续在巨额亏损的泥淖中艰难地挣扎,终于在做出百般努力之后迎来了曙光。1972 年,美国银行业信用卡业务开始摆脱亏损,美国信用卡产业自此进入一个新的发展时期。

成长时期(1971—1992 年)

1971—1992 年是美国信用卡产业发展的关键时期,两条主线始终贯穿于这个时期:竞合组织运营模式成型激发了竞合组织与专营组织之间、竞合组织相互之间的竞争,发卡银行盈利模式的确立激发了发卡银行相互之间、发卡银行与非银行的发卡机构之间的竞争。竞争使信用卡产业成为一个其边界似乎可以无限扩展的双边市场,信用卡得以从精英阶层走向普通大众,成为美国生活方式的代名词。

竞合组织运营模式

美国银行业信用卡业务亏损让竞合组织意识到了危机,促使竞合组织致力于为会员银行提供有序、高效的服务,并从协调利益、统一品牌、建设系统和制定规则四个方面打造自身的运营模式,逐步发展成为合作性、平台型的国际信用卡组织。

协调利益

协调发卡银行与收单银行之间的利益,是竞合组织初创时期必须解决的首要问题。1970 年,美国银行之所以不得不将其特许体系转换为竞合体系,就是因为其特许经营模式没能解决好这个问题。按照特许经营模式,当特许发卡银行的持卡人在特许收单银行的签约商户那里用卡时,特许收单银行须将商户折扣全额支付给特许发卡银行,不仅没有任何收益,而且还要承担相应的成本。这种做法不仅降低了收单业务对特许银行的吸引力,而且打击了特许收单银行准确地报告商户折扣率的积极性。特许发卡银行确有理由对特许收单银行的诚信产生怀疑。这一制度缺陷引发了诸多的矛盾和冲突,是美国银行的特许经营者很快便怨声载道、强烈要求改弦更张的重要原因之一。

1973 年，全国美国银行卡公司正式推出了交换费（interchange fee）制度。交换费制度以发卡银行的收入不是来自循环利息，就是来自商户折扣的假设为前提，将信用卡的功能区分为信贷功能和支付功能两大部分。支付功能被认为是"商户服务"功能，因为签约商户是支付功能的主要受益者。在交换费的制度框架下，签约商户支付给收单银行的商户折扣分为三部分：一是收单银行支付给发卡银行的交换费；二是收单银行支付给竞合组织的网络服务费（assessment fee）；三是作为收单银行收单业务收益的净商户折扣（net merchant discount）。交换费制度兼顾了发卡银行和收单银行的利益，很好地解决了发卡银行和收单银行在竞合系统中的角色定位问题。

统一品牌

全国美国银行卡公司于 1974 年被改组为国际银行卡公司（The International Bankcard Company，IBANCO），目的是统一管理全球的美国银行卡。1976 年，国际银行卡公司（1977 年更名为维萨国际组织）以"维萨"品牌取代"美国银行卡"品牌，同时启用蓝色、橙色组合而成的旗帜图案作为统一的品牌标识。取名维萨（Visa），是因为"Visa"发音简单、容易记住，而且寓意"畅行无阻"，暗合信用卡的产品特色。银行间卡协会于 1979 年被改组为加利福尼亚银行协会（The California Bank Association），该协会购买了"万事签"品牌，并把它更名为"万事达卡"品牌，旨在推进其全球业务扩展计划的实施。1980 年，加利福尼亚银行协会被重组为万事达卡国际组织（MasterCard International），该组织于 1983 年启用由橙色、红色圆球组合成的全息图案作为统一的防伪标志和品牌标识。"Visa"和"MasterCard"两个品牌标识一直沿用至今，人们只要一提到"信用卡"三个字，很自然地会联想到这两个品牌标识中的至少一个。

品牌的统一是关系到竞合体系发展大计的一个基本问题：以竞合组织的品牌为主，还是以会员银行的品牌为主来运营整个竞合体系的信用卡业务。很显然，在银行跨州经营受到严格限制的状况下，选择以竞合组织的品牌为基础扩展信用卡业务，有利于扩大信用卡的发行范围和受理范围，所有会员银行都可从中受益。双重会员制（duality）的确立充分体现了竞合组织品牌统一的重要性。1976 年 5 月，维萨国际组织取消了限制会员银行加入万事达卡国际组织、拥有双重会员身份的所有限制，万事达卡国际组织立即做出响应，信用卡产业自此进入双重会员制时代，两个信用卡组织的新会员积极行动起来、全力抢占"另一半"市场。从 1976 年中期到 1977 年中期，万事达卡国际组织和维萨国际组织的持卡人数量分别增长了 11.7% 和 13.1% 、签约商户数分别增长了 24.3% 和 17.3%，均远高于以往年份。此时，美国最大的 22 家发卡银行中有 20 家成为双重会员[①]。现在，几乎所有的新会员机构都采取同时加入这两个竞合组织的做法。

建设系统

基于纸质单据和往来函件的交易处理方式效率很低，是竞合组织初创时期会员银行的一块心病。为了满足会员银行不断增多、持卡人数量和签约商户数都持续增长的需要，两大竞合组织依靠计算机革命所提供的科技手段，开发了快速、有效的交易处理系统。

维萨国际组织率先开发了 BASE－Ⅰ系统（授权系统），该系统使签约商户的交易授权请求可以通过电话线从签约商户传送到发卡银行，当发卡银行的信用卡交易处理系统关闭时，维萨国际组织可以在线提供付款担保。1973 年，BASE－Ⅰ授权系统投产，每笔交易授权的等待时间由平均 4 分钟缩短到约 40 秒。研发 BASE－Ⅰ授权系统的总成本约为 3000 万美元。但据估计，该系统投入运营的第一年就为会员银行节约了超过 1 亿美元的欺诈防控成本。此后，维萨国际组织着手开发了 BASE－Ⅱ系统（结算和清算系统），并于 1974 年投产。该系统实现了结算和清算处理过程的电子化，解决了让会员银行头痛的大问题：会员银行之间交易单据的人工交换[②]。

万事达卡国际组织则着手研发了 INAS 系统（即银行间国家授权系统），并于 1973 年投产。该系统是一个可以将收单银行和发卡银行连接起来、呈放射状的电话授权处理系统。1975 年，万事达卡国际组织建成了

---

① 《银行卡时代：消费支付的数字化革命》，第 78 页。
② 同上书，第 82 页。

INET 系统（银行间电子汇兑系统），可以通过电子程序自动完成发卡银行与收单银行之间的票据交换和资金清算，从而废止了以邮寄方式传递票据的做法。1983 年，万事达卡国际组织推出了运用激光防伪反光标志技术（全息技术）的信用卡。为在全球范围内推广采用该项新技术的信用卡，万事达卡国际组织于 1984 年推出了 BankNet 系统（银行网络交易服务系统），并将 INET 系统整合进了该系统，INAS 授权系统也作出了相应调整。

制定规则

为了使其授权系统、结算和清算系统能够发挥应有的功效，竞合组织制定了一整套规则，其荦荦大端者有四。

其一，授权规则。所有交易在完成前都必须经过授权，所有授权都要通过发卡银行进行或根据发卡银行的指令进行。收单银行应按照发卡银行的授权指令为发卡银行发行的、带有该银行标识的卡片提供结算服务，在规定时间内，将发卡银行已授权的款项支付给特约商户。只要特约商户按照约定的授权流程操作（如核对了持卡人签名与卡片背面的预留签名），收单银行必须依约支付已授权的款项。

其二，偿付规则。所有交易都要及时清算，所有经过授权的已支付款项都必须在规定时间内按约定的清算流程偿付。发卡银行应当偿付收单银行已支付给特约商户的款项，只要特约商户能确保该款项所对应的交易得到授权、卡号不属于黑名单之列。如果事后证实这笔交易带有欺诈性质，或者持卡人认为这笔交易是伪冒交易并拒绝付款，则发卡银行应当自行承担相应损失，不得以任何理由拒绝偿付。

其三，受理所有卡片规则（honor – all – cards rule）。禁止特约商户：仅仅在消费者没有现金或现金不足的情况下才受理卡片；只受理某些消费者群体的卡片，拒绝受理其他人的卡片；只受理信用卡组织品牌下的某些卡片，拒绝受理其他卡片。

其四，禁止额外收费规则（no – surcharge rule）。禁止特约商户向仅使用卡片支付其消费款项的消费者收取额外费用。特约商户可以在自愿的基础上给予那些使用现金或支票的顾客一定的优惠或折扣，但不能向那些使用卡片的顾客收取额外费用。

　　到 20 世纪 80 年代初，竞合组织已逐步发展成为开放式、竞争性的服务平台，运营模式基本确立。任何符合条件的金融机构都可成为竞合组织的会员，一旦成为会员，就可获得一定权重的投票权，从而对竞合组织的运营拥有相应的影响力投票权的多少一般与该会员的卡交易量成正比。竞合组织不以营利为目的，其运营建立在盈亏平衡的基础上，竞合组织从事合作性事务所产生的成本、竞合组织的运作成本、应对各种意外支出的储备资金均由会员银行分摊（按卡交易量缴纳会员费）。所有会员银行都是竞合组织的服务对象，有权使用竞合组织的品牌和系统，借助竞合组织的商誉和网络开展发卡业务和收单业务，相互之间既合作又竞争：在竞合体系的框架下，在竞合组织的平台上，结成一个开放的联合体（joint venture），同时又为争夺持卡人和签约商户而在发卡业务、收单业务两个领域展开竞争。运营模式的基本确立为两大竞合体系的发展注入了勃勃生机：1981—1991 年，仅新加入维萨国际组织的会员机构就有约 4200 家；1982—1990 年，仅维萨国际组织会员机构的新增特约商户数就增长了 37%（包括新成立的商户和以往不受理卡片的商户），到 1991 年已有超过 250 万家特约商户受理维萨卡；万事达卡国际组织的会员机构及其特约商户数也有大致相当的增长[1]。

专营组织运营模式

　　专营组织属于与竞合组织完全不同的信用卡组织，其运营模式的主要特点如下：（1）以营利为目的，追求利润最大化的经营目标，并通过股权分红和股票增值回馈股东；（2）公司所有权和运营控制权掌握在股东手里，实行集权化的决策机制；（3）集发卡业务与收单业务于一身，既是发卡机构又是收单机构，因而在发卡业务和收单业务两个领域都可以获得带专属性质的收益；（4）可以采取签订排他性合作协议的方式，扩展其专属体系，合作策略因合作对象不同而变化，合作协议在不同的合作对象之间保密。

　　由于运营模式大相径庭，专营组织与竞合组织在发展路径上选择了迥

---

① 《银行卡时代：消费支付的数字化革命》，第 85 页。

异的战略方向。专营组织采用高费用率、低交易量的封闭式网络结构，网络效用相对较低，但是获利丰厚；竞合组织采用低费用率、高交易量的开放式网络结构，在盈亏平衡的基础上为会员机构提供最大化的动态网络效用和规模经济效益。

基于专属平台的信用卡产业的发展过程同样是曲折的，可以概括为"两个双极时期，一个单极时期"：第一个双极时期是 1971—1981 年，美国运通公司在与大来俱乐部的竞争中后来居上；1981—1985 年是美国运通公司一枝独秀的单极时期；1985—1992 年是第二个双极时期，美国运通公司和美国西尔斯商业集团（The Sears Merchandise Group）棋逢对手。

大来卡

大来卡的签账卡市场领导者地位在 1966 年被运通卡取代，此后其市场份额进一步下降。导致这种状况的部分原因是：美国运通公司可以利用其旅行代理机构销售签账卡，旅行代理业务和旅行支票业务使美国运通公司拥有了更佳的旅行娱乐卡品牌，这些正是大来俱乐部所欠缺的。大来俱乐部试图通过收购旅行及预订公司与美国运通公司正面交锋，但却未能使该业务盈利。1981 年，大来俱乐部被当时的花旗公司（Citicorp）收购，沦为市场竞争的失败者。此后，大来卡仿效运通卡的高端品牌战略，经营战略转向富有的商务旅行者。

大来俱乐部被收购的结局令人扼腕，但 1966—1981 年大来卡对信用卡产业的贡献是有目共睹的。1967 年，大来卡可以在 130 个国家使用，当时联合国成员国还只有 122 个；1974 年，每 6 个携带信用卡进入美国的外国人中有 5 个是大来卡持卡人；1975 年推出的大来卡公司卡是信用卡产业有史以来的第一个公司卡（corporate Card）计划；1978 年，大来卡首创持卡签账购买机票免费提供航空人身保险；1979 年，大来卡的持卡人达到 350 万人，受理网点达到 40 万个；1980 年，大来卡成为在中国使用的第一张旅行娱乐卡[①]。

---

① 大来俱乐部国际集团网站（www.dinersclub.com）。

运通卡

美国运通公司于 1966 年推出了运通卡金卡，1966—1976 年运通卡业务稳健增长，获利丰厚。到 1977 年，运通卡的持卡人达到 800 万人，年费收入达到 39.3 亿美元。美国运通公司的高端品牌战略运作得非常成功，使得运通卡始终拥有很好的声誉。持卡人绝大多数都属于高收入阶层，而且主要的使用场所是高级餐馆、豪华酒店、汽车租赁公司、承接国内外旅游者的高档商店、其他与旅游和娱乐相关的商户。1977 年，全美国收入最高的 20% 的家庭中有 26% 拥有签账卡，其余 80% 的家庭中只有 4% 拥有签账卡，所有签账卡的总交易额中约有 85% 来自运通卡。到 1978 年，几乎有 50% 的富裕家庭（即年收入在 57400 美元以上的家庭）拥有运通卡[①]。

20 世纪 80 年代前期至中期，运通卡的市场份额保持在 26%—28% 之间[②]。1986 年是美国运通公司的"标杆"年。年利润首次超过 10 亿美元。然而好景不长，1987 年美国发生了 1929 年以后再也没有出现过的股市大崩盘，美国运通公司恰好是在这一年发行了该公司的第一张循环卡"运显"卡（Optima），经济衰退引发了未曾预想到的高额坏账，加上此前几年进行了多次重大并购，下属的旅游相关服务部门又出现了巨额亏损，美国运通公司在随后的几年里付出了惨重的代价。1991 年冬天，波士顿的嘉士伯餐馆要求降低商户折扣率，遭到美国运通公司拒绝，酿成著名的"波士顿费用事件"（The Boston Fee Party），其影响持续到 1993 年美国运通公司调低其商户折扣率。

发现卡

1985 年 9 月，美国西尔斯商业集团在亚特兰大的西尔斯百货店推出了发现卡（Discover Card）。1986 年，西尔斯商业集团成员添惠金融服务集团公司（The Dean Witter Financial Services Group, Inc.）发起名为"发现者的黎明"（Dawn of Discover）的全国性的营销活动，发现卡正式发行。发现卡对持卡人的卖点是不收年费，达到约定的交易额还可获得一定

---

① 《银行卡时代：消费支付的数字化革命》，第 208 页。
② 同上书，第 210 页。

比例的现金回馈（cash rewards）；对商户的卖点是商户折扣比两个竞合组织都要低，比美国运通公司更是低得多。由于西尔斯百货店拥有 2500 万西尔斯私标卡[①]持卡人，在庞大的持卡人数量和低商户折扣率的双重作用下，发现卡创造了当时的商业奇迹：发卡不到两年，采用黑底橙色标识的发现卡的流通量就达到了 2200 万张，比已经有 20 年发卡经验的花旗公司还多，未清偿信贷余额达到 40 亿美元，在所有发卡机构中排第 3 位，特约商户超过 70 万家[②]。

添惠金融服务集团公司 1989 年使用的发现卡特约商户标识

发现卡面世之初，银行界普遍认为，信用卡市场已经饱和，发现卡成功的可能性不大。但是，发现卡独辟蹊径，依靠丰富的潜在客户资源和成功的商户拓展策略迅速打开了局面，不仅在短短的几年内收回了初期成本，实现了盈利，而且很快就建立起规模庞大的特约商户网。1989 年，发现卡的特约商户数量达到了 100 万家。到 1991 年，发现卡的特约商户数量已超过了运通卡，交易量的市场份额达到了 5%，添惠金融服务集团公司则成为美国第三大信用卡发卡机构。但是，在与运通卡的竞争中，发

---

① 私标卡（Private Label Card，简称 PL Card）是大型零售商发行的，仅限于在该零售商的零售门店使用，顾客享有一定的折扣和优惠的赊销卡。

② 《银行卡时代：消费支付的数字化革命》，第 85 页。

现卡的劣势逐渐显现：发现卡尚未树立起运通卡那么好的品牌声誉，偏低的商户折扣率使发现卡无法用更多的奖励吸引持卡人。这种劣势使添惠金融服务集团公司陷入了困境：商户规模虽仍在继续扩大，发卡量的增长速度却呈下滑趋势。从 20 世纪 90 年代中期开始，发现卡交易量的市场份额缓慢地下降。

发卡机构盈利模式

全国发卡和风险控制是发卡机构盈利模式的两大基石，1971—1992年，美国信用卡产业在这两个方面都取得了突破，从而吸引了更多的发卡银行，连非银行经济体也加入了发卡机构的行列。

全国发卡

1971—1992 年的前十年，由于受政策管制、利率波动和经济滞胀三大因素的影响，发行信用卡的银行及其所属的两个竞合组织在痛苦挣扎中度日如年。但是，美国最高法院对一桩起初并不起眼的诉讼案的裁决结果使局面完全改观。

从 20 世纪 60 年代末至 80 年代初，美国经济经历了四次严重的衰退，通货膨胀率由 1972 年的 4.2% 上升到 1981 年的 9.4%，导致一年期国债利率由 1971 年的 4.89% 上升到 1981 年的 14.8%[①]。利率上升收窄了信用卡业务的利差，发卡银行只得调整其信用卡信贷业务以符合所在州高利贷法（Usury Laws）规定的利率上限要求：在利率上限较高的州，银行可以将信用卡业务扩展到更大范围的人群，因为利差收入足以弥合其经营成本，并赚取到一定的利润；在利率上限较高的州，银行只对信用良好的人发卡，并收取较高的年费，以求减少坏账损失，降低经营成本。但高利贷法对发展全国性的信用卡业务仍具有重大影响，因为银行在全国甚至全州范围内推广信用卡的能力受到了限制。在某个州合法的利率到另一个州却是非法的，银行要在多个州发卡就不得不在每个州运营不同的卡业务，从

---

① 《银行卡时代：消费支付的数字化革命》，第 74 页。

而导致其管理成本增加到难以承受的地步；而银行不能在全国甚至全州范围内推广其信用卡业务，也就无法通过大量发卡获取规模经济。

1978 年，美国最高法院针对"马凯特国民银行 VS 奥马哈第一国民银行"诉讼案的裁决改变了信用卡产业的游戏规则：无论是在哪个州拓展业务，全国性银行可以适用该银行注册地的州法律对其任何一笔贷款收取利率。这一裁决无异于为饱受高利贷法限制之苦的发卡银行松了绑，因此，美国信用卡产业出现了三个有趣的博弈现象：（1）全国性银行开始在高利贷法限制较少的州发行信用卡。花旗公司于 1980 年将其信用卡业务从纽约州迁移到南达科他州，因为纽约州当时对超过 850 美元的信贷余额设定 12% 的利率上限，而南达科他州的利率上限已经提高到 19.8%。（2）为了吸引或留住可能迁移其信用卡业务的全国性银行，一些州开始修改其高利贷法。纽约州于 1980 年取消了对大多数信贷业务的利率上限限制。（3）各州很少再出台新的信贷限制政策，为信用卡的全国性营销创造了条件。花旗公司引领了全国性营销的风潮：通过在其他州收购银行和大规模地向潜在客户邮寄信用卡申请表，实现了全国性的信用卡业务扩张目标。[①]

整个 80 年代，包括美国银行、大通曼哈顿银行、伊利诺伊大陆银行（Bank of Continental Illinois）、第一芝加哥银行（Bank of First Chicago）、汉华银行（Bank of Manufactures Hanover）在内的许多大银行纷纷步花旗公司之后尘，在全国发起了信用卡营销战。通过允许全国性的竞争，"马凯特国民银行 VS 奥马哈第一国民银行"诉讼案使发卡银行在营销成本和运营成本两个方面都实现了规模经济，从而使全国的消费者更容易获得信用卡，即便是那些依然实行利率上限的州的消费者，也可以享有全国性发卡银行的信用卡所带来的便利。

风险控制

放贷人对任何贷款申请人通常都比较谨慎，因为放贷人与贷款申请人之间存在"信息不对称"（asymmetric information）：放贷之前放贷人面临

---

① 《银行卡时代：消费支付的数字化革命》，第 74—77 页。

"逆向选择"（adverse selection）问题，最渴望获得贷款的人往往是信用最差的人，而放贷人从来就没有充分的信息以准确判断贷款申请人的真实信用度、甄别违约几率很高的人；放贷之后，放贷人面临"道德风险"（moral hazard）问题，借款人在获得大笔贷款之后会更敢于花费或更具冒险倾向，从而增加了违约的可能性，而且越是缺钱的人就越有可能拿贷款去冒险。针对这些问题，所有信用卡发卡机构都会设定信用额度，实施"信贷配给"（credit rationing）：对提供给个人借款人的金额有相应的数额限制，有时甚至为零；当借款人的负债水平偏高、导致其信用额度受到这类限额影响时，该借款人就被称为受到流动性约束（liquidity constraints）。除信贷配给之外，解决逆向选择问题和道德风险问题最常见的方法就是借款人提供抵押物和放贷人基于"往来关系"（relationships）提供贷款。

一旦发行了信用卡，发卡银行很快就意识到这种无抵押信用贷款的风险，尤其是此前与发卡银行没有往来关系的持卡人所带来的信用风险。对新发卡银行来说，有效地控制信用卡业务风险既需要规模，也需要时间：通过扩大发卡范围逐步清理那些长期延迟还款的人，最终留住那些总能按时还款的持卡人；逐步提高认定信贷风险、经营信贷风险的能力，把风险控制在可承受的限度内。随着发卡范围的扩大和发卡经验的累积，众多发卡银行逐步认识到引进信用评级技术的重要性和迫切性：信用评级技术可以使发卡银行向更多的人提供更多的贷款，而且风险也比较低。这种认识部分来源于以开发信用评级系统见长的费埃哲公司（Fair Isaac Corporation）的成长。该公司由工程师比尔·费耶耳（Bill Fair）和数学家厄尔·埃哲克（Earl Isaac）创立于1956年，公司的理念是"通过合理使用数据改善业务决策"，而公司的名称就取自两位创始人的姓氏。1970年，费埃哲公司为康涅狄格信托银行（Connecticut Bank and Trust）开发了第一套银行业信用卡评分系统，可用于评定潜在持卡人的信用风险。1975年，该公司又为富国银行（Wells Fargo）开发了第一套行为评分系统，可用于预测现有持卡人的信用风险。1989年，该公司首次推出第一个通用型的信用评分模型FICO，可适用于各类信用报告。

信用评分系统，既可以判定潜在持卡人支付账单的可能性，又可以监控持卡人信用额度使用情况，为发卡银行认定信贷风险、经营信贷风险提供了强有力的技术支持，从而极大地拓宽了信用卡产业发展的疆域。其一，在一张信用卡发出之前，发卡银行可使用信用评级模型准确地预测持卡人的行为，避免向目前信用风险特别高的申请者发放信用卡，在综合考虑收入之外的其他因素的基础上向更大范围的潜在持卡人发卡。其二，当信用卡市场趋于饱和、很难找到无信用瑕疵的持卡人时，一些勇于冒险的发卡银行可以向有信用瑕疵的潜在持卡人发卡，以进一步拓展自己的信用卡业务。虽然这些客户意味着更高的信用风险，但他们通常愿意为获得信用卡所提供的便利而支付更高的费用和利率。其三，更为复杂的信用评级技术使发卡银行能区别对待风险等级不同的客户，在预测特定客户的盈利性时把可能的信贷行为考虑进去。这无疑使信用卡业务变得更有利可图，众多发卡银行乘势逐步把信用卡的发行范围从中上收入家庭扩展到中下收入家庭。

发卡银行的收入与成本

发卡银行要想成功拓展其信用卡业务，必须善于发掘能为之带来长期利润的优质持卡人：对于以循环利息为主要收入来源的发卡银行来说，这意味着要找到那些习惯欠债消费却又不太可能造成坏账的持卡人；对于以商户折扣收益为主要收入来源的发卡银行来说，这意味着要找到那些经常大额消费但总是按时全额还款的持卡人。发卡银行的收入来源包括循环利息、商户折扣、年费、预借现金手续费、服务费、增值服务；成本支出则主要由资金成本、坏账损失、营销和运营成本和欺诈损失四大部分构成。收入与成本的规模及结构决定着发卡银行的盈利能力和盈利水平，综合反映了发卡银行的发展战略、经营策略、业务拓展能力、风险控制能力、竞争实力和增长潜力。

1. 循环利息（revolving interest）。持卡人使用循环信用所应支付的利息，等于平均年利率乘以平均未清偿信贷余额，再乘以平均未清偿信贷余额的应计息比例。不同的发卡银行在客户结构和信用标准上有很大的不同，因而收取循环利息的利率标准差异很大。

2. 商户折扣。发卡银行处理交易单据和提供消费信贷，持卡人得到了便利，特约商户增加了销售额，特约商户为此向发卡银行支付商户折扣。商户折扣等于商户折扣率乘以持卡人消费金额。商户折扣率由发卡银行所属的竞合组织统一规定，20 世纪 80 年代初，约为 1.6%。若发卡银行只做发卡业务，其商户折扣收益就只有交换费，若发卡银行兼做收单业务，还可以获得净商户折扣收益。

3. 预借现金手续费（cash advance fee）。等于预借现金收费比率乘以预借现金金额，再乘以预借现金金额的应收费比例。预借现金交易使持卡人可通过银行柜台或自动柜员机（ATM）直接获取现金，潜在信贷风险高于持卡消费，因而发卡银行不仅要向持卡人收取比率不低的手续费，而且持卡人所借现金没有免息期（grace period），自交易之日起发卡银行即按约定的日利率向持卡人收取利息。

4. 服务费。包括向超信用额度用卡的持卡人收取的超限费（over limit fee）、向逾期还款的持卡人收取的滞纳金（late fee）、向逾期 30 天以上还款的持卡人收取的罚息（penalty interest）。发卡银行制定其服务费标准的着眼点大不相同，因而其服务费水平大相径庭。

5. 年费。持卡人因获得持有并使用信用卡的权利而每年支付给发卡银行的费用。1980 年，美国联邦储备局要求发卡银行为信用卡未清偿信贷余额设立准备金，许多发卡银行开始收取年费。20 世纪 80 年代和 90年代初，年费一直是发卡银行的重要收入来源之一。

6. 增值业务收入（enhancements）。发卡银行充分利用其持卡人客户资源、通过交叉销售向持卡人销售增值产品（如人寿保险产品、综合理财产品等）或为持卡人提供增值服务所获得的收入。增值业务收入在发卡银行收入总额中的占比一般都比较小。

7. 资金成本（cost of funds）。发卡银行向持卡人提供授信额度需要垫付大量资金并为此支出相应的成本，等于资金成本率乘以平均未清偿信贷余额。资金成本通常是发卡银行的成本大项，提高资金使用效率是发卡银行成功经营其信用卡业务的一个关键领域。

8. 坏账损失（charge – offs）。发卡银行向持卡人提供的授信额度属于免抵押的信用贷款，不可避免地会出现因持卡人没有能力或没有意愿还款所造成的逾期贷款，预期 180 天以上即应作为坏账损失予以注销（write – off）。坏账率水平与经济周期密切相关。

9. 运营和营销成本（operating and marketing costs）。发卡银行内部运营、外部营销所产生的各项成本，包括各种摊销费用（主要是用于系统建设及维护、设施配置及维护）、人力成本、开拓新客户和维护老客户的成本、广告支出和促销费用等。

10. 欺诈损失（fraud loss）。各类欺诈行为（主要包括发卡前的申请欺诈和发卡后的交易欺诈）给发卡银行造成的损失。对发卡银行来说欺诈损失也是不可避免的，这是由信用卡业务免贷款、免抵押的特性所决定的，但欺诈损失的发生几率与坏账损失相比要小得多。

收入总额大于成本总额，发卡银行盈利，收入总额与成本总额的差额即为税前利润。若收入总额小于成本总额，则发卡银行亏损。

没有边界的信用卡产业

竞合组织、专营组织将数量庞大的发卡机构、收单机构、信用卡持卡人、特约商户聚合起来，各自构筑起对市场新成员极具示范效应的双边市场平台（Couple – sided Market Platform），信用卡产业逐步发展成为没有边界的多边市场产业（Multi – sided Market Industry）。

双边市场平台的经济特性

弗兰克·麦克纳马拉与拉尔夫·施奈德创立的大来俱乐部提供了一个能把商家和消费者聚拢到一起的平台：某位消费者在俱乐部的某家餐厅就餐，其餐费可以记俱乐部的账，俱乐部先直接付费给餐厅、后收取消费者的还款。大来俱乐部之所以成功，诀窍是其创立者找到了开启成功之门的钥匙：若没有足够多的商家受理，消费者不愿意持有该俱乐部的卡；而没有足够多的持卡人前来消费，商家也不愿意加入该俱乐部；反之亦然。后来居上的运通卡、美国银行卡与大来卡如出一辙，都成功地搭建起具有以下三个特征的双边市场平台：（1）两个各自独立的客户群体（持卡人群体和商户群体）构成了市场的双边；（2）某个组织（大来俱乐部、美国运通公司和美国银行）能够将两个客户群体中的单个成员（持卡人和商户）有效地联结成一个互动网络，使每个成员都成为该网络的一个结点（coupling），并能从中获利；（3）基于这个互动网络，该组织可借助某种中间平台（授权系统、结算和清算系统）协调两个客户群体的需求，并使每个客户群体都能受益。

多边市场理论（theories of multi – sided Market）① 认为，双边市场平台的互动效应（feedback effects）源自直接网络外部性与间接网络外部性。直接网络外部性（direct network externality）是指使用同一种产品的人数增多可以直接增加其他使用者的效用：到同一家商户用卡的持卡人增多到一定数量，会刺激该商户提供更多折扣或优惠，所有到该商户用卡的持卡人都可以享受这些折扣或优惠。而间接网络外部性（indirect network externality）是指使用同一类产品的人数增多可以间接增加其他使用者的效用：到同一类商户用卡的持卡人增多到一定数量，会吸引更多这一类商户向持卡人提供折扣或优惠，这些折扣或优惠使所有持卡人都可以享受的。在直接网络外部性和间接网络外部性的双重作用下，信用卡业务网络为持卡人和商户提供了一种使双方都能获益的双边互动平台：信用卡业务网络拥有的特约商户越多，就越能吸引来新的持卡人；信用卡业务网络吸纳的持卡人越多，对那些有意愿加入该网络的商户的吸引力就越大。

网络外部性的内部化（internalize externalities）是双边互动平台所要解决的关键问题。采取某种方式吸纳到足够多的使用者，以促成和增强双边互动，既能给双边带来利益，也能为自己创造利润。通常采用的解决方案是以免费、低价，甚至倒贴（negative prices）的方式向双边互动平台的一边提供能满足其需要的某种产品或服务，人为地营造出一个双边市场。大来俱乐部最初的持卡人不用支付年费就可以享受凭卡签账的好处，美国运通公司向受理运通卡的特约商户收取的商户折扣率低于大来卡，美国银行向弗雷斯诺的市民免费邮寄 6 万张美国银行卡，其目的都是使网络外部性内部化。但是，仅仅做到网络外部性内部化是不够的，只有达成规模经济的双边互动平台，才是真正意义上的双边市场平台。而双边互动平台要达成规模经济，就须遵循以下两条核心准则：（1）要抢先进入市场以获得市场份额，因为双边互动平台具有"一旦每个人都加入你的网络，其他网络就不可能进入"的锁定效应（lock – in），率先进入市场的企业更可能获得成功；（2）要采取低价策略以获得市场份额，因为双边互动平台还具有"市场份额足够高，整个市场都会倒向你"的触点效应（tip-

① 多边市场理论是法国经济学家让·泰尔斯·罗歇（Jean charles Rochet）和让·泰若尔（Jean Tirole）在 2001 年的一篇论文中率先提出来的。

ping - pot），市场份额最大的企业更可能获得成功。发现卡创造发卡不到两年时间，其流通量就达到 2200 万张的商业奇迹，是遵循这两条核心准则并获得成功的典范。

新产品和新发卡机构

网络外部性的无穷魅力、发现卡的示范效应让人们领略到信用卡产业潜在的发展前景，新产品（认同卡和联名卡）和新发卡机构（独立发卡公司和非银行经济体）不断加入双边互动平台，使信用卡产业在 20 世纪80—90 年代初逐步发展成为多边市场产业。

1. 认同卡。1978 年，维萨国际组织首创了认同卡计划（Affinity Programs），允许会员银行与非营利性机构合作发行认同卡（Affinity Card），卡面可以加上非营利性机构的名称或标识。1980 年，维萨国际组织又认为，认同卡可能会削弱维萨的品牌，禁止其会员银行推出新的认同卡项目，但已运作的项目可以继续。面对信用卡市场接近饱和的局面，特别是为了应对来自运通卡和发现卡的挑战，维萨国际组织和万事达卡国际组织于 1985 年同时推行认同卡计划，各发卡银行视之为扩大发卡规模的良机而纷纷做出积极反应。仅仅一年之后，全美国就有 296 个非营利性机构（如慈善组织、环保组织、体育协会、行业协会、大学和学院、俱乐部等）发行了维萨品牌和万事达卡品牌的认同卡。到 1989 年，全美国共计产生了 2000 多个认同卡项目。认同卡自此成为美国各大发卡银行不可或缺的信用卡产品。

2. 联名卡。1987 年 4 月，花旗公司与美国航空公司（American Airlines）宣布合作发行名为"最优卡"（A - Advantage Card）的联名卡（Co - branded Card）。该卡以美国航空公司"A - Advantage"常旅客计划的约 600 万会员为发行对象，年费 50 美元，最大信用额度 5 万美元。"A - Advantage"常旅客计划设立于 1981 年，是当时会员最多的常旅客计划。花旗公司是当时最大的信用卡发卡机构，已累计发行 1500 万张信用卡。最优卡的发行对合作双方都是有益的：花旗公司获得了众多潜在的高端客户，可以比较容易地将这些潜在客户转化为信用卡持卡人；美国航空公司为其高端客户提供了增值服务，使他们可以尽享花旗公司的特约商户资源。由于具有里程积分功能，最优卡推出之后大受欢迎，许多消费者由此成为花旗公司与美国航空公司的新客户，两个公司的市场知名度和品牌忠诚度都得到了提升。

3. 独立发卡公司。美信银行（MBNA Corporation）是美国独立发卡公司中的佼佼者。美信银行的前身为成立于 1981 年马里兰银行国民协会（Maryland Bank National Association，MBNA），是马里兰银行为拓展其认同卡业务而专门设立的一个职能部门。自 1982 年转型为独立发卡公司之后，其业务范围从马里兰州扩展到全美国，随后扩展到加拿大、英国、爱尔兰和西班牙，仅用了不到 20 年的时间就发展成为美国第二大信用卡发卡机构。MBNA 获得成功的要诀在于实施独特的认同卡战略：与 5000 多家非营利性机构密切合作，广泛发行认同卡。这些非营利性机构的会员有着共同的志趣或生活方式，持有该机构的认同卡不仅能够满足他们的物质需求，而且可以强化他们的认同感，满足其精神需求。美信银行自身并没有营业网点，区域银行和社区银行是美信银行发卡及提供后续服务的主要渠道。

4. 非银行经济体。1990 年 3 月，美国电话电报公司（AT&T）发行名为"环球卡"（Universal Card）的联名卡，以非银行经济体的身份正式涉足信用卡产业。环球卡的发卡策略比发现卡还激进，从一开始就摆出"终身免年费"的进攻态势，引发了美国信用卡市场的免年费价格战。美国电话电报公司与花旗公司发行环球卡，主要目的是保护其电话卡业务：环球卡可以作为电话卡使用，持卡人用环球卡打电话享有九折优惠。当时美国电话电报公司拥有 2200 万电话卡客户，环球卡面世仅 9 个月就创造了开立 520 万个账户的发卡记录，充分展示了联名卡的巨大潜力。1992 年，美国通用电气公司（GE）、美国通用汽车公司（GM）先后以仿效者的姿态发行了联名卡，通用电气公司向持卡人提供可以在许多商户使用的折价券，通用汽车公司的持卡人则可以累积积分并在购买该公司的汽车时折抵一部分购车款。

至此，美国信用卡市场已产生了专营组织、商业银行、独立发卡公司和非银行经济体四类发卡机构。独立发卡公司、非银行经济体通过发行认同卡、联名卡与专营组织、商业银行同场竞技，使信用卡产业扩展成为一个没有边界的多边市场产业。

从精英阶层到普通大众

1981—1992 年，是美国历史上最长的经济增长时期之一，也是美国信用卡产业走向成熟的高速增长时期。1982—1990 年，全美国的公众消费数据如下：消费者支出总额从 3.4 万亿美元（每个家庭平均支出 41170 美元）增加到 4.8 万亿美元（每个家庭平均支出 51280 美元）；零售消费额从 1.8 万亿美元（每个家庭平均消费 21380 美元）增加到 2.3 万亿美元（每个家庭平均消费 24760 美元）；餐饮业消费从 1200 亿美元（每个家庭平均消费 1440 美元）增加到 2250 亿美元（每个家庭平均消费 2410 美元）。公众消费的增长为信用卡的使用提供了更多机会，信用卡交易额相应地从 1982 年的 1550 亿美元增长到 1992 年的 4000 亿美元。这种增长标志着信用卡从精英阶层到普通大众的普及过程基本完成：一方面是持卡消费增多（平均每个家庭的月持卡消费额从 1977 年的 268 美元提高到 1992 年的 395 美元），另一方面则是持卡家庭数量增多（持有一张以上卡片的家庭所占的比例从 1983 年的 43% 提高到 1992 年的 62%）[1]。

随着持卡消费增多。1982—1990 年，美国国民的借贷数额也在不断增多。消费者信贷余额的总量从 6400 亿美元增加到 10150 亿美元，平均每个家庭信用卡消费的信贷余额从 7660 美元增加到 10880 美元；信用卡信贷余额从 500 亿美元增加到 2250 亿美元，平均每个家庭的信用卡信贷余额从 580 美元增加到 2430 美元；消费者信贷余额的总量以年平均 6% 的速度增长，信用卡信贷余额以年平均 21% 的速度增长[2]。信用卡从精英阶层普及到普通大众，随之而来的问题是美国信用卡市场已趋于饱和。1991 年，第一资本金融公司（Capital One Financial Corp.）在以独立发卡公司的身份进入信用卡产业时，推出了名为"余额结转"（Balance Transfer）的发卡策略：信用卡持卡人将某张或多张旧信用卡的欠款全部结转到该公司所发行的新卡，就可以在至少 6 个月内连续享受到比市场利率低 5—10 个百分点的"揶揄利率"（teaser rates）优惠。这一策略随后即被

---

① 《银行卡时代：消费支付的数字化革命》，第 84 页。

② 同上。

仿效且日渐盛行，由此改变了美国信用卡产业的营销方式和发卡机构竞争格局。

在信用卡从精英阶层到普通大众的普及过程中，全国发卡无疑是一个至关重要的推动因素。但是，另外三个因素也发挥了无可替代的积极作用。一是信用卡的受理范围不断扩展。从最初只有高级餐厅和旅馆逐渐扩展到汽车租赁代理机构、与旅游相关的高档商店及其他企业，随后进一步扩展到百货商店、服装商店、五金商店、快餐连锁店、超级市场、便利店。二是信用卡的技术标准广泛推行。如美国国家标准协会于1971年颁布了信用卡的通用标准，对信用卡的卡片尺寸、签名条的位置、凸印字符的位置、统一的账户编码体系等做出明确规定。又如万事达卡国际组织于1974年率先使用磁条卡，采用磁条技术的信用卡很快成为国际信用卡产业的主流发展路径且延续至今。三是持卡人的信用报告得到普及。自1971年4月开始实施的《公平信用报告法》（Fair Credit Reporting Act）保护了持卡人和发卡机构双方的合法权益：持卡人可以在全国范围内获得准确的信用报告，发卡机构因持卡人不付账而遭受损失的几率显著降低。

繁荣时期（1992年到现在）

1992年，美国信用卡产业进入了繁荣时期，这一时期的主要特征可以简要地概括为"双高"：一是市场集中度提高；二是专业化程度提高。"双高"既是市场竞争的结果，也是产业发展的需要，其最主要的推动力则是利益驱动和技术进步。

信用卡组织之间的竞争

早在20世纪70年代，信用卡组织之间就已展开了争夺持卡人和特约商户的双边竞争。维萨国际组织针对美国运通公司的攻击型竞争策略取得了显著成效，在80年代后期成为第一大信用卡组织，并将这一地位一直保持到现在。在整个90年代，美国运通公司基本处于防守状态，维萨国际组织和万事达卡国际组织是主要竞争对手，并在90年代后期将双边竞争从信用卡领域延伸到借记卡领域。美国最高法院裁定维萨国际组织和万事达卡国际组织触犯了反垄断法，促进了卡组织之间的竞争，为运通卡和发现卡创造了难得的发展机遇。

运通卡："做得更多"

美国运通公司于 1975 年推出的产品品牌宣传广告："出门别忘了带上它"（Don't Leave Home Without It），强调了运通卡能在全世界范围的商店里签账购物，该广告对运通卡的高端品牌形象构成了强有力的支持，运通卡成为人们心目中高档次签账卡的代名词，并为美国运通公司带来了丰厚的回报：20 世纪 80 年代初，运通卡的平均商户折扣率比维萨卡和万事达卡高出近 50%，运通卡的平均年费则是维萨卡和万事达卡的两倍多。然而，美国运通公司通过高收费取得高收益的经营战略逐渐引起了特约商户的不满。1986 年，60% 的运通卡持卡人同时持有维萨卡和万事达卡，这两种卡能够在几乎所有受理运通卡的商户使用，另外还有大约 140 万家不接受运通卡的商户受理这两种卡，而在可同时受理这三种品牌卡的商户使用运通卡，商户要支付的费用比其他两种卡高出 1%，自然就会鼓励消费者选用其他两种卡。

运通卡的商业模式是建立在签账卡平台基础上的，其大部分收入来自特约商户，这使美国运通公司很难与基于循环卡平台的竞合组织竞争：降低商户折扣率固然可以扩大运通卡的受理范围，但美国运通公司不得不从持卡人这一边寻求补偿，否则就必须接受低利润；如果提高持卡人的年费，这势必进一步拉大与竞争对手的差距。这种矛盾对美国运通公司的长远发展构成了严重制约：20 世纪 80 年代前期至中期，运通卡交易量所占市场份额保持在 26%—28% 之间。1987 年以后运通卡的市场份额渐次下降，并在 1993 年跌落到 20% 的水平线以下（2002 年仅为 14%）。为了解决这种矛盾，1987 年，美国运通公司推出了名为"运显卡"（Optima Card）的循环卡，目的是增加其循环利息收入，改善其总体收益结构，但却出现了未曾预想的高额坏账，到 1992 年年初，其信贷损失高达未清偿信贷余额的 12%[①]。

----

① 《银行卡时代：消费支付的数字化革命》，第 86 页。

在这一困难时期，公司卡（Corporation Card）帮助美国运通公司渡过了难关。作为一家封闭式的信用卡组织，美国运通公司直接从事发卡业务和收单业务，掌握着持卡人和特约商户的全部交易数据。而两个竞合组织只掌握了持卡人的交易数据，很难得到特约商户的交易数据，因而与美国运通公司在公司卡领域的竞争步履维艰。20 世纪 90 年代初，美国大约有500 万名商务人士持有美国运通公司发行的公司卡，很多公司都要求其员工使用这种卡支付商旅费用，因为美国运通公司在至少三个方面对这些公司提供帮助：管理整个公司的商旅开支，并找出可以节省的商旅开支，了解和比较自身与竞争对手在商旅开支上的差距，核查公司员工是否违反了公司的商旅规定。由于美国运通公司不允许只受理公司卡，其特约商户若以商户折扣率过高为由拒绝受理运通卡，就得承担减少其销售机会的风险。

1991 年冬天爆发的"波士顿费用事件"迫使美国运通公司改弦更张，将平均商户折扣率从 1990 年的 3.22% 逐步调低到 1996 年的 2.74%。为彻底扭转该事件所造成的被动局面，美国运通公司在调低商户折扣率的同时，对经营战略进行了根本性的调整：一是深化品牌内涵，从强调运通卡的高端特性转向突出运通卡的相对优势；二是与包括竞合组织会员银行在内的各类企业联盟，扩展发卡通路。

1. 深化品牌内涵。1996 年，美国运通公司推出了"做得更多"的广告，减少了对精英特征的强调，转而主攻卡片的实用性诉求，展示其如何将发卡范围从签账卡扩展到包括循环卡、联名卡、在校生专用卡、老年人专用卡在内的多样化的信用卡业务。美国运通公司的商户折扣费率变得更为灵活：依赖商务旅行者的旅行和娱乐类商户仍高于两个竞合组织，其他类别的商户与两个竞合组织大致相同，大型零售商则相对比较低。1999年，美国运通公司以 1.1% 的商户折扣率与好市多（Costco）合作发卡，好市多是一家在全球范围内拥有 2700 万名会员的会员制折扣零售店（wholesale club retailer），而当时只有 15% 的运通卡持卡人在好市多购物，这一合作为双方提供了扩大各自客户群的好机会，在此前 8 年里好市多由只受理发现卡，转变为只受理运通卡。美国运通公司的产品创新也非常成功：1999 年 9 月发行的运通卡"蓝卡"只用了 6 个月就吸纳了 200 万名持卡人。这是美国第一张嵌有电脑芯片的智能卡（Chip Card），由于抓住了年轻消费者富有想象力的特点而在当时引领潮流。2002 年，美国运通公司不失时机地推出了"让生活回报你"的广告，再次强调了运通卡系列产品能使生活变得更加轻松或更加愉快，同时还尝试了通过交叉销售推广该公司的其他产品，如旅游代理服务和理财顾问服务等。

2. 扩展发卡通路。1995 年，美国运通公司与美国在线（American Online，AOL）合作发行可提供综合电子化服务的联名卡，这是美国运通公司开展的首个主要的联名卡项目。此后，美国运通公司又与众多公司合作发行联名卡，包括达美航空公司（Delta Airlines）、绍普莱特连锁超市（ShopRite）、喜达屋酒店集团（Starwood Hotels）以及富达投资（Fidelity Investment）等。1997 年，美国运通公司与波多黎各的大众银行（Banc Popular）签订非排他性的特许发卡协议，授权该行发行带有美国运通公司的标识，可以在美国运通公司的特约商户使用的大众银行卡（Banc Popular Card）。到 2002 年，大众银行就有 1/4 的卡账户同时也是美国运通公司的信用卡账户，在数量上超过了该行的万事达卡品牌的信用卡账户。美国运通公司有计划地在美国本土以外复制这一特许发卡模式，使该公司在美国境外的发卡量从 1996 年的 1230 万张增加到 2002 年的 2220 万张，净增了 990 万张①。到 2003 年年末，美国运通公司已经与 63 个国家的 60 家发卡机构签订非排他性的特许发卡协议，其中包括法国的 GE 资本（GE Capital）、韩国的三星集团、日本的住友银行、澳大利亚的安保集团（AMP）。这些发卡机构与美国运通公司签订的协议多达 80 个，因为其中一些发卡机构与美国运通公司在多个国家签订了协议。

美国运通公司的战略调整成效显著。1993—2002 年，全美国的持卡人数量从 1960 万人增长到 2520 万人，特约商户数从 160 万户增长到 320 万户；美国运通公司享有其持卡人持卡消费金额的绝大部分份额，受理运通卡的特约商户则享有运通卡持卡人持卡消费金额的 96%②。2004—2005 年，美国运通公司继续调整其经营战略，大规模地剥离非核心业务，出售非核心资产，公司资源集中用于强化信用卡业务的核心地位。2004 年 10 月 4 日，美国最高法院裁定两大竞合组织的"排他性竞争"行为（禁止

---

① 《银行卡时代：消费支付的数字化革命》，第 215 页。
② 同上。

会员银行发行其他卡组织品牌的信用卡）触犯了反垄断法，美国运通公司快速作出反应，于 2004 年 2 月宣布与美信银行达成了合作协议，后者将在美国、加拿大、西班牙和英国发行运通卡。2004 年，美国运通公司的全球化布局也取得了重大进展，顺利地进入了中国大陆和俄罗斯两大新兴市场。2005 年，美国运通公司平均每 16 秒钟新增一家签约商户，与109 个国家和地区的 97 家主流发卡机构建立了特许发卡合作关系[①]。

2007 年，美国运通公司取得了不俗的业绩。持卡人消费总额增长了15%，创纪录地达到 6470 亿美元；新增发卡量 850 万张，持卡人总数达到 8640 万人；营业总收入 277.31 亿美元，其中卡业务的商户折扣收入占52.6%，循环利息收入只占 13.0%。2008 年 3 月 27 日，美国运通公司与GE 消费者金融集团（GE Money）宣布双方已达成收购协议：美国运通公司以 11 亿美元收购 GE 消费者金融集团旗下的子公司支付服务公司（Corporate Payment Services），此项收购采用现金交易方式并在 3 月底完成。该子公司是美国第六大商务卡（Commercial Card）及采购卡（Purchasing Card）发卡机构，现有超过 300 个大企业客户和 250 万个万事达商务卡账号，2007 年全球采购额超过 140 亿美元，当年应收账款（Account Receivable）达到 11 亿美元，过去五年的复合增长率为 18%[②]。2008 年是运通卡发行 50 周年。

表 2-1 　　　　　　　**2007 年美国运通公司收入与成本统计表** 　　　　单位:%

收入项目		占比
卡业务	商户折扣收入	52.60
	年费收入	7.40
	循环利息收入	13.00
	小计	73
旅行业务收入		7.00
其他业务收入		20.00
合计		100

资料来源：《美国运通经营状况及策略演变分析》。

---

① 《信用卡泡沫，美国运通轻资产战略值得借鉴》。
② 《美国运通经营状况及策略演变分析》。

维萨卡："无处不在"

维萨国际组织于 1985 年推出了"维萨，无处不在"（Visa – It's Everywhere You Want To Be）的广告，强调这样一个事实：许多商户都受理维萨卡。这则广告的潜台词是"他们不受理运通卡"，强调的是这样一个事实：能够受理维萨卡的很多商户都不受理运通卡。广告播出之后，消费者对这两个卡品牌的认知发生了显著变化。1985 年年初，35% 的消费者认为，受理维萨卡的商户更多，而 28% 的消费者认为，受理运通卡的商户更多，这两个比例到 80 年代末变成了 50% 和 20%、到 90 年代中期变成了 70% 和 5%[①]。1992 年，第 25 届奥运会在西班牙的巴塞罗那召开，维萨国际组织推出的新版广告把矛头直接指向了美国运通公司：一个奥运会门票售票窗口甩出一张运通卡，旁白的广告语是："奥运会不用美国运通卡！维萨，无处不在。"自 1986 年因美国运通公司错失良机而维萨幸运地成为国际奥委会全球合作伙伴以来，维萨国际组织一直是奥运会官方指定的唯一支付卡品牌和支付服务提供商，奥运会让全球不计其数的消费者知道了 VISA。

相关市场调查表明，维萨国际组织在 20 世纪 80 年代末和 90 年代初投放的广告成功地让更多的持卡人意识到：那张代表"声望"的卡片在很多地方都不能使用。这种看法导致了运通卡市场份额的明显下降。而更为严重的是，人们开始觉得使用运通卡不经济：对持卡人而言，发现卡、万事达卡、维萨卡更便宜，使用范围更广泛，而且还提供循环信用；对商户而言，运通卡的商户折扣率明显高于其他三种卡。尽管美国运通公司一再声称高费率与精英客户所带来的高额消费是相称的，但在持卡人愿意改用、特约商户鼓励持卡人改用其他三种信用卡的情况下，这种说法已没有什么实际意义。然而，"维萨，无处不在"的广告词所针对的主要目标并非是发行签账卡为主、市场份额排第 3 位的美国运通公司，而是同样发行循环卡、市场份额排第 2 位的万事达卡国际组织。两个卡组织同为竞合组织、拥有几乎完全相同的会员银行，两个卡品牌几乎能在所有相同的商户受理、为持卡人提供的都是相类似的服务。为了与万事达卡国际组织区别

---

① 《银行卡时代：消费支付的数字化革命》，第 210 页。

开来，维萨国际组织采取了迂回战术，把品牌广告聚焦于自身与美国运通公司的对比上，期望通过挑战其高端市场领导地位提升自己的声望和品牌。

维萨公司是 2008 年北京奥运会主赞助商之一

　　维萨国际组织也确实达到了预期的目的：广告播出之前，40% 的消费者认为，维萨卡是最好的卡品牌；35% 的消费者认为，万事达卡是最好的卡品牌。到 1992 年，这两个比例已变成了 59% 和 22%。广告播出之前，35% 的消费者认为，受理维萨卡的商户更多；28% 的消费者认为，受理万事达卡的商户更多。到 1994 年，这两个比例竟变成了 69% 和 25%，因为当时美国能够受理这两种卡的商户几乎完全相同。80 年代后期至 90 年代中期正是发现卡进入信用卡产业并很快占据一席之地的时期，维萨卡的市场份额不仅没有下降、反而有所上升，就是因为维萨国际组织从美国运通公司和万事达卡国际组织那里抢夺了可观的市场份额。不仅如此，这些广告同时还为 VISA 成为一个高端品牌奠定了很好的基础：通过持续不断地赞助奥运会、冬季奥运会，维萨国际组织得以持续不断地开展"奥运会旅游目的地"营销，使 VISA 品牌的全球知名度日渐提高。2007 年 12 月 12 日，VISA 再次获得有"旅游业奥斯卡"之称的"世界旅游奖"（World Travel Awards）的"全球首选信用卡"奖项，第十次蝉联该奖项。在此之前，维萨国际组织与国际足联（FIFA）于 2006 年 4 月达成协议成为 2010 年和 2014 年两届世界杯足球赛的全球赞助商，中断了万事达卡国际组织与国际足联之间已经持续了 16 年之久的全球合作伙伴关系。

20 世纪 90 年代中期，维萨国际组织又在借记卡领域点燃了竞争的战火。当时，维萨国际组织的签名授权技术和交易处理系统都已比较成熟，其特约商户可以使用同一系统受理信用卡和借记卡，但大多数消费者却并不熟悉如何使用借记卡购物。为了提高消费者对维萨品牌的签名借记卡（Signature Debit Card）的认知度，同时避免采用让人联想到"债务"的"借记"一词，维萨国际组织于 1993 年推出命名为"维萨支票卡"的签名借记卡产品和"新型支票"的广告，同时还发行宣传手册、举办专题论坛，以使消费者了解如何使用扩展了功能的维萨借记卡。为了引导会员银行发行维萨品牌的签名借记卡，维萨国际组织还特别强调：与密码借记卡（PIN Debit Card）相比，签名借记卡能给发卡银行带来更多的交换费和交易量；维萨借记卡可以在任何受理维萨信用卡的地方使用，持卡人无须做任何身份认证，交易金额从持卡人的支票账户直接扣除，这些优点与支票完全一样。到 1998 年年末，维萨国际组织用于推广"维萨支票"的总支出（包括在广告、营销和处理设备等方面的投入）超过了 2.68 亿美元。1900—2002 年，维萨支票卡的流通量从 800 万张上升到 1.28 亿张，交易笔数从 8700 万笔上升到 65 亿笔，交易金额从 63 亿美元上升到 2481 亿美元，其中绝大部分增长发生在 1995 年以后①。

20 世纪 90 年代中期，维萨国际组织与万事达卡国际组织的竞争从追

---

① 《银行卡时代：消费支付的数字化革命》，第 225 页。

求信用卡发卡量转变为追求会员机构的长期专一性。首先是鼓励会员机构多发行自己的品牌卡、少发行竞争对手的品牌卡。1990—1998 年，维萨卡前十大发卡机构的维萨卡发卡比例从 43％ 上升到 71％[①]。其次是通过提高交换费率增强会员机构的向心力。1995—2002 年，维萨国际组织和万事达卡国际组织的平均交换费从交易额的 1.3％ 上升到 1.7％。再次是降低会员费。1999 年，维萨国际组织推出鼓励"专一"的伙伴计划（partnership programs）：加入该计划的会员机构一般都要承诺保证自己发行的 90％ 以上的信用卡和全部的签名借记卡都是维萨卡；作为回报，信守承诺的会员机构将得到会员费方面的大比例折扣。最后是提供新产品和新服务，以吸引会员机构和持卡人。在这方面，维萨国际组织和万事达卡国际组织的竞争不相上下：都推出了可用于发放工资的预付卡（Prepaid Card），会员机构可以通过向公司和雇员营销这种卡产品增加自身的发卡量；都提供了可供会员机构使用的智能卡平台，使卡交易处理更稳定、更便宜；都向会员机构派遣销售代表，专攻会员机构服务和自身品牌推广。

攻击型竞争策略使维萨国际组织获益匪浅。1997 年，维萨国际组织的年度全球销售总额达到 1 万亿美元，这一年在维萨国际组织的发展历程中是一个里程碑；仅仅 4 年之后的 2001 年，这个指标翻了一倍，达到 2 万亿美元。能取得如此令人炫目的成就，主要得益于其借记卡发卡量的爆发式增长。2004 年，维萨国际组织的借记卡累计发行总数一举超过了信用卡累计发行总数。而在发卡量和交易量持续增长的同时，维萨国际组织的业务范围也在不断扩张。2005 年 3 月 14 日，维萨国际组织宣布推出全新的品牌标识并更新维萨卡的卡片设计。维萨国际组织总裁克里斯托·罗德里格斯表示："之所以更新品牌标志，是为了让消费者和商户能更清晰地分辨维萨的不同产品和服务。"他指出，维萨国际组织以前确实只是一个非营利、会员制的国际信用卡组织，其核心业务就是为会员机构提供交易处理服务，但现在该组织的核心业务已扩展到包括支付卡（信用卡、借记卡）产品和预付卡产品、商业支付方案、交易处理和交易验证等在内的多元化服务，更新后的维萨卡将适用于互联网、移动电话和手提电子产品等新型支付技术和支付平台。除更新维萨卡和特约商户标识牌的维萨

---

① 《银行卡时代：消费支付的数字化革命》，第 221 页。

标识外，维萨国际组织还将把维萨卡正面的维萨鸽子全息图移到卡的背面并与磁带合二为一，使维萨卡变得更加难以伪造。

然而竞争是没有止境的。为了应对万事达卡公司成功上市所带来的竞争压力，维萨国际组织于2006年10月12日宣布启动机构重组计划，其目的就是要将维萨国际组织重组为以大会员机构为股东、以盈利为经营目标的"维萨公司"（Visa Inc.），并最终达到在纽约证券交易所上市的目的。2008年3月18日，维萨公司通过首次公开发行股票（Initial Public Offering，IPO），成功融资179亿美元，创下美国有史以来IPO融资规模之最的新纪录，大股东为摩根大通银行、美国银行、美国国民城市银行（National City Bank）、花旗集团、美国合众银行（U. S. Bancorp）和富国银行。2008年3月19日，维萨公司在纽约证券交易所挂牌交易，代码是代表胜利的"V"。

万事达卡："真情无价"

在维萨国际组织的强大攻势下，万事达卡国际组织累计发卡量的市场份额从1985年的28%下降到1990年的26%，这迫使万事达卡国际组织不得不予以反击：允许非银行经济体与其会员银行达成发卡协议，从而争取到美国电话电报公司、通用电气公司、通用汽车公司发行了万事达卡品牌的联名卡。到1994年，非银行经济体成为万事达卡国际组织重要的发卡机构，交易额合计占万事达卡交易总额的25%，美国电话电报公司则是万事达卡最大的发卡机构。而在广告宣传和品牌营销领域，万事达卡国际组织同样一直在与维萨国际组织展开竞争，以回击维萨国际组织"维萨，无处不在"广告并化解其攻势。经过长时间的精心策划，万事达卡国际组织终于在1997年10月推出"无价"（Priceless）系列电视广告，并采取了令人震撼的传播方式：用46种语言、在98个国家和地区同步播放（现已增加到50种语言、108个国家和地区）。"无价"系列电视广告跨越了文化和地域的界限，极大地提升了万事达卡品牌的认知度和忠诚度，使万事达卡的品牌形象深入人心。仅以在华语地区非常受好评的"真情无价"主题广告为例，广告词的英语原文是"There are some things money can't buy, for everything else there's MasterCard"，翻译成中文则是"万事皆可达，唯有情无价"，堪称脍炙人口。

品牌认知度和忠诚度提升，对万事达卡国际组织提高其市场份额起到了显著的推动作用：1998 年，万事达卡占两个竞合组织信用卡发卡总量的 42%，交易总金额的 35%，未清偿信贷总额的 41%；到 2002 年，这三个比例分别提高到 51%、42% 和 51%①，说明两个竞合组织此时已是旗鼓相当。然而，仅仅靠品牌效应是不足以促成这种快速增长的，万事达卡国际组织为推动其借记卡业务发展所付出的努力也居功甚伟。万事达卡国际组织起初把"万事顺"（Maestro）品牌的密码借记卡作为发展重点，到 20 世纪 90 年代末，看到维萨国际组织的成功经验，才开始把发展重点转向"万事利"（MasterMoney）品牌的签名借记卡。"万事顺"品牌正式推出于 1991 年，是第一个全球性的在线借记卡（On – line Debit Card）品牌。"万事利"品牌的前身是 1988 年正式推出的名为"万事代"（Master-Debit）的离线借记卡（Off – line Debit Card）品牌②。调整发展重点所迸发出的后发优势是惊人的：1990 年，"万事利"签名借记卡的累计发行量还不到 150 万张，交易总额为 8.4 亿美元，交易总量为 1450 万笔；到 2002 年，累计发卡量达到 4700 万张，交易总额为 700 亿美元，交易总量为 17 亿笔③。

进入 21 世纪，万事达卡国际组织把欧洲视为夯实其全球布局的重点区域，因为对欧洲市场的争夺直接关系到两个国际信用卡组织的实力消长。出于这一战略考虑，万事达卡国际组织遂决定与欧洲支付国际公司（Europay International）合并。欧洲支付国际公司是万事达卡国际组织在欧洲市场的竞争对手和"万事顺"密码借记卡的战略合作伙伴，移动商务、智能卡、借记卡是其强项，而万事达卡国际组织则在交易处理技术、客户关系管理、品牌营销、全球架构诸多方面具有优势。由于欧洲支付国际公司是一家股份制公司，两者要合并，万事达卡国际组织必须从会员制组织转制成为股份制公司。2002 年 2 月 14 日，万事达卡获得美国证券交易委员会（SEC）批准，通过向大会员机构发行股票重组为"万事达卡公司"

---

① 《银行卡时代：消费支付的数字化革命》，第 223 页。

② 从借记卡交易处理的技术角度而言，在线借记卡也称密码借记卡，离线借记卡也称签名借记卡。

③ 《银行卡时代：消费支付的数字化革命》，第 226 页。

（MasterCard Inc.），成为一家股份制公司。2002 年 7 月 5 日，万事达卡国际组织宣布已完成公司化改制及与欧洲支付国际公司的合并，组织架构和决策模式已做相应调整。2006 年 5 月 24 日，万事达卡公司通过首次公开发行股票融资近 24 亿美元（所发售的股票占公司股份的 46%）。2006 年 5 月 25日，公司股票在纽约证券交易所挂牌交易，代码为 "MA"。

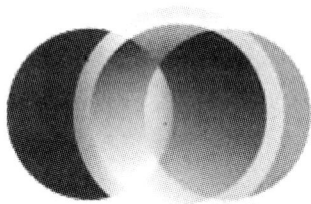

万事达卡公司于 2006 年 6 月 29 日启用的新标识

成功上市之后，万事达卡公司趁热打铁，加快了实施全球化发展战略的步伐。2006 年 6 月 29 日，万事达卡公司宣布旗下的核心子公司 Master-Card International（即原万事达卡国际组织）正式更名为 MasterCard World-wide（中文名称暂未公布），公司的品牌标识也从原来的双球形连结标志变换为三圆环连接标志。按照万事达卡公司的官方诠释，三个圆环代表了万事达卡公司的三大业务体系：全球性的品牌授权者（franchisor）、全球性的交易处理者（processor）和全球性的咨询服务提供者（advisor）。除此之外，万事达卡公司还同时推出全新的宣传口号："商务核心"（The Heart of Commerce）。旨在传播这样一种经营和发展理念：万事达卡公司将作为商务核心强化其加速经济联系的作用，为发卡机构、特约商户、持卡人和股东们创造更多的商业价值。强调全球性的咨询服务提供者的市场形象，推出全新的商务支持导向的宣传口号，无不表明万事达卡公司有意把商务卡业务作为全球化发展战略的重点，而品牌授权、交易处理则是万事达卡公司转制之前的两大传统优势，可以作为万事达卡公司在商务卡领域开展产品创新和营销创新、抢夺发卡份额和交易份额的坚强后盾。

万事达卡公司所确定的拓展商务卡业务的路径是非常清晰的：为大型企业、中型和小型企业、公共事业机构提供全球化的企业与企业之间的（Business to Business，简称 B2B）商务支付体系和商务支付工具，通过与发卡机构、特约商户、收单机构紧密合作设计出端对端的、满足不同客户群体业务需要的支付解决方案，从而提供能够帮助客户更好地区分、管理乃至优化其支付业务的产品及服务。2006 年 5 月，万事达卡公司宣布已完成对宝塔集团（Tower Group）的收购，该集团长期专注于全球性金融服务的行业研究和财务分析，是全球顶尖的研究和咨询公司。万事达卡公司收购宝塔集团，目的就是给商务卡业务合作伙伴提供更优质的咨询服务。2006 年 9 月，万事达卡公司推出了世界精英卡（World Elite），其发卡对象是年收入在 25 万美元以上的商旅客户，而这一客户群体正是维萨国际组织与美国运通公司争夺的重点对象。首张世界精英卡是汇丰银行与美国纽约的高档百货公司萨克斯第五大道（Saks Fifth Avenue）合作发行的联名卡。世界精英卡与维萨国际组织的"无限卡"（Infinite Card）、美国运通公司的"百夫长卡"（Centurion Card）同属于"黑卡"（Black Card）。

产品创新为营销创新提供了支点，拓宽了道路，使万事达卡公司的商务卡业务发展初见成效。2008 年 3 月 6 日，万事达卡公司再次被《环球金融》（Global Finance）杂志评为"最佳商务卡及支出服务供应商"，这项荣誉给予万事达卡公司非常大的鼓舞，因为它从一个侧面证明了商务卡业务发展的重要性和正确性：通过提供富有针对性的支付交易信息，借助外包式的系统集成和优化解决方案，可使收单机构、商户、发卡机构以及全球各地的持卡人都能从中获益。《环球金融》杂志在全球 158 个国家和地区拥有 5 万订户和超过 25.4 万名读者，该杂志的出版人阐释了万事达卡公司获奖的理由："我们的奖项肯定了那些不断地改进交易过程以加速聚合和减小风险的银行及产品服务供应商。万事达卡荣膺最佳商务卡及支出服务供应商奖项，因为他们提供的解决方案能使企业最大化地利用他们的资金和资源。"

发现卡："发现有益"

添惠金融服务集团公司在推广发现卡时采用的广告词是"发现有益"（It Pays to Discover），强调的是发现卡的两大创新：不收年费和现金回馈奖励。发现卡的目标客户并非美国运通公司所追求的强调身份、看重声望的高端客户，他们大都比较关注持卡的性价比，发现卡不收年费、现金返还奖励所带来的实惠和庞大的特约商户群对他们有着特殊的吸引力。有发现卡做对比，消费者和特约商户逐渐看清了美国运通的高成本运作模式。1991 年冬天"波士顿费用事件"爆发之后，添惠金融服务集团公司很好地利用了美国运通公司所遭遇到的困境，专门派遣了一个营销团队前往波士顿，以 1.5% 的商户折扣率抢夺那些原本属于美国运通公司的特约商户，比美国运通公司的一半还要低。此举使发现卡在波士顿餐饮类特约商户中的受理范围从 23% 提高到 78%。到 1992 年，发现卡交易量所占市场份额达到 6%。

然而正所谓"成也萧何，败也萧何"，尽管发卡量和交易量都在迅速增长，但因盈利基础薄弱，发现卡并没有给西尔斯商业集团带来预期的高收益。权衡再三，西尔斯商业集团将添惠金融服务集团公司分拆成为添惠发现卡公司（Dean Witter，Discover & Co.），该公司很快就成功上市并于 1993 年 3 月 1 日在纽约证券交易所挂牌交易，代码为"DWD"。发现卡肇始于创新，添惠发现卡公司决心继续走创新的道路。1995 年 9 月，"发现卡"网站（DiscoverCard.com）正式投入运营，现已发展成为功能齐全的信用卡网站：在线申请办卡，持卡人可以通过该网站支付账单、兑换积分、接收电子账单、购物。也是在这一年，添惠发现卡公司将旗下主营收单业务的子公司"发现卡服务公司"（Discover Card Services，Inc.）更名为"创新服务公司"（Novus Services，Inc.）。"Novus"一词在拉丁语中的意思是"创新"，更名的目的有两个：一是为了更迅速地拓展发现卡的收单网络；二是强化和凸显发现卡作为公司核心产品所应有的主导地位。

1997 年 5 月 31 日，添惠发现卡公司与全球著名的投资银行摩根士丹利集团公司（Morgan Stanley Group，Inc.）合并，组成摩根士丹利添惠公司（Morgan Stanley Dean Witter & Co.）。摩根士丹利集团公司是两家公司合并的发起者，初衷是实现双方投资银行业务和零售银行业务的优势互补。1998 年 12 月 22 日，摩根士丹利添惠公司发行了不收年费、利率优惠、现金回馈更高、增值服务更多、最高授信额度为 10 万美元的白金（Platinum）发现卡，发卡对象主要是摩根士丹利集团公司的投资银行客户。1999 年 2 月 1 日，创新服务公司更名为发现金融服务公司（Discover Financial Services，Inc.）。2000 年 8 月 1 日，发现金融服务公司将旗下主营发卡业务的子公司"创新信用卡服务公司"（Novus Card Services，Inc.）更名为"发现银行"（Discover Bank），该公司的前身是在 1985 年被西尔斯商业集团收购的格林伍德信托公司（Greenwood Trust Company）。2001 年 4 月 18 日，其市值已增长了 4 倍的摩根士丹利添惠公司更名为摩根士丹利集团公司，以体现其全球化战略取向。为了能吸引时尚的年轻人持有发现卡，发现金融服务公司于 2002 年发行了著名的"两合卡"（2GO Card），这是世界上第一款钥匙链信用卡（Keychain Credit Card），被《商业周刊》和《今日美国》誉为"2002 年最佳产品"。

美国最高法院于 2004 年 10 月 4 日裁定两大竞合组织触犯了反垄断法，此时发现卡已拥有超过 5000 万持卡人，400 万家特约商，近 20 万台 ATM，交易额达到 996 亿美元，发卡量排第 6 位。这一裁定使发现卡与运通卡一样受益良多：可以采取签订非排他性的特许发卡协议的方式授权其合作机构发行发现卡。2004 年 11 月 15 日，发现金融服务公司与帕尔斯公司（PULSE EFT Association）①宣布双方已签署并购协议，发现金融服务公司将以总价 3.11 亿美元收购帕尔斯公司。帕尔斯公司的密码借记卡交易处理网络在全国拥有 4100 多个会员机构，9000 万持卡人，25 万台 ATM，330 万个 POS 终端。交易于 2005 年 1 月完成，发现金融服务公司自此可以为各种规模的金融机构提供信用卡、签名借记卡、密码借记卡、储值卡（Stored Value Card）交易处理。2005 年 2 月 22 日，通用消费者金融集团与沃尔玛公司发行了发现卡品牌的联名卡。2005 年 5 月，发现金融服务公司与中国银联股份有限公司签署受理业务合作协议，发现卡的特约商户可以受理银联卡，银联卡的特约商户可以受理发现卡。2005 年 9

---

① EFT 即 Electronic Fund Transfer（电子资金转账系统）。20 世纪 80 年代，美国各地的银行业协会组建了众多的 EFT 网络，以处理会员银行之间的 ATM 卡转账交易。20 世纪 90 年代，EFT 网络发展成为密码借记卡交易处理网络。

月 19 日，发现金融服务公司与当时的美国第 11 大发卡机构、独立发卡公司麦奇斯信用卡公司（Metris companies Inc.）宣布双方已达成合作协议，麦奇斯信用卡公司将发行发现卡品牌的信用卡。

2006 年 12 月 19 日，摩根士丹利集团公司宣布将发现金融服务公司分拆成为一家独立公司。在这一年里，发现金融服务公司取得了丰硕的战果：斥资 9.75 亿英镑收购了英国劳埃德 TSB 集团的子公司金鱼银行（Goldfish Bank Limited），该银行原本发行万事达卡品牌的信用卡，拥有 200 万持卡人；发现卡实现了在中国大陆地区的第一笔交易，银联卡的特约商户网络开始受理发现卡；与日本 JCB 信用卡公司签署了受理业务合作协议；与维萨、万事达卡、美国运通、JCB 共同组建了支付卡行业（Payment Card Industry，PCI）安全标准委员会（Security Standards Council，SSC）；基于维萨、万事达卡借记卡网络发行了发现卡品牌的签名借记卡，包括个人卡和公司卡；发行了企业卡（Business Card），其主要发卡对象是小企业主；与第一资讯公司（First Data Corp.）开展受理业务合作，为中小型特约商户提供以发现卡为支付工具的电子商务和电子支付服务；委托专业研究机构进行小企业主随机抽样调查，每月发布小企业主信心指数。

2007 年 7 月 2 日，发现金融服务公司作为摩根士丹利集团公司旗下的独立公司在纽约证券交易所挂牌交易，代码为"DFS"。成功上市给发现金融服务公司的发展带来了新的活力。经过 12 年的苦心经营，"发现卡"网站成为发现金融服务公司拓展业务和提供服务的战略渠道，累计已有 1200 万发现卡持卡人注册成为其用户。2007 年 7 月 12 日，发现金融服务公司获得美国《首席信息官》杂志（CIO magazine）评选的"100 家信息技术最领先机构"奖项。2008 年 7 月 1 日，发现金融服务公司（Discover Financial Services）宣布已完成对花旗集团的子公司大来俱乐部国际集团（Diners Club International）的收购，这笔总价为 1.65 亿美元的交易使发现金融服务公司获得了大来俱乐部国际集团的所有资源：大来卡收单网络（在北美以外地区的年度消费交易额就超过了 300 亿美元）、大来卡品牌和商标、全部雇员及 44 家特许发卡机构签署的特许授权协议，这些机构在 185 个国家和地区发行和受理大来卡。发现金融服务公司希望在未来的两三年之后实现发现卡网络与大来卡网络的融合，以使发现卡的持卡人和大来卡的持卡人都能有更好的用卡体验。

发卡机构之间的竞争

信用卡组织之间的竞争可以部分地从发卡机构之间的竞争找到原因和动力。20 世纪 90 年代以来，发卡机构之间的竞争从居家消费扩展到创业融资、从实体经济扩展到网络经济、从信用卡业务扩展到借记卡业务、从磁条卡领域扩展到智能卡领域。发卡机构之间的竞争不仅改变了发卡机构的营销方式和实力对比，而且改变了信用卡产业的总体格局和发展趋势，虚拟货币正越来越多地替代实体货币。

完全竞争市场

20 世纪 90 年代中期以来，发卡机构相互之间的博弈、发卡机构与用卡客户之间的博弈，使美国信用卡市场的规模不断扩大，范围不断扩展的没有边界的市场，形成人们现在已有目共睹的具有"完全竞争市场"（Pure Competitive Market）六大特征的市场格局。

1. 发卡机构。一是有大量的发卡机构为争夺客户和市场份额而相互竞争。美国联邦储备委员会于 2003 年 1 月对全美最大的 127 家信用卡发卡机构进行了调查，发现有 54 家是全国性的发卡机构，有 28 家是跨州经营但并没有在全国范围内发卡的区域性发卡机构。该调查未包含为数众多、规模较小的地方性银行，而这些小银行大都在发行信用卡或至少面向其优质客户发行信用卡。二是发卡机构都在销售基本相同的产品。到目前为止，所有信用卡的基本功能都不外乎刷卡消费、预借现金、循环信用、积分回馈。三是任何发卡机构都无法凭一己之力显著影响市场价格。1995—2002 年，美国前十大信用卡发卡机构的消费金额所占市场份额从 61% 上升到 78%，从那以后再也没有低于这个水平。四是发卡机构可以自由地进入和退出信用卡行业，并且无须承担高额的、不可回收的成本。无论何种金融机构，只要达到联邦存款保险公司的存款保险要求，都可以申请加入竞合组织，成为新的发卡机构，所需缴纳的会员费只是其年营业额的一小部分（大型发卡机构约为 1.5%—2%，中型发卡机构约为 2%—2.5%）。由于美国的资本市场非常发达和成熟，发卡机构出售信用卡业务、退出信用卡行业相对比较容易，所得资金可补偿用于发掘优质客户、拓展特约商户的成本，从而减少投资成本沉淀。

2. 用卡客户。一是用卡客户对可供其选择的信用卡拥有充分的信息。用卡客户之所以能拥有与信用卡相关的大量信息，主要是因为发卡机构轰炸式的营销策略和营销活动。以 2001 年为例，发卡机构寄发了 50 亿封信用卡直邮邀请函，每个美国家庭平均每月至少收到 3.9 封；发卡机构的广告投入超过了 7.5 亿美元，用卡客户被淹没在大量的广告信息中。其他信息来源也使用卡客户能够获得关于信用卡的更多信息：报纸和杂志经常为其读者列出低利率信用卡名录；美国联邦储备委员会定期发布关于 150 家发卡机构新推出的信用卡推广计划的调查报告；互联网也提供了大量的信用卡信息，用卡客户可以按照个人喜好搜寻"最佳"信用卡产品。二是用卡客户可以低成本地转换信用卡，主要的转换方式有两种：一种是信用卡使用的转换，即同时持有多张信用卡，区分每张信用卡的相对优势和使用成本，哪张信用卡能够带来更多的价值就用哪张；另一种是信用卡持有的转换，即用一种信用卡代替另一种信用卡，积分回馈更多、循环利息更低、信用额度更高、商户折扣更大是用卡客户更换其信用卡的主要诱因。由于 66% 的已持有信用卡的家庭持有一张以上信用卡，60% 以上的信用卡直邮邀请函都许诺提供余额结转，转换信用卡对美国的用卡客户来说是非常容易的，而人们也确实不停地在转换。

3. 动态博弈。相关资料显示了美国用卡客户的某些统计特征：1/3 的人将"免收年费"作为选择信用卡的首要标准；30% 以上的人遴选信用卡的首要标准是利率（循环信用利率和预借现金利率）较低，11% 的人遴选信用卡的首要标准则是余额结转利率较低；绝大多数人都愿意持有更高额度或更高持卡等级的信用卡，截至 2002 年第一季度末，有 32% 以上的美国家庭拥有白金信用卡。发卡机构的产品设计也确实响应了用卡客户的基本需求：免收持卡年费，只对某些具有积分回馈功能的信用卡收取年费；制定宽幅度、差异化利率收取标准，信用卡产品的利率低可以低到 7.99%，高可以高达 23%；推行更具弹性，也更有实效的信用额度策略。2001 年发出的信用卡直邮邀请函中白金信用卡占到了 70% 以上，但白金信用卡的平均额度实际上只有 9728 美元[①]。除基本功能和产品定价外，

---

① 《银行卡时代：消费支付的数字化革命》，第 237 页。

附加功能和用卡体验是发卡机构吸引用卡客户、扩展发卡业务的另一个着力点：通过发行各种形式的回馈卡、积分卡、联名卡、认同卡，给用卡客户更大的便利和更多的实惠，提升其产品认同度和品牌忠诚度。总之，发卡机构在细分市场和整合资源的基础上不断研发和推出新的信用卡产品，打造出成系列的、可满足各种需要的产品组合，辅之以成规模的、可达成业绩目标的营销活动，始终掌握和保持与用卡客户博弈的主动权。

同业竞争手段

发卡机构主要从两个方面展开相互之间的竞争：一是信用卡持有的竞争。每个发卡机构都力图让用卡客户持有本机构的信用卡，如果本机构的信用卡不能一步到位地取代竞争者的信用卡，可以暂时允许用卡客户同时使用这两种信用卡。二是信用卡使用的竞争。每个发卡机构都竭尽全力争夺用卡客户的"钱包份额"（wallet share），力图让用卡客户尽可能多地使用本机构的信用卡，无论是持卡消费功能还是循环信用功能。发卡机构在这两个方面的竞争主要受到以下两类因素驱动：（1）在需求端，用卡客户对使用多种方式完成其支付交易、对采用无担保贷款为自己融资的偏好不同决定了信用卡产品的需求特征；（2）在供给端，发卡机构对用卡客户的信用风险和利润贡献、对发卡业务的收益回报和成本支出的不同预期决定了信用卡产品的供给特征。发卡机构通过量身定制不同的信用卡产品满足不同的用卡客户的偏好和需求，彼此展开激烈的竞争并由此寻找潜在的盈利机会，达成既定的盈利目标。在甄别从不使用循环信用功能的"刷卡户"（transactors）和经常使用循环信用功能的"循环户"（revolvers）的前提下，发卡机构采用的常规竞争手段包括：免收持卡年费；降低信贷利率（包括循环信用利率、预借现金利率、余额结转利率）；提高信用额度（或提升持卡等级）；减免服务费用；提供特色服务；推出新颖卡种。

各种常规竞争手段的使用对美国信用卡行业的收益和成本产生了直接影响。从 2002 年美国信用卡产业的收益来看，循环利息收入是第一大收益项，占比高达 68.44%、超过收益总额的 2/3，表明信用卡业务竞争的决胜之道在于增加循环利息收入；年费收入是位居倒数第二的收益项，占比仅为 2.77%、对损益的影响很小，说明免收年费已经成为普遍使用的常规竞争手段。从 2002 年美国信用卡产业的成本来看，坏账成本已是第一大成本项，占比高达 44.27%、超过收益总额的 1/3。2002 年美国正处于经济衰退期，是信用卡产业坏账水平相对较高的一个年份。但是，即便扣除这一特殊因素，同样可以得出美国信用卡产业资产质量不高的结论。资产质量不高主要有两个原因：一是美国信用卡市场确已趋于饱和；二是发卡机构为应对市场饱和问题而展开了过度竞争，特别是同信用记录相对较差、违约风险相对较高的用卡客户发卡。此外，欺诈损失成本占比虽低但数额非常大、达到 8 亿美元，真够让人触目惊心的。再看 2002 年美国信用卡行业的投入产出，每产生 100 元信用卡资产（未清偿信贷余额）可以带来 17.95 元收益、付出 14.80 元成本、获得 1.99 元税后利润。税后资产收益率仅为 1.99%，这证实美国信用卡市场已经是一个完全竞争市场、美国信用卡产业已经是一个"薄利多销"产业。

表 2.1 　　　　　　**美国信用卡产业 2002 年损益表**　　　　单位：亿美元、%

项　目		金　额	占　比	占未清偿信贷余额的比重
收益	循环利息收入	664.5	68.44	12.28
	商户折扣收入	149.8	15.43	2.77
	惩罚性收费收入	80.3	8.27	1.48
	预借现金手续费收入	42.6	4.39	0.79
	年费收入	26.9	2.77	0.50
	增值业务收入	6.8	0.70	0.13
	合计	970.9	100	17.95
成本	坏账成本	354.3	44.27	6.55
	运营和营销成本	248.8	31.08	4.60
	资金成本	189.3	23.65	3.50
	欺诈损失成本	8	1.00	0.15
	合计	800.4	100	14.80
盈利	税前利润	170.5		
	纳税	63.1		
	税后利润	107.4		
	税前资产收益率	3.15		
	税后资产收益率	1.99		
资产	未清偿信贷余额	5409.2		

资料来源：陈建：《现代信用卡管理》，中国财政经济出版社 2005 年版。

发卡机构也可以采用非常规竞争手段，使竞争从战术层面提升到战略层面，经常使用的非常规竞争手段就是资产证券化和并购。资产证券化（Asset Securitization）是将缺乏流动性但能产生未来现金流的资产进行结构性重组，转变为可以在金融市场上销售和流通的证券的过程。信用卡资产（未清偿信贷余额）证券化给发卡机构带来的好处是多方面的：有选择地出售一部分信用卡资产，可以改善资产组合和收益结构；将信用卡资产出售给专门机构，所收回的资金、所获得的收益可以用于扩展发卡业务；信用卡资产转换为可流通证券，转化了持卡人违约风险，相应地减少了所要求的资本储备，使发卡机构可以向信用记录相对较差、违约风险相对较高的用卡客户发卡。业内专家估计，2001 年美国的信用卡资产证券化比例达到 10%。信用卡发卡机构之间的并购主要包括两种形式：(1) 实力较强的发卡机构以整体兼并（merger）或部分收购（acquisition）的方式消灭实力较弱的竞争对手，通称兼并和收购（merger & acquisition，M&A）；(2) 发卡机构与实力相当的竞争对手以对等合并（consolidation）的方式整合成为一个新的经济体，以实现优势互补及资源共享。1990 年总资产排名前 50 位的 50 家银行发生了一系列的并购，到 2003 年已合并为 18 家，极大地改变了美国信用卡产业的竞争格局。

创业融资

美国新罕布什尔大学（University of New Hampshire）的创业投资研究中心（Center for Venture Research）估计，美国每年大约有 30 万家成长中的公司和大约 5 万家初创公司急需资金，需求总额达到 600 亿美元以上。由于 85% 左右的初创公司因管理不善而注定要倒闭，银行在向没有信用记录的初创公司发放贷款时的要求总是非常苛刻，因而获得创业融资是美国小企业最艰巨的任务之一。美国国会于 1953 年成立了小企业管理局（Small Business Administration，SBA），以帮助小企业主。小企业管理局自成立以来已开发出十多种贷款计划，并在全国范围内成立了获得州政府支持的小企业发展中心（Small Business Development Centers），共同向小企业提供资金和服务。英特尔（Intel）、联邦快递（Federal Express）和耐克（Nike）在早期都曾得到小企业管理局的资助。小企业管理局的小额贷款计划（micro–loan program）向雇员少于 5 人的小企业提供最低 5000 美元的贷款，这一贷款计划被广泛用于贫困的乡村和城区，以扶持经济发展。但创业融资依然是大多数初创的小企业必须解决的生存难题，因为小企业的资金需求任何时候都远远超过小企业管理局的资金供应：小企业管理局的预算只占联邦政府预算的万分之四，而小企业创造的国内生产总值占美国国内生产总值的一半，雇员占全国雇员的 58%，提供的就业机会高达 75%。

　　信用卡对初创的小企业来说既是一种便利的支付工具，更是一条便捷的贷款途径。美国联邦储备委员会 1998 年发布的《小企业财务状况调查报告》（*Survey of Small Business Finances*，SSBF）显示：46% 的小企业主使用个人卡为自己的企业融资，并且有 12% 的人在免息期之后仍有未清偿信贷余额；34% 的小企业主使用企业卡为自己的企业融资，并且有 5% 的人在免息期之后仍有未清偿信贷余额，虽然比例较小，但呈上升趋势；从两个群体的重叠部分来看，12% 的小企业主两种卡都使用，1% 的小企业主两种卡都有未清偿信贷余额。多达 68% 的小企业主将信用卡用于企业融资，16% 的小企业主使用了循环信用功能，表明信用卡所提供的无抵押、可循环小额贷款功能对小企业主而言的确非常重要。[①] 该报告还显示：规模较大（雇员数达到 50 个人以上）的小企业倾向于使用企业卡，而规模较小（雇员数不超过 4 个人）的小企业则更多地使用个人卡。其部分原因是企业卡的审批条件通常比个人卡更严格一些。2001 年，美国有 1070 万户小企业主家庭拥有至少一张信用卡，这些家庭占美国所有小企业主家庭的 86%，而这些信用卡占美国所有信用卡授信额度的 20%、未清偿信贷余额的 16%。1989—2001 年，美国小企业主家庭所持有的信用卡的平均授信额度增长了 60%、平均未清偿信贷余额几乎翻了一番[②]。

　　美国银行与小企业管理局长期保持着密切的合作关系，是小企业管理局的所有合作银行中居第 2 位的小企业贷款提供者、居第 1 位的少数族裔小企业贷款提供者。2006 年 1 月 1 日，美国银行宣布已经完成对美信银行的收购，交易金额达到 342 亿美元。这次收购的目的之一就是扩大美国银行在消费者金融与小企业金融业务领域的既有优势。美国银行将其全部

---

① 《银行卡时代：消费支付的数字化革命》，第 122 页。
② 同上书，第 120 页。

业务划分为四条线：（1）消费者金融与小企业金融业务（Consumer and Small Business Bank）；（2）全球公司银行与投资银行业务（Global Corporate and Investment Banking）；（3）全球财富管理与投资管理业务（Global Wealth and Investment Management）；（4）以按揭贷款、房屋净值贷款、保险为主要内容的家庭金融服务（Mortgage，Home Equity，and Insurance Services）。信用卡是消费者金融与小企业金融的重要载体，收购美信银行，可以发挥美信银行 5000 多家合作机构的资源优势，扩大美国银行的信用卡业务规模。目前，美国银行不仅发行了维萨、万事达卡两个品牌的普通企业卡、白金企业卡，而且推出了以下两款联名卡：与全美独立企业联合会（National Federation of Independent Business，NFIB）合作发行的"NFIB 白金企业卡"（NFIB Platinum for Business Card）[1]，与财捷软件公司（Intuit Inc.）合作发行的"快账白金企业卡"（QuickBooks Platinum Business Card）[2]。

网络经济

电子商务（E‐Commerce）是网络经济的一个重要分支，已出现的交易模式主要有企业对个人（Business to Consumer，B2C）、企业对企业（Business to Business，B2B）和个人对个人（Peer to Peer，P2P）三种。电子支付是电子商务存在的基础，由于所有的电子支付几乎都只能依靠支付卡（主要是信用卡）来完成，电子商务及电子支付发展的速度越快，支付卡替代现金和支票的速度也就越快。

1. B2C。美国绝大多数 B2C 交易都是采用以下交易流程：顾客用卡支付从网上商户购物的全部货款，网上商户从收单机构获得相应的货款垫支，收单机构从顾客获得贷款清偿。网上商户可以分为两大类型：一类是原有的实体经济（"砖头 + 水泥"）的虚拟扩展，如萨克斯第五大道百货

---

① 全美独立企业联合会成立于 1943 年，其宗旨是促进和保护其会员建立、运营并扩大自己的企业，2007 年已拥有 60 万个会员。全美独立企业联合会通过汇总会员的购买力为会员提供优于市场价格的产品与服务，也向成员提供及时的信息以帮助他们在商业上获得成功。

② 快账软件（QuickBooks）是财捷软件公司研发并于 1992 年 3 月推出的小企业财务管理软件，在美国同类软件中已拥有最大的市场份额。财捷软件公司成立于 1984 年，是一家长期专注于研发和推广小企业财务管理软件、个人和家庭理财软件（Quicken）的专业软件公司。

公司旗下的购物网站（saksfifthavenue.com）；另一类是全新的网络经济（"网络 + 鼠标"）的现实运营，如世界上最大的网上书店亚马逊书店（Amazon.com Inc.）。B2C 交易显著提升了支付卡的重要性：传统的书店和报摊只有 45% 的消费，传统的唱片店只有 48% 的消费是借助支付卡完成的，而在亚马逊书店购买的书籍和唱片几乎都是用卡支付。2007 年 9 月 28 日，花旗集团与全球最大的在线旅行社意达旅行社（Expedia.com Inc.）宣布推出名为"花旗—感谢回馈网企业卡"（Citi Business Card with Thank You Network）的联名卡，实现了信用卡业务与 B2C 交易的紧密结合。持卡人使用该企业卡购物、预订意达旅行社的旅游产品，都可以获得感谢回馈网提供的积分回馈奖励（Thank You Points）。持卡人使用该企业卡在意达旅行社预订并乘坐任何航空公司的航班，都可以获得该航空公司提供的里程累积奖励。在此之前的 2006 年 11 月，花旗集团与意达旅行社旗下的感谢回馈网（Thank You Network）联合推出了持卡消费奖励计划。

花旗银行发行的维萨品牌、万事达卡品牌的企业卡

2. B2B。企业都有经常性的或临时性的采购需求，这些频繁发生的 B2B 交易使采购卡（Purchasing Card）有了用武之地。采购卡代替了纸质的采购单据和采购发票，这有助于用卡企业节省采购成本、简化采购流程，从而提高营运效率。采购卡还可以给用卡企业带来如下的两个好处：借助发卡机构提供的详细的交易报表，可以监控费用支出并削减不必要的开销；通过限制持卡人用卡的地点和金额，可以防止持卡人滥用采购卡。2006 年 5 月，汇丰控股集团（The HSBC Group）宣布推出专为香港企业设计的采购卡。汇丰控股集团计划在全球主要市场推出采购卡，首先在英

国、美国、巴西、土耳其、阿联酋、中国香港推出。汇丰控股集团的采购卡具有以下功能：可以为每名持卡人设定不同的签账上限，也可以限定持卡人在指定类别的商户签账，以避免产生未获准许的采购交易；可以设定每个账户单日/单次交易金额的上限，也可以设定单日/每个账单周期的交易次数；每月定期向用卡企业发送交易报告和账户结单，便于用卡企业监控其采购开支；免费提供公司免责保障，以免用卡企业因持卡人不当使用采购卡而遭受到损失。中国香港发行的采购卡按持卡数量收取年费：持卡数量1—30张，每张收350港元；31—40张，每张收300港元；41—60张，每张收250港元；61张以上，每张收200港元。

3. P2P。网上P2P交易的绝大多数卖主都不接受买主用卡支付，而现金和支票对买卖双方来说都很麻烦，这就为那些具有公信度、提供第三方支付（Third-Party Payments）服务的在线支付平台创造了巨大的商机和广阔的前景。成立于1995年9月的伊贝公司（ebay.com Inc.）是目前全球最大的P2P在线交易平台，2002年10月收购了成立于1998年12月的在线支付平台佩尔宝公司（PayPal.com Inc.）。目前佩尔宝支付网已将其在线支付服务扩展到190个国家和地区，支持23种货币的收款和付款，注册用户达到1.4亿，成为全球最大、交易最为活跃的在线支付平台。2006年5月，GE消费者金融集团（GE Money）推出了新版伊贝信用卡（ebay MasterCard Credit Card）和佩尔宝信用卡（PayPal Plus Credit Card），两款信用卡都采用了万事达卡品牌。伊贝信用卡发轫于2004年6月，其发行对象是GE消费者金融集团的客户，持卡人将其信用卡卡号注册为ebay.com的用户号，就可享有伊贝公司为ebay.com用户提供的买家信用。新版伊贝信用卡、佩尔宝信用卡沿袭了这一功能，除此之外持卡人还可以在万事达卡公司的所有特约商户持卡消费，获得万事达卡公司提供的额外安全保护和GE消费者金融集团提供的积分回馈奖励。伊贝公司和佩尔宝公司还提供这两种信用卡的在线申请服务。

借记卡的腾飞

美国的借记卡发卡机构主要是商业银行和证券公司，发行借记卡的目的乃是向其存款客户提供与支票账户相关的一揽子服务，以吸引新客户和维系老客户。商业银行和证券公司都没有把借记卡作为独立的金融产品来提供，而是以捆绑销售的方式向其存款客户提供一系列服务，主要包括支票服务、柜员服务、ATM 服务、经纪服务、网上银行服务和电话银行服务。这些服务，除经纪服务外，通常都不收费，而借记卡持卡人用卡消费却可以给发卡机构带来交换费收入，因而可以在一定程度上弥补了发卡机构提供不收费服务的成本。由于签名借记卡的交换费平均要比密码借记卡高出 4 倍以上，发卡机构更倾向于鼓励消费者使用签名借记卡，可选择的一个方法就是对使用密码借记卡的消费者收取一定费用。但是，在 20 世纪 90 年代中期，即借记卡发展的早期，消费者往往对借记卡交易收费心存抵触，而且也分不清两种借记卡有什么区别，因而绝大多数发卡机构对两种借记卡交易都不收费，即使是对密码借记卡交易收费的发卡机构也实行了优质客户豁免政策。随着消费者逐渐熟悉密码借记卡和签名借记卡，一些发卡机构有选择地开始向某些低额存款账户的密码借记卡交易收费。

签名借记卡的交换费远高于密码借记卡的状况引起了特约商户的强烈不满。1996 年，以沃尔玛为首的 18 家零售商会同 3 家零售商协会发起了"维萨/万事达卡签名借记卡反垄断诉讼"，起诉两大信用卡组织的"受理所有卡片规则"，涉嫌将信用卡和签名借记卡进行捆绑销售，触犯了反垄断法。2000 年 2 月，布鲁克林联邦地方法院裁定该案属于集体诉讼，作为原告的商户数量已经增加到 400 万家。该案于 2003 年 6 月达成庭外和解，此时作为原告的商户数量又增加到 500 万家。诉讼双方和解的主要条件是：在今后十年内，两大信用卡组织赔偿零售商 30.5 亿美元（维萨支付 20.25 亿美元，万事达卡支付 10.25 亿美元），所有的赔偿金将按所有参与诉讼的零售商在 1992—2003 年期间处理的借记卡交易量份额折抵其损失；自 2003 年 8 月 1 日起，两大信用卡组织将其借记卡交换费降低至少 1/3；两大信用卡组织同意在应用"受理所有卡片规则"时区别对待信用卡产品和借记卡产品。这起诉讼，从表面上看是"受理所有卡片规则"造成了信用卡和借记卡之间的非法的捆绑销售，实质却是零售商们认为两大竞合组织制定的签名借记卡交换费水平远高于密码借记卡。

借记卡在 1990—2002 年期间的腾飞大大加快了虚拟货币替代实体货币的进程：签名借记卡的发卡总量从仅 910 万张增加到 1.749 亿张，消费交易笔数从仅 1.014 亿笔增加到 82 亿笔，消费交易金额从仅 71 亿美元增加到 3178 亿美元；密码借记卡的发卡总量增长没有那么迅猛，但其消费交易金额的增长幅度同样巨大，从仅 35 亿美元增加到 1622 亿美元；到 2003 年，借记卡的发卡总量和消费金额均占所有支付卡的 29%①。随着借记卡的日益普及，有相当多的商业银行只是为了发行借记卡而加入竞合组织。自 20 世纪 90 年代末以来，已有不少商业银行通过发行联名卡推出借记卡积分回馈计划，如美国银行于 1999 年 9 月与 3 家航空公司分别推出了联名借记卡。

智能卡的困厄

目前全世界 90% 以上的信用卡都属于磁条卡：在塑料卡背面镶嵌磁条，该磁条可记录持卡人信息，这些信息可通过 ATM 和 POS 终端来识别和读取。智能卡则是将集成电路芯片封装在塑料卡内部所制成的信用卡。智能卡最早是由法国的罗兰·莫雷诺（Roland Moreno）于 1974 年发明的，1984 年被应用于电话卡并获得意想不到的成功。智能卡具有良好的安全性和可靠性：每个芯片都有一个个人密码，持卡人信息存储在芯片中没有存储在磁条中那么容易被窃取；特约商户借助受理终端比对和验证持卡人输入的密码与芯片已存储的密码，可以避免通过电话寻求交易授权。当今的智能卡芯片包含了微处理器单元（CPU）、存储单元、输入和输出接口单元三个功能单元，因而也被称为 CPU 卡。由于具有良好的处理能力和上佳的保密性能，CPU 卡成为智能卡的主要发展方向之一。目前 CPU 卡在美国的普及程度不高，主要原因是基于 CPU 卡技术的信用卡双边市场平台还没有搭建好：卡片的功能取决于专为微处理器单元的操作系统编写的应用程序，使用智能卡的人必须达到足够多的数量，围绕新的应用功能建立新的信用卡业务模式才有意义；具有吸引力的应用功能必须足够多，才能给持卡人带来更多的用卡价值，发卡机构才有足够的动力去发行这种智能卡并谋求增加发卡量。

塔吉特（Target）折扣店集团发行智能卡的过程表明，为智能卡找到成功的盈利模式并不是那么容易。该集团是美国仅次于沃尔玛的第二大平价零售商，于 1995 年向其优质客户推出了命名为"塔吉特顾客卡"（Target Guest Card）的私标卡。2001 年 9 月，该集团从现有的私标卡持有人

---

① 《银行卡时代：消费支付的数字化革命》，第 283—284 页。

中精挑细选出特别优质的客户，以邮寄的方式向他们发行维萨品牌的智能卡，并在几乎所有的连锁折扣店都安装了智能卡读卡器。该集团发行智能卡的目的是推行客户忠诚计划，向最为优质的客户提供个性化的用卡体验和奖励。为了使持卡人能够通过该集团的网站管理其个人账户，该集团不仅免费提供智能卡读卡器，而且还提供电子优惠券，持卡人可以先用智能卡下载电子优惠券，然后前往该集团的连锁折扣店的收银台兑换礼品。塔吉特智能卡推出仅 3 个月持卡人就达到了 200 万人，到 2003 年，塔吉特折扣店集团已拥有 900 万智能卡持卡人，在维萨国际组织业已推出的 1200 万张智能卡中占了最大的份额。作为一家全国性的、超大型的零售商户，塔吉特折扣店集团利用旗下的一系列连锁折扣店和其他零售商建立起一个全国性的智能卡受理网络。但是，即便是这样，该集团仍不得不于 2004 年 3 月宣布逐步中止其智能卡推广计划，其理由是：由于智能卡芯片的功能"应用有限"，仅有 1/4 的顾客卡持有人转为智能卡持有人。

由于智能卡的业务模式和盈利前景都不明朗，美国发卡机构缺乏足够的动力进行市场推广，对 EMV 迁移的态度也不积极。EMV 是由欧洲支付国际公司、万事达卡国际组织、维萨国际组织联合制定的集成电路卡国际规范（Europay – MasterCard – Visa Integrated Circuit Card Specifications）的简称，于 1994 年 6 月发布了 1996 年版，1998 年 5 月升级为 2000 年版。该规范统一了智能卡在借记、贷记领域应用的技术标准，目的是遏止日益增长的磁条信用卡欺诈和伪冒风险、提高支付交易的安全性和可靠性。1999 年 2 月，三大国际信用卡组织成立了 EMV 有限公司（EMV Co.），负责在全球范围内管理、维护 EMV 及推进 EMV 迁移。EMV 迁移就是将磁条卡转换为 EMV 智能卡的总体计划，涉及卡片更换、受理终端（ATM，POS）的更换及改造、交易处理系统（发卡系统、收单系统和转接系统）的升级换代、特约商户及持卡人培训等，是一个庞大的系统工程，要求发卡机构制定详尽的实施方案。从全球各区域 EMV 迁移情况来看，欧洲进展最快，其次是亚太区。截至 2006 年年末，全球已发行的符合 EMV 标准的智能卡总数达到 5.52 亿张，已安装的符合 EMV 标准的智能卡受理终端达到 580 万台。而在美国，由于磁条信用卡欺诈和伪冒案件的发案率一直比较低，发卡机构普遍对 EMV 迁移持观望态度。

繁荣时期，发卡机构之间竞争的最直接结果就是信用卡信贷逐步向更

广泛的社会和经济阶层扩展。2001 年，美国的信用卡可用信用额度超过
了 4 万亿美元；1989—2001 年，持有信用卡的美国家庭总数从 5210 万户
增长到 7740 万户，增长了 48.6%，年平均增长率为 3.4%；在同一时期，
按美国家庭总数计算的户均信用卡可用信用额度增长了 146%，年平均增
长率达到 7.8%；而按持有信用卡的美国家庭总数计算的户均信用卡可用
信用额度增长了 90%，年平均增长率达到 5.5%①。尽管如此，持有信用
卡的美国家庭的债务行为，从总体上来看是理性的。据《消费者财务状
况调查》关于 2001 年美国家庭负债状况的统计，在其信用卡有未清偿信
贷余额的家庭中，大约 75% 的家庭用年收入的不到 11% 全额偿还信用卡
债务，有 50% 的家庭在偿还信用卡债务方面的花费不到年收入的 4%，仅
有 1% 的家庭需要用年收入的至少 80% 偿还信用卡债务②。也就是说，在
持有信用卡的美国家庭中，大部分都是负责任的，不负责任的只有很少一
部分。发卡机构之间的竞争还对美国信用卡产业产生了双重效果：其直接
效果是市场集中度的提高，其间接效果则是专业化程度的提高。

市场集中度的提高

　　衡量信用卡产业市场集中度的首要指标就是前十大发卡机构的未清偿
信贷余额所占的市场份额。这是因为：其一，未清偿信贷余额即发卡机构
的资产总额，资产总额越大，意味着发卡机构的综合实力越强。其二，循
环利息收入已是美国信用卡产业的第一大收益项，而循环利息收入来自未
清偿信贷余额中的循环信用余额，循环信用余额越大，意味着发卡机构的
盈利能力越强。

　　从未清偿信贷余额来看，在整个繁荣时期，美国信用卡产业的市场集
中度有了非常明显的提高。前 10 大发卡机构的市场份额，1993 年为
55.4%，2005 年提高到 87.16%，提高了近 32 个百分点，2006 年则比
2005 年略有下降，为 86.95%；前 5 大发卡机构的市场份额，2005 年已

①　《银行卡时代：消费支付的数字化革命》，第 103、104 页。
②　同上书，第 112 页。

高达 70.97%，2006 年与 2005 年相比也略有下降，为 70.27%①。由此看来，没有一家发卡机构能够主导整个产业。

市场集中度提高的最直接原因：大规模并购

美国信用卡产业的市场集中度提高，最直接原因就是超大型发卡机构频繁发起针对竞争对手的大规模并购。大规模并购改变了信用卡产业的竞争格局。2004 年 1 月，摩根大通银行宣布，将兼并美一银行（Bank One Corp.）。交易于 2004 年 7 月 1 日完成，交易金额达到 560 亿美元。两家银行原来的信用卡未清偿信贷余额均位居前五名，合并后的摩根大通银行的信用卡未清偿信贷余额一举超越了多年雄踞第一的花旗集团。2005 年 6 月 30 日，美国银行宣布，将兼并全球最大的独立发卡公司美信银行。交易于 2006 年 1 月 1 日完成，交易金额为 342 亿美元。此前，两家银行的未清偿信贷余额位居第三和第四，合并后的美国银行的未清偿信贷余额又超过了摩根大通银行，跃居全球第一。借助大规模的并购交易，美国银行和摩根大通银行在资产规模上都超过了花旗集团。

近年来，美国的信用卡产业频繁发生大规模并购，其原因是多方面的。信用卡产业已发展成为没有边界的多边市场产业，成规模的并购有助于发卡机构在更高层次上追求规模经济和范围经济；争夺和保持信用卡产业市场领导者地位，可以在更高层次上分散风险，减少波动，在某种程度上已成为超大型发卡机构的必然选择；20 世纪 90 年代中期以来，信息技术获得了长足发展，信用卡交易处理系统足以支持日益庞大的发卡业务规模，信用卡信息管理系统也足以支持日益复杂的经营管理决策；并购还可以减少竞争对手数量，丰富自身产品组合，从而增强发卡机构对合作机构，特别是国际信用卡组织的谈判能力。

2007 年前 10 大发卡机构

考察 2007 年前 10 大发卡机构，有助于我们掌握美国信用卡产业市场集中度的更多信息，进而更为全面地了解美国信用卡产业的发展现状。美国信用卡产业通常采用未清偿信贷余额、交易总金额和信用卡利润三个指

---

① 周琼：《近年美国银行卡市场的新动向》，《银行卡与受理市场》2007 年第 7 期。

标进行前 10 大发卡机构年度排名。

2007 年美国前 10 大发卡机构（按未清偿信贷余额排名）

商业银行 6 家，独立发卡公司 1 家（第一资本），基金公司 1 家（华盛顿共同基金），专营组织 2 家（美国运通和发现金融）。排名第 1—5 的前 5 家发卡机构的未清偿信贷余额，合计 5809.8 亿美元；排名第 6—10 的后 5 家发卡机构的未清偿信贷余额，合计 1492.9 亿美元，前者比后者多 2.89 倍，两者在前 10 大发卡机构中的占比分别为 79.56% 和 20.44%。排名第一的美国银行比排名第十的联邦储蓄银行多 8.64 倍，两者在前 10 大发卡机构中的占比分别为 22.48% 和 2.33%。

表 2.2 　　 **2007 年美国前 10 大发卡机构（按未清偿信贷余额排名）**

单位：亿美元、%

发卡机构	未清偿信贷余额	占比
1. 美国银行（Bank of America）	1641.9	22.48
2. 摩根大通（J. P. Morgan Chase）	1504.6	20.60
3. 花旗银行（Citigroup）	1105.7	15.14
4. 美国运通（American Express）	968.0	13.26
5. 第一资本（Capital One）	589.6	8.07
6. 发现金融服务公司（Discover）	479.3	6.56
7. 汇丰银行（HSBC）	310.0	4.25
8. 华盛顿共同基金（Washington Mutual）	272.4	3.73
9. 富国银行（Wells Fargo）	260.8	3.57
10. 联邦储蓄银行（USAA Savings）	170.4	2.33
合计	7302.7	100

资料来源：《尼尔森报告》第 896 期。

2007 年美国前 10 大发卡机构（按交易总金额排名）

商业银行 6 家，独立发卡公司 1 家（第一资本），非银行金融机构 1 家（GE 消费者金融），专营组织 2 家（美国运通和发现金融）。排名第

1—5 的前 5 家发卡机构的交易总金额，合计 15447.9 亿美元，排名第 6—10 的后 5 家发卡机构的交易总金额，合计 3041.9 亿美元，前者比后者多4.08 倍，两者在前 10 大发卡机构中的占比分别为 83.55% 和 16.45%。排名第一的美国运通比排名第十的 GE 消费者金融多 14.86 倍，两者在前 10 大发卡机构中的占比分别为 24.17% 和 1.52%。

表 2.3　　　　　　2007 年美国前十大发卡机构（按交易总金额排名）

单位：亿美元、%

发卡机构	交易总金额	占比
1. 美国运通（American Express）	4469.2	24.17
2. 摩根大通（J. P. Morgan Chase）	3617.6	19.57
3. 美国银行（Bank of America）	3397.1	18.37
4. 花旗银行（Citigroup）	2710.5	14.66
5. 第一资本（Capital One）	1253.5	6.78
6. 发现金融服务公司（Discover）	1066.2	5.77
7. 合众银行（U. S. Bancorp）	704.5	3.81
8. 富国银行（Wells Fargo）	503.4	2.72
9. 汇丰银行（HSBC）	486.0	2.63
10. GE 消费者金融（GE Money）	281.8	1.52
合计	18489.8	100

注：交易金额 = 刷卡消费金额 + 预借现金金额。

资料来源：《尼尔森报告》第 895 期。

2007 年美国前 10 大发卡机构（按信用卡利润排名）

商业银行 6 家，独立发卡公司 1 家（第一资本），非银行经济体 1 家（塔吉特折扣店集团），专营组织 2 家（美国运通和发现金融）。排名第1—5 的前 5 家发卡机构的利润，合计 134.4 亿美元；排名第 6—10 的前 5家发卡机构的利润，合计 53.1 亿美元，前者比后者多 1.53 倍。10 家发卡机构信用卡利润占总利润的平均水平为 23.7%。排名第一的美国银行的信用卡利润比排名第十的塔吉特折扣店集团多 5.18 倍，排名第七的汇丰银行的总利润比排名第六的发现金融多 20.54 倍。

表 2.4   2007 年美国前 10 大发卡机构（按信用卡利润排名）

单位：亿美元、%

发卡机构	信用卡利润	总利润	信用卡利润占比
1. 美国银行（Bank of America）	37.1	149.8	24.8
2. 摩根大通（J. P. Morgan Chase）	29.2	153.7	19.0
3. 花旗银行（Citigroup）	28.7	36.2	79.4
4. 第一资本（Capital One）	21.2	25.9	81.7
5. 美国运通（American Express）	18.2	40.5	45.0
6. 发现金融服务公司（Discover）	15.0	9.5	159.2
7. 汇丰银行（HSBC）	11.8	204.6	5.8
8. 合众银行（U.S. Bancorp）	10.8	43.2	24.9
9. 富国银行（Wells Fargo）	9.5	80.6	11.8
10. 塔吉特折扣店集团（Target）	6.0	46.3	13.0
合计	187.5	790.3	23.7

资料来源：《尼尔森报告》第 898 期。

综合来看上述三项排名，可以看到共有 8 家发卡机构的 3 项指标都在前 10 大发卡机构排名之列。这 8 大发卡机构资产收益率的平均水平为 2.49%，汇丰银行最高（3.81%），美国运通最低（1.88%）。

表 2.5   2007 年美国前 8 大发卡机构的资产收益率   单位：亿美元、%

发卡机构	信用卡利润	未清偿信贷余额	资产收益率
1. 汇丰银行（HSBC）	11.8	310	3.81
2. 富国银行（Wells Fargo）	9.5	260.8	3.64
3. 第一资本（Capital One）	21.2	589.6	3.60
4. 发现金融服务公司（Discover）	15.0	479.3	3.13
5. 花旗银行（Citigroup）	28.7	1105.7	2.60
6. 美国银行（Bank of America）	37.1	1641.9	2.26
7. 摩根大通（J. P. Morgan Chase）	29.2	1504.6	1.94
8. 美国运通（American Express）	18.2	968	1.88
合计	170.7	6859.9	2.49

资料来源：《尼尔森报告》第 896、898 期。

专业化程度的提高

回顾美国信用卡产业 50 多年来的发展历程，可以看到，这是一个专业化程度不断提高的渐变过程。以美国信用卡产业发展的三个历史时期为坐标，这个渐变过程可以分为先是合，然后分，再到合的三个时期，即：（1）初创时期，发卡机构既做发卡业务又做收单业务；（2）成长时期，先是收单业务与发卡业务分离，随后是收单处理业务与收单业务分离，最后是发卡处理业务与发卡业务分离；（3）繁荣时期，特别是进入 21 世纪以来，第三方机构的信用卡业务处理一体化逐渐形成了规模，预示着美国信用卡产业发展的新趋势。

初创时期：发卡业务与收单业务合一

在美国信用卡产业发展的初创时期，发卡机构走的都是既做发卡业务又做收单业务的发展路径。长期以来，专营组织一直是独自承做用卡客户端全部的发卡业务和发卡处理业务、特约商户端全部的收单业务和收单处理业务，早期的大来俱乐部、美国运通公司就是如此。如今的美国运通公司、发现金融服务公司依然如此。竞合组织早期的绝大部分会员银行都是从同时拓展用卡客户和特约商户做起的。由于跨州设立分行、跨州经营业务都受到法律限制，这些银行都只能在单一的州、郡、城镇开展信用卡业务，并且同时向用卡客户和特约商户提供服务。那些规模较大、实力较强的银行兼做发卡业务和收单业务是很自然的事情，因为，这样做有助于与用卡客户和特约商户保持更良好的业务关系。因此，当时的大部分交易都是属于"行内交易"（in-house transaction），即发生在本行用卡客户与本行特约商户之间的交易。

20 世纪 60 年代后期，不少中小银行出于为客户提供更多服务的考虑，加入了发卡机构行列。但是，建立、运作发卡处理系统和收单处理系统投入大、成本高，多数中小银行难以承受。要解决这个问题，有两种方案可供中小银行选择：其一是加入某个区域性的交易处理竞合组织，如东部各州银行卡协会、西南部各州银行卡协会、大西洋沿岸各州银行卡协会等，这些组织成立的初衷之一就是能为会员银行提供交易处理服务；其二是购买第三方机构提供的交易处理服务，这时的第三方机构就是兼做发卡业务和收单业务的大型银行。前文我们已有描述：第一种方案促成了银行间卡协会的诞生，该协会后来逐渐发展成为万事达卡国际组织；而第二种方案则促成了全国美国银行卡公司的诞生，该公司后来逐渐演变成为维萨国际组织。在这个时期，交易处理是依靠电话授权、纸质单据、往来函件和手工操作来完成的。

成长时期：三个分离

1976 年，美国的零售业开始使用销售终端（Point of Sale，POS）系统和机具。随着 POS 系统逐渐完善、POS 机具逐步普及，信用卡发卡业务和收单业务（特别是发卡业务处理和收单处理业务）的业务流程变得更为复杂，整个业务流程可分解为以下八个业务步骤：

第一步：发卡机构寻找目标客户，目标客户向发卡机构申请信用卡。

第二步：发卡机构对目标客户的申请进行征信审核，核准之后发卡。

第三步：发卡机构建立信用卡账户，将主卡持卡人、附属卡持卡人的客户资料和账户信息归属于该账户→制作带有信用卡组织和本机构品牌标识的主卡、附属卡→将主卡、附属卡寄送给主卡持卡人。

第四步：收单机构寻找目标商户，与愿意受理发卡机构品牌信用卡的目标商户签订受理协议，安装 POS 机具，培训受理人员。

第五步：持卡人前往特约商户消费→持卡人借助特约商户的 POS 机具刷卡支付→特约商户将交易信息发送至收单机构→收单机构通过信用卡组织将交易信息发送至发卡机构→发卡机构通过信用卡组织将授权结果回送至收单机构→收单机构将授权结果回送至特约商户的 POS 机具→特约商户的 POS 机具显示授权结果，核准用卡则打印签购单，未核准用卡则该笔刷卡交易结束→持卡人核对交易内容、确认交易金额后在签购单上签名，该笔支付交易完成。

第六步：特约商户凭持卡人签名的签购单向收单机构请款→收单机构确认并在扣除商户折扣之后付款给特约商户→收单机构通过信用卡组织每月与发卡机构清算支付交易款项，发卡机构确认并在扣除交换费之后付款给收单机构。

第七步：若持卡人因对交易内容或交易金额有异议而退单，发卡机构通过信用卡组织与收单机构按既定的规则解决争议。

第八步：发卡机构每月汇集信用卡账户信息及积分信息→每月向主卡持卡人寄送月度账单（持卡人核对账单内容、确认账单金额后在约定的还款日还款给发卡机构）→对主卡持卡人的信用卡账户和未清偿信贷余额进行动态管理，若持卡人延期还款则启动账款催收程序。

在上述八个业务步骤中，第一、二、三、八步属于发卡业务，其中第三、八步属于发卡处理业务；第四、五、六、七步属于收单业务，其中第五、六步属于收单处理业务。这八个业务步骤，一环扣一环，看上去是一个整体，实则为新的第三方机构加入信用卡产业提供了巨大的商机。在利益驱动和技术进步的双重作用下，新的第三方机构为美国信用卡产业的专业化分工推波助澜，使整个产业依次出现了三个分离。

1. 收单业务与发卡业务分离。20 世纪 70 年代中后期，收单业务与发卡业务逐渐分离，其初始原因就是：加入发卡机构行列的中小银行日渐增多，迫切需要有更多的选择来获得信用卡交易处理服务，而新的第三方机构早已应运而生。美国中部银行卡协会（The Mid – America Bankcard Association）成立于 1969 年，原本是一个区域性的交易处理竞合组织，1971 年 6 月，第一数据资源公司（First Data Resources Corp.）收购了该协会，使之转型成为一家提供信用卡交易处理服务的非银行专业公司，以后逐步发展成为第一资讯公司（First Data Corp.），此即当今全球最大的第三方机构。专业化处理机构处理的信用卡交易逐步增多，使发卡业务与发卡处理业务、收单业务与收单处理业务之间的界限变得更加模糊。到 1981 年，已有大约 36% 的发卡处理业务、与该比例相当的收单处理业务外包给第三方机构。

中小银行走捷径发展其信用卡业务的做法对一些大银行产生了示范效应。1981 年 8 月，大通曼哈顿银行退出收单业务领域，将其收单业务全部出售给全国银行卡公司（National Bankcard Corp.）；不少大银行随即作出反应，也退出了收单业务领域。整个 20 世纪 80 年代，来自独立发卡公司和专营组织的竞争压力逐渐加大，更多的发卡银行逐渐意识到：收单业务的利润不仅明显低于非信用卡的银行业务，而且也低于信用卡发卡业务。这种认识诱导更多的大银行如化学银行、汉华银行等在 80 年代末退出了收单业务领域。作为战略重估和机构重组的重要依据之一，这些银行认为，为了能更好地做自己擅长做的发卡业务，收单业务最好是转让给专业化处理机构。结果，在竞合组织的收单业务总量中，非银行收单机构的占比从 70 年代前期的零上升到 1988 年的 9%，到 2002 年已高达 36%。

2. 收单处理业务与收单业务分离。20 世纪 80 年代中期至 90 年代中期，收单处理业务越来越依赖新技术（例如，电子化的商户交易处理系统、网络化的账户数据交换系统等），收单处理业务的流程越来越复杂，成本也越来越昂贵，成为一项除一些国际性大银行外其他银行无法承受的业务。为了确保收单处理业务条线能持续地获得所需要的资金，一些选择继续保留收单业务及收单处理业务的银行走出了一条新路：部分或全部拆收单处理业务条线，使之成为上市公司。这种做法使其他银行意识到：将收单处理业务与其他银行业务整合在一起并没有太大的意义，自行提供收单处理服务并没有太大的必要。许多大银行没能力或不愿意继续进行维持收单处理业务的资本投入，因而选择完全退出，而第三方机构则抓住时机补缺。到 2002 年，第三方机构主导了收单处理市场，占据了 70% 以上的处理量。

收单处理机构为获得收单机构的收单处理业务而展开竞争，兼做收单业务的收单处理机构甚至还会为获得那些不做收单处理业务的收单机构的业务而展开争夺。随着业务量的持续扩张，收单处理机构的收单处理成本显著降低并让利给特约商户，实现了收单处理机构和特约商户的双赢。1996—2002 年，第一资讯公司每笔交易的平均成本大幅度下降了 25.8%（从平均 26.7 美分降低到 19.8 美分），平均收益大幅度下降了 27.7%（从平均 37.5 美分降低到 27.1 美分）；在此期间，其商户服务部门的营业利润率从 28.9% 降到 26.7%，营业收入从 13 亿美元增至 28 亿美元，年均增长达到 13%[①]。第一资讯公司将自身定位于收单机构的合作伙伴而不是竞争者，以使收单机构可以更专注地与特约商户开展深入的业务合作、维持良好的合作关系，而不必担心来自第一资讯公司的竞争威胁。

3. 发卡处理业务与发卡业务分离。发卡处理业务与发卡业务分离同样发生在 20 世纪 80 年代中期至 90 年代中期，因为这一时期发卡处理业务对新技术的依赖不亚于收单处理。当时，绝大多数小型发卡机构（如

---

① 《银行卡时代：消费支付的数字化革命》，第 264 页。

信用社、储蓄和信贷机构、小银行等）都是依靠第三方机构提供全套的发卡处理服务（从卡片制作到卡片寄送、从账户管理到账款催收、从汇集记账信息到寄送月度账单，等等），对这些发卡机构来说，发行信用卡不过是向客户提供的一揽子服务的一部分，只要能够继续拥有并管理客户关系，这些发卡机构非常乐意让专业化机构代为完成全部发卡处理工作。一些大型发卡机构（如美国银行）发现自己在拓展用卡客户和管理客户关系方面具有相对优势，因而选择将发卡处理业务外包给第三方机构。1981—2002 年，第三方机构拥有的发卡处理业务市场份额从 36% 上升到 2002 年的 71% 以上。

发卡处理机构为获得发卡机构的发卡处理业务而展开竞争，而对国际化大银行发卡处理业务的争夺更是具有战略意义。国际化大银行自行处理的发卡处理业务占美国国内交易量的 43% 和国外交易量的 93%，已经取得市场领先者地位的发卡处理机构无不将国际化大银行作为其重点争夺对象或主要竞争对手。由于市场竞争加剧、技术进步加快和规模经济效益增加，发卡处理机构的发卡处理费用显著降低并让利给发卡机构，实现了发卡处理机构和发卡机构的双赢。1996—2002 年，第一资讯公司对每个信用卡账户的平均收费大幅度下降了 22.1%（从平均 6.12 美元降低到 4.77 美元），从每个信用卡账户获得的平均收益大幅度下降了 23.8%（从平均 7.77 美元降低到 5.92 美元）。在此期间，其发卡机构服务部门的营业利润率从 21.2% 下降到 19.4%，营业收入从 13 亿美元增加到 28 亿美元。[①]

繁荣时期：信用卡业务处理的一体化趋势

进入 21 世纪以来，信用卡业务处理一体化的征兆在美国信用卡产业渐趋明显，印证了《三国演义》第一回的那句名言：天下大势，分久必合，合久必分。第一资讯公司所扮演的多重角色为这种征兆提供了最好的注解：作为 2002 年美国第 6 大收单机构，该公司是美国 12% 的特约商户的直接收单机构，其收单交易量占美国特约商户收单交易总量的 36.2%（直接收单占 7.7%，间接收单占 28.5%）；作为 2002 年美国最大的收单处理机构，该公司至少处理了美国特约商户交易总量的 32%、竞合组织

---

① 《银行卡时代：消费支付的数字化革命》，第 285 页。

特约商户交易总量的 38%；作为 2002 年美国最大的发卡处理机构，该公司为 33% 的美国持卡人账户、41% 的竞合组织持卡人账户提供了发卡处理服务；作为美国最大的密码借记卡网络的拥有者，2002 年该公司密码借记卡交易量的市场份额高达 53%，而维萨国际组织的市场份额虽排名第二，却只占了 16% 的市场份额①。

近几年来，信用卡业务处理一体化出现了某些新范式：收单机构与收单处理机构组建合资公司，通过收单处理业务与收单业务一体化外包寻求规模经济效益和范围经济效益。2005 年 9 月，汇丰控股集团与环球支付公司（Global Payments Inc.）签订战略合作协议，组建合资公司环球支付亚洲太平洋有限公司（Global Payments Asia – Pacific Limited），为汇丰银行遍布 10 个亚太国家和地区的 4.5 万多家商户提供收单及收单处理服务。2008 年 6 月 18 日，两者又签订战略协议，组建合资公司汇丰商户服务公司（HSBC Merchant Services Inc.），为汇丰银行在英国的 13.5 万家商户提供收单及收单处理服务。汇丰控股集团并不是简单地将收单业务或收单处理业务外包，而是与环球支付公司共同拓展其收单业务和收单处理业务，在商户开发、商户管理、商户维护、商户服务诸多领域开展一体化、全方位的合作。

∞ ∞

2007 年 3 月，美国爆发了因次级抵押贷款机构宣布破产，次级债券投资基金被迫关闭而导致金融市场剧烈震荡，经济衰退更为加剧的次贷危机（又称次债危机），到 2007 年 8 月，次贷危机已经席卷美国、欧盟和日本等地世界各主要金融市场。2008 年 4 月 15 日，经济合作与发展组织估计，次贷危机所造成的损失将高达 4220 亿美元（其中美国的损失约为900 亿美元）；要消化如此大的损失，需要半年到一年的时间；而要使金融市场得到恢复，则需要一年到一年半的时间。7 月 23 日，华盛顿互惠基金宣布其信用卡部门出现 1.75 亿美元亏损，其主要原因是信用卡违约率上升、市场流动性短缺导致部分信用卡债务债券销路不畅。美国运通公司、美国银行、花旗银行、摩根大通银行等发卡机构的信用卡业务均因持

---

①　《银行卡时代：消费支付的数字化革命》，第 267、268、274 页。

卡人还款压力加大而面临困境。美国联邦储备委员会的统计数据显示，目前，美国信用卡未清偿信贷余额已高达 2.57 万亿美元，平均每个持卡人欠债 8400 美元，比 8 年前高出近七成。美国业内人士认为，美国各大银行的信用卡部门均面临类似困境，次贷危机正逐步从房贷向信用卡领域扩散。截至 2008 年 8 月 29 日，美国已有 12 家金融机构因受次贷危机拖累而宣告破产。

麦比乌斯带

次贷即次级住房抵押贷款的简称，而次债则是次级住房抵押债券的简称，次债是次贷的证券化。次级住房抵押贷款是指美国一些贷款机构面向收入水平偏低和信用程度较差的美国家庭提供的贷款，由于短期利率上升导致还款负担加重，且住房市场的持续降温又使购房者出售住房或通过抵押住房再融资变得困难，这种局面直接导致众多的次级住房抵押贷款借款人不能按期偿还贷款，资金链骤然断裂，使得次贷发放机构和次债发行机构发生了流动性短缺，进而引发了"次贷危机"。以住房为代表的"美国梦"是美国各级政府和所有的美国人的一致追求，为了让更多的美国人，特别是中低收入家庭能早日实现其"美国梦"，美国的金融家们发明了次贷和次债，从而降低了中低收入家庭购买住房的门槛。因此，次贷危机再一次反映了美国社会的经济外壳与文化内核之间的不和谐，并且这种不和谐带有周期性。

《次贷危机》一书的作者辛乔利和孙兆东认为，大数法则保证了金融系统通常的稳定性，但美国次贷危机却在某种程度上向人们暗示大数法则失灵了。这种看似警世的、带有预言性质的说法未免有故作惊人之语的嫌疑。所谓大数法则，就是风险事件的概率总是遵循正态分布规律，不会出现所有的人同时犯同样错误的现象，出现问题的毕竟是少数。信用卡产业运作和发展的核心机理即大数法则，宣告大数法则失灵，无异于宣告信用卡产业已经成为无本之木、无源之水。从美国次贷危机爆发的过程看，次贷危机的成因是多方面的，其中一个重要原因就是过度负债。但是，迄今为止，并没有证据表明美国国民的债务行为发生了明显变异，次贷危机充其量是市场失灵的结果，且与经济衰退互为因果。我们可以预期：美国的负债型经济和信用卡产业仍将继续发展，如同象征着无限发展和循环的麦比乌斯带一样。

下篇　信用卡嘉年华2.0版

第三章　激情燃烧的岁月

　　世界是你们的，也是我们的，但是归根结底是你们的。你们青年人朝气蓬勃，正在兴旺时期，好像早晨八九点钟的太阳，希望寄托在你们身上！

——毛泽东

　　中国信用卡产业是在中国银行业渐进式改革和发展的大环境中起步和发展的，大致可以划分为以 1995 年、2002 年这两个关键年份为节点的三个发展阶段：启蒙阶段、初创阶段和起步阶段。目前，中国信用卡产业仍处于起步阶段，正可谓任重而道远。

中国银行业的渐进式改革和发展

　　中国信用卡产业的起步和发展离不开中国银行业的改革和发展这个大环境。中国银行业改革是在传统计划经济向社会主义市场经济转轨的大背景下进行的，经历了一个长时期的演变过程。改革开放的总设计师邓小平同志早在 1979 年 10 月就指出，"要把银行办成真正的银行"。在这一思想指导下，中国银行业改革在 20 世纪 70 年代末正式起步，经历了一个渐变的过程，大体上可分为三个阶段。

　　1978—1984 年为第一个阶段，其主要成果是建立了二元银行体制。1979 年 2 月恢复设立中国农业银行；1979 年 3 月，从中国人民银行分设出中国银行；1979 年 8 月，从财政部分设出中国人民建设银行（1996 年

3 月更名为中国建设银行）；1984 年 1 月，从中国人民银行分设出中国工商银行（由中国工商银行承接中国人民银行经营的商业银行业务，中国人民银行则成为行使金融管理和金融调控职能的专门机构），形成了既有中央银行（中国人民银行）又有农、中、建、工四家全国性商业银行（当时称为国家专业银行）的二元银行体制，从而彻底废止了与传统计划经济相适应的"大一统"的银行体制。此后，二元银行体制成为中国银行业的基本制度框架。

表 3.1　　　　　　　　十家股份制商业银行成立时间及注册资本

银行	成立时间	2006 年年末一级资本
交通银行	1986 年 7 月	人民币 831.38 亿元
招商银行	1987 年 4 月	人民币 531.25 亿元
中信银行	1987 年 4 月	人民币 311.06 亿元
深圳发展银行	1987 年 12 月	人民币 63.79 亿元
兴业银行	1988 年 8 月	人民币 158.64 亿元
广东发展银行	1988 年 9 月	人民币 114.08 亿元 #
中国光大银行	1992 年 8 月	人民币 137.76 亿元 *
上海浦东发展银行	1992 年 10 月	人民币 234.40 亿元
华夏银行	1992 年 10 月	人民币 111.81 亿元
中国民生银行	1996 年 1 月	人民币 184.49 亿元

资料来源：（1）各行网站；（2）英国《银行家》杂志（*The Banker*）《2007 年度中国银行业 100 强排行榜》；（3）＊为 2004 年年末一级资本；（4）＃为 2006 年年末注册资本。

　　1985—1996 年为第二个阶段，其主要成果是推进了银行业的市场化经营。1986 年 7 月，重新组建了交通银行，随后又陆续成立了九家股份制商业银行：招商银行、中信实业银行（2005 年 8 月更名为中信银行）、深圳发展银行、福建兴业银行（2003 年 3 月更名为兴业银行）、广东发展银行、中国光大银行、上海浦东发展银行、华夏银行和中国民生银行。在与四大国有专业银行的竞争中，十家股份制商业银行都得到了发展。1994

年成立了三家政策性银行（国家开发银行、中国农业发展银行和中国进出口银行），实现了政策性金融与商业性金融的分离。1995 年颁布了《商业银行法》，从法律上确立了商业银行（包括国有独资商业银行和股份制商业银行）的地位：（1）商业银行要以效益性、安全性、流动性为经营原则，实行自主经营、自担风险、自负盈亏、自我约束；（2）商业银行依法开展业务，不受任何单位和个人的干涉；（3）商业银行以其全部法人财产独立承担民事责任；（4）商业银行开展业务，应当遵守公平竞争的原则，不得从事不正当竞争。

1997 年至今为第三个阶段，其主要成果是推进了银行业的企业化转型。1997 年亚洲金融危机爆发，为了确保金融稳定，中央政府加快了四大国有独资商业银行的改革步伐。1998 年，定向发行 2700 亿元特别国债，专门用于四大银行补充资本金；1999 年，成立 4 家资产管理公司（华融、长城、东方和信达），将 1.4 万亿元不良资产剥离；2000 年，进一步强化四大银行的统一法人经营管理体制，将经营效益和资产质量纳入对四大银行管理者的考核，同时较大规模地精简其机构和人员。2003 年 4 月 28 日，中国银行业监督管理委员会正式成立，专司对商业银行的监管。2004 年 2 月 23 日，中国银行业监督管理委员会颁布《商业银行资本充足率管理办法》，该办法全面借鉴了新《巴塞尔协议》的管理办法，建立了一套比较完善的资本充足率监管框架，为在开放条件下国内银行与国际银行开展公平竞争提供了良好平台，引导国内商业银行切实强化资本充足率管理、增强风险管理能力，从而获得长期、稳健、健康的发展。

2001 年 12 月 11 日，中国正式加入世界贸易组织（WTO），意味着在 5 年过渡期结束后外资银行将大规模进入中国银行业，中资银行将不得不与外资银行在同等环境下展开竞争。在这种情况下，依我国商业银行的现状，如不进行更深入的改革，将难以应对加入世界贸易组织所带来的挑战。因此，加入世界贸易组织预示了进一步加快中国银行业企业化转型步伐的必要性和紧迫性。在这 7 年里，中国银行业加快企业化转型步伐的举措主要体现在以下两个方面：

其一是上市。其主要目的就是扩大银行资本补充来源、完善银行公司治理结构。截至目前，10 家股份制商业银行中有 8 家，4 家国有独资商业银行中有 3 家已经成为上市银行。

表 3.2 　　　　　　　　**已上市的 11 家全国性商业银行**

银行	上市时间	上市地点
深圳发展银行	1987 年 5 月 10 日	深圳
上海浦东发展银行	1999 年 11 月 10 日	上海
中国民生银行	2000 年 12 月 19 日	上海
招商银行	2002 年 4 月 9 日	上海
	2006 年 9 月 22 日	香港
华夏银行	2003 年 9 月 12 日	上海
交通银行	2005 年 6 月 23 日	香港
	2007 年 5 月 15 日	上海
中国建设银行	2005 年 10 月 28 日	香港
	2006 年 9 月 25 日	上海
中国银行	2006 年 6 月 1 日	香港
	2006 年 7 月 5 日	上海
中国工商银行	2006 年 10 月 27 日	上海、香港
兴业银行	2007 年 2 月 5 日	上海
中信银行	2007 年 4 月 27 日	上海、香港

资料来源：各银行网站。

其二是引进境外战略投资者。其主要目的是吸收外资银行的先进技术和管理经验、增强中资银行的综合实力和竞争能力，并力求能够在尽可能短的时间里缩小中国银行业与国际银行业之间的差距。截至目前，10 家股份制商业银行中已有 8 家，4 家国有独资商业银行中已有 3 家引进了至少一个境外战略投资者。

改革开放使中国走上了一条渐进式、市场化的发展道路，在推动国民经济持续发展的同时逐步推进银行业改革和发展，为中国信用卡产业的萌芽和发展营造出了一个渐趋宽松、日渐适宜的金融生态，使中国的信用卡嘉年华厚积薄发，始终洋溢着创业的激情。

表 3.3　　　　　已引进境外战略投资者的 11 家全国性商业银行

银行	引进的境外战略投资者	引进时间
上海浦东发展银行	美国花旗集团	2003 年 1 月
兴业银行	香港恒生银行	2003 年 12 月
深圳发展银行	美国新桥投资集团	2004 年 5 月
交通银行	英国汇丰集团	2004 年 8 月
中国民生银行	新加坡淡马锡控股公司	2004 年 10 月
中国建设银行	美国银行	2005 年 6 月
中国银行	苏格兰皇家银行	2005 年 8 月
华夏银行	德国德意志银行	2005 年 10 月
中国工商银行	美国高盛集团	2006 年 1 月
中信银行	西班牙对外银行（BBVA）	2006 年 11 月
广东发展银行	美国花旗集团	2006 年 11 月

资料来源：各银行网站。

启蒙阶段（1979—1995 年）

启蒙阶段的主要标志就是准贷记卡兴起。非现金支付方式能够被国人所接受并认同，就是从准贷记卡开始。

第一张信用卡

中国信用卡产业是在改革开放初期从代理境外信用卡取现业务发端的。1979 年 10 月，中国银行广东省分行与香港东亚银行签订了代理东美信用卡取现业务协议书，并开始办理此项业务，信用卡从此在中国出现。汇丰银行、渣打银行、美国运通公司随即纷纷提出希望中国银行代理信用卡业务的意向。1980 年年初，中国银行广东省分行相继与香港东亚银行、香港汇丰银行、香港渣打银行、香港美国运通公司、香港南洋商业银行、日本东海银行、日本三和银行签约，代理其信用卡取现业务。截至 1981 年 7 月，中国银行总行统一与这七家境外发卡机构签约并在全国推广其信用卡代理业务，万事达卡、维萨卡、大来卡、运通卡、日本 JCB 卡自此进入中国市场。截至 1983 年 5 月，中国银行先后与香港南洋商业银行、日本东海银行、香港汇丰银行、日本三和银行、美国运通公司、美国花旗银行签订代理信用卡直接购货协议，境外持卡人可以凭信用卡直接购货。1983 年，中国银行代理的外卡收单业务年交易额达到 7172 万元人民币。

表 3.4   中国银行代理的境外信用卡业务

合作机构/合作卡种	取现	支票兑付	直接购货
香港东亚银行/东美卡	1979 年 10 月		
香港南洋商业银行/发达卡	1980 年 1 月		1982 年 7 月
日本东京银行/百万卡	1981 年 7 月		
日本东海银行/百万卡			1982 年 8 月
香港汇丰银行/汇丰卡			1982 年 9 月
日本三和银行/JCB 卡			1983 年 1 月
香港美国运通公司/运通卡		1980 年 4 月	1983 年 4 月
香港花旗银行/大来卡			1983 年 5 月

资料来源：中国银行网站。

发展不久的中国信用卡产业很快就迎来了 1985 年这个具有里程碑意义的年份：1985 年 3 月，中国的第一张信用卡宣告诞生，这就是中国银行珠海分行发行的地区性使用的中银卡。中银卡是以人民币为结算货币，只能在珠海的 20 多家宾馆、商店使用。中银卡分为银卡和金卡，银卡的最低备用金要求是 300 元，透支额是 300 元，金卡的最低备用金要求是 1000 元，透支额是 1000 元。中银卡的发行对象是个人和企业，申请人须填写申请表并由工作单位盖章。中国银行珠海分行发行中银卡的目的是吸引更多的存款，而不是鼓励消费，一年后，中银卡共有 650 个持卡人，存款余额为 50 多万元，累计消费金额为 70 多万元①。1986 年 6 月 1 日，中国银行北京市分行发行了地区性使用的"长城卡"，这是中国第一张以外汇券为结算货币的信用卡。同年 10 月，中国银行总行作出了在全国中国

---

① 林丹：《珠海人成中国最早"卡民"》，《羊城晚报》2008 年 8 月 25 日。

银行系统推广信用卡业务的决定，并统一命名为"长城信用卡"，简称"长城卡"。长城卡系以人民币为结算货币，是中国第一张国内通用的人民币信用卡。长城卡推出不久，中国银行珠海分行即取消了中银卡。2004年10月，中国银行发行了依托于全新贷记卡处理系统之上的双币信用卡，统一命名为"中银信用卡"，标志着中国银行重新启用"中银卡"品牌。在此之前，中国银行的信用卡一直使用"长城卡"品牌。

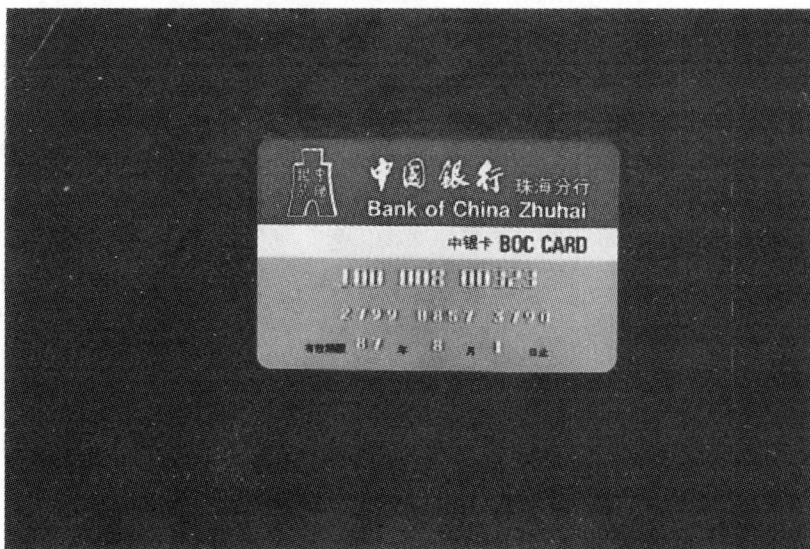

1985 年 3 月中国银行珠海分行发行的"中银卡"

准贷记卡

　　1985 年中国银行珠海分行发行的中银卡是准贷记卡，中国银行北京市分行于 1986 年 6 月、中国银行全系统于 1986 年 10 月发行的长城卡也是准贷记卡。准贷记卡（Quasi Credit Card）属于"有担保的信用卡"（Secured Credit Card）：申请人须向发卡银行交存一定金额的备用金，否则就不能成为持卡人；若发卡银行认为有必要，申请人须提供担保，担保方式可以是保证人与发卡银行签订担保合约，也可以是申请人向发卡银行交存一定金额的保证金。这种信用卡之所以会被称为"准贷记卡"，原因在于：当备用金余额不足支付时，持卡人可在发卡银行核定的信用额度内透支。除"有担保"、"可透支"这两个最主要的特征之外，准贷记卡的其他特征如下：（1）发卡银行不提供循环信贷，持卡人的备用金账户应保持一定余额以备支付；（2）发卡银行不提供免息期，持卡人的透支款自透支之日起按双方约定的利率计算利息，透支利息与透支款须在规定期限内一并还清；（3）个人卡可用于持卡消费和办理存款、取款、转账业务，公司卡则可用于持卡消费和办理转账业务；（4）持卡人交存备用金、保证金，发卡银行均须按双方约定的利率定期计付存款利息。

准贷记卡推出之时，中国尚未着手建立社会征信体系，中国银行不可能照搬美国信用卡产业发展模式，而是在借鉴和引进的同时有所改良和创新：要求申请人交存和保持足额的备用金，提供有效的经济担保，其目的就是规避潜在的信用风险。客观地回顾历史，准贷记卡的确属于符合中国国情、具有中国特色的信用卡品种："先存款，后消费"契合国人固有的"量入为出，量力而行"的主流价值观，"有存款就会有利息"契合国人固有的"勤俭持家，勤劳致富"的主流理财观；小额透支所提供的消费信用可以满足持卡人的不时之需，透支款没有免息期又迎合了国人不喜欢透支的消费习惯。由于具有这样两大优点，其他三家国有专业银行相继发行了准贷记卡（1989 年 10 月中国工商银行发行了"牡丹卡"，1990 年 5 月中国建设银行发行了"龙卡"，1991 年 2 月中国农业银行发行了"金穗卡"），从而形成以"龙（龙卡）城（长城卡）花（牡丹卡）穗（金穗卡）"四大品牌为主导的准贷记卡市场竞争格局。中国银行保持了先发优势，截至 2002 年 10 月底，其准贷记卡发卡总量超过了 517.4 万张，同业市场占比为 26%，成为国内最大的准贷记卡发卡银行。

1994 年 12 月 29 日，工、农、中、建、交五大行联合下发了《关于开展信用卡业务联合试点的意见》（以下简称《意见》）[①]，选定北京市为试点城市，自 1995 年 7 月 1 日起，5 家银行开始互相代理准贷记卡在北京的消费和存取现金业务。该《意见》明确了以下合作内容：（1）统一发卡种类（金卡、普通卡）及授权限额（消费交易授权限额，取现交易

---

① 1993 年 6 月，交通银行发行了命名为"太平洋卡"的准贷记卡。

授权限额)；(2) 确定实现现金存取点和特约商户资源共享的总体要求；
(3) 确定交易费用（存取现金的手续费、商户折扣）收取标准及分配比
率；(4) 统一交易授权信息传递方式和止付名单发放方式；(5) 确定发
卡银行与收单银行之间的资金清算方式及其基本规则；(6) 统一风险控
制的基本规则和责任划分。这是中国银行业首次开展信用卡业务合作，其
目的是：加强五大行之间的交流与合作，充分利用各行的有利条件开拓信
用卡市场，加强信用卡业务管理，同时防止和减少风险，促进信用卡产业
的健康发展。

　　准贷记卡的发行对中国信用卡产业的发展具有深远意义。准贷记卡的
发行揭开了信用卡的神秘面纱，使信用卡这个舶来品以现代支付工具的面
目走进部分国人的经济生活；首开个人消费非现金支付的先河，持卡人逐
渐转变了"一手交钱，一手交货"的现金支付观念，逐步接受并认同了
"一卡在手，畅行无忧"的持卡支付方式；培育了一定数量的"信用卡"
特约商户，建立了初具规模的"信用卡"受理网络；持卡交易的持续增
多使"信用卡"在一定程度上起到了现金替代品的作用，从而减少了全
社会的现金流通量。由于先天局限和多种不利因素（诸如持卡用户恶意
透支、特约商户非法套现、发卡银行违规经营，等等）的影响，准贷记
卡的发展进程一度阻滞甚至趋于停顿。尽管如此，发卡银行为发行和推广
准贷记卡而付出了长期的、不懈的努力，给借记卡和贷记卡的发展创造了
必要的人文环境和产业基础。

《信用卡业务管理暂行办法》

　　1992 年 12 月 29 日，中国人民银行发布《信用卡业务管理暂行办法》
（以下简称《暂行办法》），共计 24 条。《暂行办法》没有界定信用卡的基
本含义，只在第二条简单地列明了自营和代理两类信用卡业务。"中国境
内银行经营的信用卡业务"指的就是准贷记卡业务，并且认可发卡银行
根据备用金存款金额决定信用卡透支额度的做法。《暂行办法》禁止非金
融企事业单位经营信用卡业务，要求各银行开展信用卡业务的联营合作。
《暂行办法》明确规定了普通卡的透支额度（个人卡 1000 元，单位卡
5000 元），也明确规定了带有惩罚性质的透支利息计收标准（日息万分之

五即年息 18.25%）。《暂行办法》吸收了竞合组织颁发的"受理所有卡片规则"，还制定了按行业向特约商户收取信用卡交易回扣的统一标准，禁止各发卡银行自行降低或变相降低回扣率。《暂行办法》自 1993 年 1 月 1 日起施行。

第二条 本办法所称信用卡业务，是指经人民银行批准，由中国境内银行（包括国内银行和境外银行在国内设立的分支行）经营的信用卡业务和代理境外信用卡业务。

第三条 非金融企事业单位、境外银行驻华代表机构不得办理信用卡业务和代理境外信用卡业务。

第十条 开办信用卡业务的各银行应根据自愿互利的原则，在办理人民币信用卡或代理境外信用卡业务中逐步开展收单、机具、信息、受卡等方面的联营合作。联营合作的范围，可以是国内开办信用卡业务的部分银行，也可以是全部银行。

第十三条 各银行发行人民币信用卡必须附具章程，载明信用卡账户中备用金存款利率、透支额度、透支利率等事项，以及办卡年费、挂失费等收费标准。

人民币信用卡透支利息自银行记账日起 15 日内按日息万分之五计算，超过 15 日按日息万分之十计算，超过 30 日或透支超过规定限额的，按日息万分之二十计算。透支计息不分段，按最后期限或最高透支额的最高利率档次计息。

第十四条 人民币信用卡备用金存款利率按照中国人民银行制定的活期存款利率计息。

第十五条 人民币信用卡透支额度，个人普通卡为 1000 元，公司普通卡为 5000 元；各银行另行制定标准的，应报中国人民银行备案。

第十七条 各银行在与特约商户签订受理信用卡合同、开拓信用卡市场时，应相互合作，不得采取任何排他性的做法。特约商户不得拒绝以同等条件与其他银行签约。

第十八条 各银行向特约商户收取信用卡交易回扣的比率，人民币信用卡业务执行中国人民银行规定的各行业统一标准（最低回扣比率为 1%—4%），未经中国人民银行批准，各银行均不得自行降低或变相降低回扣率。代理境外信用卡业务执行国际信用卡组织规定的统一标准。

初创阶段（1995—2002 年）

初创阶段的最主要标志就是贷记卡本土化。贷记卡的发行使国人对信用卡这个舶来品有了更清晰的认识。

真正的信用卡

在"中银卡"面世 10 年之际，中国信用卡产业迎来了第二个具有里程碑意义的年份：1995 年 3 月，广东发展银行发行了中国第一张贷记卡——人民币维萨信用卡和美元维萨信用卡。这两个卡种被广东发展银行统一命名为"广发卡"，都属于单币种贷记卡（Single‐Currency Credit Card）。如今人们已经认同将这两张信用卡称为"真正的信用卡"的说法，主要因为这两张信用卡具有如下功能：（1）按照国际通行的信用卡标准预先设定了信用额度，使持卡人可以"先消费，后还款"，无须预先存入任何款项；（2）信用额度可供持卡人透支消费、提取现金；（3）透支消费的持卡人可以享有最长达到 50 天的免息期，只需在银行规定的还款到期日之前全额还款，就可以享受到从交易发生之日起至还款到期之日止的免息待遇；（4）持卡人还可以按照自己的需要灵活选择还款方式，既可以一次性全额还清，不使用循环信用功能，也可以只偿还最低还款额，使用循环信用功能，个人理财更加自如。这两张信用卡一经推出，很快就凭借"无须担保人，无须保证金，有免息期，有最低还款额"的产品特性赢得了人们的认可和好评，从而确立了"真正的信用卡"的市场定位和品牌形象。2003 年 7 月，广东发展银行成为国内第一家贷记卡发卡量突破 100 万张的银行，并且连续八年保持着贷记卡发卡量市场份额第一的领先者地位①。

在"广发卡"逐步打开贷记卡市场的过程中，一些精明的持卡人发现了以美元为结算货币的外币卡的特殊用途：（1）子女出国留学，父母可

---

①　《广发卡简介》，2008 年 9 月 26 日广东发展银行网站（www.gdb.com.cn）。

1995 年 3 月广东发展银行发行的贷记卡

以在给自己申领主卡的同时给子女申领附属卡，子女可以用这张卡在国外消费、取现，避免了携带大量外币现金的风险；（2）父母可以随时在主卡内存入资金，既能保证子女学习和生活所需的用度，又可省去办理国际汇款业务的繁杂手续及费用支出；（3）父母还可以限定附属卡的信用额度，以免子女花钱没有节制并由此增加父母的经济负担。这个特殊用途给"广发卡"带来了口碑，使得"广发卡"在国内一些地区获得了"国际卡"的声誉。然而我们知道，中国第一个发行外币卡的是中国银行：1988 年 6 月，中国银行率先在国内发行外币卡并命名为"万事达长城国际卡"的，该卡可以在全球 200 多个国家和地区的 1000 多万家特约商户使用，这是中国自有品牌的信用卡第一次走出国门。第一代长城国际卡承袭了准贷记卡的风险控制理念和产品设计理念，对申请人仍有备用金和保证金要求。1998 年 3 月，中国银行发行第二代长城国际卡，其保证金要求有所放宽但并未放弃：开办行对申请人的资信情况进行审查，决定其是否须缴存保证金及缴存金额的大小。申请人必须按要求缴存保证金，未经开办行同意，保证金存款在长城国际卡有效期满后 45 天内不得支取或提前支取。

"广发卡"推出之时，中国尚未着手建立个人信用体系，且国人对信用卡的认识因先有"先存款，后消费"的准贷记卡而受到很大的局限，广东发展银行选择这个时机率先发行国内第一张贷记卡，勇做第一个"吃螃蟹的人"，确实需要远见和勇气，客观上也确实起到了培育市场的作用。贷记卡是一项讲求风险管理的零售银行业务，有效控制风险是发卡银行必须高度重视的环节，发卡量的持续增长无疑会给风险控制带来相当大的压力。因此，广东发展银行不可能单纯追求发卡量的增长，必须在既能控制住风险又可保障收益率的前提下增加发卡数量。在其发卡量从零逐步增长到 100 万张的进程中，广东发展银行不断地向已有的和潜在的持卡客户灌输"信用是个人的一项宝贵资源"的现代观念，积累了贷记卡风险管理经验，同时也积累了大量个人信用资源。为了吸收优质目标客户，广东发展银行早在 2002 年以前就推出了多款颇有知名度和影响力的贷记卡产品：1995 年 9 月与广州天鹅会俱乐部联合推出广发天鹅会联名卡，集信用卡与会籍卡功能于一身；1997 年 4 月，发行了国内首张港币卡——广发港币维萨信用卡；1999 年 10 月，与广州旅游问询中心联合推出国内首张旅游业和金融业合作发行的联名卡——广发商旅卡；2000 年 5 月，推出了国内首张奥运主题的信用卡——"广发千禧奥运信用卡"系列。

借记卡的兴起

1995 年还发生了对中国信用卡产业发展进程产生了重大影响的另一历史事件：7 月 3 日，招商银行在深圳地区正式发行中国第一张采用"客户号"概念的借记卡并命名为"一卡通"。按照招商银行对该产品的定位，"一卡通"借记卡的产品特征是"集'定活期，多储种，多币种，多功能'于一卡，具有'安全、快捷、方便、灵活'的特点"。在此之前，中国银行深圳分行已于 1994 年 4 月推出了"定期一本通"，将储户的外币定期储蓄、本币定期储蓄的存款业务、取款业务记入同一个存折本。招商银行产品研发人员受到"定期一本通"的启发，率先在国内引进"客户号"的个人资产归户管理理念，尝试研发能够完全代替定期存单、活期存折的银行卡产品，只需一张银行卡就可记载客户所有储种、所有币种的存款业务、取款业务，这便是"一卡通"借记卡的由来。"一卡通"借记卡使传统的、单纯的个人储蓄向创新的、综合的个人理财转变，业界誉为"中国储蓄业务领域的革命性产品"、"中国金融电子化中的一座里程碑"。

1995 年 7 月 3 日招商银行发行的"一卡通"借记卡（熊猫卡）

中国第一张借记卡并不是"一卡通"借记卡，而是中国银行珠海分行于 1987 年 2 月发行的长城提款卡。国内商业银行长期以来奉行"存款立行"的经营管理思路，定期存单、活期存折是吸纳个人储蓄存款的主要工具，借记卡（提款卡和储蓄卡）则是吸纳个人储蓄存款的辅助工具。"一卡通"借记卡引进"客户号"的个人资产归户管理理念并获得成功，为招商银行的个人银行业务从"以存款为目标"向"以客户为中心"转变奠定了基础。在"以客户为中心"的经营管理思路的引领及驱动下，"一卡通"借记卡很快就脱胎换骨，成为名副其实、广受欢迎的"多功能"银行卡：中国第一张实现本行网点全国通存通取的借记卡（1996 年 6 月 28 日）；中国第一张实现 ATM 取款全国联网的借记卡（1998 年 1 月 20 日）；中国第一张实现网上支付的借记卡（1998 年 4 月 6 日）；中国第一张实现 POS 消费全国联网的借记卡（1998 年 12 月 22 日）。至此，招商银行得以初步构建起本行网点、ATM、POS、网上银行四大个人银行服务网络。

为了能尽快地将"一卡通"借记卡 POS 消费全国联网的新功能推向市场，为持卡客户消费购物提供优质的服务，同时也向社会公众展示招商银行的新锐形象，扩大"一卡通"借记卡的品牌效应，招商银行创造性地采取大规模、集束式营销策略，于 1998 年 12 月 22 日至 1999 年 3 月 8 日期间在该行已设立分支机构的 16 个大中城市（北京、上海、深圳、沈阳、广州、武汉、南京、成都、重庆、杭州、西安、兰州、南昌、大连、丹东和无锡）同时开展以"穿州过省，一卡通行"为主题的产品营销活动。这一产品营销活动瞄准了元旦和春节前后的消费旺季，并以统一、立体、形式新颖、声势浩大的营销宣传使"一卡通"借记卡很快就得到了市场认可：在全国 16 个大中城市的电视、电台、报刊等公众媒体集中投放产品营销广告，在本行所有营业网点进行产品推广和服务演示，统一组织本行员工到各个城市的大中型商场和闹市区开展产品巡回推介活动，通过与客户进行面对面的交流、沟通以及现场演示、现场开卡、现场存款、现场消费等体验服务，使广大客户对"一卡通"借记卡产品及其 POS 消费全国联网功能有了直观的了解。"一卡通"借记卡就这样走进了千家万户，其累计发卡量也随之屡创新高。1999 年 7 月，突破 500 万张；2000 年 10 月，突破 1000 万张；2002 年 7 月，突破 2000 万张。

招商银行的"一卡通"借记卡适应了国民对商业银行服务提出的更高的要求，同时也使一部分国民转变了传统的消费观念，改变了传统的理财方式，逐渐成为招商银行持续拓展其个人银行业务的核心产品。"一卡通"借记卡所获得的巨大成功对国内各商业银行产生了强烈的示范效应，从而推动了中国银行卡产业，尤其是借记卡产业的快速发展。

首先，各家商业银行无不把借记卡当做延揽新客户、留住老客户的有效手段，股份制商业银行纷纷推出了类似于"一卡通"的借记卡产品，国有独资商业银行相继推出了理财类借记卡产品，使借记卡成为统一管理个人客户各种资产和负债的综合金融工具，同时也是办理各种代理业务和提供多种增值业务的综合服务平台，有效地带动了各项个人银行业务（如代发工资、代缴费用、个人汇款、消费信贷、投资、理财等）的持续快速发展。

其次，借记卡业务收入逐渐成为各家商业银行中间业务收入的重要来源。随着用卡环境的改善和用卡意识的提升，使用借记卡完成其日常支付交易的持卡客户已日渐增多，形成了以异地交易手续费、跨行交易手续费、年费、商户折扣四项收入为主体的借记卡业务多元化收入模式。

最后，借记卡产业的总体规模得到迅速扩张，1999 年 9 月发卡量突破了 1 亿张，2002 年达到 4.74 亿张，此后保持了每年净增 1.1 亿张以上的增长速度。

《信用卡业务管理办法》

《信用卡业务管理暂行办法》"暂行"三年之后，中国人民银行于 1996 年 1 月 26 日发布了《信用卡业务管理办法》（以下简称《办法》），全部内容分为八章，共计七十六条。《办法》第三条将信用卡明确地界定为具有转账结算、存取现金、消费信用功能的信用支付工具。第四条划分了信用卡的类别。第五条强调只有商业银行可以在获得中国人民银行的批准后经营信用卡业务。第八条规定发卡银行的信用卡部门不得办成独立核算的法人实体。《办法》认可了"有担保信用卡"的合法性（贷记卡暂时还没有获得同等认可），对透支限额、透支期限、透支利息（依然带有惩罚性质）都作了明确规定。《办法》吸收了竞合组织颁行的"受理所有卡片规则"和"禁止额外收费规则"，且禁止特约商户通过压卡、签单和退货等方式为持卡人非法套现。《办法》区别对待境内发卡银行和境外发卡机构发行的信用卡，规定了向特约单位收取信用卡交易手续费的最低收费标准。《办法》自 1996 年 4 月 1 日起实行，《信用卡业务管理暂行办法》同时废止。

第三条　本办法所称信用卡，是指中华人民共和国境内各商业银行（含外资银行和中外合资银行，以下简称"商业银行"）向个人和单位发行的信用支付工具。信用卡具有转账结算、存取现金、消费信用等功能。

第四条　信用卡按使用对象分为单位卡和个人卡；按信誉等级分为金卡和普通卡；按币种分为人民币卡和外币卡；按载体材料分为磁条卡和智能卡（IC 卡）。

第五条　商业银行未经中国人民银行批准不得发行信用卡。

非金融机构、非银行金融机构、境外金融机构的驻华代表机构不得经营信用卡业务。

第八条　各商业银行的信用卡部为内部业务部门，不得办成实行独立核算、自成体系的法人机构。

第十二条　发卡银行可根据申请人的资信程度，要求其提供担保。担保的方式可采用保证、抵押或质押。

第十三条　信用卡备用金存款利息，按照中国人民银行规定的活期存款利率及计息办法计算。以定期存款质押的，其定期存款按照中国人民银行规定的定期存款利率及计息办法计算。

第十七条　允许持卡人在本办法规定的限额和期限内进行消费用途的透支，透支限额为金卡 1 万元、普通卡 5000 元。

第十八条　信用卡的透支期限最长为 60 天。

第十九条　信用卡透支利息，自签单日或银行记账日起 15 日内按日息万分之五计算，超过 15 日按日息万分之十计算，超过 30 日或透支金额超过规定限额的，按日息万分之十五计算。透支计息不分段，按最后期限或最高透支额的最高利率档次计息。

第二十二条　特约单位不得以任何理由拒绝受理持卡人合法持有的、签约银行发行的有效信用卡，不得因持卡人使用信用卡而向其收取附加费用。

第二十三条　特约单位不得通过压卡、签单和退货等方式支付持卡人现金。

第二十四条　各商业银行应按如下标准向特约单位收取信用卡交易手续费：

（一）人民币信用卡，不得低于交易金额的 2%；

（二）境外机构发行、在中国境内使用的信用卡，不得低于交易金额的 4%。

金卡工程

发展银行卡产业，对于推动消费信贷，拉动经济增长，减少现金使用，提高经济效率，扩大税基，增加税收，促进相关产业发展都具有重要意义。由于客观条件所限和发展经验欠缺，20 世纪 90 年代初期，我国银行卡产业的发展依然处于初创阶段，许多问题亟待解决，主要体现在：(1) 银行卡产业发展缺乏统一的规划和统一的标准。各发卡银行自成体系，各卡种之间不具通用性，设备和机具不能共享，这是制约我国银行卡发展的最主要因素。(2) 基础设施落后。银行卡业务处理系统和管理系统的自动化程度偏低，通信网络设施也欠发达，交易授权的等待时间过长，受理银行卡的特约商户比较少，这是制约我国银行卡发展的另一个主要因素。(3) 规范银行卡业务经营和产业发展的相关法律法规尚不健全，使发卡银行和特约商户在同业竞争、业务合作、利益分配、仲裁纠纷等方面常感到"无法可依"。(4) 发卡银行缺乏对消费者广泛有效的宣传和教育手段，大多数消费者对银行卡所能带来的便利和益处了解不多，银行卡持卡人队伍发展缓慢。

中央政府高瞻远瞩，从我国国民经济信息化、国际化的全局出发，提出实施"电子货币工程"的宏大构想，制定金卡工程的十年发展规划，并按照"统一规划，统一管理，先试点，后推广"的总体原则分三个阶段推进金卡工程的实施。

启动阶段（1994—1996 年）决定实施金卡工程，启动金卡工作试点工作，试行银行卡同城跨行通用、异地授权与结算。

1993 年 7 月 2 日，电子工业部提出在全国范围内组织实施涉及国民经济信息化的"三金工程"（金桥工程、金卡工程和金关工程）的构想。1993 年 9 月 8 日，国务院批准电子工业部提出的金卡工程总体方案。为推进这一总体方案的实施，电子工业部、邮电部、中国人民银行、内贸部、国家旅游局于 1993 年 10 月联合成立了全国金卡工程办公室。1993 年 12 月 10 日，国务院批准成立国家经济信息化联席会议，对跨部门、跨地区并关系到国计民生的全国性经济信息化工程进行统筹规划和组织协调。1994 年 6 月 10 日，成立了国家金卡工程协调领导小组，隶属于国家经济信息化联席会议。1994 年 6 月 15 日，国务院同意金卡工程的十年发展规划，批准首批 12 个省市（上海、北京、天津、青岛、杭州、广州、厦门、大连、江苏、海南、辽宁和山东）启动金卡工程试点工作，金卡工程正式实施。

推广阶段（1997—1999 年）试点范围从 12 个省市扩大到 18 个省市，实现银行卡异地跨行通用、实时授权与适时结算。

1997 年 9 月，金卡工程首批 12 个试点省市的信息交换中心全部投入运行，其中，10 个省市实现了 ATM/POS 的跨行联网，两个省市实现了 ATM 的跨行联网。试点范围随后扩大到 6 个新获批准的试点城市（深圳、昆明、福州、武汉、长沙和郑州），共建立了 18 个城市银行卡跨行信息交换中心，基本覆盖了全国经济发达地区。这些信息交换中心逐步实现了当地各家商业银行的联网通用，为商业银行拓展银行卡市场提供了公共网络平台，各地的银行卡发卡量、POS/ATM 受理商户的总体数量和覆盖范围都迅速增加。

1997 年 10 月 30 日，全国银行卡信息交换总中心成立，该中心系由中国人民银行牵头组织、各家发卡银行共同发起，其目标是推动银行卡业务的跨行联营、实现银行卡的跨行异地交换。1997 年 8 月 28 日，中国人民银行颁布《关于加强银行卡品种管理的通知》，有效地规范了商业银行发行银行卡的审批程序，确保了银行卡业务的有序发展。1998 年 12 月 14 日，中国人民银行颁布《银行卡异地跨行业务资金清算规则》，规定由全国银行卡信息交换总中心向其会员银行提供银行卡异地跨行业务的信息转接和清算服务，明确了银行卡跨行异地业务的资金清算流程和交易信息转接流程，从清算体系上确立了全国银行卡信息交换总中心在银行卡产业发展中的功能和地位，中国银行卡组织的雏形就此形成。1998 年 12 月 24 日，全国银行卡信息交换总中心系统正式投产和运行。1999 年 3 月 9 日，中国人民银行发布《关于大力促进银行卡业务联合的通知》，凭借中央银行的行政力量推动各商业银行联合发展银行卡业务，其重点是推进"金卡工程"的试点工作进一步深入，特别是 POS 网络的联网通用。1999 年 3 月 26 日，中国金融认证中心（CFCA）工程正式启动，该工程系由中国人民银行牵头、各家发卡银行共同参与，其目标是确保网上交易信息传递的真实性、信息的保密性和完整性、交易的不可否认性。

普及阶段（2000—2003 年）确立在更广的地域、以更大的规模（覆盖 400 个城市、3 亿人口，发卡不少于 2 亿张）实现银行卡异地跨行通用、实时授权与适时结算的总体目标，并为实现该目标而加快电子支付业务的基础设施建设和网络设施改造。

1999 年 9 月 9 日，全国银行卡工作领导小组成立，目的是加快金卡工程的实施步伐。2000 年 6 月 29 日，中国金融认证中心（CFCA）正式挂牌成立，系统开通运行。2000 年年末，金卡工程取得阶段性的建设成果：实现了全国银行卡信息交换总中心与 18 个城市信息交换中心、商业银行总行之间的联网，初步建立起银行卡跨行交易的网络框架，为实现全国联网通用创造了条件。截至 2000 年年底，全国共有发卡金融机构 55 家，累计发卡总量超过了 2.77 亿张（其中，借记卡 2.52 亿张，准贷记卡 2500 万张，贷记卡 13 万张；此外，还发行了近 20 万张国际卡），银行卡账户人民币存款余额达 2909 亿元。2000 年全年交易总额达到 45300 亿元（其中，购物消费金额为 1058 亿元，转账交易金额为 11132 亿元）。在 1995—2000 年的 5 年里，银行卡发卡量、存款余额和交易金额的年均增长速度分别达到 61%、48% 和 57%。与此同时，银行卡受理环境建设也取得了显著进展：截至 2000 年年底，全国可以受理银行卡的银行网点已达到 12.5 万个，可以受理银行卡的特约商户已达到约 10 万户，发卡金融机构共计安装了 ATM 3.7 万台（其中 1.8 万台可跨行通用），配备了 POS 机近 29 万台（其中 6.1 万台可跨行通用），为我国银行卡产业，特别是信用卡产业的快速发展奠定了坚实的技术基础与可观的物质基础[①]。

2001 年 2 月 19 日，中国人民银行印发《2001 年银行卡业务联网联合工作实施意见》，明确今后三年我国银行卡业务发展的基本目标和 2001 年联网联合工作任务，要求各发卡金融机构执行统一的业务规范和技术标准、使用全国统一的"银联"标识、力求在三年内基本实现全国银行卡的跨行联网通用。2002 年 4 月 5 日，中国人民银行印发《关于 2002 年银行卡联网通用工作的意见》，明确提出了银行卡联网通用工作的"314"目标：各国有独资商业银行系统内的银行卡业务处理系统要实现 300 个以上地市级城市各类银行卡的联网运行和跨地区使用，股份制商业银行和邮

---

① 张琪：《金卡工程八年回顾》，《中国计算机报》2001 年 6 月 4 日。

政储汇局要实现所有地市级以上分支机构的联网运行，且各商业银行要明显提高网络运行质量和交易成功率；依托现有银行卡跨行信息交换网络，进一步抓好银行卡跨行联网通用工作，力争在 100 个以上城市实现各类银行卡的联合发展和跨行通用；力争在 40 个以上城市推广普及全国统一的"银联"标识的银行卡，实现"银联"标识的银行卡在这些城市内部和城市之间的异地、跨行通用。中国人民银行提出联网联合"314"工作目标，这对扩大银行卡受理范围、改善银行卡服务环境、提高持卡消费在社会商品零售总额中的比重具有重大意义。

2002 年 3 月 26 日，中国银联股份有限公司正式成立。该公司是在合并全国银行卡信息交换总中心、18 个城市银行卡信息交换中心的基础上由各发卡金融机构共同发起设立的，其发展目标是建立我国银行卡产业"市场资源共享，业务联合发展，公平有序竞争，服务质量提高"的良性发展机制，推动我国银行卡的产业化发展，提高我国金融业的服务水平，加速我国金融电子化的实现，尽快适应我国加入世界贸易组织之后，我国银行业遇到的环境变化及我国银行卡产业的竞争需要。2002 年 1 月 10日，首批"银联"标识卡在北京、上海、广州、深圳、杭州五大城市推出。截至 2002 年年末，银行卡联网通用工作的"314"目标已全部实现，绝大多数发卡商业银行系统内异地交易成功率都达到了 80% 以上，超额完成了任务；在 100 个城市中同城平均跨行交易的成功率达到 75% 以上；在已推广普及"银联"标识卡的城市中，各商业银行全部完成了标准化改造和异地跨行业务的开放工作，实现了"银联"标识卡在这些城市内部（同城）和城市之间（异地）的跨行通用。截至 2003 年 6 月末，发行银行卡的金融机构达到 91 家，银行卡的发卡总量达到 5.69 亿张，分别比1993 年增长了 16 倍和 141 倍；"银联"标识卡的发行规模也已达到 1.55亿张，共有 45 个城市发行了"银联"标识卡。

金卡工程历时十年，促进了我国金融电子化建设的步伐、加速了我国银行卡产业的发展，带动了我国商业银行经营理念和运营机制的转变，同时也促进了我国国民消费观念和支付方式的变革。金卡工程的顺利实施不仅加强了国家经济宏观调控、减少了现金发行和流通的数量，而且通过改善各地的用卡环境直接推动了银行卡业务的联营和发展，促进了商贸业、旅游业、个人消费信贷的发展和繁荣。

《银行卡业务管理办法》

《信用卡业务管理办法》实行了不到三年的时间，中国人民银行于 1999 年 1 月 5 日颁布了《银行卡业务管理办法》，全部内容分为九章，共计六十七条。该《办法》汇集了国内各商业银行发行银行卡的既有实践成果：第二条将银行卡明确地界定为具有转账结算、存取现金、消费信用功能等全部或部分的信用支付工具。第五条将银行卡明确区分为信用卡和借记卡。第六条又将信用卡明确区分为贷记卡和准贷记卡。第二十条至第二十二条对贷记卡的最主要特征如免息还款期、最低还款额、滞纳金、超限费等作了规定性的描述。第二十三条规定了贷记卡、准贷记卡的透支利息采取不同的计收方式，并规定其透支利率均为日利率万分之五（即年利率为 18.25%）。第二十四条规定了收单银行向特约商户收取银行卡交易结算手续费的最低收费标准。第二十五条规定了银行卡交易结算手续费归属发卡银行、收单银行、银行卡信息交换中心的收益分配比例。该《办法》自 1999 年 3 月 1 日起施行，《信用卡业务管理办法》同时废止。

第二条 本办法所称银行卡，是指由商业银行（含邮政金融机构，下同）向社会发行的具有消费信用、转账结算、存取现金等全部或部分功能的信用支付工具。

商业银行未经中国人民银行批准不得发行银行卡。

第五条 银行卡包括信用卡和借记卡。

银行卡按币种不同分为人民币卡、外币卡；按发行对象不同分为单位卡（商务卡）、个人卡；按信息载体不同分为磁条卡、芯片（IC）卡。

第六条 信用卡按是否向发卡银行交存备用金分为贷记卡、准贷记卡两类。

贷记卡是指发卡银行给予持卡人一定的信用额度，持卡人可在信用额度内先消费、后还款的信用卡。

准贷记卡是指持卡人须先按发卡银行要求交存一定金额的备用金，当备用金账户余额不足支付时，可在发卡银行规定的信用额度内透支的信用卡。

第七条 借记卡按功能不同分为转账卡（含储蓄卡，下同）、专用卡、储值卡。借记卡不具备透支功能。

第二十条 贷记卡持卡人非现金交易享受如下优惠条件：

（一）免息还款期待遇。银行记账日至发卡银行规定的到期还款日之间为免息还款期。免息还款期最长为60天。持卡人在到期还款日前偿还所使用全部银行款项即可享受免息还款期待遇，无须支付非现金交易的利息。

（二）最低还款额待遇。持卡人在到期还款日前偿还所使用全部银行款项有困难的，可按照发卡银行规定的最低还款额还款。

第二十一条 贷记卡持卡人选择最低还款额方式或超过发卡银行批准的信用额度用卡时，不再享受免息还款期待遇，应当支付未偿还部分自银行记账日起，按规定利率计算的透支利息。

贷记卡持卡人支取现金、准贷记卡透支，不享受免息还款期和最低还款额待遇，应当支付现金交易额或透支额自银行记账日起，按规定利率计算的透支利息。

第二十二条 发卡银行对贷记卡持卡人未偿还最低还款额和超信用额度用卡的行为，应当分别按最低还款额未还部分、超过信用额度部分的5%收取滞纳金和超限费。

第二十三条 贷记卡透支按月计收复利，准贷记卡透支按月计收单利，透支利率为日利率万分之五，并根据中国人民银行的此项利率调整而调整。

第二十四条 商业银行办理银行卡收单业务应当按下列标准向商户收取结算手续费：

（一）宾馆、餐饮、娱乐、旅游等行业不得低于交易金额的2%；

（二）其他行业不得低于交易金额的1%。

第二十五条 跨行交易执行下列分配比例：

（一）未建信息交换中心的城市，从商户所得结算手续费，按发卡行90%，收单行10%的比例进行分配；

商业银行也可以通过协商，实行机具分摊、相互代理、互不收费的方式进行跨行交易。

（二）已建信息交换中心的城市，从商户所得结算手续费，按发卡行80%，收单行10%，信息交换中心10%的比例进行分配。

起步阶段（2002 年到现在）

起步阶段的主要标志是发卡银行"跑马圈地"。对发卡规模的追求使中国信用卡产业的发展驶上了快车道。

全球通行的信用卡

在"广发卡"面世 7 年之后，中国信用卡产业迎来了第三个具有里程碑意义的年份：2002 年 12 月 3 日，招商银行发行了中国第一张双币种贷记卡（Dual－Currency Credit Card）。采用"客户号"的个人资产归户管理理念是这张信用卡最主要的产品特征：（1）卡内同时开立有人民币账户和美元账户，持卡人不仅可以到招商银行和中国银联的特约商户刷卡消费，用招商银行和中国银联的 ATM 预借现金，而且可以到维萨国际组织和万事达卡国际组织分布在全球近 300 个国家和地区的 2000 多万家特约商户刷卡消费（使用当地流通货币），用维萨国际组织和万事达卡国际组织布设在全球各地的 70 多万台 ATM 预借现金（提取当地流通货币）；（2）刷卡消费、预借现金所使用的外币都按两大国际信用卡组织的优惠汇率自动转换成美元进行结算，可以最大限度地减少持卡客户将外币兑换成美元的损失和麻烦。为了尽快树立独特的品牌形象和市场地位，招商银行对这张信用卡的产品定位是："一卡双币，全球通行"的国际标准的信用卡。

招商银行是中国第一家采取大规模、集束式营销策略推广信用卡的商业银行。在推出信用卡之时，招商银行发行的"一卡通"借记卡已超过了 2000 万张，其中有相当一部分持卡人业已养成了刷卡消费的习惯，将这个独特的客户群转化为信用卡持卡人，无疑是快速扩大发卡规模的一条捷径。2003 年，招商银行信用卡新增发卡量达 62 万张，创造了维萨国际组织、万事达卡国际组织大中华区会员银行国际信用卡首年发行量的历史纪录。2003—2004 年，招商银行信用卡的新增客户有百分之七八十来自"一卡通"借记卡的持卡人，招商银行的分支机构充当了营销和推广信用

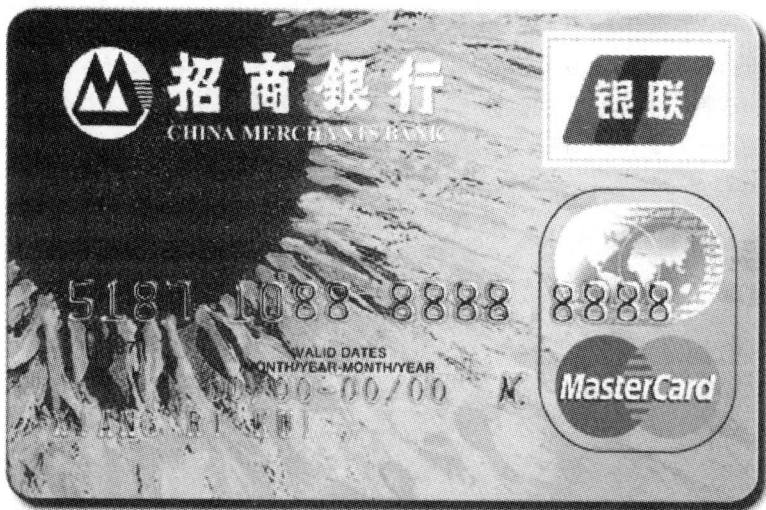

2002 年 12 月 3 日招商银行发行的双币种贷记卡（葵花卡）

卡的主力军。与此同时，招商银行采取"两条腿走路"的发展思路，在依托分支机构发卡的基础上组建信用卡直销团队，首先在北京、上海、深圳和广州 4 个城市建立成规模的直销团队，获得成功之后于 2005 年一举扩展到武汉、南京等 9 个城市。2005 年以后，招商银行信用卡的新增客户有百分之七八十属于全新的客户（在成为其持卡客户之前与招商银行没有任何业务关系）。2006 年 4 月 8 日，招商银行宣布其信用卡发卡量率先突破了 500 万张。此后，招商银行将"跑马圈地"的扩张策略发挥到极致，发卡总量屡创新高：2006 年 12 月，突破 1000 万张；2007 年 7 月，突破 1500 万张；2008 年 2 月，突破 2000 万张①。

招商银行并不盲目追求发卡数量，而是确立"以创新和服务著称的市场领导者"的市场定位，依据这一市场定位选定目标市场，细分目标客户，开发适销产品，实施精准营销。

所谓选定目标市场，就是基于市场调查结果，综合考虑与发卡潜力相关的各种因素（如经济发展程度、人口数量、受理环境、在当地的网点与竞争

---

① 《招商银行信用卡跨越 2000 万，爱心操场拔头筹》，《中国青年报》2008 年 2 月 20 日。

力等），把国内市场划分为四个大类：（1）北京、上海、深圳和广州 4 个城市为第一类市场，这些城市的市场成熟度很高，发卡之初立即进入；（2）南京、杭州、成都、天津、武汉、重庆、青岛和苏州 8 个城市为第二类市场，这些城市的市场成熟度相对较高，发卡 1—2 年之后进入；（3）经济总量相对较大的省份的省会城市如济南等为第三类市场，发卡 3 年之后进入；（4）经济欠发达的省份的省会城市和农村为第四类市场，暂不考虑进入。

所谓细分目标客户，就是依据客户的年龄、性别、收入、消费行为等特征将潜在客户划分为不同的族群，为不同的客群打造不同的产品：发卡之初，主攻介于"白金信用卡"和"学生信用卡"之间的客群，重点是时尚、活跃的年轻人，并且不做太多的性别区分；发卡 1 年或 2 年之后，发行"白金信用卡"和"学生信用卡"；发卡 2—3 年之后，择机发行面向商旅人士、有车一族、白领女性、富裕人群的信用卡，采取有效方式，提高这些客群的综合贡献度。

招商银行可谓深谙信用卡业务发展之道：中国信用卡产业仍处于市场培育阶段，发卡银行的首要目标就是搭建双边市场平台，"先求卡量再图盈利，先做大后做强"是市场培育阶段发卡银行发展信用卡业务的必由之路。但是，做"市场领导者"并不容易，必须能够承受住来自竞争对手的压力。在发行信用卡的初期，招商银行实行刚性的年费政策：金卡年费 300 元/年，普卡年费 150 元/年。这一年费政策执行了仅一年多，国内信用卡市场的竞争日益激烈且年费成为竞争的焦点之一，相当多的潜在客户希望能免费享受信用卡服务，招商银行顶住了竞争的压力，没有简单地照搬免收年费的做法，而是从 2004 年 4 月开始实行"办卡免首年年费，刷卡 6 笔免次年年费"的弹性年费政策。由于在信用卡市场上抢占了先机，理性竞争给招商银行带来的是莫大的回报：截至 2005 年年末，招商银行信用卡业务累计实现各项业务收入 6.32 亿元，发卡 3 年就达到了盈亏平衡，成为国内银行业信用卡业务"先求卡量再图盈利，先做大后做强"的成功范例。

"中国信用卡元年"与"跑马圈地"

2003 年既是中国银行业改革开放全面提速的一年，也是被业界称为

"中国信用卡元年"的一年。有媒体人士将 2003 年比做"中国信用卡产业激进年代的春天"，甚至有专业人士断言 2003 年是中国信用卡产业发展"黄金十年"的起点。人们如此评价 2003 年对中国信用卡产业发展的影响，其原因可以说是多方面的，总而言之，就是当时信用卡产业发展的形势和环境使然。

首先，招商银行在这一年里创造了首年发卡数量达到 62 万张的全新纪录，预示着中国信用卡产业将以"跑马圈地"的方式驶上持续发展的快车道。在笔者的记忆中，"跑马圈地"这个术语的发明者是招商银行行长马蔚华，其含义是不言而喻的：中国信用卡市场就好比一片广阔无垠、回报丰厚的处女地，只有遵循"发卡（跑马）的速度越快→品牌优势越明显→拥有的持卡客户（圈地）越多→市场份额越巩固"的扩张路径，才能抢占市场先机。马蔚华认为，国内商业银行都将把信用卡业务作为全新的、潜在的盈利增长点来对待，招商银行若不采取"跑马圈地"的方式抢占市场先机，就很可能错失发展信用卡业务的大好机会，并在未来的同业竞争中陷于被动境地或处于不利地位。为了能赢得信用卡业务的先发优势，招商银行全盘引进了来自中国台湾信托商业银行的专业顾问团队，随后大规模地在全行范围内调兵遣将，面向社会招兵买马，迅速建立起国内银行业第一个在各个方面（如管理体制、组织架构、产品设计、业务管理等）都完全遵循国际标准或采用国际规范的、独立运作的信用卡中心，自始至终坚持自主研发，同时大量吸收国际成熟的信用卡运营和管理经验，仅用 13 个月就正式推出了"一卡双币，全球通行"的中国第一张双币种贷记卡，以迅捷的态势刷新中国信用卡市场的既有格局。

其次，中国建设银行、中国农业银行、中信银行、交通银行都是在这一年里跻身于贷记卡发卡银行阵营，使"跑马圈地"的扩张规则更有用武之地。2003 年 1 月 9 日，麦肯锡上海分公司的董事合伙人冯大卫（David von Emloh）对中国媒体发表了他的如下见解："从世界范围来看，当人均国民生产总值达到 2000—3000 美元时，信用卡市场将进入爆炸性的增长期。目前中国的上海、北京、广州、深圳等大城市已经逼近了这个临界点，而其他一些中等城市也将陆续进入这一阶段。可以说，中国正处在信用卡市场即将出现爆炸性的增长的前夜。"① 在 2003 年全年及前后，这类既颇具前瞻性又很有煽动性的论断频频出现在中国各大媒体上，对那些已经开展发卡筹备工作的商业银行起到了快马加鞭的作用，中信银行、交通银行赶在 2003 年 12 月份举行其贷记卡首发仪式就是明证。上海浦东发展银行、兴业银行、中国光大银行、中国银行在随后的 2004 年迅速加入战团，使中国信用卡市场很快出现了群雄逐鹿的局面，与这类论调的盛行密切相关。2003 年全年，中国信用卡市场虽然只有 8 家商业银行发行了贷记卡，但同业竞争的帷幕已经拉开，特别是在上海、北京、广州、深圳 4 个重点市场，各家发卡银行纷纷加大其营销力度，着重在拓展优质持卡客户，树立市场领先形象两个方面展开争夺。

再次，中国信用卡产业发展以专业化、国际化为总体方向的目标模式在这一年里基本明朗。其一，采用事业部制组织架构，确保信用卡业务的集中运作、自成体系、独立核算、自负盈亏，并在条件成熟之时成立法人性质的信用卡公司。其二，按国际标准、国际规范研发和推广信用卡产品，使信用卡业务经营管理的着力点从负债业务转向资产业务，把信用卡业务作为消费信贷业务来拓展和经营，同时把借记卡业务作为个人理财业务来拓展和经营，实行贷记卡和借记卡"客户资源共享，销售渠道共享"的"双卡营销"战略。其三，通过多种形式（如引进战略合作伙伴、合资、外包、聘请境外的高管人员和专业人士等）快速学习境外成熟的信用卡业务经营管理经验，快速提升经营管理水平和核心竞争能力，以力求尽快做到业务运作、市场营销、风险控制、客户服务都能与国际同步。其四，直接或间接地引进境外成熟的信用卡业务处理系统。中国工商银行和中国农业银行采用美国博实国际公司（PaySys International）的 Vision Plus 系统，而中国建设银行和招商银行都采用美国神码集团公司（Sema Group PLC）的 Cardlink Issuer 系统，中国银行和交通银行采用美国神码集团公司的 Essentis Issuer 系统，而中国光大银行和上海浦东发展银行则都通过整体外包的方式向境外第三方发卡处理公司租用系统。

---

① 杨磊：《惹眼的信用卡中国机会》，《中国经营报》2003 年 1 月 21 日。

表 3 – 5　　　　　　　14 家全国性商业银行贷记卡首发情况一览表①

发卡银行	首发日期	首发卡种
1. 广东发展银行	1995 年 3 月	单币卡
2. 中国工商银行	2000 年 6 月 6 日	单币卡
3. 深圳发展银行	2002 年 8 月 26 日	单币卡
4. 招商银行	2002 年 12 月 3 日	双币卡
5. 中国建设银行	2003 年 8 月 8 日	双币卡
6. 中国农业银行	2003 年 9 月 22 日	双币卡
7. 中信银行	2003 年 12 月 8 日	双币卡
8. 交通银行	2003 年 12 月 19 日	单币卡
9. 上海浦东发展银行	2004 年 2 月 5 日	双币卡
10. 兴业银行	2004 年 7 月 21 日	双币卡
11. 中国光大银行	2004 年 8 月 18 日	双币卡
12. 中国银行	2004 年 10 月 18 日	双币卡
13. 中国民生银行	2005 年 6 月 16 日	双币卡
14. 华夏银行	2007 年 6 月 18 日	双币卡

资料来源：各家银行网站。

最后，信用卡产业发展的政策环境和市场环境在这一年里得到了进一步改善。其一，地方政府出台了不少鼓励和刺激银行卡业务发展的政策，为信用卡产业的发展提供了良好的环境。北京市政府于 2003 年 1 月 3 日印发《北京市银行卡应用发展实施规划纲要》，提出"到 2004 年末，基本实现刷卡消费无障碍"的目标，将"刷卡消费无障碍"列为北京市政府 2003 年为市民办实事的"60 件实事"之一。其二，随着联网通用工作推向深入，银行卡受理环境大为改观，无论是联网通用的覆盖地区还是受理银行卡的商户数量与比重均有了明显增加，加上使用境外维萨国际组织、万事达卡国际组织的服务网络，信用卡真正实现了"一卡在手，全球通用"的目标。其三，国内有关主管部门和研究机构纷纷组织研讨会、论坛，围绕信用卡业务及个人征信、风险管理等问题对中国信用卡产业发

---

① 中国目前共有 18 家全国性商业银行，渤海银行、恒丰银行、浙商银行、中国邮政储蓄银行尚未发行贷记卡。

展进行研究、推动和规范。国内媒体和持卡人对信用卡业务的关注度也大大增加，使信用卡产业发展成为公众的热门话题。其四，境外著名的金融机构和专业研究机构如美国高盛集团（Goldman Sachs Group Inc.）、维萨国际组织、万事达卡国际组织、AC 尼尔森市场研究公司等纷纷都加大了中国信用卡市场研究力度，发布中国信用卡业务年度研究分析报告，就中国信用卡市场的潜力、发展前景、现状及对策等问题提出了各自的看法。

中国银联

中国银联股份有限公司（以下简称"中国银联"）是在中国本土成长起来的银行卡组织，自成立以来始终以"创建中国自主的银行卡品牌"为己任，围绕着两条主线推动中国银行卡产业的发展：一条是推广和普及银联标准卡；另一条是促进银联品牌的国际化。

推广和普及银联标准卡

银联标准卡就是按照中国银联的业务和技术标准发行、卡片正面带有"中国银联"标识、发卡行标识代码（BIN）经中国银联分配和确认的银行卡。银行卡卡号的前 6 位用来表示发卡银行或机构，称为发卡行标识代码（Bank Identification Number，缩写为 BIN）。2000 年 11 月 8 日，中国人民银行颁布《银行卡发卡行标识代码及卡号》，规定在国内发行和使用的各种人民币银行卡必须使用 9 字头 BIN，其目的就是规范和统一人民币银行卡在国内的发行、使用及联网通用。随着我国银行卡产业的迅速发展以及国际交流的日益增加，持卡人的境外支付需求越来越多，而国际标准化组织（International Organization for Standardization，ISO）的规定，凡采用 9 字头 BIN 的银行卡只能在国内使用，这意味着人民币可自由兑换后，我国国内各发卡机构大量发行的 9 字头 BIN 银行卡届时将无法在国外使用。为了促进民族银行卡产业的持续健康发展，维护各发卡机构的长远利益，中国银联向 ISO 统一申请在国内和国外都可以使用的国际标准 BIN，于2002 年 10 月 8 日获得"62"字头的 800 个国际标准 BIN（622126—622925）。2003 年 7 月，中国银联正式启动了"62"字头国际标准 BIN 的分配和使用工作。2003 年 8 月 27 日，南京银行发行中国大陆地区第一张

"62"字头国际标准 BIN 的信用卡，银联标准卡正式问世。

推广和普及银联标准卡，联网通用和联合发展是关键。中国人民银行于 2004 年 1 月 15 日公布了《中国银联入网机构银行卡跨行交易收益分配办法》，确定了银行卡发卡行和中国银联在银行卡跨行交易中的收益分配比例和办法。该办法自 2004 年 3 月 1 日起施行，银行卡服务收费机制正式确立。随着中国银行业对外开放提速，我国银行卡产业面临的国际竞争压力日益增强。为了提高民族银行卡产业的整体素质和国际竞争能力，中国银联于 2004 年提出了"创建民族银行卡支付品牌，坚持人民币银行卡的自主知识产权"的战略构想，得到了中国人民银行和各商业银行的响应和支持。2005 年 4 月 24 日，中国人民银行联合其他 8 个部委发布了《关于促进银行卡产业发展的若干意见》，明确要求"抓紧完善实施我国人民币银行卡技术标准，加大对按照国际规范制定的我国人民币银行卡技术标准的推广力度。商业银行发行新的人民币银行卡必须符合该技术标准，并尽快完成现有非该标准卡的换发工作"，同时提出加强受理市场建设的工作目标：至 2008 年，年营业额在 100 万元以上的商户受理银行卡的比例达到 60% 左右，大中城市重点商务区和商业街区、星级饭店、重点旅游景区要全部可以受理银行卡。全国大中城市持卡消费额占社会消费零售总额比例达到 30% 左右。全国跨行交易成功率达到 96% 以上。

经过近 5 年持续不断的努力，银联标准卡的推广和普及工作已经取得显著成效。截至 2008 年 6 月末，中国银联的成员机构已经超过 215 家，已发行银联标准卡的境内发卡机构达到了 152 家，发卡总量超过了 16 亿张；受理银联标准卡的境内特约商户达到了 93 万户，POS 超过了 145 万台，ATM 达到了 14 万台，分别是 2001 年年末（中国银联成立以前）的 6.2 倍、6.7 倍和 3.7 倍[①]；大中城市规模以上商户普遍受理银行卡，中小城市受理商户普及率迅速提高；2005 年年底，农民工特色银行卡服务正式推出以来，全国已有 18 个省（自治区、直辖市）的约 6 万个农村金融网点可以使用银联标准卡取款。中国已成为全球银行卡发卡量最多、增长速度最快、发展潜力最大的国家。

---

① 《中国银联概况》，2008 年 10 月 8 日中国银联网站（www.chinaunionpay.com）。

促进银联品牌的国际化

银联品牌国际化肇始于 2004 年：1 月 18 日，人民币银联标准卡在中国香港地区的 POS 消费业务、ATM 查询和取现业务正式开通，迈出了银联品牌国际化的第一步；4 月 30 日，中国银行（香港）有限公司在香港发行了第一张境外人民币银联标准卡，成为境外发行银联标准卡的开端。2005 年 10 月 18 日，中国银联正式启用了新的银联品牌标识。新标识系以红、蓝、绿三种颜色的银行卡的平行排列图案为背景，借以衬托标识中部白颜色的"UnionPay"英文艺术字及"银联"汉字造型。"UnionPay"英文艺术字中的"y"字符与下侧"银联"汉字造型中的"联"字首尾相连，其寓意是："银联"品牌以中国境内的联网通用为基础，已跻身银行卡国际支付品牌行列。

2005 年 10 月 18 日中国银联启用的"银联"新标识

银联品牌的国际化是中国发展自主银行卡品牌的必然选择。随着中国经济的持续发展，国人境外商务、旅游、学习等方面的用卡需求日益增多，为了能够更好地满足这些需求，中国银联早在 2002 年就已筹划银联品牌国际化的发展战略。为了顺应我国经济和社会发展的需要及经济全球化的趋势，中国银联于 2004 年 2 月提出了"中国人走到哪里，银联卡用到哪里"的工作目标，立足于优先满足中国人的出境需要，"沿着中国人出境路线图"展开银联标准卡国际受理网络建设。三色"银联"品牌标识随之出现在越来越多的国家和地区，已逐渐成为一张代表中国银行卡支付服务的特殊名片，人们明显感受到中国银联进军境外银行卡市场和构建未来国际支付品牌的雄心。银联品牌走国际化发展道路，使越来越多的银联标准卡"走出国门，走向世界"，这不仅是中国银联自身发展壮大的需要，也有助于中国自主品牌的银行卡参与国际竞争。银联标准卡的国际受理网络快速延伸到境外，国内商业银行的服务从而获得更大的发展空间，带动了中国银行卡产业的发展，使中国银行卡产业在全球银行卡领域掌握了更多主动权和话语权。目前，银联标准卡的境外 ATM 受理网络已经延伸到全球 45 个国家和地区，可以说已基本上涵盖了亚太、欧美、澳洲、非洲等中国人经常到达的国家和地区。

银联标准卡的境外受理网络具有两大显著特点：一是中国人境外刷卡消费走银联网络，可实现当地货币与人民币的直接兑换（人民币记账，人民币还款），从而避免了汇率波动的风险，可以节省占交易金额 1%—2% 的货币转换费（currency conversion fee），降低了银联标准卡中国持卡人的境外用卡成本。二是设身处地从用卡的实际需要出发，为银联标准卡中国持卡人量身定做了一系列对用卡颇有帮助的境外服务，例如，很多境外 ATM 都配备了中文操作界面，方便广大中国持卡人操作；在 14 个国家和地区推出了银联标准卡持卡人境外服务热线和紧急救援服务等。经过 4 年多的不懈努力，银联国际网络建设已是初具规模：截至 2008 年 6 月末，银联标准卡的广大持卡人不仅可以在境外 45 个国家和地区的多达 36.8 万台 ATM 取款，而且能够在境外 27 个国家和地区的近 15 万户商户和近 20 万台 POS 使用银联标准卡直接刷卡消费；6 个国家和地区的近 40 家金融机构正式向当地居民发行了银联标准卡，累计发卡数量突破了 270 万张。曾有国际金融专家这样评论：中国银联成立的时间虽短，但是在国际市场开拓和建立自主支付品牌方面表现出了一种罕见的超前意识和发展速度。中国银联有关人士的观点是：如果银联标准卡不仅在境内畅通无阻，在境外也同样好用，就能最终成为中国人的首选支付品牌。

中国银联已确定 2008—2012 年的发展目标并概括为"一年夯基础，三年上台阶，五年新跨越"，力求通过五年努力成为国内具有公信力和权威性、国际具有竞争力和影响力、境内境外机构广泛地参与的银行卡组织

表 3 – 6 　　　　　　　　　　　　**中国银联发展轨迹**

一　推广和普及银联标准卡	
2002 年 10 月 8 日	成功申请首批国际标准 BIN（"62"字头）
2002 年	基本实现银行卡联网通用"314"目标
2003 年 8 月 27 日	南京银行发行中国大陆地区第一张银联标准的信用卡，银联标准卡正式问世
2003 年	全国地市级以上城市基本实现银行卡联网通用
2004 年 5 月 9 日	招商银行作为全国性商业银行首家发行了中国大陆地区第一张银联标准的借记卡
2004 年 12 月 10 日	中国银联自主设计、建设的新一代全国银行卡跨行交易清算系统正式上线运行
2005 年 10 月 18 日	"银联"新标识正式启用
2008 年 5 月 27 日	东亚银行（中国）发行首张银联标准人民币借记卡
2008 年 7 月 24 日	渣打银行（中国）发行银联标准人民币借记卡
2008 年 7 月 30 日	花旗银行（中国）发行银联标准人民币借记卡
二　促进银联品牌的国际化	
2004 年 1 月 18 日	正式开通人民币银联标准卡在香港地区的 POS 消费业务、ATM 查询和取现业务，迈出了银联品牌国际化的第一步
2004 年 4 月 30 日	中国银行（香港）有限公司在香港发行了第一张境外人民币银联标准卡，成为银联标准卡海外发行的开端
2005 年 1 月 10 日	银联卡在新加坡、泰国及韩国的 ATM 和 POS 受理业务正式开通，银联品牌正式走出国门、走向世界
2005 年 9 月 13 日	与花旗金融集团在上海签署协议，花旗集团的全球 ATM 网络可以受理银联标准卡
2005 年 12 月 5 日	与美国发现金融服务公司在美国纽约举行仪式，正式开通银联标准卡在美国的受理业务，银联品牌正式登陆美洲
2005 年 12 月 13 日	正式开通中国游客欧洲国家（德国、法国、西班牙、比利时、卢森堡）ATM 服务，银联品牌正式登陆欧洲
2006 年 5 月 8 日	中国内地之外的第一家分公司香港分公司正式成立
2006 年 9 月 13 日	澳大利亚国民银行的 ATM 开始受理银联标准卡，银联品牌正式登陆大洋洲
2007 年 6 月 7 日	开通银联标准卡在埃及的受理业务，银联品牌正式登陆非洲
2007 年 12 月 18 日	日本三井住友卡公司在日本发行银联标准日元信用卡
2008 年 3 月 14 日	与法国旅游局签署合作协议，建立战略合作伙伴关系

资料来源：中国银联网站。

和具有良好法人治理结构、高效运作的现代企业，走出一条中国特色的银行卡组织发展道路，在不久的将来成为在全球银行卡产业占有重要地位、具有重要影响的国际性银行卡组织。

个人信用体系建设

贷记卡提供的循环信用实质上是一笔无抵押、无担保、可以循环使用的小额贷款，发卡机构必须对申请人的信用状况进行全面调查和总体评估，依据调查和评估的结果决定是否向该申请人发卡，这就是征信（Credit Checking）。"征信"一词源于《左传·昭公八年》，原文是"君子之言，信而有征，故怨远于其身"，大意是"君子所说的话都是令人信服的，因为这些话都得到了验证。所以，君子是不会招人怨恨的"。在贷记卡业务的标准化和流程化管理中，征信是发卡机构调查和评估申请人信用状况、从而规避和控制贷记卡授信风险的关键步骤，因而是发卡机构经营管理的一项重要内容。个人信用体系提供的有关个人信用状况的信息和数据是发卡机构征信的主要依据，这些信息和数据的真实性、准确性、时效性无不直接关系到发卡机构征信的结果，获取这些信息和数据的难易程度、时间长短、费用高低无不直接关系到发卡机构征信的效率和成本，进而影响到发卡机构的整体运作效率和综合经营成本。因此，个人信用体系建设事关中国信用卡产业的持续健康发展。回顾中国银行卡产业的发展历程，我们有理由这样认为：以准贷记卡为突破口发展中国信用卡产业，是在个人信用体系缺失的条件下不得已而为之的变通做法；贷记卡累计发卡量至今仍远远落后于借记卡，与个人信用体系建设滞后密切相关。

上海是个人信用体系建设的先行地区。1999 年 7 月 16 日，上海资信有限公司成立，这是新中国成立后大陆第一家开展个人信用联合征信的专业资信机构，负责承建和管理上海市个人信用联合征信服务系统。2000 年 3 月 1 日，由上海市信息办①、中国人民银行上海分行联合发布的《上海市个人信用联合征信试点办法》开始施行，上海市个人信用联合征信试点正式启动。试点分四步实施：

---

① 全称是"上海市国民经济和社会信息化领导小组办公室"。

第一步，由上海资信有限公司会同上海市各商业银行完成个人信用联合征信的数据采集。

第二步，由上海资信有限公司向各商业银行或消费者本人提供信用报告，以推动消费信贷的发展。

第三步，信用报告服务从银行业逐步扩展到整个金融业、全社会其他相关行业。

第四步，以建立个人信用档案为基础，形成信用报告查询、个人信用评估、多种类评分卡模型、个人资质证明的梯次化发展布局。

2000 年 6 月 28 日，上海市个人信用联合征信服务系统的数据采集系统及信用报告查询分系统正式启动，并且出具了新中国成立后大陆第一份个人信用报告。截至 2007 年 8 月末，上海市个人信用联合征信服务系统已经拥有 879 万人的信用信息，联通了上海市所有中资和外资银行的多达 640 个查询网点，设立了 4 个面向广大市民的个人信用报告查询窗口，日均提供信用报告查询达 1 万次，累计提供信用报告 735 万份。

全国性的个人信用体系建设起始于 2002 年：10 月 30 日，中国人民银行公布了《征信管理条例》（征求意见稿），这是中国第一部关于征信行业的管理法规，标志着全国性的个人信用体系建设将开始启动。2003 年 11 月 4 日，中国人民银行设立征信管理局，负责推动社会信用体系在全国范围的建立。2004 年 12 月 15 日，全国统一的个人信用信息基础数据库开始试运行，并在 7 个城市（北京、重庆、深圳、西安、南宁、绵阳和湖州）对当地的所有商业银行开通了联网查询。2005 年 7 月 3 日，全国统一的个人信用信息基础数据库实现六省二市（北京、浙江、广东、重庆、陕西、广西、四川和湖南）的联网查询。2005 年 10 月 1 日，中国人民银行发布的《个人信用信息基础数据库管理暂行办法》正式施行，中国人民银行将负责组织商业银行建立个人信用信息基础数据库、承担其日常运行和管理，并且负责设立征信服务中心。2006 年 1 月 17 日，全国统一的个人信用信息基础数据库正式运行，收集的个人信息主要包括身份识别信息、贷款信息和信用卡信息三大类。截至 2008 年 3 月末，该数据库已为全国近 6 亿人建立了个人信用档案，已累计提供 3443 万次个人信用报告查询（日均查询次数达到了 52.4 万次，单日最高查询次数则达到了 80.5 万次）。2008 年 5 月 9 日，中国人民银行征信中心正式成立。

　　个人信用评分是个人信用体系最主要的应用形式。所谓个人信用评分，是指信用评估机构利用信用评分模型对消费者的个人信用信息进行量化分析，以分值形式表述其信用状况。针对不同的应用，信用评分可分为风险评分、收入评分、客户响应度评分、客户忠诚度评分、催收评分、信用卡发卡审核评分、按揭贷款发放审核评分、信用额度核定评分等。2002年11月25日，由上海资信有限公司推出的中国第一个个人信用风险评分选定中国工商银行上海分行、中国建设银行上海市分行试点运行，随后广泛应用于上海各家银行的信贷和信用卡审批，对控制金融风险、防范金融欺诈起到了积极作用，为个人信贷消费的发展提供了巨大空间。个人信用风险评分是上海资信有限公司与美国环联国际公司（TransUnion International Corporation）合作开发的个人信用评分系统的第一期评分项目，截至2007年9月末，已累计为264万人次计算了评分、提供了122万份评分报告。2007年9月28日，上海资信有限公司正式推出了其个人信用评分系统的第二期评分项目——个人信用管理评分，与个人信用风险评分相比其数据源更广泛且运用了最新的建模技术，能够更准确地反映消费者未来发生风险拖欠的可能性，更有效地预测申请者在随后的12个月里拖欠或逾期的可能性，可帮助授信机构减少判断错误的几率。

分期付款

　　信用卡分期付款是指：发卡银行与持卡客户将应付账款按约定的期数均分，持卡客户在约定的还款日按时向发卡银行偿还当期的应还款额，直至其应付账款全部还清。信用卡分期付款业务可以分为以下三大类：（1）邮购分期，发卡银行提供商品目录，持卡客户从该商品目录中选购商品，部分购物款项分期付款。（2）商场分期，发卡银行选定合作商场，持卡人在该合作商场处选购商品，部分购物款项分期付款。（3）账单分期，发卡银行不限定商品和商户，持卡客户可自行将账单中经双方认可的消费款项分期付款。信用卡分期付款业务可以使参与各方共同受益。持卡人可以在免利息或低利息、免手续费或低手续费的前提下放大其购买能力，既提前购买了价格不菲的商品，又切实减轻了即期支付的压力，不仅提高了资金流转的效率，而且避免了携带现金的风险，不啻为一种便捷的理财工具。合作商场可以刺激持卡客户的购买欲望、挖掘持卡客户的消费潜能，通过锁定持卡客户赢得相对竞争优势、促进销售总额增加，同时还可以一次性收取发卡银行垫付的款项，不用承担任何资金回笼风险。发卡银行为持卡客户提供专享的消费体验和专属的增值服务，利用分期付款期数有效锁定持卡客户，有助于提高持卡客户的响应度和忠诚度，并在收取固定的分期付款手续费的同时获得高于普通刷卡消费的商户折扣。

招商银行是激活信用卡分期付款业务的开路先锋。2003 年 10 月 8 日，招商银行在国内第一个推出了信用卡账单分期付款业务，持卡客户刷卡购买惠普（HP）笔记本电脑及掌上电脑，全部购物款可以分为 6—12 个月等额偿还，且分期付款的加总金额与产品价格完全相等，无需支付任何利息。2004 年 11 月 30 日，招商银行又在国内第一个推出了信用卡商场分期付款业务，持卡客户在上海的家饰用品连锁店 HOLA 特力屋上海刷卡购买任何物品，当月只需要偿还全部购物款的 1/6、1/12 或 1/24，余款可以等额分期偿还，无需支付任何利息。目前，招商银行的信用卡商场分期付款业务已经形成一个门类齐全的体系：可供分期付款的商品和服务涵盖了家用电器、家庭装修和家居产品、IT 数码产品、汽车、百货商品、旅游、美容健身 7 个大类，接受分期付款的店面超过了 300 家；2006 年，商场分期付款年交易总额达到了 20 亿元，2007 年翻了一番、达到 50 亿元。2006 年 10 月 16 日，招商银行又推出了账单分期业务，持卡客户可以在当期账单还款日的两个工作日前提出申请，获得批准之后就可以享受账单分期还款服务，分期付款的当期账单金额最低为 1000 元（不含预借现金交易、已分期付款的应付账款等项，且不超过信用额度的 80% 和当期账单金额的 90%），期数分为 3 期、6 期、12 期三种。

招商银行率先推出的信用卡商场分期付款业务被媒体誉为"消费新模式"，其创新之处在于：（1）在此之前，持卡客户对贷记卡的认知是"先消费，后还款"，而招商银行则旗帜鲜明地打出了"分期付款，提前享受"的营销牌，很快就达到了彻底刷新这种认知的预期效果，因为对绝大多数持卡客户来说"享受"毕竟比"消费"更具有吸引力，甚至是诱惑力。（2）在此之前，持卡客户刷卡消费主要是购买快速消费品（Fast Moving Consumer Goods），而招商银行则成功地开辟了购买耐用消费品（Durable Consumer Goods）的刷卡消费全新领域。招商银行最初的信用卡持卡人多为借记卡持卡人转化而来，已养成了刷借记卡购买日常生活用品的消费习惯，办理信用卡之后他们很快就转为刷信用卡，商场分期付款业务让他们大开眼界：原来信用卡还可以用来买"大件"。2007 年 7 月 30日，招商银行率先推出名为"车购易"的信用卡分期付款购车业务，填补了中国个人消费金融的一项空白。"车购易"使持卡客户可以在指定经销商购买指定品牌的汽车，分期付款期数分为 12 个月、24 个月两种，分期付款金额最低为 3 万元、最高为 20 万元。为了控制购车者的信用风险，此项业务初期只面向那些没有不良还款记录的持卡客户，购车首付比例最低为购车价格的 30%，首付金额不能用招商银行信用卡支付。

信用卡分期付款业务已是中国信用卡产业的兵家必争之地，发卡时间超过一年的发卡银行大都推出了自己的分期付款业务。各家发卡银行深知信用卡分期付款，尤其是商场分期是快速搭建双边市场平台的最佳途径：持卡客户越多，发卡银行与分期商户合作的谈判能力也就越强，所能得到的优惠也就越多；而发卡银行拓展的分期商户数量越多、给持卡客户的优惠越多，对现有的和潜在的持卡客户的吸引力越大。为了提高潜在持卡客户的响应度，达成更大的发卡规模，为了提高现有持卡客户的忠诚度，获得更高的"钱包份额"，发卡银行的必然选择就是在分期付款业务上花样翻新。2006 年 3 月 7 日，广东发展银行推出了名为"样样行"的账单分期付款业务，单笔消费超过人民币 500 元的应付账款都可以分期付款，突破了以往持卡客户必须在发卡银行指定商家购买指定商品的局限。2006年 9 月 15 日，交通银行在国内首创信用卡"无国界"分期付款业务，率先将信用卡分期付款服务延伸到全球范围：持卡客户在境外刷卡消费，其应付账款可分期付款，其付款周期最短为 6 个月，最长为 18 个月。2007年 9 月 27 日，中国光大银行在国内首创账单分期付款业务自选服务，持卡客户可以随时随地拨打客户服务电话，以自助的方式对指定信用卡中尚未入账的某个消费类别的应付账款设定为分期付款。

∞ ∞ ∞ ∞ ∞ ∞ ∞ ∞ ∞ ∞ ∞ ∞ ∞ ∞ ∞ ∞ ∞ ∞ ∞

　　说文解字——发卡机构（Card Issuer）
　　Issue 源自古法语 eissue，意思是"流出、排出"，而流出、排出都有一个量的问题。在美国双解辞典中，Issue 这个词最主要的意思就是"发行"，此外还有一个词义是"分发、配发"，如：The teacher issued paper and pencils to all the children.（老师把纸张和铅笔分发给所有的孩子。）因此，Issuer 准确地表达了发卡对象和发卡数量对发卡机构的重要性：在竞争中求得生存和持续发展的关键。

中国信用卡产业已经走过了长达 23 年的发展历程，但真正起步却是在 2002 年年末，迄今不到 8 年时间。在这个过程中，各家发卡银行始终充满了创业激情和创新意识，将西方发达国家，尤其是美国发展信用卡产业的成熟经验与中国的实际紧密地结合起来，中国的信用卡产业始终焕发着生机和活力，产业面貌可谓"一年一小变，三年一大变"。在这个过程中，招商银行居功甚伟、成效显著。来自中国银联的统计数据显示，截至 2007 年年末，前 5 大发卡银行（中国工商银行、中国建设银行、招商银行、中国银行和中国农业银行）的市场份额合计达到了 74.8%；中国工商银行的市场份额达到 25.9%，位居各家发卡银行之首；紧随其后的是中国建设银行和招商银行，分别为 15.7% 和 15.6%；中国工商银行和招商银行 2007 年发卡量的年增长率分别高达 123.3% 和 103.2%。该数据还显示，截至 2007 年年末，中国准贷记卡存量为 1864 万张，比 2006 年减少了 160 万张；贷记卡存量为 7162 万张，比 2006 年增加了 4228 万张。由此看来，贷记卡已经成为中国信用卡产业发展的主流，2006 年中国信用卡新增发卡量中 90% 以上都是贷记卡，2007 年该比例已提高到 95% 以上[①]。

经过 5 年多的"跑马圈地"，招商银行已逐步形成了颇具特色的盈利模式。2006 年，招商银行信用卡业务的收入构成大体上是利息收入、商户折扣收入和中间业务收入各占了 1/3。截至 2008 年 6 月 30 日，招商银行信用卡的循环信用余额达人民币 98 亿元，使用循环信用的持卡客户占比由上年末的 22% 提高到 25%，信用卡计息余额占比由上年末的 37% 提高到 39%。发卡仅 5 年多时间利息收入占比已提高了 40% 以上，这是招商银行的决策者们比较满意的，他们希望今后这一占比每年都能增长 3——

---

① 薄继东、徐可奇：《五大行信用卡市场占有率达 74.8%》，《青年报》2008 年 8 月 18 日。

5 个百分点，最终达到并稳定在 70% 以上。在招商银行信用卡业务的非利息收入中，商户折扣收入达到了 4.36 亿元，是非利息收入的第一大项，约占信用卡业务总收入的 1/4。分期付款手续费收入达到了 2.04 亿元，是非利息收入的第二大项，也是增长最快的收入来源。其他非利息收入包括：除分期付款以外的增值业务手续费收入 1.72 亿元，逾期还款手续费收入 1.54 亿元，预借现金手续费收入 0.89 亿元，年费收入 0.4 亿元[①]。2008 年是招商银行信用卡业务发展的关键一年。种种迹象表明，招商银行正在从"跑马圈地"向"精耕细作"转型，其业务拓展和经营管理的重心已悄然从扩大发卡规模转向增强盈利能力。这或许预示着中国信用卡产业将进入一个看上去不那么风生水起的全新的发展阶段。

中国人民银行于 2008 年 6 月 24 日发布的 2008 年第一季度支付体系运行总体情况显示：截至 2008 年 3 月末，中国的银行卡发卡量达到 158650.22 万张，同比增长了 29.1%；借记卡发卡量为 148177.26 万张，占银行卡发卡量的 93.4%，同比增长了 26.1%；信用卡发卡量为 10472.96 万张，占银行卡发卡量的 6.6%，同比增长了 92.9%。这是我国信用卡发卡量首次突破 1 亿张[②]。

---

① 王芳艳：《发卡量倒逼服务，招行信用卡艰难转身》，《21 世纪经济报道》2008 年 9 月 26 日。

② 但有、为苗燕：《一季度我国信用卡发卡量突破 1 亿张》，2008 年 6 月 24 日中国证券网（www.cnstock.com）。

第四章　阳光灿烂的日子

天行健，君子以自强不息；地势坤，君子以厚德载物。

——《周易》

最近三十年的改革开放使中国走上了强国富民的复兴之路，中国国民的财富观念和消费观念随之悄然发生了变化。东部沿海经济发达地区引领了改革开放风气之先，其工业化水平和城市化进程均领先于中部和西部地区，成为中国信用卡产业发展的"龙兴之地"。

拉动内需

改革开放促成了中国国民经济的持续稳定增长，中国国民的金融资产总量随之持续大幅增长。1978—2006 年，国内生产总值（GDP）的年均实际增长率为 9.7%，而居民金融资产总额的年均实际增长率达到了 19.7%（从 1978 年的仅有 376 亿元增长到 2006 年的 25.34 万亿元，增长了 672.9 倍），比前者高出 10 个百分点。但是，这 28 年居民金融资产总额的增长速度并不均衡：1978—1996 年的 18 年间，居民金融资产总额的年均增长率为 31.3%，年均增加额是 2799 亿元；1996—2006 年的 10 年间，居民金融资产的年均增长率仅为 15.7%，而年均增加额却是 20261 亿元。1996 年是"九五"计划的第一年，也是改革开放 30 年里中国国民经济发展的关键一年：历时三年多的宏观调控取得了重大成果，经济增长率从 1992 年的 14.2% 回落到 1996 年的 9.7%，成功地实现了宏观经济的

"软着陆"。

1997 年 6 月亚洲金融危机爆发，使中国外贸出口增幅从前一年的 20% 猛跌至仅 0.5%，利用外资额跌至 20 年来的最低点，国内产能过剩、有效需求不足遂成为社会经济生活中的突出矛盾。到 1998 年上半年，市场上已没有供不应求的商品，亚洲金融危机对中国经济的影响已相当明显，且与一系列国内问题叠加在一起，使经济发展受阻。同年 7 月，中国政府正式决定实施旨在拉动内需的积极的财政政策和稳健的货币政策，同时采取其他配套的宏观经济政策。中国政府随后推出的一系列拉动内需的经济政策包括：（1）增发 1000 亿元国债，配套增加 1000 亿元银行贷款，全部用于基础设施专项建设资金；（2）降低存贷款利率；（3）鼓励商业银行增加个人住房贷款、个人汽车贷款、其他形式的个人消费贷款的信贷供给；（4）全面实施市场化导向的教育、医疗、住房三项改革；（5）实行促进国内旅游消费的"黄金周"长假制度。

拉动内需自此成为中国社会经济领域的一个热门话题，并对中国国民已经处在渐变之中的财富观念和消费观念产生了深远的影响。

个人住房贷款

1980 年 6 月，中国实行住房商品化政策，城镇住房制度改革的序幕由此揭开。1992 年 5 月，中国人民建设银行上海市分行第一个开办了公积金个人住房贷款业务。1992 年 9 月 23 日，中国人民建设银行印发了《中国人民建设银行房地产信贷部职工住房抵押贷款暂行办法》，按照"先存后贷，存贷挂钩，抵押加保，整借零还"的原则，在全国范围内开办了职工住房抵押贷款业务：贷款申请人在提出借款申请时，有相当于购买住房全部价款 30% 以上的存款（包括住房公积金存款）存放在贷款银行，并以此作为购建住房的首付款；贷款申请人同意将所购房产或贷款银行认可的有价证券抵押给贷款银行，其所在单位必须在贷款银行开立住户基金存款户且同意作为归还贷款本息的保证人。住房抵押贷款的贷款期限最长不超过 15 年（以优惠价或标准价购房的）或 20 年（以商品价购房的），贷款利率按借款人首期付款占房价款的比例和贷款期限的不同实行档次利率，贷款本息不得超过抵押物预估价值的 70%，归还贷款本息的方法分为"先还息，后还本等额偿还法"和"本息均还法"。住房抵押贷款借款人需按银行指定的险种办理抵押物的保险，保险期不得短于贷款期限，投保金额不得低于贷款本息，贷款银行为抵押物保险的第一受益人，保险所需一切费用由借款人负担，保险单的权益无条件让渡给贷款银行。

1994 年 7 月 18 日，《国务院关于深化城镇住房制度改革的决定》发布实施，住房公积金制度开始全面建立，奏响了城镇住房制度改革的主旋律。"房改房"从此成为国民日常生活的一项重要内容，私有住房可以上市买卖，公有住房则作为计划经济的产物退居幕后。住房公积金为城镇职工购房提供了稳定的储存积累，增强了城镇职工购房的支付能力和消费信心，"靠政府，靠单位，靠企业"解决住房问题的传统观念在逐渐改变，而攒钱买房、贷款买房的全新观念则在逐渐深入人心，使中国金融机构发放的个人住房贷款逐渐成为实行住房市场化改革、推进个人住房商品化的主要资金来源。截至 1997 年年末，中国金融机构发放的个人住房贷款余额达到了 190 亿元。在亚洲金融危机爆发之后不久，国务院于 1998 年 7 月 3 日发布了《关于进一步深化住房制度改革加快住房建设的通知》，明确指出，从 1998 年下半年开始全国城镇停止住房实物分配，全面实行住房分配货币化，同时建立和完善以经济适用住房为主的多层次城镇住房供应体系。旨在拉动内需的经济政策加快了住房市场化改革和个人住房商品化的进程，极大地刺激了中国个人住房贷款的迅猛发展：中国金融机构的个人住房贷款余额 2002 年年末增长到 8258 亿元、5 年增长了 42.5 倍，到 2003 年年末又增长到 11779 亿元，首次突破了万亿元大关[1]。

个人住房贷款业务领域的竞争自 2002 年开始逐步升级，各商业银行无不把个人住房贷款业务的发展上升到战略高度，为提高自身的市场份额而新招迭出、精彩纷呈。2002 年 6 月 5 日，交通银行上海分行首次推出了个人住房贷款转按揭业务，贷款人在尚未还清住房贷款时可以卖出该房产，购房者可以直接用该二手房做抵押向该行申请个人住房贷款，但购房者的贷款金额须大于原贷款人尚未还清的贷款本息之和，借款比例最高为 70%，贷款期限最长为 20 年。2002 年 7 月 15 日，招商银行上海分行首次推出了可以"先贷款，后买房"的"易贷通"个人消费贷款模式，凡需

---

[1] 黄庭钧：《商业性个人住房贷款十年增百倍》，《北京青年报》2007 年 10 月 2 日。

办理个人消费贷款业务，可以先向招商银行提出贷款申请，招商银行根据申请人的实际情况评估其资信状况，依据评估结果授予申请人一定的贷款额度并出具授信证明。申请人可以据此到任意一家房地产开发商或汽车经销商选购自己满意的住房或汽车，选购交易经招商银行审核通过后即可获得授信证明所确定的个人消费贷款。2002年7月31日，中国民生银行上海分行全面启动"民生家园金融计划"，率先推出了个人住房授信贷款业务，以个人住房按揭贷款为基础，以所购住房作为最高额抵押，在该行授信范围内可循环使用贷款额度，按需求用于住房装修、结婚、购车等项个人消费贷款，并可按需安排贷款期限和贷款额度。

2004年8月，有一则"美国老太太和中国老太太"的寓言故事开始在国人中悄然流传：一位中国老太太攒了一辈子的钱，在辞世的前一天终于攒够了钱，用这些钱买了一栋房子，但还没来得及住一住漂亮的新房子就去世了；一位美国老太太在年轻的时候贷款买了一栋房子，住进去之后，每天努力地工作，每月用挣来的钱还贷款，到辞世的前一天终于还清了所有贷款。这个寓言故事对很多国人产生了醍醐灌顶的功效。千百年来，龙的传人对住房的追求从没有间断过。多少年来，无数中国国民在为"居者有其屋"这个梦想而努力，房子始终倾注着人们的无限希望与憧憬。请记住这个让人觉得纯属杜撰的寓言故事：就是它，让习惯于量入为出的国人开始"花明天的钱，办今天的事"；就是它，让执著于勤俭持家的国人不仅了解了，而且接受了个人住房贷款、个人汽车贷款、个人教育贷款、其他形式的个人消费贷款；就是它，让美国的消费信贷文化、刷卡消费文化在中国大地上广为传播和翻新，并最终催生了中国版的信用卡嘉年华。

住房市场化改革和个人住房商品化是30年改革开放历程中的一件大事。1998年城镇住房制度改革取得突破性的进展，中国国民从心理上彻底割断了对计划经济时代的依赖，购买个人住房的积极性得到充分发挥，使房地产成为推动中国经济发展的一个火车头。随着人民收入水平和生活水平的不断提高，以旧换新、以小换大、装修新房、入住新房成为中国国民购房自住的最佳选择。住房市场化改革和个人住房商品化在很大程度上改善了中国城镇居民的住房条件。统计数据显示：中国城镇居民人均住房面积1978年仅6.7平方米，2007年年末已增加到约28平方米。截至2007年年末，中国金融机构已发放的个人住房贷款余额达到了2.7万亿元，10 年增长 141 倍以上①。正是住房制度改革和个人住房贷款使城镇居民买上了自己中意的商品房，无论居住面积还是小区环境都有很大改善，生活质量有了很大提高。个人住房贷款不仅显著改变了中国国民的家居生活，而且显著改变了中国国民的财富观念：工业化和城市化使大中城市的住房价格呈现出稳步上扬的态势，作为个人中长期消费贷款的主体，个人住房贷款有助于投资者将所购买的个人住房转化为长期投资，进而实现财富增值。

个人汽车贷款

　　1979 年 3 月，中国和德国、美国就有关轿车合作生产问题举行会谈，国家首次允许私人拥有轿车。第一款进入中国家庭的私人轿车是 1985 年中国以易货贸易方式从波兰进口的菲亚特 126P，北京由此成为第一个出现私人轿车的城市。1986 年 11 月，上海的第一辆 "Z" 字私人自备车牌照代码 0001 号诞生，随后私家车开始在深圳、广州等改革开放步伐较快的城市以及长春、重庆等拥有轿车生产厂的城市涌现。1989 年 3 月，新华社记者李安定在《瞭望》杂志发表了一篇题为《但愿不是一个梦》的文章，第一次提出轿车进入中国人家庭的设想。1994 年 3 月 12 日，国务院印发了中国第一个《汽车工业产业政策》，明确了将汽车工业作为国民经济的支柱产业来发展，第一次将鼓励私人购买汽车写进了政府政策文本，中国轿车工业从此进入了一个崭新阶段。1996 年 10 月，北京兵工汽车贸易有限公司在北京市率先推出 "首付一万八，奥拓开回家" 的汽车分期付款活动，开创了中国轿车销售史上的先河，私人购车市场自此逐渐兴旺起来。

　　亚洲金融危机爆发之后不久，中国人民银行于 1998 年 9 月 11 日下发《汽车消费贷款管理办法》（试点办法）（以下简称《办法》），指定四家国有商业银行为试点银行，具体试点地区由各国有商业银行确定并报中国人民银行审批，试点银行均应本着小范围的原则选择经济比较发达、金融服务较好、汽车需求较大的地区试点。该《办法》规定：汽车消费贷款

---

　　① 黄庭钧：《商业性个人住房贷款十年增百倍》，《北京青年报》2007 年 10 月 2 日。

适用的汽车仅限于国产汽车，各试点银行应在试点地区当地指定汽车特约经销商，并且应签订合作协议；汽车消费贷款的贷款期限最长不超过 5 年，贷款利率按照中国人民银行规定的同期贷款利率执行。《办法》严格规定了汽车消费贷款的贷款额上限：借款人以质押方式申请贷款或银行、保险公司提供连带责任保证，首期付款额不得少于购车款的 20%，借款额最高不得超过购车款的 80%；借款人以所购车辆或其他不动产抵押申请贷款，首期付款额不得少于购车款的 30%，借款额最高不得超过购车款的 70%；若借款人系以第三方（银行、保险公司除外）提供保证的方式申请贷款，首期付款额不得少于购车款的 40%，借款额最高不得超过购车款的 60%。《办法》明确规定：借款人向贷款人申请汽车消费贷款，必须提供有效担保；借款人可以采取抵押、质押或以第三方保证等形式进行贷款担保，担保的当事人必须签订担保合同。这是中国出台的第一部汽车消费贷款法规。

1998 年 10 月，中国建设银行率先开办汽车消费贷款业务，个人汽车消费的新时代由此开启。个人汽车贷款随即得到中国国民的广泛认可和接受，成为仅次于个人住房贷款的消费信贷品种。1998—2003 年，个人汽车消费信贷规模呈几何级数增长：1998 年个人汽车贷款余额仅有 4 亿元，1999 年增加到 29 亿元，2000 年增加到 186 亿元，2001 年增加到 436 亿元，2002 年达到 945 亿元，2003 年达到 2000 亿元。个人汽车贷款所支持的个人汽车消费量占汽车消费总量的比例也大幅提高，由 1999 年的 1% 左右迅速提升至 2001 年的 15%[1]。个人汽车贷款使"私家车"不再是富裕阶层的专利，拥有汽车对许多中国家庭来说已不再是奢望。许多家庭把购车计划提上了议事日程，列入 3—5 年内的家庭支出计划。不知不觉间，各种汽车广告开始占据了电视广告的黄金时段、报纸杂志的大幅版面，汽车交易市场的购车人络绎不绝。2002 年 1—7 月，中国轿车的销售量超过了 1999 年全年销售的总和，以 39.9% 的同比增长率载入了中国汽车工业发展史。私家车大规模步入寻常百姓家，街头巷尾多姿多彩的私家车已成为都市一道亮丽的风景线。分期付款将继续吸引越来越多的家庭跨入私家车拥有者的行列，私家车消费已经给中国国民的出行方式和生活方式带来

---

① 赵玉峰：《中国汽车金融现状及策略思考》，《市场研究》2007 年第 1 期。

了一场革命，在很大程度上已经成为中国经济和国民消费的"晴雨表"。

汽车消费信贷是 2002 年各商业银行竞争的又一热点。中国农业银行雄踞中国汽车消费信贷市场第一的地位，2001 年汽车消费贷款余额达到 134.18 亿元，2002 年提出了力争汽车贷款增量要比 2001 年翻一番、突破 200 亿元的目标。为了确保实现该目标，全行广泛开展汽车贷款营销活动，向社会公开推进汽车消费贷款业务发展的"十大举措"，又开展了与之相配合的"农行汽车贷款大联销活动"，全行 330 个金融超市和 1100 多个经办单位同时参与。截至 11 月末，全行个人汽车贷款余额突破 300 亿元，达 300.08 亿元，比年初增加了 165.91 亿元，巩固了国内银行业第一的地位。2 月 20 日，由中国工商银行上海分行牵头组织的全国首家"汽车金融服务网络协会"成立，上海地区的大型优质汽车经销商、保险公司、拍卖行、二手车经营公司、租赁公司以及法院、公安、交通管理部门等近百家单位加盟。该协会的主要任务是联合社会力量"整体营销汽车金融产品，综合治理汽车信贷风险"，通过进一步细分市场、强化分工，形成将汽车消费贷款市场营销、动态跟踪、逾期催收、违约处置融为一体的汽车金融协作网络，促进个人汽车金融服务的健康发展。中国建设银行在四大国有商业银行中率先推出了专业化的个人汽车贷款服务，4 月 18 日成立汽车金融服务中心，仅两个月时间贷款余额就突破了 1 亿元。

个人汽车贷款所采取的运作模式是："商业银行 + 保险公司 + 汽车生产商和汽车经销商 + 汽车消费者。"由于经营主体之间缺乏一致性经营行为连接纽带和约束机制，各单位、各环节为各自的利益无节制地放大本单位、本环节的业务量，致使行业风险迅速累积，监管机构于 2004 年对个人汽车贷款市场进行了治理整顿。中国人民银行公布的数据表明：2004 年 6 月末，汽车类消费贷款余额为 1833 亿元（占金融机构全部消费贷款余额的 10.2%），同年 9 月底就下降到 1600 亿元，净减少 233 亿元。截至 2004 年 11 月末，汽车类消费贷款余额减少到 1641 亿元，坏账却占了 40% 以上。2004 年 8 月 6 日，上海通用汽车金融有限责任公司开业，这是中国第一家汽车金融公司，标志着中国汽车金融业开始了从以商业银行为主导向以汽车金融服务公司为主导的转换。截至 2007 年年末，中国已批准成立了 9 家汽车金融公司，已经开业的 8 家汽车金融公司资产总额达到了 285 亿元，其中贷款余额为 255 亿元，资产质量优良，不良贷款率仅为 0.26% 。截至 2008 年 9 月末，我国私人机动车保有量达到 12768 万辆。

个人教育贷款

　　1977 年 10 月 12 日，国务院批转教育部《关于 1977 年高等学校招生工作的意见》及《关于高等学校招收研究生的意见》，中国由此恢复高考，"上大学"从此成为在中国国民心灵深处拥有崇高位置的三个字。1977 年冬天，中国 570 万考生走进了曾被关闭了十余年的高考考场，当年全国大专院校录取新生 27.3 万人，1978 年 610 万人报考、录取新生40.2 万人。77 级学生 1978 年春天入学，78 级学生 1978 年秋天入学，两次招生仅相隔了半年。恢复高考 30 年来，中国共有近 6000 万高中毕业生参加高考，1000 多万人被高校录取，培养出 3 万多名博士生和 30 多万名硕士生①。大学改变了无数中国青年的命运，他们的智商得以被训练成才气，潜质得以被开发成能力，梦幻得以被引导成理想。1989 年中国高等教育改革，开始实行大学收费制度，当时的每学年学费是 190 元。1993年 2 月 13 日，国务院颁布并实施《中国教育改革和发展纲要》，明确指出，"高等教育是非义务教育，学生上大学原则上均应缴费"，作出了"设立贷学金，对家庭经济有困难的学生提供帮助"的决策，家庭经济条件不足以支付大学学费的贫困学生借助个人教育贷款上大学的问题就此浮出水面。

　　1999 年 5 月 13 日，国务院发布实施《关于国家助学贷款的管理规定（试行）》，先在北京、上海、天津、重庆、武汉、沈阳、西安、南京 8 个城市进行试点，待条件成熟后再逐步推行。中国工商银行被中国人民银行指定为国家助学贷款的经办银行，教育部设立全国学生贷款管理中心。按照《规定》要求，国家助学贷款的申请和发放程序如下：经办银行发放的国家助学贷款属于商业性贷款，纳入正常的贷款管理；国家助学贷款实行学生每年申请、经办银行每年审批的管理方式；经办银行负责确定国家助学贷款的具体发放金额，用于学费的金额最高不超过借款学生所在学校的学费收取标准；用于生活费的金额最高不超过学校所在地区的基本生活

---

　　① 初晓：《高考 30 年的风雨之路》，《中国信息报》2007 年 7 月 11 日。

费标准；学生申请国家助学贷款必须具有经办银行认可的担保，担保人应当与经办银行订立担保合同；确实无法提供担保、家庭经济特别困难的学生，可以申请特困生贷款。为体现国家对经济困难学生的优惠政策，减轻贷款学生的还贷负担，财政部门对接受国家助学贷款的学生给予利息补贴，学生所借贷款利息的 50% 由财政贴息，其余 50% 由学生个人负担。学生所借贷款本息必须在毕业后四年内还清，学生毕业前必须与经办银行重新确认或变更借款合同并办理相应的担保手续，此项手续办妥之后学校方可办理学生的毕业手续，保证国家助学贷款的回收。

2000 年 2 月 1 日，国务院发布实施《关于助学贷款管理的若干意见》，明确规定：助学贷款分国家助学贷款和一般商业性助学贷款两类；国家助学贷款是由中国工商银行开办、国家财政贴息、适用于大陆地区高等学校中经济确实有困难的全日制本科、专科学生的助学贷款；一般商业性助学贷款是指金融机构对正在接受非义务教育学习的学生或其直系亲属、或法定监护人发放的商业性贷款，只能用于学生的学杂费、生活费及其他与学习有关的费用；一般商业性助学贷款财政不予贴息，各商业银行、城市信用社、农村信用社等金融机构均可开办。2000 年 8 月 26 日，国务院发布实施《关于助学贷款管理的补充意见》，把国家财政贴息的国家助学贷款由 8 个试点城市扩大到全国范围，其经办银行也由中国工商银行扩大到中国农业银行、中国银行和中国建设银行，同时要求各有关商业银行积极做好准备，在 2000 年 9 月 1 日前开办此项业务。截至 2003 年 12 月，全国累计审批贷款合同额 65.2 亿元，资助贫困学生 79.1 万人。对广大贫困学生来说，这个数字毕竟显得太小，远没有达到最初设定的政策目标，也远不能满足贫困学生的需要。造成国家助学贷款推进困难的原因比较复杂，最主要的问题包括：运行机制设计存在缺陷；提出贷款申请的贫困学生数量多、每笔贷款金额小，经办银行实际运作困难。

2004 年 6 月 12 日，国务院发布实施《关于进一步完善国家助学贷款工作的若干意见》，以推进并加强国家助学贷款工作。《意见》对国家助学贷款政策和机制做出了六项重大调整：（1）改变此前在整个贷款合同期间对学生贷款利息给予 50% 的财政补贴的做法，实行借款学生在校期间的贷款利息全部由财政补贴、毕业后全部自付的办法，借款学生毕业后开始计付利息；（2）改变此前的自学生毕业之日起即开始偿还贷款本金、

4年内还清的做法，实行借款学生毕业后视其就业情况在1—2年后开始
还贷、6年内还清的做法；（3）对毕业之后自愿到国家需要的艰苦地区、
艰苦行业工作且服务期达到一定年限的借款学生，经批准可以奖学金方式
代偿其贷款本息；（4）改变目前由国家指定商业银行办理国家助学贷款
业务的做法，实行由政府按隶属关系委托全国和各省级国家助学贷款管理
中心通过招投标方式确定国家助学贷款经办银行的办法；（5）对普通高
校实行借款总额包干的办法，普通高校每年的借款总额原则上按全日制普
通本专科生（含高职学生）、研究生以及第二学士学位在校生总数20%的
比例、每人每年6000元的标准计算确定；（6）建立国家助学贷款风险补
偿机制，按照隶属关系由国家财政和普通高校按贷款当年发生额的一定比
例建立国家助学贷款风险补偿专项资金，给予经办银行适当补偿，具体比
例在招投标时确定。

　　国家助学贷款实施新政策、新机制以后，资助金额和资助人数均已超
过了过去5年的总和。截至2005年12月31日，全国新增审批贷款学生
120.4万人，新增审批合同金额102.5亿元。截至2005年12月底，全国
累计审批贷款学生206.8万人，累计审批合同金额172.7亿元。[①] 截至
2007年6月末，全国各项助学贷款余额达到192.9亿元。2007年8月29
日，国家生源地信用助学贷款的试点工作在甘肃、江苏、湖北、重庆、陕
西5个省市正式启动，试点工作取得经验后将在全国范围内推开，并形成
生源地信用助学贷款和高校国家助学贷款互为补充的国家助学贷款新格局。

长假休闲消费

　　20世纪80年代中期，国家科委中国科技促进发展研究中心着手研究
实行"五天工作制"的可行性，以缩短工作时间、提高工作效率。1994
年2月3日，国务院发布了《关于职工工作时间的规定》，决定自3月1
日起实行"隔周五天工作制"，即：职工每日工作8小时，平均每周工作
44小时；自3月1日起第一周的星期六和星期日为休息日，第二周星期

---

① 温红彦：《好风送你上青云——国家助学贷款政策实施六年纪实》，《中国青年报》2006
年3月29日。

日为休息日，依次循环。在 1995 年 3 月 3 日召开的全国政协八届三次会议上，政协委员周铁农代表民革组提出《关于实行五天工作制的几点建议》的提案，论证了缩短工作时间是一件利国利民的好事和实事：不仅使制度工时利用率得到显著提高，而且增加了人民的闲暇时间、有力地促进了第三产业（特别是旅游事业）的发展。提案认为实行五天工作制的条件基本成熟，建议从 1995 年 5 月 1 日起正式实施，得到了国务院的采纳。1995 年 3 月 25 日，国务院发布了《关于修改〈国务院关于职工工作时间的规定〉的决定》，决定自 1995 年 5 月 1 日起实行"五天工作制"，即：职工每日工作 8 小时，每周工作 40 小时；国家机关、事业单位实行统一的工作时间，星期六和星期日为周休息日（即所谓"双休日"）。

1999 年 9 月 18 日，国务院修订后发布新的《全国年节及纪念日放假办法》，决定增加公众法定休假日：春节、"五一"和"十一"均法定休假 3 天，再加上调整的前后两个双休日，形成了每年三个连休 7 天的长假。这就是"黄金周"长假制度的由来，其初衷就是：刺激长假期间的旅游消费，拉动内需。此后，每年三个"黄金周"掀起的旅游消费热潮成为中国社会经济生活的新亮点，"假日经济"也成为中国国民津津乐道的新话题。1999 年"十一"是有史以来的第一个黄金周，席卷全国的假日旅游热潮令各界人士始料不及。据有关部门统计，全国出游人数 7 天内达到了 2800 万人次，实现旅游收入 141 亿元。2002 年"十一"是第 10 个"黄金周"，全国出游人数 7 天内达到了 8071 万人次，实现旅游收入 306 亿元，分别是 1999 年"十一"第一个"黄金周"的 2.88 倍和 2.17 倍。但是，"黄金周"也带来了一些问题：随着人员流动数量的逐步增加，交通拥挤的状况也在逐渐加剧，旅游安全隐患增大；居民大规模集中出游导致旅游产品短期内供给不足，旅游景区人满为患；长假期间的消费过于集中，给旅游及相关企业经营活动安排带来较大困难。2003 年前后，"自驾游"概念和"度假游"概念得到诸多中国国民的认同，越来越多拥有私家车的国民加入友朋同乐的"自驾游"或老少咸与的"度假游"行列。

高速公路建设对长假休闲消费产生了巨大的促进作用。改革开放的前十年，我国没有一条高速公路。1988 年 10 月 31 日，沪嘉高速公路建成通车，结束了中国大陆没有高速公路的历史。这条高速公路从上海市区到嘉定，全长不足 20 公里，通车仅 2 年就吸引了几十家中外企业落户嘉定，通车 5 年内沿线区域国民生产总值年平均增长率达 24.8%，而在同一时期全区域的该项指标为 18.3%。1993 年 9 月 25 日，从北京市到天津市塘沽区、全长达 142.69 公里的京津塘高速公路全线通车，这既是中国第一条跨省市的高速公路，也是中国国内第一条利用世界银行贷款建成的高速公路。拉动内需的宏观经济政策出台之后，中国高速公路建设呈现持续快速增长态势：1999 年高速公路通车里程突破了 1 万公里，跃居世界第 4 位；2001 年达到了 1.9 万公里，跃居世界第 2 位；2004 年 8 月底突破了 3 万公里，比世界第三的加拿大多出近一倍；2007 年年末达到了 5.36 万公里，连续 6 年成为世界第二高速公路大国。2003 年前后，中国的高速公路网络初具规模，此后快速密集延伸，在神州大地上构筑起一个又一个"×小时经济圈"或"×小时生活圈"，这为"自驾游"和"度假游"提供了极大的便利，一些省份还为此推出了"以张扬个性，亲近自然，放松身心"为诉求的"自驾游"或"度假游"主题性专项旅游产品。

"黄金周"长假制度的实施有力地推动了中国公民出境旅游迅猛发展。1990 年 10 月 30 日，国家旅游局发布实施《关于组织我国公民赴东南亚三国旅游的暂行管理办法》，允许中国公民在由海外亲友付费、担保的情况下赴新加坡、马来西亚、泰国旅游，中国公民自费出国旅游由此发轫。1992 年，菲律宾成为中国公民出境旅游目的地国家。1992—1997 年，中国公民出境旅游人数从 300 万人次增长到 535.56 万人次，年均增长率约为 12%，主要是商务旅游。1997 年 7 月 1 日，《中国公民自费出国旅游管理暂行办法》发布实施，中国公民出境旅游进入了一个崭新的发展阶段。1998—2003 年，中国公民出境旅游人数从 842.56 万人次增长到 2022 万人次，年均增长率超过 20%，自费旅游成为出境旅游的主体。2002 年 7 月 1 日，《中国公民出国旅游管理办法》正式实施，中国公民出境旅游的目的地国家数量随即快速增多。截至 2004 年年末，经国务院批准的中国公民出境旅游目的地国家总数达到 90 个（其中已实施的 63 个）。2005 年 1 月 21 日，英国成为中国公民出境旅游的目的地国家。两年后的 2007 年 12 月 12 日，美国成为中国公民出境旅游目的地国家。截至 2007 年年末，经国务院批准的中国公民出境旅游目的地国家和地区数增至 134 个（其中已实施的 91 个），全年出境旅游人数达到 4095 万人次。

2007 年"十一"是第 25 个"黄金周"，全国出游人数 7 天内达到了

1.46 亿人次，实现旅游收入 642 亿元，分别是 1999 年 "十一" 第一个 "黄金周" 的 5.21 倍和 4.55 倍。2007 年 12 月 16 日，国务院发布再次修订的《全国年节及纪念日放假办法》，自 2008 年 1 月 1 日起施行。新《办法》保留春节和 "十一" 两个 "黄金周"，"五一" 与清明节、端午节、中秋节同为放假 3 天的 "小长假"，使法定节假日安排与清明、端午、中秋这三个世代相传、富有中华民族文化特色的传统节日相结合，更具有中国特色。2008 年是实行 "黄金周" 长假制度的第 10 个年头。回顾十载 "黄金周"，其重大意义在于：促进全民旅游消费，加速了旅游消费从观光度假型旅游向休闲度假型旅游的转变，并刺激了旅游产品的创新及开发；加速了各级政府假日旅游协调机构的建立和旅游城市假日旅游信息系统的启动，整体上提高了旅游行业的服务协调和综合管理水平；快速持续拉动了内需、活跃了市场、繁荣了经济，推动了中国整个第三产业的跨越式发展。

持续实施旨在拉动内需的四大宏观经济政策，对中国信用卡产业的发展产生了深远的影响：无论购房还是买车都可以贷款，也都可以刷信用卡付首期款、享受最长达 56 天的免息期；无论异地旅游还是境外旅游都可以使用信用卡，其便利性和实用性无可替代；更为重要的是，个人住房贷款、个人汽车贷款、个人教育贷款、长假休闲消费使众多中国国民的消费观念、支付观念都发生了革命性的变化，他们在接受这些 "新生事物" 的过程中逐渐体会到消费信贷、支付工具的重要性和可行性，进而成为中国最能接受信用卡的消费群体。

财富效应

所谓财富效应（Wealth Effect），是指由于金融资产价格上涨（或下跌）导致金融资产持有人的财富增长（或减少），进而促进（或抑制）金融资产持有人的消费增长，拉动金融资产持有人短期边际消费倾向（Marginal Propensity to Consume，MPC）的提升，促进（或抑制）经济增长的效应，简而言之，就是人们的金融资产越多，消费意愿越强。自改革开放以来，尤其是拉动内需的一系列宏观经济政策出台以后，中国国民激发出另一种意义的"财富效应":分享经济发展和社会进步的丰硕成果,用于追求个人财富的持续增值和不断累积。

先富起来

改革开放 30 年的重要成就之一是城乡居民收入快速增长,中国国民逐步富裕起来。1978—2007 年,城镇居民人均可支配收入从 343 元提高到 13786 元,增长了 39.2 倍,农民人均纯收入从 135.8 元提高到 4140 元、增长了 29.5 倍,城乡居民储蓄存款从 210 亿元增加到 172534 亿元、增长了 819.6 倍。这一成就的取得归功于中国改革开放的总设计师邓小平提出的"先富起来"基本国策。1978 年 9 月下旬,邓小平第一次提出了"让一部分地区、一部分人先富起来"的改革思路。在长春和天津,他几次指出:"在经济政策上,我认为要允许一部分地区、一部分企业、一部分工人农民由于辛勤努力、成绩大而收入多一些,生活先好起来,就必然产生极大的示范力量,影响左邻右舍,带动其他地区、其他单位的人们向他们学习。这样,就会使整个国民经济不断地波浪式地向前发展,使全国各族人民都能比较快地富裕起来。……这是一个大政策,一个能够影响和带动整个国民经济的政策。"此后,邓小平又进一步把他的这一思想概括为"允许一部分地区、一部分人先富起来,以先富带动后富,最后达到共同富裕"[1]。曾担任《人民日报》经济部主任、《经济日报》总编辑的著名经济学家、高级记者艾丰认为,邓小平同志提出"先富起来"的战略思想和基本国策,是"以财富观为核心进行了实质性的拨乱反正"。

企业家阶层就属于"先富起来"的中国国民。老百姓通常把他们看成富人阶层,因为他们先富起来、在经济生活和社会生活中最引人注目、"故事"最多,也最引起争议,他们成为在舆论中被议论最多的人群,专家学者、企业家阶层的精英、普通老百姓等社会人群总是从各种角度思考中国富人的优劣、得失、福祸。2002 年 12 月 20—21 日,"2002 中国企业领袖年会"在北京召开,这是党的十六大召开之后中国顶级富豪和最有影响力的企业家、经济学家和媒体人的第一次盛会,也是中国首届企业界

---

[1] 祝虹:《上海通用:续写"凯迪拉克"在中国新传奇》,《新华每日电讯》2004 年 9 月 2 日。

领袖年会。艾丰以中国企业联合会会长的身份在会上发言，他指出：中华
文化光辉灿烂，但财富文化有严重缺陷，"不患少患不均"是中国财富文
化的主线，恨富人、恨能人成为中国国民不用教育大家都会的思维方式，
所以人们怕显能、怕出头、怕露富；恨能人、恨富人的"两恨文化"本
身是违背财富增长规律的，是阻碍中国经济发展的重要原因。艾丰认为，
富人是有形资产的代表者，能人是无形资产的代表者，有形资产和无形资
产是经济发展的两个翅膀，"两恨文化"就如同两把剪刀，总是不失时机
地把这两个翅膀不断剪掉；企业家首先是能人，他们不仅自己能干，而且
能够使众多的能人发挥才能；企业家同时还是富人，最起码我们应该在理
论上承认：创造更多财富的人自己也应该拥有更多的财富①。

2003 年 3 月 31 日，胡润出席"中国财富品质论坛"

---

① 成思行：《一个记者能走多远？——艾丰评传》，北京大学出版社 2007 年版。

新中国成立 50 周年之际，英国人胡润（Rupert Hoogewerf）一手炮制了第一个中国富豪排行榜，作为美国《福布斯》（*Forbes*）杂志全球版的封面于 1999 年 11 月 15 日面世，"中国首富"自此成为中国国民最感兴趣、最具争议的话题之一。"如果把成功定义为拥有财富多少的话，那么这 50 人就是中国大陆最成功者，他们的故事能让全世界更好地了解共产党执政下的中国社会。"胡润将富豪榜传真给欧美等国一些著名传媒机构时写下了这句话，当时的《福布斯》主编劳里·米纳德（Laury Minard）立即被打动了，他决定刊用这一榜单。西方人开始相信，邓小平当年作出的"让一部分人先富起来"的决策产生了惊人的成效。事实也确实如此：胡润"中国富豪榜"的人数从 1999—2000 年的 50 人增加到 2001—2004 年的 100 人，再增加到 2005 年的 400 人、2006 年的 500 人、2007 年的 800 人、2005 年的 1000 人；胡润"中国富豪榜"的财富门槛也在快速抬高，1999 年只有 5000 万元，2008 年增加到 7 亿元，且第 50 名的财富已达到 100 亿元，是 1999 年的 200 倍①。从横空出世的第一天开始，这个被称为"中国富豪"的特殊群体便始终是公众关注的焦点：他们的财富是怎样积累起来的？他们究竟是一群怎样的人？这些年来，他们又是怎样"演化"的？我是否能够（怎样才能）成为他们那样的人？

对于"先富起来"的中国富裕人群来说，奢侈品消费是他们展示个人财富的一种自然选择。商务部预计，到 2014 年，中国将成为全球最大的奢侈品市场，占全球奢侈品总量的 23% 左右。统计显示，目前我国奢侈品市场的年销售额占全球市场的 18%，是世界第三大奢侈品消费国，仅次于美国和日本。据世界奢侈品协会统计，2007 年，中国国民的奢侈品消费额已经达到 80 亿美元，消费人群达到总人口的 13%。中国奢侈品消费额的年均增长率在 20% 左右②。据了解，目前世界公认的顶级奢侈品品牌中，有八成左右已进入中国市场。中国国民已能接受这样一种观念：通过正当渠道获得正当收入的富裕人群追求奢侈品，应该受到正视与尊重。特恩斯市场研究咨询公司（TNS）的调查发现：在中国，富裕人群消费奢侈品，地位象征和自我奖励是其最强烈的两个动机，受访者对奢侈品

① 胡润：《我为何要做"百富榜"》，《新报》2008 年 10 月 12 日。
② 车亮：《中国将成全球最大奢侈品市场》，《北京商报》2008 年 9 月 10 日。

品牌表现出非常正面和积极的态度。例如，超过 70% 的受访者认为奢侈品品牌在某种意义上象征着他们的地位、成功和品位，超过 60% 的受访者承认购买奢侈品是他们对自己努力工作并取得成就的一种奖励。上海福卡经济预测研究所的研究报告《奢侈品折射出中国未来》显示，在中国，消费奢侈品的主体是那些平均月收入 5000—5 万元之间、年龄在 25—40 岁的高学历人群。而这一消费人群与信用卡产业的目标客户群体高度重叠。

高储蓄率

美国著名的经济学家佛朗哥·莫迪利亚尼（Franco Mordigliani）和理查德·布伦伯格（Richard Brumberg）共同进行消费行为与储蓄行为的研究，1953 年合写了《效用分析与消费函数：横截面数据的一种解释》，1954 年合写了《效用分析与消费函数：统一的释义》，生命周期假说（Life cycle hypothesis）的理论基础由此奠定。佛朗哥·莫迪利亚尼认为，一个人一生的财富累积状况，就像驼峰的形状。财富在年轻时很少，赚钱之后开始累积；到退休之前的中年，财富累积到顶峰；退休之后，则开始下降[1]。从驼峰式个人财富累积的轨迹出发，生命周期假说认为，理性的消费者会根据一生的收入来安排自己的消费与储蓄，使消费与一生的收入相等。年轻时期的家庭收入低，但因为预期未来收入会增加，因而在这一阶段往往会把家庭收入的绝大部分用于消费，有时甚至还会举债消费，导致消费大于收入。进入中年时期家庭收入增加，但消费在收入中所占的比例会降低，收入会大于消费，因为一方面要偿还年轻时期的负债，另一方面还要把一部分收入储蓄起来用于防老。退休以后收入下降，消费又会超过收入。生命周期假说认为，个人储蓄率的降低是受到两个因素的影响：其一是财富在一生中的积累的轨迹形态，其二是经济增长的速度[2]。佛朗哥·莫迪利亚尼是 1985 年诺贝尔经济学奖的获得者。

高储蓄率是中国非常重要的一个金融现象。改革开放以来，中国居民

---

[1] ［美］威廉·布赖特、巴里·赫希著，柯祥河译：《我的经济人生之路：18 位经济学大师讲述的心灵故事》，海南出版社、三环出版社 2007 年版。

[2] 同上。

储蓄存款一直保持着较高的增速，其发展过程大致可以分为以下五个阶段：（1）持续增长阶段（1978—1988 年），储蓄存款的年平均增长率在 30% 以上；（2）高速增长阶段（1989—1996 年），储蓄存款余额继续保持旺盛的增长势头，在基数比较大的情况下，年平均增长率达到了 31.6%；（3）减速增长阶段（1997—2000 年），储蓄存款余额继续增长，但增长速度开始下降，年增长率从 1994 年的 41.5% 一直下滑到 1998 年的 15.4%、1999 年的 11.6%、2000 年的 7.9%[①]；（4）恢复性增长阶段（2001—2004 年），2001 年储蓄分流明显减缓，储蓄存款余额于 2003 年 9 月突破了 10 万亿元；（5）快速增长阶段（2005 年至今），储蓄存款的增长速度重新加快，2005 年 1 月、5 月、12 月先后突破 12 万亿元、13 万亿元、14 万亿元三个关口[②]，2006 年 2 月、12 月又先后突破 15 万亿元、16 万亿元两个关口[③]，2007 年末达到 17.25 万亿元，到 2008 年 9 月末达到 20.8 万亿元。中国国民长期保持高储蓄率的现象已经引起国际的关注。有消息称，美国总统布什在 2006 年 11 月 1 日接受采访时曾表示：中国应该成为"一个拥有消费者的社会，而现在中国是一个拥有过多储蓄者的社会"，"如果我们能够鼓励中国成为消费国家，你们可以想象一下，这对美国制造商来说意味着什么！"

合理分流居民储蓄，是拉动内需的宏观经济政策所要达成的一个重要调控目标。储蓄率居高不下被认为是中国经济持续发展过程中的一柄"双刃剑"：高储蓄率下的高增长是通过高投资率实现的，虽然高储蓄率是多年来我国经济高速增长的重要保证，但靠高投资率推动的高增长并不是资源最优配置下的效率最优的高增长，也是不可持续的高增长。因此，巨额储蓄被人们比作"笼中虎"，是中国宏观经济运行的一大隐患。储蓄如何有效地转化为消费、真正实现储蓄分流是专家、学者和有关部门一直非常关注的问题，也是宏观经济政策努力的一个重要方向，但其收效并不明显，原因是多方面的。其一，中国正处于经济体制转轨和经济结构调整时期，就业矛盾及与之密切相关的社会保障体制改革是社会面临的难题，

---

① 杨建莹：《如何看待居民储蓄意愿增强》，《金融时报》2008 年 7 月 1 日。

② 艾勇：《央行：居民储蓄首破 14 万亿》，《东方早报》2006 年 1 月 16 日。

③ 杨建莹：《如何看待居民储蓄意愿增强》，《金融时报》2008 年 7 月 1 日。

许多国民不得不进行预防性储蓄，以应对未来的不确定性。其二，中国国民的储蓄总体上仍属于积累性储蓄，购房、买车、子女教育、应急消费、医疗保健、养老等都需要有储蓄积累做后盾，这类储蓄对实际存款利率的短期变化不够敏感。其三，中国国民的储蓄有相当一部分属于投资性储蓄，对相对安全、利息收入高于银行储蓄存款的投资工具存在着巨大的需求，但目前可供选择的、能替代银行储蓄存款的金融产品非常有限，而基金和股票市场的投资风险很不确定，难以产生拉动消费的财富效应。

生命周期假说可以部分解释中国的高储蓄率现象。根据联合国的测算，2005 年中国人口的平均年龄为 33 岁。国家统计局于 2004 年公布的数据也显示，中国总人口中 30—34 岁年龄段的青年人口最为密集[①]，这个年龄段正是生命周期中储蓄意愿最强的时期。储蓄意愿与收入状况、家庭人口数量及年龄结构、当前物价变动及预期、利率水平、消费习惯等因素直接相关，总体而言，低龄及高龄两个年龄段的人口对储蓄的贡献小于青年和中年两个年龄段，青年人和中年人尽管在收入上具有相对优势，但在日常消费之外还要考虑居住、教育、医疗和养老等各项支出，因而具有较强的储蓄意愿。中国国民的储蓄率长期处于较高水平，其主要原因，一是经济持续且快速增长；二是人口结构恰好处于储蓄贡献度最高的特殊时段。2002 年以来，中国零售银行业务，特别是个人理财业务和信用卡业务快速发展，主要得益于这两个因素。有专家指出，30—34 岁这一年龄段的人口对高储蓄率的贡献将至少再延续 5—10 年。目前，中国 15—19 岁和 25—29 岁两个年龄段的人口也相对比较密集，意味着未来 5—10 年内另一波青年和中年人口高峰也将来临，因而可以预计，未来 5—10 年，中国仍将保持较高的储蓄率。有专业人士断言，2003 年是中国信用卡产业发展"黄金十年"的起点，其依据之一就是中国目前的人口结构。

财富管理

在 2000 年 8 月 30 日开幕的第八届北京国际图书博览会上，一本紫色

---

① 刘菊花：《央行调查指出，我国居民储蓄属于"被动储蓄"》，2006 年 1 月 16 日新浪网"新浪财经"（http：//finance. sina. com. cn）

封面的书引起了轰动，出书仅 1 个月就登上了《中国图书商报》的财经类图书销售排行榜。在此之前的 1999 年 4 月，这本书在美国全面上市，到 10 月份就创下半年销售 100 万册的纪录。2000 年 2 月，这本书在亚马逊网上书店的 370 万种在售图书中销量高居榜首，并持续几个月占据了《商业周刊》、《纽约时报》、《华尔街日报》的畅销书排行榜前列。这就是日裔美国人罗伯特·T. 清崎（Robert T. Kiyosaki）与莎伦·L. 莱希特（Sharon L. Lechter）合著的《富爸爸，穷爸爸》。借助于这本书，罗伯特·T. 清崎表达了他的如下观点："世界上绝大多数的人之所以为了财富奋斗终生而不可得，其主要原因在于虽然他们都曾在各种学校中学习多年，却从未真正学习到关于金钱的知识，其结果就是：他们只知道为了钱而拼命工作……却从不去思索如何让钱为他们工作……"书中反复讲述了一个观念：富人与穷人之所以不同，就是因为他们的财富智商有高低之分；财富智商简称财商，简单地说，就是管理财富的智慧，就是与金钱打交道的能力；财富智商高低的区别在于，是钱在为你工作，还是你在为钱工作。"财商"概念让中国国民眼界大开，人们开始热衷于学习怎样获取和驾驭金钱，真诚地相信"你不理财，财不理你"。

数量庞大、"先富起来"的富裕人群和储蓄意愿较强、储蓄率高的年轻人群为中国各家商业银行发展个人理财业务提供了契机。中国社会调查事务所在北京、天津、上海、广州 4 个城市进行的专项问卷调查显示，74% 的被调查者对个人理财服务感兴趣，41% 的被调查者需要个人理财服务。就全国范围而言，大约有 70% 的居民希望自己的金融消费有个好的理财顾问①。而对大多数居民来说，个人理财服务最主要、最适合的提供者就是国内各家商业银行。上海市对个人理财需求的一次抽样调查表明，87% 的被访问市民表示会接受银行提出的理财建议，其中 32% 的被访问市民"对银行的理财咨询和理财方案设计最感兴趣"，且 40% 的被访问市民认为"应增加代理客户投资操作、提供专家服务"并"希望能与银行理财专家建立稳定和经常性的业务联系"②。个人理财业务又称财富管理业务，是目前发达国家商业银行利润的重要来源之一。国际上成熟的理财

---

① 汪洪洋：《市场呼唤理财金融服务》，《市场报》2001 年 11 月 6 日。

② 同上。

服务是指银行利用掌握的客户信息与金融产品，分析客户的财务状况，通过了解和发掘客户需求，制定客户财务管理目标和计划，并帮助客户选择金融产品以实现客户理财目标的一系列服务过程。从发达国家个人理财业务的发展趋势看，个人理财业务具有批量大、风险低、业务范围广、经营收益稳定等优势，在商业银行业务发展格局中的地位非常重要。

表 4.1　　　　　　14 家全国性商业银行个人理财业务品牌一览表

银行	品牌名称	推出时间	财富门槛
招商银行	金葵花理财	2002 年 10 月 10 日	50 万元
中国工商银行	理财金账户	2002 年 12 月 20 日	20 万元
中国民生银行	非凡财富	2003 年 7 月 28 日	10 万元
广东发展银行	真情理财	2003 年 8 月 8 日	30 万元
中国建设银行	乐当家理财	2003 年 10 月 9 日	20 万—50 万元
华夏银行	华夏理财	2004 年 11 月 19 日	20 万元
中国光大银行	阳光理财	2004 年 12 月 15 日	10 万元
中信银行	中信贵宾理财	2004 年 12 月 22 日	10 万—30 万元
上海浦东发展银行	轻松理财	2005 年 7 月 8 日	无
兴业银行	自然人生	2005 年 9 月 20 日	10 万元
中国农业银行	金钥匙理财	2005 年 10 月 18 日	10 万元
中国银行	中银理财	2005 年 12 月 6 日	50 万元
交通银行	交银理财	2007 年 4 月 18 日	50 万元
深圳发展银行	天玑财富	2007 年 7 月 12 日	20 万元

资料来源：各银行网站。

2002 年 10 月 10 日，招商银行全面推出了"金葵花"理财服务品牌及服务体系，在全国范围内向该行高端客户（在该行的存款余额总和达到人民币 50 万元）提供"一对一"的理财服务，造就了中国银行业第一个全国统一的个人理财服务品牌，也是国内商业银行最早推出的整合性的贵宾理财服务体系。2003 年 10 月 10 日至 11 月 10 日，招商银行以"金葵花"理财推出一周年为契机，举办"引领理财文化，创造时尚生活"的"金葵花"理财文化月系列活动，此时的"金葵花"理财服务体系已经颇具规模：理财中心 67 个，贵宾室 228 个，贵宾服务窗口 250 个，个人客户经理 900 名,贵宾客户数量近 4 万人[①]。个人理财业务和信用卡业务一样骤然成为国内各家商业银行竞争的焦点:截至 2004 年年末,已有8 家全国性商业银行推出了全国统一的个人理财服务品牌,14 家全国性商业银行都推出了个人理财产品。2005 年 9 月 24 日,中国银行业监督管理委员会颁布了《商业银行个人理财业务管理暂行办法》和《商业银行个人理财业务风险管理指引》(均自 2005 年 11 月 1 日起实施),界定了理财业务的法律性质和分类规范,鼓励和支持商业银行依法且合规地发展个人理财业务、培育相关市场,规定只对保证收益理财计划和产品等风险较大的理财业务实行审批,其他个人理财业务商业银行均可自行开展。

表 4.2　　　　招商银行"伙伴一生"金融计划包含的信用卡产品

人生阶段	适用的信用卡产品
炫彩人生(踏入社会阶段)	普卡、QQ 卡、Young 卡
浪漫人生(成家立业阶段)	金卡、QQ 卡、靓卡、各类联名卡
和美人生(养儿育女阶段)	金卡、靓卡
丰硕人生(事业有成阶段)	白金卡
悠然人生(安享晚年阶段)	金卡

资料来源:招商银行网站。

　　2006 年 3 月 31 日,招商银行全面推出名为"'伙伴一生'金融计划"的综合理财服务。该计划颠覆了以往按资产或性别区分客户的客户细分方式,从人生各个阶段的收入水平、消费特征、投资风格、理财需求出发,系统地设计出"炫彩人生"、"浪漫人生"、"和美人生"、"丰硕人生"、"悠然人生"五大主题理财套餐,并将该行现有的产品整合打包,形成一系列全新的综合金融服务和一整套完备的理财解决方案,分别提供给特定的客户群体和服务对象。在"伙伴一生"金融计划中,信用卡始终是最主要的理财工具,客户在人生的每个阶段都有适用的信用卡产品可供选择。2007 年 3 月 20 日,中国银行宣布将与苏格兰皇家银行集团(RBS)

---

　　① 赵航:《金葵花,满庭芳——招商银行理财文化月开幕式印象记》,《国际金融报》2003年 10 月 14 日。

合作，在国内银行业率先推出私人银行业务。当月 28 日，中国银行的私人银行业务网点在北京、上海两地同步亮相，为个人金融资产达到 100 万美元以上的高端客户提供私秘、专属、创富、高品质的财富规划服务，中国银行业的第一家私人银行正式起航。4 个多月后，招商银行总行私人银行中心于 2007 年 8 月 6 日隆重开业，为个人金融资产达到人民币 1000 万元以上的高端客户提供私秘、专享、创新、高贵的财富规划服务。截至 2008 年 10 月末，已有 7 家全国性商业银行启动私人银行业务，选定的启动城市没有一家超出北京、上海、深圳、广州四地。

表 4.3　　　　7 家全国性商业银行私人银行业务启动情况一览表

银行	启动时间	启动城市	财富门槛
中国银行	2007 年 3 月 28 日	北京、上海	100 万美元
招商银行	2007 年 8 月 6 日	深圳	人民币 1000 万元
中信银行	2007 年 8 月 8 日	北京	100 万美元
交通银行	2008 年 3 月 24 日	上海	200 万美元
中国工商银行	2008 年 3 月 27 日	上海、广州	人民币 800 万元
中国建设银行	2008 年 7 月 16 日	北京	人民币 1000 万元
中国民生银行	2008 年 10 月 7 日	北京	人民币 1000 万元

资料来源：各银行网站。

四轮驱动

打开中国地图，以北京为第一个支点、上海为第二个支点、以广州和深圳合为第三个支点，按从北到南的顺序画一个三角形，所形成的三角地带覆盖了中国东部地区①的大部分版图。东部地区是中国改革开放的先行地区，也是目前中国最为富庶的地区，因而这个三角地带实在可以说是中

———————
① 东部地区包括以下 12 个省、自治区、直辖市：北京、天津、河北、辽宁、上海、江苏、浙江、福建、山东、广东、广西、海南。

国信用卡产业发展的"白金三角"。如果把中国信用卡产业比作一辆纵横驰骋、狂飙突进的战车，那么，北京、上海、广州、深圳就是这辆战车的4个车轮，各家商业银行无不把这四个城市作为发展信用卡业务及大零售银行业务的首选目标市场及重点拓展区域。究其原因，不仅是因为这4个城市的国内生产总值（GDP）一直排在中国所有城市的前4位，更主要的是在这4个城市生活和工作的中国国民特别具有进取意识和首创精神，并在中国30年来的改革开放进程中创造了诸多"第一"，对其他城市产生了影响深远的示范效应。

表 4.4　　　　　　1995 年以来京、沪、穗、深四市年度 GDP　　单位：人民币亿元

年份	北京	上海	广州	深圳
1995	1507.70	2499.43	1259.2	842.48
1996	1789.20	2957.55	1468.06	1048.44
1997	2075.60	3438.79	1678.12	1297.42
1998	2376.00	3801.09	1893.52	1534.73
1999	2677.60	4188.73	2139.18	1804.02
2000	3161.00	4771.17	2492.74	2187.45
2001	3710.50	5210.12	2841.65	2482.49
2002	4330.40	5741.03	3203.96	2969.52
2003	5023.80	6694.23	3758.62	3585.72
2004	6060.30	8072.83	4450.55	4282.14
2005	6886.30	9164.10	5154.23	4950.91
2006	7861.00	10592.37	6179.72	5898.35
2007	9006.20	12001.16	7050.78	6765.41

资料来源：①2008 年数字均来自地方统计局报告；②北京、上海数字来自 2008 年地方年鉴；③广州、深圳数字来自 2007 年地方年鉴 1995—2006 年数字及 2007 年国家统计局报告。

北京

新中国成立以来，北京一直是中国的政治和文化中心，同时也是一个

移民城市。新中国成立初期，北京市只有 400 万人口，2007 年常住人口达到 1633 万人，其中大多数都是在 50 多年来一波又一波的外来人口进京潮中定居北京的。要论规模最大的进京潮，当数改革开放以来的大学毕业生留京潮、民工潮、经商潮、求职潮。2007 年，北京市户籍人口为 1213 万，与常住人口相差 420 万，流动人口数量庞大，其中一半以上常年在北京流动，人们用"漂"这个字形象地描述这些流动人口的生存状态。20 世纪 90 年代初，北京市的流动人口中相对而言有专才、有学识、有理想的那一部分人群开始用"北漂"一词来标示自己的特殊身份。"北漂"最初主要是诗人和画家，随后扩展到演员和作家，再后来就是设计人员和科技人员，目前已经发展成为"北漂集团"，主流人群一是演艺圈人士；二是 IT 业人士。"北漂"一族的成因可以归纳为以下三点：一是北京作为首都的吸引力；二是北京文化和科技发展的美好前景；三是在这里可以得到更多的机会。北京多年来一直是中国的第二大城市。2007 年，北京市的经济增长已经连续 9 年保持在两位数的水平，GDP 总量突破 9000 亿元，达到 9006.2 亿元，人均 GDP 突破 7000 美元，达到 7370 美元，经济和社会发展总水平已经达到国际上中上等国家或地区的发展水平[①]。

北京是中国第一家合资企业的诞生地。1980 年 4 月 10 日，国家外资委（外国投资工作委员会）发布"外审字（1980）中外合资企业 001 号"批文，北京航空食品有限公司被批准成立并于同年 5 月 1 日在北京正式挂牌，成为中国的第一家中外合资企业，合作双方是中国民航北京管理局和香港中国航空食品公司。首批获批成立的中外合资企业还有中国迅达电梯有限公司、新疆天山毛纺织品有限公司、北京建国饭店、北京长城饭店、天津王朝葡萄酒公司等。在此之前，美国可口可乐公司进入中国，被视为中国引进外资的开端。1978 年 12 月 13 日，中国粮油进出口总公司与可口可乐公司达成协议，采用补偿贸易方式或其他支付方法，向中国的主要城市和游览区提供可口可乐制罐及装罐、装瓶设备，在中国设专厂灌装并销售；在装瓶厂未建立起来之前，中粮总公司安排从 1979 年起以寄售的方式销售。在中粮总公司的安排下，首批 3000 箱瓶装可口可乐于 1979 年

---

① 王海亮：《2007 年北京市人口增加 52 万肉禽价格上涨近三成》，《北京晨报》2008 年 1 月 22 日。

年底由香港发往北京。可口可乐最初只能在友谊商店及涉外的旅游宾馆卖。可口可乐公司在中国的第一个装瓶厂建在北京，可口可乐公司起初预计投资 60 万美元，最后建厂花了将近 100 万美元，1981 年 4 月投产后产品供应旅游饭店，收取外汇。1982 年年初，征得商业部同意，供应旅游饭店后的剩余部分由北京糖业烟酒公司系统在北京投放市场内销。

1984 年美国《时代周刊》的一期封面：一个普通的中国人手里拿着可口可乐，
面露微笑，很直白地表现了中国正在开放、人们将要开始新的生活。

北京是中国第一涉外市场的诞生地。北京市朝阳区秀水东街南口的外交公寓墙外有一条长不过 500 米、宽只有 8 米的通道，1982 年有人开始在这里贩卖各式杂货、工艺字画、民间饰物，起初只是住在附近的待业青年来这里摆地摊，并取名为秀水街。随着秀水街的日渐兴旺，北京市朝阳区政府决定对秀水街进行统一管理，秀水集贸市场遂于 1985 年 8 月 15 日正式开业。20 世纪 80 年代中期，秀水街成为"国际倒爷的后仓库"，成千上万的北京人都亲眼目睹过俄罗斯商人席卷秀水街的采购狂潮。到 20 世纪 90 年代中期,在竞争中把握不了市场脉搏的第一代秀水人开始从 "倒爷"转为"照主"(有营业执照的商户),将摊位租给南方来的商户,秀水街很快成为以销售仿冒的国际名牌产品著称的涉外市场。2001 年国际旅游界精英考察团选中并推荐给国外游客的北京观光景点,第一是故宫,第二是长城,第三就是秀水街,"游故宫,登长城,吃烤鸭,逛秀水"这句话标注在很多国家的中国旅行地图上。2005 年 1 月 5 日,秀水街开始拆迁。建在秀水街原址附近的"秀水市场"大厦获得了"中国第一涉外市场"的市场定位,取英文名"Silk Street",意为"丝绸之街"。

北京是新中国第一家股份制国有企业的诞生地。股份制被认为是资本主义的典型特征、犹如洪水猛兽一般,自 1956 年年底公私合营的社会主义改造完成之后便已销声匿迹。1984 年 7 月,始建于 1953 年 4 月的老牌国有企业北京天桥商场改建为股份制企业,国有资产折算成国家股,分账的企业资产折算成企业股,吸收本企业的职工和贷款银行入股,设立了天桥百货股份公司,其中国家股占 50.0%,银行股占 25.9%,企业股占 19.7%,职工股占 4.4%。20 世纪 80 年代,人们还在争论股份制是姓"社"还是姓"资",北京天桥商场进行股份制改造,必须保持国有控股,这也成为后来很多大中型国有企业股份制改革所遵循的底线。1984 年 7 月 25 日,北京天桥百货股份有限公司成立,成为北京市第一家股份制企业,同时也是全国第一家正式注册的股份制商业企业、全国第一家由国有企业转制的股份制企业。随后的 1985 年,上海、广州、沈阳等城市选择少数大中型国有企业进行股份制改革试点,一批由国有企业改制的股份制企业相继出现。国有企业建立现代企业制度的试点工作于 1994 年在全国范围内启动,使股份制逐渐成为中国国有企业主流的资本组织形式。

北京是中国第一个国家级高新技术产业开发区的诞生地。中关村科技园区起源于"中关村电子一条街",国务院于 1988 年 5 月 10 日批准在以中关村地区为中心划出 100 平方公里左右的区域,建立外向型、开放型的新技术产业开发试验区。在此之前,中国首次实现互联网联接。1987 年 9 月 20 日,中国兵器工业计算机应用研究所和德国卡尔斯鲁厄大学计算机中心实现了计算机联结,中国第一封电子邮件从北京发送到德国,其内容只有"跨越长城,走向世界"八个字。这预示着互联网时代悄然叩响了中国的大门。中关村科技园区现已成为包括海淀园、丰台园、昌平园、电子城科技园、亦庄科技园、德胜园和健翔园等多个园区在内的国家级高新技术产业开发区，园区近年来保持着良好发展势头：销售收入年均增速一直在 25% 以上，2007 年的销售收入超过 8000 亿元；平均每天诞生 14 家高新技术企业，目前企业总数已达 2 万家，上市公司总数已经达到 98 家；所吸引的境外风险投资大约占全国的一半，每年的技术交易额占全国技术交易总额的 20%；中国 1/4 的国家重点实验室、国家工程研究中心、国家工程技术研究中心、国家级企业技术中心都聚集在这里。

上海

上海是中国的商业和金融中心。上海自 1843 年 11 月因鸦片战争失败而被迫开埠以来，一直是一个移民城市，老上海人（已在上海居住三代以上）向来把上海各区划分为"上只角"和"下只角"。"上只角"观念源自半殖民时代的租界时期，系指买办、洋人、社会名流聚集的黄浦区、卢湾区、静安区、徐汇区和长宁区。"下只角"就是现在的普陀区、闸北区、虹口区和杨浦区，在 1949 年以前是逃荒或逃难到上海来的最底层移民聚居的区域，环境脏乱差，治安也不好，住的是棚户，因此也统称"棚户区"。宝山区、闵行区、嘉定区和松江区是上海"土著"居住的地方，改革开放以后，慢慢变成新的"下只角"的代表，居住在这几个区的最初是苏北人居多，后来是安徽人居多，到如今已成为外地移民的集散中心。浦东新区则比较特殊。有人曾这样概括上海的人口迁徙特征：1949 年以前有进有出，1949—1992 年只出不进，1992 年至今只进不出。2007 年，上海市的常住人口达到 1858 万人，户籍人口近 1379 万人，流动人口至少是 480 万人。上海是中国的第一大城市。2007 年，上海市的 GDP 总量达到了 12001.16 亿元，比上年增长了 13.3%，这已是连续第 16 年保持两位数的增长幅度；同年，上海市城市居民家庭、农村居民家庭的人均可支配收入分别为 23623 元和 10222 元，分别比上年增长了 14.3% 和 11%①。

---

① 李芹：《上海 2007 年 GDP 增长 13.3%》，《新闻晨报》2008 年 2 月 5 日。

谈到上海的改革开放，就不能不提"星期日工程师"。20 世纪 70 年代末至 80 年代初，上海市周边地区，尤其是苏南地区开始发展乡镇企业，技术和资金是当时的两个"瓶颈"问题。上海是当时中国最大的工业城市，制造业的发展相对成熟、技术较为领先、人才较为集中，乡镇企业便通过走亲访友的方式请"上海师傅"来当技术顾问或指导新产品开发，利用星期天或其他空闲时间前往乡镇企业做兼职的"星期日工程师"由此应运而生。1981 年年底，上海橡胶研究所的助理工程师韩琨在担任上海市奉贤县钱桥镇橡胶厂的业余技术顾问期间开发出新产品，使这家乡镇企业起死回生，却因接受该企业支付的 3400 元酬金而被起诉、抄家，罪名是涉嫌受贿，这就是轰动一时的"韩琨事件"。1982 年 12 月 23 日，《光明日报》头版头条发表了题为《救活工厂有功，接受报酬无罪》的文章，随后围绕"科技人员业余兼职该不该拿酬金"这个主题开辟专栏、展开讨论，掀起了前后将近两个月时间的全国性大讨论。最后，中央政法委一锤定音：韩琨无罪！"星期日工程师"、知识分子在 8 小时以外从事第二职业从此合法。1988 年 5 月，上海市科协（科学技术协会）成立了"上海市星期日工程师联谊会"，为上海市的科技人员和急需技术服务的中小乡镇企业牵线搭桥，"星期日工程师"开始从幕后走向台前。

谈到上海的改革开放，也不能不提"下岗工人"。上海在 20 世纪 90 年代进行产业结构大调整，很多纺织厂、电子厂等传统工业企业实行"关、停、并、转、改"，产生了上百万"下岗工人"。上海的下岗工人以买断工龄者居多，占总数的 80% 以上。作为中国改革开放 30 年中最具悲剧色调的"活化石"之一，下岗工人与其他社会群体一起接受了观念与现实的巨变、生存与发展的历练，不仅是中国社会转型时期的代表符号之一，也有力地推动了中国社会经济发展的历史进程。1986 年 7 月 12 日，国务院发布《国营企业职工待业保险暂行规定》，以待业保险的方式保障国营企业下岗工人在待业期间的基本生活需要。1999 年 1 月 22 日，国务院发布《失业保险条例》，正式将"待业保险"改为"失业保险"，将保障对象从国营企业待业人员扩大到城镇企业事业单位失业人员。至此，中国现代意义的失业保险制度开始建立。2003 年 12 月，上海市劳动和社会保障局宣布：上海已经不再使用"下岗"一词，"再就业服务中心"已全部关闭，所有下岗工人全部纳入失业保险统筹范围，"下岗工人"在上海已经成为历史名词。上海由此成为全国第一个没有"下岗工人"的城市。

　　谈到上海的改革开放，住房制度改革是不能不提的。住房难曾经是上海市民的头号难题。1991年的相关统计数据显示，上海市人均居住面积不足4平方米的家庭有32.7万户、人口近百万，且有3万多户人均居住面积不足2.5平方米。而上海市政府的住房建设资金又极度短缺，1990年全年可用于包括住房在内的各类房屋建设的投入大约30多亿元人民币，折合建房面积约300多万平方米，其中真正用于住房建设的资金非常少。1991年4月25日，上海市在全国率先推出《住房制度改革实施方案》，出台了建立住房公积金制度，全面推行公房出售，给购买公房的市民以私有产权等五项措施。住房公积金制度出台仅7个月，便迅速归集起4.25亿元建房资金，次年更是达到了7亿元。1992年5月5日，上海华光仪器仪表厂职工杨希鸿在中国建设银行上海市分行房地产信贷部的0001号"职工住房抵押借款合同"上签字盖章，成为上海市乃至全中国获得个人公积金贷款的第一人。到2008年，上海市已有近200万户家庭借助于住房公积金制度购买了自己的住房，个人购房率超过了93%。截至2008年9月末，上海市公积金管理中心已累计归集住房公积金1800多亿元。

坐落于浦东新区陆家嘴的东方明珠广播电视塔已成为上海改革开放的象征

　　谈到上海的改革开放，第一八佰伴也是不能不提的。第一八佰伴全称为上海第一八佰伴有限公司，于1992年5月15日经国务院批准设立，是中国第一家中外合资商业零售企业，合资双方是日本八佰伴国际流通集团和上海第一百货商店，注册资金 5000 万美元。1992 年 9 月 29 日，上海第一八佰伴有限公司新世纪商厦正式奠基。1995 年 12 月 20 日，上海第一八佰伴有限公司新世纪商厦正式开业，这一天已被载入上海商业发展的史册：当天，共有 107 万名顾客光临了第一八佰伴，相当于当时南京路步行街一天的客流量，107 万的数字还被载入了吉尼斯世界纪录。第一八佰伴第一次为上海带来"一站式"的消费理念：商场共有 10 个楼面、总建筑面积达 14.48 万平方米，除经营百货外，还设有咖啡屋、茶室、洗衣店、邮局、银行、美容院、面包房等较为完备的服务设施，可提供包括购物、餐饮、娱乐、休闲及日常生活在内的"一站式"服务；商场还拥有两层地下停车场，可以停泊小车 410 辆。如今，购物中心在上海已经是遍地开花，各种传统的百货店、大卖场都已向"复合型"转变。2004—2006 年，第一八佰伴连续 3 年荣登全国单店百货商厦销售额冠军的宝座。

广州

广州是华南地区的政治、经济、文化中心。作为中国海上"丝绸之路"的主要发祥地，广州在 1686—1842 年期间一直实行以洋货"十三行"著称的对外贸易商行特许经营制度。1843 年 7 月，因鸦片战争失败而被迫开放通商，遂成为中国近代民族资本主义工业的一个主要发源地。广州又是珠江三角洲地区经济发展的龙头和交通运输的枢纽，自 20 世纪 80 年代初以来，广州一直是整个珠江三角洲地区外来务工人员的集散地，每年春运（春节前 15 天和春节后 25 天的全国性交通运输高峰）期间，广州都是全国关注的焦点，素有"中国春运看广东，广东春运看广州"之说。2006 年春运期间，广州的旅客发送量达到 2244.4 万人次，其中铁路发送旅客 627.2 万人次（日均发送旅客达到 15.7 万人次）。2007 年春运期间，广州的旅客发送量创纪录地超过 2680 万人次（日均发送旅客达到 67 万人次），比上一年增长了 19.6%。广州同样是一个声名远扬的移民城市。2007 年，广州市的常住人口达到 1004.58 万人，户籍人口为 773.48 万人，流动人口至少 231 万人。2002—2007 年，广州市的经济总量和财政收入实现了翻番的增长。2007 年，广州市的 GDP 总量突破 7000

亿元，达到 7050.78 亿元，比上年增长 14.5%，人均 GDP 达到 71219 元，折合 9302 美元，比上年增长 11.3%，财政收入达到 2116 亿元，比上年增长 22.4%[①]。

2008 年春运期间，广州火车站的滞留旅客最多时超过了 40 万人

中国的价格改革是从广州起步的。1978 年，广州市芳村区最先放开河鲜、蔬菜、塘鱼价格。1979—1983 年，广州先后实现了全市塘鱼、肉鸡、鲜蛋、水果价格放开，1984—1992 年，又先后实现了全市蔬菜、生猪、粮油、牛奶价格放开。至此，广州市的主要农产品价格已全部放开，全面实行"随行就市，以质论价，价格浮动，议价成交"的市场机制。1992 年 4 月 1 日，广东省进一步改革粮食购销管理体制，从是日起全省粮食收购实行指导性计划和指导价，在全国率先放开了粮食价格，成为全

---

① 游星宇、董丽萍：《广州 GDP 突破 7000 亿，07 年 GDP 同比增长 14.5%》，《南方都市报》2008 年 1 月 29 日。

国第一个取消粮票的省份。广州市放开农产品价格的成功经验陆续在全国其他城市推广，到 1992 年年底已经有 20 个省份先后放开了粮食价格，"广州模式"享誉国内。1993 年，广东又率先放开了钢铁和煤炭价格，普通钢材的价格很快上涨到每吨 2300 元，形成了钢材市场的第一次发展高潮，大量的民营贸易企业在这个时期挖到了"第一桶金"，完成原始资本积累。1993 年 2 月 15 日，国务院颁布实施《关于加快粮食流通体制改革的通知》，全面放开粮食和食油价格。1998 年 5 月 1 日，《中华人民共和国价格法》颁布实施，中国的价格改革至此基本上告一段落。目前，除利率、电价、油价、水价等金融、能源和城市公用事业领域的价格仍然由国家计划控制外，绝大部分商品和服务的价格已由市场竞争决定。

中国第一家中外合作的五星级酒店是在广州成长起来的。白天鹅宾馆坐落在广州沙面岛的南面，濒临三江汇聚的白鹅潭，多年来一直是广州市的一个地标。1982 年 10 月，广东省旅游局与香港维昌发展有限公司代表霍英东先生签订《合作经营白天鹅宾馆协议书》，项目选择了中外合作的方式，经营期约定为 15 年，1997 年双方将合作期延长 5 年至 2003 年。1983 年 2 月 6 日，白天鹅宾馆正式开业，当年就实现了盈利。白天鹅宾馆在中国酒店业曾开创了多项第一：第一家"自行设计，自行建造，自行管理"的现代大型中外合作酒店；第一家敞开大门让老百姓参观游览的高级酒店；1985 年 7 月，被"世界一流酒店组织"接纳为正式成员，成为中国第一家被世界公认的一流酒店；1990 年 2 月，被国家旅游总局评定为中国第一批五星级酒店之一，成为国内最高档的酒店。以白天鹅宾馆为开端，香港资本随即大举进入广州的酒店业，1984 年中国大酒店、1985 年花园酒店先后开业，成就了广州酒店业傲视全国的辉煌，加快了广州经济合作崭新格局的形成。2003 年 2 月 6 日，白天鹅宾馆合作期满，其产权正式收归广东省政府，原合作双方采取委托管理的方式继续合作经营。

中国第一款全球同步轿车出产于广州。1999 年 3 月 26 日，广州本田汽车有限公司的第六代"雅阁"（Accord）轿车上市，成为中国轿车市场的第一款全球同步轿车。在此之前，中国的轿车生产及引进过程始终处于比较尴尬的地位，国外汽车生产商对中国市场始终没有清晰的认知，不愿意将最新产品带入中国市场，只是将一些过时车型或是陈旧的生产线引入中国，获取第二级利润。广州本田推出第六代"雅阁"，彻底改变了中国消费者此前对中高级轿车的认知，与国际先进技术同步接轨的"雅阁"受到中国市场的热烈追捧，车市再现了十多年以前凭票购车的热潮，"加价买雅阁"成为2000—2001年持续高温的热门话题，广州本田则凭借"雅阁"的一战成功迅速跻身国内主流汽车生产厂商之列。广州本田汽车有限公司成立于1998年7月1日，广州本田汽车集团有限公司和日本本田技研工业株式会社各出资50%，当年就率先在中国汽车业引进了与国际接轨的"四位一体"的4S销售服务模式。2007年7月19日，由广州本田独资建设的广州本田研究开发公司（GHRD）正式挂牌成立，这是中国第一个由合资企业独立投资，以独立法人模式运作的汽车研发机构。

中国第一家报业集团降生于广州。1996年1月15日，中共中央宣传部、国家新闻出版总署批准广州日报社作为中国第一家报业集团试点单位，广州日报报业集团组建，成为国内第一家报业集团。目前该集团已有1张主报、14张系列报、5家杂志社、1家出版社、2个网站和十几家公司。《广州日报》日均64个对开版，日均发行量168万份，为华南地区之最，在全国党报中名列前茅，《广州日报》广告经营收入连续13年位居全国平面媒体之首，2006年的广告经营总额达到18.03亿元。《广州日报》既是中国最早自办发行的报纸之一，也是中国最早实现全彩印刷的报纸。广州日报报业集团拥有亚洲最大规模的印务中心，印报能力达到564万对开张/小时。1998年3月，广州日报报业集团被批准建立工业战线以外，也是全国新闻战线的第一家企业博士后科研工作站，并于1998年9月26日正式挂牌。2004年10月18日，广州日报报业集团与上海文广新闻集团、北京青年报社在上海联合签署了跨地区办报的合作协议，并于2004年11月15日推出了全国首张综合性财经类日报《第一财经日报》。2006年12月13日，集团旗下的《广州日报》推出了国内首张移动数字报纸。

深圳

深圳这个地名始见史籍于1410年（明朝永乐八年），当地的方言称田野间的水沟为"圳"或"涌"，深圳因水泽密布、村落边有一条深水沟而得名。1979 年 1 月 23 日，广东省委发出撤销宝安县、设立深圳市的通知，任命张勋甫为书记、贾华为市长，市委第一次常委会决定用深圳作为该市名字并上报广东省和中央，于 1979 年 3 月 5 日获得国务院批准。1979 年 7 月 15 日，中共中央、国务院批转了广东省委、福建省委上报的关于对外经济活动实行特殊政策和灵活措施的报告，决定在深圳、珠海、汕头、厦门四地试办特区。1980 年 5 月 16 日，中共中央、国务院批转《广东、福建两省会议纪要》，正式将"特区"定名为"经济特区"。1980 年 8 月 26 日，五届全国人大常委会第十五次会议批准设置经济特区，并通过了《广东省经济特区条例》，深圳经济特区正式设立。2007 年，深圳市的常住人口已达到 861.55 万人（特区内 323.84 万人，特区外 537.71 万人），户籍人口为 210 万人，流动人口至少 650 万人，是中国最大的移民城市。深圳是目前中国最"富"的城市。2007 年，深圳市的 GDP 总量达到 6765.41 亿元，比上年增长 14.7%，人均 GDP 达到 79221 元，若按国家外汇管理局公布的供计划统计用的人民币对美元折算率计算，折合 10628 美元，是中国首个人均 GDP 超过 1 万美元的城市[①]。

深圳为中国改革开放贡献了两个口号。1979 年 1 月 31 日，香港招商局集团经国务院批准在深圳蛇口全资独立开发工业区，由此诞生的蛇口工业区成为中国第一个对外开放的地区。1982 年年初，工业区创始人袁庚树立的"时间就是金钱，效率就是生命"的标语牌第一次出现在蛇口人的面前，他用"时间"和"效率"诠释市场经济的本质内涵，并通过"时间就是金钱，效率就是生命"这个口号响亮地喊了出来。1984 年 1 月，邓小平视察蛇口时肯定了这个口号。1984 年 10 月 1 日天安门广场举行新中国成立 35 周年的盛大阅兵仪式，一辆游行的彩车打出了"时间就是金钱，效率就是生命"的标语。这个口号从此传遍大江南北。讲起改革开放，人们就会讲到深圳、讲到蛇口，讲起这个口号。1998 年，原标语牌被中国革命博物馆收藏，成为一个时代的文化坐标。1991 年前后，国内再一次发生了市场经济姓"资"还是姓"社"的激烈争论，香港招商局集团为排除外界干扰而在全系统提出"空谈姓资姓社误国，实干改革开放兴邦"的口号。1992 年 1—2 月，邓小平到南方视察并发表了重要

---

① 徐维强：《2007 年深圳人均 GDP 首超 1 万美元》，《南方都市报》2008 年 1 月 29 日。

谈话，袁庚将这个口号浓缩为"空谈误国，实干兴邦"。1992 年年初，蛇口工业区将一块写有这八个字的标语牌竖立在工业大道边最醒目的位置，而这正是 10 年前竖立起第一块"时间就是金钱，效率就是生命"标语牌的地方。

印有这句著名口号的巨型广告牌已被北京的中国革命博物馆收藏

深圳为中国改革开放贡献了享誉海内外的"深圳速度"。1984 年 3 月 15 日，新华社向全世界发布一条消息：正在建设中的中国第一高楼深圳国际贸易大厦主体工程的建设速度创造了"三天一层楼"的新纪录，这是中国高层建筑史上的奇迹，昭示着中国建筑行业的实力已步入国际先进行列。以"三天一层楼"为标志的"深圳速度"就此声名远播。深圳金融业的发展也创造了"深圳速度"。特区经济建设是在资金极度匮乏的基础上起步的：全市仅有 8 个银行网点，百来家信用社散落在偏远的自然村落间；全部存款余额仅 1.01 亿元，少量的居民储蓄和来自港澳同胞、海外华侨的汇款成了深圳金融业主要的资金来源。金融业肩负起突破资金"瓶颈"的历史重担，创造了中国金融史和经济史上的一百多项"第一"，到 2002 年深圳已成为华南地区乃至全国重要的资金集散中心：全市每 2800 人就拥有一个金融网点，每 100 人就有一人从事金融业务，网点密度和从业人员比例都位居全国大中城市之首；金融产品种类繁多、功能完善，是全国金融品种齐全、金融服务质量优良、金融电子化和网络化水平领先的地区之一，也是吸纳全国资金、反哺全国经济的重要经济区域之一。

深圳为中国改革开放贡献了一个中心。1985 年 10 月 9 日，深圳在全国率先成立外汇调剂中心，着力解决人民币汇率偏低、价值高估的问题，以利于引进外资，扩大出口，抑制外汇黑市交易。1988 年，深圳的外汇调剂市场汇率已接近于真实汇率，基本上能根据外汇市场供求和国际市场物价的变动而浮动。到 1991 年，人民币在特区货币市场的主导地位已彻底恢复：人民币流通量约 25 亿元，占货币流通总量的比例为 88%；港币流通总量为 4.8 亿元，占货币流通总量的比例下降到 12%；外汇券已极少流通。1988 年 3 月 10 日，中国人民银行推行深圳试点经验，准许各省份设立外汇调剂中心，并增加企业外汇留成比例，放开调剂市场汇率，由此形成了汇率的新"双轨制"，即官方汇率和外汇调剂市场汇率。1988—1993 年，深圳外汇调剂中心的交易量逐步增加，调剂市场的价格下跌，但 1990 年、1991 年调剂价格曾出现过回升，其市场化程度已得到一定程度的体现。1994 年 1 月 1 日，中国实行汇率制度重大改革，实行有管理的浮动汇率制，官方名义汇率和调剂市场汇率并轨，官方名义汇率由 1 美元兑 5.8 元人民币一次性调整为 1 美元兑 8.5 元人民币。

骆锦星（前）举起 **11** 号牌，赢得中国土地使用权"第一拍"

深圳为中国改革开放贡献了土地使用权"第一拍"。1980 年 1 月 1 日，深圳市房管局与港商签订了中国第一个商品房小区东湖丽苑的合作建房合同，由汇丰银行、南洋银行提供按揭贷款。1981 年小区竣工入住，又按香港模式成立了我国第一个物业管理公司。这个小区就此成为中国房地产行业的多个"起点"：住房商品化的起点，按揭贷款的起点，物业管理的起点。1987 年 12 月 1 日，深圳首次以公开拍卖的方式有偿转让土地使用权，深圳特区房地产公司总经理骆锦星代表该公司以 525 万的价格竞得东晓花园开发权，这就是中国房地产行业发展历史上有着标志性意义的"中国第一拍"。这一拍之后一年多，七届全国人大第一次会议于 1988 年 4 月 12 日修改了《中华人民共和国宪法》，将禁止出租土地的条款删去，并规定："土地的使用权可以依照法律的规定转让。"对土地的禁锢终于完全放开，土地自此可以名正言顺地交易，中国房地产市场由此走上繁荣之路。东晓花园于 1988 年 7 月建成，公开发售时开盘不到一小时即告售罄。1998 年 2 月 5 日，深圳市政府发布实施《深圳经济特区土地使用权招标拍卖规定》，规定经营性项目用地一律采用招标、拍卖的方式出让。

中国改革开发放 30 年来，与工业化飞速前进相伴的是前所未有的城市化速度。1978—2007 年，中国城镇人口从 1.73 亿人增加到 5.62 亿人，增加了 4 亿人，城镇人口占总人口的比重逐年提高，城镇化水平从 17.9% 上升到 44.9%、上升了 27 个百分点[①]。中国银河证券股份有限公司首席经济师、研究中心主任滕泰先生曾在《人口迁徙定律与财富效应》一文中指出：不同的财富时代人口迁徙一直遵循着三个基本规律：第一，人口迁徙总是从资源贫乏的国家流向资源丰富的国家；第二，人口迁徙总是由人口稠密的国家流向人口稀疏的国家；第三，迁徙的人口主体都是迁出地最具有创业能力的优秀人口。滕泰先生认为，如果移民的财富创造能力大于其财富消费能力，对迁入国来说就是财富的净贡献者；无论是历史的还是理论的研究都表明，在绝大部分情况下移民对于迁入国而言意味着财富的增加。国与国之间的移民是如此，一国的地区与地区之间的移民同样是如此。复旦大学人口研究所所长王桂新教授的研究表明，无论从时间序列还是从区域角度考察，改革开放 30 年来中国省际人口迁移与区域经济发展之间的关系都是相互作用、同向推进的，两者之间存在着同步即时效应和异时累积效应；大规模人口迁移成为中国经济增长和社会进步的强

---

① 国家统计局编：《改革开放 30 年我国经济社会发展成就》。

大推动力,致使这个世界上人口最多的国度发生了翻天覆地的变化。

长三角经济圈、珠三角经济圈、环渤海经济圈是目前中国工业化速度最快和城镇化水平最高的三个经济区域,对那些追寻理想和幸福生活、有激情、有才干、富于开拓和创新精神的年轻人具有难以言表的吸引力和诱惑力,北京、上海、广州、深圳正是这三个经济区域的核心城市。作为中国改革开放的先行地区,北京、上海、广州、深圳这四个移民城市 30 年来的探索和发展历程已充分验证了滕泰先生的精辟论断:移民们既是财富的创造者,又是财富的消费者,无论创造还是消费,都极大地促进了这些城市的经济发展和社会进步。在创造财富和消费财富的过程中,移民们对新生事物和外来文化具有特殊的包容性和接受度。在几乎所有的中国移民城市中,第一批从现金支付转向借记卡支付的人大部分是移民,第一批从借记卡支付转向信用卡支付的人也大部分是移民。2007 年,北京、上海、广州、深圳 4 个移民城市的银行卡渗透率最低为 27.40%、最高为 49.70%,明显高于 17% 的全国平均水平,就是一个非常好的例证①。

表 4.5 　　　　　　　　2007 年银行卡渗透率居前十位的城市 　　　　　　单位:%

城市 ＼ 年份	2007	2006
厦门	69.60	37.00
上海	49.70	26.00
深圳	47.20	35.60
郑州	46.20	21.50
北京	40.00	30.10
海口	38.00	27.90
昆明	36.20	24.20
天津	33.90	23.70
南京	33.00	21.90
广州	27.40	31.00
全国平均	17	21.90

资料来源:中国银联:《银行卡研究资讯》2008 年第 8 期。

---

① 银行卡渗透率是指扣除之后银行卡支付的消费交易额占社会消费品零售总额的比重。

卡式生活

信用卡持卡人是中国"先富起来"的消费人群，他们经历了一个对信用卡从陌生到熟悉、从排斥到接受、从用做支付工具到用做信贷工具、从偶尔使用到形成依赖的过程。这个渐变过程已经在越来越多的中国城市重演，越来越多的中国国民已经因信用卡而改变了自己的生活方式。对于"白金三角"地区的相当一部分城市居民来说，卡式生活已不再是一种时尚，而是一种常态。但是，信用卡在中国毕竟仍属于"新生事物"，真正了解信用卡并能正确使用信用卡的中国国民依然是少数，中国信用卡产业还有很大的增长潜力和发展空间。

贷记卡与借记卡

2008年10月，国际知名战略管理咨询公司德国罗兰·贝格国际管理咨询有限公司（Roland Berger）以《深入了解中国消费者，实现银行卡产品有效创新》为题发布了《2008年中国消费者调研信用卡专题报告》。该项调研对11100名消费者进行了面对面的访谈，这些消费者分布在中国23个省的65个城市，其社会学统计特征涵盖各个年龄段、各类职业、生命周期各阶段，具有充分的代表性。该项调研调查和分析了中国消费者的价值观念、行为特征、消费结果等，并对中国消费者价值需求的基本特征和变化趋势进行了挖掘和研判。

受访消费者信用卡使用状况的调研结果如下："几乎不使用银行卡、未来也不打算申请信用卡"的消费者占比为54%，这一比例三线城市高达61%，特级城市仅41%、比三线城市低20个百分点；"用现金或借记卡的次数与用信用卡的次数大致差不多"的消费者占比为7%，这一比例特级城市明显地高于其他三类城市；"大部分时间都用信用卡，很少使用现金"的消费者占比为6%，这一比例特级城市是一线城市和二线城市的2倍多、三线城市的4倍多。由此可见，特级城市受访消费者的信用卡使用率明显地高于其他三类城市。总体来看也是如此：已有使用信用卡经历的受访消费者占比为 27%，特级城市的这一比例达到了 41%，明显高于其他三类城市。

表4.6　　　　　罗兰·贝格调研：受访消费者分布情况一览表

城市层级	选取的城市	访谈人数（人）	占比（%）
特级城市（4个）	北京、上海、广州、深圳	1600（4×400）	14
一线城市（24个）	天津、武汉、南京、重庆、沈阳、杭州、西安、哈尔滨、郑州、长春、南宁、南昌、合肥、昆明、济南、青岛、太原、宁波、成都、福州、长沙、大连、石家庄、厦门	4800（24×200）	43
二线城市（20个）	泉州、绵阳、汕头、大庆、吉林、鞍山、徐州、芜湖、九江、绍兴、宜昌、咸阳、柳州、洛阳、烟台、珠海、大同、秦皇岛、株洲、无锡	3000人（20×150人）	27
三线城市（17个）	增城、青州、江阴、仙桃、延吉、海城、肇东、丰城、诸暨、涿州、江迪、江津、桐城、济源、长乐、玉溪、桃源	1700（17×100）	16
合计		11100	100

表4.7　　　　罗兰·贝格调研：信用卡使用状况调查表　　　　单位:%

信用卡使用状况	合计	特级城市	一线城市	二线城市	三线城市
基本上都是用现金，几乎不使用借记卡和信用卡，未来也不打算申请信用卡	54	41	55	54	61
基本上都是用现金或借记卡，几乎不用信用卡，但打算尝试申请并使用信用卡	19	18	19	20	21
可以使用信用卡付账，但是机会不多	14	17	14	15	11
用现金或借记卡的次数与用信用卡的次数大致差不多	7	11	6	6	4
大部分时间都用信用卡，很少使用现金	6	13	6	5	3

受访消费者信用卡消费态度的调研结果如下："在任何可以使用信用卡的地方都会使用信用卡"的消费者占比只有26%，说明现阶段中国的信用卡持卡人已养成刷卡消费习惯的依然是少数；"只有在大额消费的情况下才会考虑使用信用卡"的消费者占比高达47%，则说明贷记卡对借记卡的替代效应很强，相当一部分消费者是因为发卡银行提供了免息期才使用信用卡。免息期最长可达到56天，意味着持卡人可以在近2个月的时间无偿占用发卡银行的大额资金。而如果是使用借记卡，消费者大额消费所支付的每一分钱都是自己的。这类消费者已非常纯熟地掌握了获得最长免息期的"秘诀"：在账单日的次日刷卡消费，并在下一个账单日之后的还款日之前按时还款。

表4.8　　　　　　罗兰·贝格调研：信用卡消费态度调查表　　　　单位:%

信用卡消费态度	合计	特级城市	一线城市	二线城市	三线城市
我只有在大额消费的情况下才会考虑使用信用卡	47	45	46	49	54
只要消费金额超过百来块钱，我就会使用信用卡	27	23	27	28	30
我在任何可以使用信用卡的地方都会使用信用卡	26	32	27	23	16

受访消费者循环信用使用情况的调研结果如下："从来都不使用循环信用"的消费者占比高达76%，且各类城市的消费者之间的差异较小。这就更清楚地说明这样一个事实：现阶段中国的信用卡持卡人大多是把贷记卡当做借记卡使用。在持有和使用信用卡的初期，这类消费者最常遇见的就是溢缴款问题：已养成借记卡使用习惯的持卡人往往会在信用卡内存放一些资金以备用，或因担心还款不足而在还款时多缴付资金，这些资金都属于溢缴款。发卡银行对溢缴款是不计付存款利息的。按信用卡业务的运作规则，解决溢缴款问题主要有三种方式：持卡人从发卡银行领回溢缴款，需支付一定的手续费；如果是借助ATM或银行柜台提取溢缴款，则

等同于预借现金交易，持卡人需支付预借现金手续费；如果持卡人选择不领回溢缴款，则相应款项可以增加信用卡的可用额度，用于抵充后续刷卡消费金额。

表 4.9	罗兰·贝格调研：循环信用使用情况调查表				单位:%
循环信用使用情况	合计	特级城市	一线城市	二线城市	三线城市
我从来都不使用循环信用	76	76	76	78	71
我偶尔使用循环信用	15	18	15	12	17
我经常使用循环信用	9	6	9	10	12

刷卡消费与循环信用

对于那些从不使用循环信用功能的信用卡持卡人来说，如何通过刷卡消费使信用卡变成一种理财工具，确是一件颇费心力的事。一些资深的信用卡持卡人总结出如下巧用信用卡六步理财法。

第一步：巧用信用卡记账功能。所有消费都用信用卡刷卡（包括网上购物），月底收到信用卡账单，要对整月的消费记录进行分析和总结，看看哪些消费是合理消费、哪些消费属于非理性消费，再刷卡消费的时候控制好自己的非理性消费，尽量减少不必要的开支。

第二步：巧用信用卡分期付款。各发卡银行早已在分期付款业务领域展开了激烈的比拼，从大件的手提电脑、液晶电视到小件的成套服饰、家居用品，大多数商品几乎都可以借助信用卡分期付款。持卡人及其家庭添置所需的家用电器，大部分都可以凭信用卡以分期付款的方式购买。对持卡一族来说，能玩转分期付款，使每次持卡消费的付款金额转为由发卡银行一次性垫付，并将该应付账款拆分成若干期且按期偿还，依靠有限的收入最大限度地提高自身的生活质量，乃是提前实现自己对于富足生活的种种期望的不二法门。

第三步：巧用免息期大额消费。信用卡的基本功能就是小额、可循环使用的信用额度，持卡人只要办理了全额还款的信用卡账户并且养成按时还款的习惯，日常消费都可以使用信用卡，大额消费更是要使用信用卡，用好、用足信用卡的免息期来支付。如果手头持有两张以上信用卡，还可以利用不同的还款日来拉长还款时间，借用银行的钱买自己真正需要的商品，自己的钱则用来为自己创造收益。

第四步：巧用信用卡增值服务。各发卡银行都会以赠送消费积分的方式提升持卡人的用卡感受，消费积分达到一定的数量就可以换取价值相当的礼品。有些发卡银行还会在周末和重大的节庆日进行信用卡消费的促销活动，诸如多倍积分、刷卡即送礼品、刷卡折扣、刷卡即可抽奖，等等。持卡人只要多留心、多参与这类活动，就可以在看似漫不经心的情态下获得更多的意外惊喜，得到更多的用卡实惠。

第五步：巧用联名卡多得实惠。联名卡是发卡银行与实力很强的特约商户建立紧密型和双赢性的合作关系、实现经营优势互补和客户资源共享的主要手段，其性质和功能等同于或类似于特约商户发行的会员卡。联名卡持卡人既可以获得发卡银行赠送的消费积分，又可以充分享受联名商户特别提供的增值服务，最常见的就是大型商场购物打折、航空公司里程累积等，因而只要有可能就要多办联名卡。

第六步：巧用发卡行免费政策。由于发展战略、经营规模、市场定位、推广策略略有差异，不同的发卡银行、不同的信用卡产品会有不同的收费政策和不同的免费政策。例如，信用卡年费，各发卡银行中有的是持卡当年就收、有的是持卡次年才收、有的则是免费。持卡人应当综合考虑发卡银行的网点布局和个人金融的实际需要，并在权衡发卡银行免费政策的利弊之后作出选择，以达成自己的理财目标。

持卡人在刷卡消费时遇到同一笔交易重复刷卡的问题，对某一笔交易刷卡金额心存疑虑，都可以借助于专业术语称为"调单扣款"的信用卡业务操作流程予以纠正。按照信用卡业务请款操作流程，持卡人在特约商户刷卡支付消费款项，收银人员会请持卡人在打印出来的签购单（二联式或三联式）上签名，并当即把其中的一联签购单交给持卡人，特约商户随后凭另一联签购单向收单银行请款，收单银行则通过自动清算网络通知发卡银行垫款，所以发卡银行不会收到持卡人的签购单副本。调单是指持卡人认为未曾发生某笔刷卡交易或觉得某笔刷卡交易金额有误，可以拨打发卡银行客户服务电话，提请客户服务人员协助自己调阅相应的消费签购单，并为此支付调单费。扣款是指持卡人有足够的证明文件（如发票、签购单）能够证明某笔刷卡交易金额有误，可以拨打发卡银行客户服务电话，提请客户服务人员协助自己扣还相应款项。持卡人每月核对信用卡账单，发现账单金额与刷卡交易实际金额有出入，也可以采用调单扣款的办法解决。

持卡人使用信用卡刷卡消费，若延期还款或没有全额还款，都会产生循环信用。在信用卡当期账单到期还款日之前，持卡人可以根据自己的财务状况自行决定本月的还款金额。持卡人还款金额等于或者高于最低还款额但低于应还款金额，延期还款金额就是持卡人的循环信用余额。发卡银行对循环信用余额计收循环利息，其金额在下一期账单中列示。中国人民银行对循环利息的利率做出了统一规定：计息利率为日利率万分之五，计息方式是按月计收复利。循环利息的计收逻辑是：账单中列示的每笔账款为计息本金，自该笔账款记账日起至该笔账款还清止为计息天数，日利率万分之五为计息利率。持卡人延期缴纳或没有全额缴纳其信用卡费用，不仅会产生循环利息（费用的生成日期就是其起息日期），而且会产生滞纳金。持卡人的信用卡费用包括滞纳金、挂失费、毁补费、取现手续费、超限费等。持卡人的信用卡年费不会产生循环利息和滞纳金，但是如果持卡人没有按时缴纳年费且延后至下一期账单，就会产生循环利息和滞纳金。

持卡人使用信用卡刷卡消费之后遇到短期资金周转困难，可考虑采用最低还款额的还款方式解一时之困。发卡银行设定的最低还款额通常都包括：前期最低还款额未缴纳部分、年费的100%、本期交易金额（刷卡消费金额＋预借现金金额）的10%和本期信用卡费用总额（年费除外）的10%四个部分。持卡人的还款金额若低于最低还款额，就会产生不良信用记录。持卡人当然也可以借助于预借现金解一时之急，但是预借现金不能享受免息期待遇，且须支付预借现金手续费。预借现金本金从取现交易的当天开始计收循环利息，预借现金手续费从取现交易的次日开始计收循环利息，预借现金本金及其循环利息、预借现金手续费及其循环利息均在下一期账单中列示。发卡银行设定的预借现金额度一般为信用额度的50%，预借现金本金及其循环利息、预借现金手续费及其循环利息都会占用预借现金额度。

单币卡与双币卡

中国各发卡银行已发行的信用卡有单币卡与双币卡之分：单币卡是采用中国银联的技术标准、BIN 号为"62"字头、以人民币为结算货币的信用卡，而双币卡则是采用维萨国际组织或万事达卡的技术标准、BIN 号为"4"字头（维萨）或"5"字头（万事达卡）、以美元和人民币为结算货币的信用卡。对信用卡仅有粗浅了解的潜在持卡人往往会觉得双币卡比单币卡更能够凸显自己的身份，发卡银行的推广人员也会有意或无意地用类似的说辞诱导其潜在持卡人。单币卡可以在中国境内的银联网络使用，也可以在境外凡是有银联网络的国家或有中国银联合作方的国家使用。双币卡既可以在中国境内的银联网络使用，也可以在境外的维萨网络或万事达卡网络使用。因此，只要是在中国境内使用，单币卡与双币卡并没有多大的区别。BIN 号的实际意义在于：信用卡采用哪个信用卡组织的 BIN 号，哪个信用卡组织就可以收费。目前，中国发卡银行已发行的双币卡 95% 都仅在中国境内使用，这就意味着大部分双币卡实际上只起到了单币卡的作用，维萨国际组织、万事达卡国际组织都在双币卡上赚了很多钱，但用的却是银联网络。如果有朝一日银联标准被升级为人民币银行卡的统一支付标准，已经在市场上流通的维萨品牌和万事达卡品牌的双币卡将很有可能面临受限制甚至被取消的命运，这对持卡人是有影响的。

双币卡持卡人在境外的维萨网络或万事达卡网络用卡，如果是以美元和人民币以外的第三种货币计价，维萨国际组织或万事达卡国际组织要按交易金额的 1.5% 收取货币兑换手续费。比如持卡人在欧洲消费时记账货币为欧元，付款时需将欧元折算为美元，还款时还要将美元折算成人民币，这增加了一次外币折算（以国外收单银行向国际组织请款当天的实际汇率来换算），加上货币兑换手续费，持卡人将承担每笔消费金额 2% 左右的额外资金损失。在持有和使用信用卡的初期，有些持卡人往往会质疑发卡银行：账单金额与消费当天的刷卡金额为什么不一致？其实原因非常简单：消费的当天刷卡商户还没有向维萨国际组织或万事达卡国际组织结算，因而刷卡金额并没有包含 1.5% 的货币兑换手续费和外币折算的差价。双币卡持卡人有时候还会遇到专业术语称为"美元误抛"的问题：持卡人在国境内消费通常是通过银联网络完成交易授权、以人民币结算的，但是由于刷卡商户的收银人员误操作，交易授权实际上是通过维萨网络或万事达卡网络来完成的，收单银行向发卡银行请款仍是以人民币结算，因而持卡人的账单上会出现美元消费记录且美元信用额度会被占用一段时间。

无论持有单币卡还是持有双币卡，持卡人出国旅行及刷卡消费都要注意以下事项：（1）信用卡长时间没有使用，最好提前试用，有问题可立即解决，否则出境之后不能使用，徒增烦恼；（2）尽量不要在短时间内多次刷卡，发卡银行往往会为防止信用卡被冒用而设置短时间内多次刷卡的预警机制；（3）发生并取消错误交易，一定要立即撕毁错误交易的签账单，如果商家使用的是电脑连线刷卡终端，可要求收银人员开具抵消签账单以抵消错误交易或取得刷卡商户的退款证明，再重新进行一次交易；（4）妥善保管刷卡交易凭条，如果发生重复扣款现象，凭条是保证持卡人权益的最好凭证；（5）境外很多地方都是凭签名而不是凭密码刷卡交易，用卡之前首先要做的事就是在卡片背面磁条上方的签字栏签好自己的名字；（6）回国之后应及时对账，在收到银行卡的对账单之时立即核对应付款项，如需查账则应在 15 天内向发卡银行查询，时间拖得越久查清的困难越大；（7）若卡片遗失，要及时拨打发卡银行的客户服务电话进行口头挂失，待回国之后再办理相关的补卡手续；（8）如果因 ATM 发生故障、操作失误或忘记取卡而吞卡，可以拨打发卡银行的客户服务电话，寻求紧急援助，回国后再办理相关的补卡手续。持卡人回国之后核对信用卡账单，发现美元账单金额与刷卡交易的实际金额有出入，也可以采用调单扣款的办法解决。

输入密码与签署姓名

2002 年 8 月 26 日，深圳发展银行在全国率先推出可选择凭密码交易的信用卡，首次打破了借记卡凭密码交易、信用卡凭签名交易的界限。目前国内各发卡银行都提供了信用卡可设置密码的服务，创新逐渐成为规则。联信调查①、天下英才传媒集团、中国消费者调查网联合组织的"2007 中国信用卡满意度调查"结果显示，75% 的持卡人认为信用卡最好有密码，16% 的持卡人认为只要签名就可以，仅有 9% 的持卡人认为应该与国际接轨、不需要设置任何密码②。该调查结果说明，凭密码交易已成为中国信用卡市场的主流交易方式。如果持卡人设置了密码，输入密码意味着交易得到确认，如果信用卡被冒用，其风险完全由持卡人承担。因此，设置密码看上去似乎很安全，很多持卡人也确实是把密码当做账户安全最可靠的屏障，但是，实际上却并非如此。对持卡人来说，如果密码使用不当、保管不慎，有可能会造成重大损失。在当今这个数字时代，持卡人往往有多个密码（仅信用卡就有查询密码、取现密码和消费密码），记错密码、遗忘密码、泄露密码的现象并不少见。发卡银行为此要做很多客户培养工作，如提醒持卡人不要设置容易破解的密码（用本人生日、证件号码、简单数字设置的密码），谨慎使用密码，经常变更密码等。况且信用卡所用的密码通常都是 6 位或 4 位，破解的可能性确实存在，不可低估。

　　持卡人选择凭签名交易，信用卡被冒用的风险及损失视不同情形由发卡银行、收单银行、特约商户为持卡人分担。

　　持卡人和发卡银行之间的责任界定和风险分担。持卡人对所持卡片承担谨慎保管、及时挂失的义务，对因没有尽到谨慎保管、及时挂失义务而导致被冒用的风险负有责任。我国相关的法律和法规尚未对信用卡挂失的责任界定和风险承担做出明确规定，各发卡银行可以自行确定。出于代授权和离线交易等方面的考虑，以往国内很多发卡银行都规定"书面挂失为正式挂失"、"自受理挂失之时起 24 小时内发生的信用卡被冒用的风险及损失由持卡人承担"。但是，随着信用卡市场竞争的日趋激烈和持卡人维权意识的逐步增强，目前多数发卡银行都已规定电话挂失立即生效，且挂失之后发生的信用卡被冒用的风险及损失全部由发卡银行承担。近年来，一些发卡银行还提供"失卡零风险"的增值服务，不仅承担挂失之后的风险及损失，而且还承担挂失之前 24 小时、48 小时，甚至 72 小时

---

　　① 全称联信天下（北京）国际市场调查有限公司，成立于 2005 年，是中国首家专注于满意度调查的独立咨询机构。

　　② 李若愚：《75% 持卡人希望信用卡有密码》，《北京晨报》2007 年 10 月 29 日。

以内的风险及损失。

发卡银行和收单银行之间的责任界定和风险分担。发卡银行和收单银行之间的责任界定和风险分担比较明确，各信用卡组织的业务操作规则和风险控制规则均有相关的规定。收单银行承担妥善发展及尽职管理特约商户的职责，在与特约商户签订收单业务合作协议之后要对特约商户的相关人员进行培训，以加强针对每一笔信用卡签名交易审核持卡人签名的真实性和一致性。持卡人的信用卡被冒用，在以下两种情况下其风险及损失通常由收单银行而不是发卡银行承担：一是特约商户的欺诈率或退单率超过了规定，成为高风险的商户而被开放退单窗口；二是收单银行没有尽到尽职管理的义务，特别是没有督促特约商户严格遵守相关操作规程（包括当场核对持卡人的签名）。

持卡人和特约商户之间的责任界定和风险分担。如果持卡人的信用卡被冒用，特约商户是唯一与冒用者有直接接触的当事人和防止冒用的最后屏障，除严格按照约定的操作规程、审核要求处理信用卡签名交易外，还应当对可疑购物行为、可疑刷卡行为做出合理判断，并根据现场情况采取恰当的防范措施，控制信用卡被冒用风险。国内已出现多起持卡人和特约商户之间因签名不符问题导致的纠纷，并且已出现特约商户全部赔偿或部分赔偿信用卡被冒用损失的判例。在这类判例中，特约商户的相关人员没有当场核对持卡人的签名，违反了与收单银行签署的收单业务合作协议。因此，持卡人察觉自己的信用卡被冒用且造成损失，完全可以向涉案的特约商户主张权利。

∞ ∞

说文解字——信用卡持卡人（Card Holder）

Hold 源自中古英语 hole，意思就是"外壳、船的外体"。在美国双解辞典中，Hold 作为名词的基本词义是"货舱、底舱"，作为动词则有多个词义。一个是保有或拥有自己的财产，如：holds a great deal of property（拥有大量财富）。一个是承受重压，如：The bridge can't hold that much weight（那座桥不可能负载那样大的重量）。对持卡人来说，信用卡用好了，就是一种财富象征，用不好就是一个压力来源。

　　已过不惑之年的人或许还依稀记得《我们的生活充满阳光》这首老歌，这是 1979 年北京电影制片厂摄制、著名导演谢添执导的故事片《甜蜜的事业》的主题歌，因旋律优美、曲调欢快而成为当时传唱全国的 15 首"群众最喜爱的广播歌曲"之一。回顾往昔岁月，陡然觉得这首歌是献给中国 30 年改革开放大业的一曲颂歌：改革开放使中华民族走上了强国富民的复兴道路，使中国国民在工作方式、生活方式、休闲方式上有了更多选择，他们的喜怒哀乐因改革开放而变得更加真切动人，他们的人生理想因改革开放而变得更加春意盎然。一句话，改革开放使中国国民的生活充满阳光。1995 年 3 月中国第一张"真正的信用卡"诞生，1995 年 8 月电影《阳光灿烂的日子》全国公映，两件事看上去毫不相干，却似乎预示着信用卡与中国国民的美好生活之间将产生某种必然的紧密联系。信用卡使中国的零售银行业务走上了繁荣兴旺的发展道路，使中国国民在支付方式、消费方式、信贷方式上有了更多选择，他们的衣食住行因信用卡而变得更加丰富多彩，他们的价值观念因信用卡而变得更加务实求新。改革开放使中国国民越来越感受到物质文明的真实存在，信用卡则使中国国民越来越体验到物质文明的乐在其中，他们期待着自己和同胞的美好生活更加阳光灿烂。

　　但是，有人担心中国正在进入消费主义时代。法国社会学家让·鲍德里亚（Jean Baudrillard）1970 年在《消费社会》一书中说，消费主义是指这样一种生活方式：消费的目的不是为了实际需要的满足，而是在不断追求被制造出来、被刺激起来的欲望的满足。换句话说，人们所消费的不是商品和服务的使用价值，而更多的是它们的"符号象征意义"。南开大学经济研究所所长柳欣认为，2002 年以来，中国经济出现了向上的拐点，新一轮经济周期有一个明显特征，就是以高收入阶层为主要消费者的住房和轿车等资金密集型产业成为主要的经济增长点，正是这些行业的快速发展带动了钢铁、能源、交通和建材等行业投资的迅速增加。他将中国目前的这种经济结构概括为"口服液经济"，意指经济增长主要靠的是高收入阶层对"奢侈品"的消费来拉动，而中低收入阶层在消费结构中居于相对次要的位置。中国是否正在进入消费主义时代并不重要，重要的是一个相对富裕的社会群体已经形成，中国国民在消费过程中追求的符号象征主要是由这个阶层来实践和体现的。尽管这个群体的人数非常有限，但他们是中国消费潮流的创造者和引导者，也是当前和今后中国消费文化的基石。

信用卡持卡人大都属于这个社会阶层。中国人民银行于 2008 年 9 月 18 日发布的 2008 年第二季度支付体系运行总体情况显示，截至 2008 年 6 月末，中国已累计发行了 12240.09 万张信用卡，招商银行已累计发行了信用卡 2382 万张、累计流通户数达到 917 万户。照此推算，截至 2008 年 6 月末，中国的信用卡累计流通户数至少在 4712 万人以上，也就是说，中国至少有 4712 万人是信用卡持卡人。

第五章　朝花夕拾

月球在远，月饼在近，神话高悬，美味当前，照无眠。

——沈宏非

中产阶层是社会的稳定器，而信用卡则是中产阶级的助力器。中产阶层是信用卡产业最主要的目标客户群，中国信用卡产业的发展正是从锁定新兴的中国中产阶层起步的，也必将顺应中国中产阶层队伍的逐步壮大而持续发展，成为中国经济发展和社会进步的推进器。

中国信用卡产业的启蒙运动

2001 年年末，中国正式成为世界贸易组织的成员国，两大竞合组织由此预测，中国信用卡产业具有广阔的发展前景。但是，由于文化和历史的原因，当时发卡银行、信用卡持卡人对信用卡的认识受到准贷记卡的局限，两大竞合组织于是发起了一场中国信用卡产业的启蒙运动。

维萨国际组织：信用卡不存在恶意透支

维萨国际组织的启蒙工作主要指向发卡银行。

2002 年 11 月，《三联生活周刊》记者谢衡采访了维萨国际组织中国区总经理熊安平先生。以下是这次采访的部分内容。

关于信用卡的性质

记者：您怎么看中国的信用卡体系？您认为制约中国信用卡发展的主要因素有哪些？

熊安平：信用卡是银行对个人的非指定用途、具有循环信用功能的贷款。在过去的相当长时间里，这种金融产品在中国的金融体系里是不存在的。在国内银行已经发放的 46800 万张银行卡里，92% 以上是借记卡，有8% 的卡在国内俗称为信用卡，也就是我们称为具有透支功能的借记卡（准贷记卡），但是，真正具有循环信用功能的贷记卡大概只占 0.1% 左右。而国外的银行卡中，70%—80% 以上都是贷记卡，只有少部分借记卡。

中国银行卡的这种情况主要原因在于：在改革开放以前，中国居民的收入水平跟现在比有相当大差距。个人收入水平没有达到某一程度以上，从消费者角度看，对于超前消费和贷款消费这种方式的需求就相对少；从金融机构角度看，因为消费者收入没有达到某一水平，银行愿意借钱的机会也相对较少。因此，中国在过去并没有建立个人信用资讯的历史记录，因为没有发生，就不可能建立。银行贷款是"将本求利"，需要衡量风险，国内银行在个人信贷方面的经验比较缺乏。但是，我们认为，更重要的是"启而行"，而不是不去操作，只是空想如何去控制风险。当然，要允许国内银行有一个学习过程。

现在国内银行发行的、具有循环信用功能的银行卡总共还不到 100 万张。VISA 正致力于从供给和需求两方面提高中国居民对信用卡的认知度。现在，中国的信用卡市场存在着"能做的不愿做，愿做的不能做"的情况。我们看到，国内消费者对信用卡已经有了很高的需求，但是 VI-SA 国际组织自己并不发卡，发卡的是 VISA 国际组织在全球的 2.1 万多个会员银行。我们已经告诉国内银行在信用卡领域存在多大的商机，国内市场的成熟度是多少，但 VISA 不能逼迫国内银行非发信用卡不可。

关于"恶意透支"

记者："恶意透支"是国内发卡银行发行信用卡时最担心出现的情况，您能否透露 VISA 卡在全球以及在中国的恶意透支率？

熊安平：从银行的角度说，不应该存在恶意透支的说法。我们在国外从来就没有听说过"恶意透支"这个词汇，英文中也没有这样的表述。银行是法人机构，不是自然人，应该没有感情的成分，怎么能用"善"或"恶"来判断客户？银行只应该有一个标准，来衡量是否应该贷款给某位客户，同时有标准来计算有多少还款余额、还款余额中有多少会成为坏账。至于造成坏账的原因是"善"是"恶"，银行无从知道，也不必知道。所以，我们不了解，为什么对银行这样一个法人机构，还有"恶意透支"这个词存在。

此外，所谓透支，是指存款余额为负。对信用卡而言，不存在透支的情况，因为信用卡从来就不是存款工具。银行发放给客户信用卡是鼓励客户来借钱，如果客户不借钱，银行怎么赚取利息收入？不应该用对存款和借记卡的心态来面对信用卡，怕透支，怕借钱。当银行给客户发放信用卡时，就应该明白可能会有回收不了的贷款，坏账是做信用卡业务的成本之一。如果银行要保证"零"坏账，那么就干脆不要开展信用卡业务。

其实，银行开展信用卡业务，关键在于银行对风险控制的能力和对坏账的承受程度，成功开展信用卡业务的银行应该是，在有坏账的情况下还能有盈利，有更多的盈利。VISA 国际组织不发卡，对坏账的判断各个国家和地区也有所不同，所以我们从未统计过 VISA 卡的坏账率。

关于信用卡联网通用

记者：在您看来，国内各银行担心利益分配失衡是否是目前中国各银行发行的信用卡不能有效互联互通的主要问题？

熊安平：目前国内各银行之间的这种状况应该说是银行业发展的必经阶段。我们认为，造成国内各银行发行的信用卡不能有效互联互通的原因有很多，但原因并不重要，重要的是如何改变、如何解决这种问题。根据国际经验，这种情况一定会改变，但是改变的程度和速度取决于银行业的竞争情况。如果能够为国内银行业界的所有从业机构提供一个公平竞争的平台，我们相信所有造成国内各银行发行的信用卡不能有效互联互通的障碍，都能够很快消除。

关于信用卡业务竞争

记者：您刚才提到中国的信用卡市场是"愿做的不能做"，那么外资银行是不是就属于这种情况？有人认为外资银行就像催化剂，将激活整个中国的信用卡市场，您是否同意这个说法，为什么？

熊安平：如果说信用卡对于国内银行还是个陌生的领域，那么要发展这个业务，除了教育国内银行外，就要让他们面对竞争。竞争是促进进步的一种比较有效和直接的方法。我们可以从另一个角度来看这个问题。今天国内的消费者之所以能享受物美价廉的家电产品，就因为在这一领域竞争早已充分展开。我们已经从别的行业看到了这种发展的趋势，其实金融服务业也不会例外。

这次采访之前不久，维萨国际组织与国际奥委会签订了为期 8 年的协议，VISA 卡再次成为奥运会的唯一支付卡和官方支付服务提供商，且同时成为第一家将奥运全球伙伴计划延续至 2012 年伦敦奥运会的赞助商，而 2008 年北京奥运会就在该协议期内。2001 年北京的旅游外汇收入仅为 178 亿美元，美国高盛公司（Goldman Sachs）预测，2008 年北京的旅游外汇收入有望达到 600 亿美元，作为奥运会全球唯一的支付卡，VISA 在中国可谓有着巨大的商机。但是，由于国内银行受到有关法规的限制，中国的信用卡发展迟滞，接受信用卡支付的零售商缺乏，支付体系存在着高度的区域分割，使得境外游客在中国旅游消费的持卡签账付款率不足 10%。此时，中国和印度是维萨国际组织在亚洲仅剩的两大尚未开发的市场，维萨国际组织希望能够借 2008 年北京奥运会之力推动中国信用卡产业的发展。

万事达卡国际组织：要找到"第二类客户"

万事达卡国际组织的启蒙工作主要指向信用卡持卡人。

2003 年 1 月初，《中国经营报》记者杨磊采访了万事达卡国际组织大中华区总经理冯炜权先生。以下是这次采访的内容节选。

关于中国信用卡产业发展前景

从世界范围内看，当一国的人均国民生产总值达到 2000—3000 美元时，信用卡市场将进入爆炸性的增长时期。目前，中国的上海、北京、广州、深圳等大城市已经逼近这个临界点，而其他一些中等城市也将陆续进入这一时期。也就是说，中国正处在信用卡市场即将爆炸性增长的前夜。目前，中国真正意义上的信用卡只有 30 万—40 万张，而 8 年后这个数字将增长 80—100 倍。对于中国银行界来说，把更多精力集中在信用卡领域是明智的。中国有条件诞生一家世界级零售银行。中国目前年收入在 6000—1 万美元的人口有 4500 万—6000 万，未来中国将有 12% 的人口属于中产阶层，由此可以推算出人民币信用卡的发行规模能够达到 1 亿张。中国目前每年有约 1400 万人次出国，由此可以推算出国际信用卡的发行规模至少是 1500 万张，从国际范围来看这两个数字也是非常惊人的。中国人传统上就很懂得理财，随着人们逐渐了解信用卡，人均信用卡的数量也会增长，中国信用卡市场将会有一个质的飞跃。

关于中资银行与外资银行合作

信用卡是外资银行进入中国金融市场的关键领域。按照中国加入世界贸易组织的相关协定，人民币业务到 2006 年才向外资银行全面开放，但显然相当一部分外资银行不愿消极等待，因为他们深知中国信用卡市场是最容易让他们有所作为的。首先，这个市场目前还没有领导者而利润空间又非常大；其次，信用卡业务并不像存款业务一样需要很多银行网点，且主要集中在四大城市，非常适合擅长快速出击的外资银行在短时间内形成先发优势。外资银行眼下最要抓紧的就是与中资银行合作，以跨越部分政策限制，并尽早盈利。中资和外资银行在信用卡业务上的合作可能会有三种：第一种是外资银行给予一定的技术协助，一次性收取相对固定的佣金；第二种是外资银行通过入股的方式从中资银行整体利润中分成；第三种是外资银行从中资银行的信用卡业务利润中分成。中资银行需要技术和资金，可能倾向于选择第一种方式。而外资银行看重的是远期利润，会更倾向于选择第三种方式。但是，无论采取何种战略，中资银行现在都要当机立断。

关于信用卡业务的重要性

信用卡业务是银行个人金融业务的引擎。中国银行界一度希望能以住房贷款为轴心带动个人业务发展，结果发现一个人做了一笔按揭贷款后，其实很难再跟银行打交道，原因就是它不具备信用卡的难以取代的特性。信用卡有着非常强大的资讯收集功能，因为信用卡作为一种支付工具，可以非常真实地反映持卡人的消费习惯、事业及生活变化等微妙信息。比如，你一段时间内买了很多电器和家具，说明你可能要结婚了；你如果买了很多婴儿用品，则说明有孩子了。这些信息对于有心的银行来说都是非常有价值的，从中可以分析出一些规律和趋势，为营销其他产品做准备。其次，信用卡还具有非常好的弹性和可嫁接性，银行可以以信用卡业务为轴心，将几乎所有的个人业务嫁接过来，形成一个统一的业务平台。这是因为不少个人业务最终都要通过结算来完成，而信用卡本质上就是一个结算和支付平台。此外信用卡还具有携带、查询方便，使用频繁的特点，既容易和其他业务发生往来，还具有很好的业务窗口作用。

关于信用卡业务的"第二类客户"

同属于贷款业务，信用卡业务与房贷、车贷有很大不同：后两者的还款时间、还款额度都是确定的，便于银行总量控制；信用卡业务很难去预测会有多少人来借款、借多少、什么时候还。正是因为这些不确定性，国内的银行一般不敢轻易涉足信用卡业务，即便做了也不敢保证能赚钱。信用卡业务盈利的秘诀在于找到"第二类人"。综合国外银行多年来开展信用卡业务的经验，信用卡客户可以大致划分为三类：第一类，信用卡账户上余额很少，他们虽然也会透支消费，但总是在免息期内又把钱还回来，在一定程度上是把贷记卡当成借记卡使用，这类客户信用非常好，但银行很难挣到钱。第二类，他们大进大出，信用卡余额波动很大，不仅经常会透支，而且经常超过免息期不还，但是，他们的信用很好，终究还是会把钱还上的，这种人能让银行赚到钱。第三类，他们不仅总是透支而且信用很差，基本不会还钱，这类客户会让银行赔钱。目前国内银行最愿意保留的是第一类客户，尽管这类客户只能让他们赚到有限的手续费和年费。更糟糕的是，某些银行还会为了防范第三类客户而把第二类客户拒之门外，但恰恰是第二类客户能让银行赚到年息18%的高利润。因此，中国银行界目前迫切要做的一件事就是如何更快更准地找到第二类客户，他们需要一套更完善、更先进的风险识别系统来帮忙。这套系统应该涵盖信用卡业务的始终，从最初的申请到随后的征信，再到账户的跟踪和监测，一直到坏账的处理。现在已经有不少银行开始行动了。但问题是，他们真正领悟到信用卡业务盈利的奥妙了吗？如果这些银行仅仅是为了"跑马圈地"，那么他们必须面对两大风险：一是高昂的设备投入何时能收回？二是如何防范信用卡坏账？

冯炜权先生认为，迅速壮大的中产阶级将为未来中国信用卡市场的发展提供动力。他指出，2002 年中国的中产阶级（即年收入达到 5000 美元及 5000 美元以上的人群）大约有 6000 万人。2010 年这个数字预计将增加到 1.6 亿。绝大部分符合准贷记卡或国际贷记卡申请标准的个人都来自这一中产阶级人群。中国目前大约有 5000 万人属于"有能力持有信用卡的人"，而现在持有准贷记卡的 2400 万人最终都将成为真正的贷记卡持卡人。在未来几年内，中国的国际贷记卡业务会出现显著增长，不仅因为不断壮大的中产阶级人群对这一市场的发展产生推动力，而且因为前来中国的国际游客数量将会不断增加，从而刺激国内众多商户和金融机构着手增设国际贷记卡受理网点。

中产阶层：现代社会的稳定器

中产阶层（Middle Class）是在工业化和城市化过程中逐渐形成的、通常具有如下特征或共性的社会群体：主要从事脑力劳动；具备中等以上就业能力，拥有一份稳定的、薪资收入较高、社会形象较好的工作；具有维持中等以上生活水平及生活质量的消费能力；有一定的文化修养和生活品位，但没有显赫的社会地位和政治影响。在西方发达国家，Middle Class 是指社会各阶层中既不属于顶端（top）也不属于底端（bottom）的数量极大的中间部分，这个社会群体在价值观念和行为模式上都与上流阶层（upper class）、下流阶层（lower class）形成鲜明的对比，因而被翻译为中间阶层。在中国，人们仍习惯于用颇具意识形态色彩的"阶级"（class）一词来划分各社会阶层，Middle Class 这个社会学术语被翻译成"中产阶级"，用于指代财富拥有量已达到全社会中等水平的社会群体，不再有以往那么明显的政治意味。

西方国家的中间阶层

美国著名社会学家查尔斯·莱特·米尔斯（Charles Wright Mills）于
1951 年出版了社会学名著《白领：美国的中产阶级》，把"白领"的概
念推介到全球，使之泛化成为一个全球性的话题。查尔斯·莱特·米尔斯
区分了旧式中产阶级（以农场主、商人、自雇型小企业主为代表）和新
式中产阶级（白领），第一次提出了"白领"的概念并视之为美国社会的
新式中产阶级。在他看来，作为美国新式中产阶级的白领是这样一个群
体：依附于庞大机构，主要从事非直接生产性的行政管理与技术服务工
作；无固定私产，在所服务的机构不拥有资产支配权，较难以资产衡量其
作用；靠知识与技术谋生，领取较为稳定且丰厚的薪资；思想保守，生活
机械单调，缺乏革命热情，拒绝流俗和粗鄙的大众趣味以维持其体面及与
其社会地位相称的形象。在该书出版之时，白领（white - collar worker）
作为新式中产阶级已经占美国就业人口的一半，是受雇于企业（特别是
大型企业）和公共事业机构的工薪阶层，多为管理人员、销售人员、行
政人员和技术人员。

　　查尔斯·莱特·米尔斯指出，新式中产阶级与多为"工作狂"的旧式中产阶级不同，他们对闲暇的重视丝毫不亚于对工作的热情。但由于新式中产阶级的队伍在不断扩大，他们的社会地位已不再像旧式中产阶级那么显赫、政治影响也已不那么明显（他称这种现象为白领阶层"社会地位的无产阶级化"），因而新式中产阶级对自己的社会地位与个人声望充满了担忧和恐慌。与此相对应，旧式中产阶级多为自己创业或子承父业，往往是家财万贯、衣食无忧、生活稳定、声名显赫，而新式中产阶级则都是通过公开的社会竞争找到工作的，如果失去现有工作并且没能很快找到新的工作，就很有可能滑落到贫困线以下，沦为社会的底层人群。由于社会地位的非世袭性和薪资收入的不确定性，新式中产阶级经常处于某种焦虑状态之中，生怕自己一觉醒来已不再是社会的中产阶级。因此，新式中产阶级非常在意自身的重要性、外界对自己的看法、个人成就和薪资收入，与旧式中产阶级相比他们更患得患失，也更需要借外在的东西来证明自己的成功。

　　20世纪70年代以来，随着权力与财富的分离、自由和公平观念的普及、人口迁徙数量的增加和频率的加快、社会财富的累积，西方发达国家相继成为以中产阶级为主导的"橄榄型"社会。所谓"橄榄型"社会，是指这样一种社会形态：在全体社会成员中，高收入群体与低收入群体所占的比例都比较小，处于两者之间的中等收入水平的社会群体所占的比例则非常高。这种"两头小，中间大"的社会形态状似橄榄，被普遍认为是当代最为稳定，也最为理想的社会形态。在社会学家看来，无论传统社会还是现代社会，都存在着诸多的不和谐之处，个人之间、群体之间、种族之间、阶层之间充满了矛盾甚至是冲突。在传统社会里，权力通常是最重要的社会资源，谁占有的权力资源多，谁拥有的社会财富就多，统治阶级与被统治阶级之间的权力斗争比较容易具有破坏性。而新式中产阶级的兴起和壮大则使权力与财富逐渐分离，在现代社会里人们已不那么看重权力的争夺，注意力主要放在对财富的追逐上，整个社会的价值观念也更趋多元化，因而也就更为稳定。在"橄榄型"社会中，中产阶级是社会主流价值观念赖以确立的主体人群，能在推动经济发展、促进社会进步、引导社会消费诸多方面发挥不可替代的作用，是高收入阶层和低收入阶层之间有效的缓冲力量，其数量越庞大，社会稳定器的作用就越明显。

在西方发达国家，人们普遍认同符合如下标准的社会群体都属于中产阶级：其净资产在 2.5 万—50 万美元之间。有人还将这一中产阶级作了细分：净资产在 2.5 万—25 万美元之间的是低端中产阶级（lower middle class），净资产在 25 万—50 万美元之间的是高端中产阶级（upper middle class）①。日本著名战略管理学家大前研一于 2006 年出版研究中产阶级的专著《M 型社会：中产阶级消失的危机与商机》，直指当前日本及全球必须面对的"中产阶级正在走下坡路"的发展趋势。大前研一认为，在日本，代表社会富裕与社会安定的中产阶级如今正在快速消失，至少有约八成人的生活处于中下水准，"M 型社会"即由此成型。所谓"M 型社会"，是指社会正逐渐形成一种双峰结构：收入高的一小部分人和收入低的一小部分人各居收入群体两端，并且彼此的距离越来越远，大部分人（中间阶层）则向下沉沦为中下阶层，如同 M 型一般。在 M 型社会中里，如果企业与个人都不展开自救，政府又继续往错误的方向施政，恶性循环之下

---

① 夏业良：《中产阶级辨析》，《西部大开发》2006 年第 3 期。

社会的失业率和物价都将年年上扬，收入永远跟不上物价，整个社会对未来都将失去信心，其结果是"穷者越穷，富者越富"。

中国新兴的中产阶层

20 世纪 90 年代中期以来，随着改革开放的不断深化和国民财富的加速累积，一个新的社会群体在中国大地上逐渐形成，这就是人们在习惯上称为"中产阶层"的中间阶层。现阶段，中国的中产阶层主要包括以下七类人群：私营企业主和自由职业者；受聘于"三资"企业的管理人员和专业人员；具有中级以上职称的教师、医生、工程技术人员；持有专业资格证书的律师、会计师、审计师；金融行业、信息产业、国有企业、公共事业、股份制企业、房地产企业的管理人员和专业人员；传媒行业、演艺界、体育界的知名人士；各类创意产业的管理人员和专业人员。作为一个顺应改革开放进程而逐渐兴起的新的社会阶层，中国中产阶层所付出的努力令人瞩目，在积累财富、回报社会的同时逐渐形成了如下的总体特征：对全社会的主流价值和现存秩序有较强的认同感，收入达到全社会的中等以上水平，教育程度和文化修养相对较高，经济条件和生活质量相对较好。总的来看，中产阶级是一个既"有中国特色"又"与国际接轨"的概念。

中国究竟有多少人属于中产阶层，用什么标准来划分或判别中产阶层，迄今尚没有定论。2001 年 6 月 15 日，中国国家信息中心常务副主任刘鹤在深圳出席"全球脑库新经济研讨会"，指出，"中国正在逐步形成一个人口规模将近两亿的庞大的中产阶层消费者"。在随后接受媒体采访时他说："未来 5 年，中国将拥有 2 亿人口的中产阶层消费群"。他所谓的"中产阶层"指的是"拥有稳定的收入，有能力自己买房买车，能够将收入用于旅游、教育等消费的人群"。2005 年 4 月 29 日，国家统计局城市调查总队总队长黄朗辉出席"中国家庭保障研讨沙龙"，他在发言中证实："我们于 2004 年推出的《中等收入群体抽样调查》也确认，中国中等收入阶层的家庭年收入一般在 6 万—50 万元之间，从人口数量上看近年增长的速度惊人。"按照这次抽样调查的测算结果，到 2020 年，中国中等收入群体的总规模将由 2004 年的 5.04% 扩大到 45%，按 13 亿人口推算就是从 6552 万人增加到至少 5.85 亿人。但这两种论点都引起了很大的争议。2005 年 12 月 19 日，国务院发布实施《个人所得税实施条例》，规定年所得 12 万元以上的纳税义务人须主动办理纳税申报。清华大学经济管理学院的王一江教授认为，年收入 12 万元以上的社会群体不应被视为高收入人群，年收入 12 万元应作为进入中产阶层的起点。

很多学者认为，划分或判别中产阶层，单纯从经济角度看问题是不可取的，应该采用综合性的指标。2006 年 7 月，中国社会科学院社会学研究所副研究员、《社会学研究》编辑部副主任张宛丽在接受英国《金融时报》中文网记者魏城的采访时表示：人们通常认为只要有车有房，就属于中产了，其实这是对中间阶层的一种简单化的理解和误读。她提出了研究中产阶层的七大要素：具有一定的知识资本及职业声望资本；所从事的职业以脑力劳动为主；对其下属拥有一定的调度、支配、控制权，对其上司及其业务安排有一定的建议权、发言权；收入及财富水平；具有中等以上的国民教育学历水平、具有专业技术培训资历及掌握了相应的职业专业技能；有能力支付其中等水平的家庭消费；对社会公共事务具有一定的影响力。北京大学社会学系教授夏学銮指出：国外界定中间阶级是从财富、权利和声望三个指标来衡量，包含生存状态和精神状态，更多的是从精神状态和生活方式去判断；中产阶层应该是受过良好教育、有良好修养、受人们尊重的社会阶层，不是收入高就都能成为中产阶层，关键是看他个人和社会的关系、社会地位、对社会关心的程度及自己与社会整合的程度。

张宛丽认为，中国的中产阶层取得其经济收入、职业权力、职业声望、社会地位，主要是通过个人的后天努力。通过相对公正的财富获得和积累机制，通过相对规范的契约关系而取得的；因此，中国的中产阶层对社会有一种积极的示范作用：无论家庭出身、早年经历和成长背景如何，任何人都可以凭借个人的后天努力和公平的社会竞争实现向上的社会流动。在张宛丽看来，中产阶层在中国社会快速转型的过程中有着非常重要的社会功能，缓冲因社会分化加剧、贫富差距拉大而造成的社会摩擦，预留政策调整空间，缓解高收入的社会阶层与低收入的社会阶层之间的矛盾。她用"政治后卫"与"消费前卫"来概括中产阶层的行为特征，认为中产阶层不仅具有缓冲贫富分化的社会功能，而且具有拉动国民消费、推动经济持续和稳定发展的经济功能。对过度依赖投资和出口、内需不足的中国来说，这种功能尤为珍贵。相比之下，那些中产阶层弱小、贫困人口众多的国家往往长期处于"社会不稳定，经济也不稳定"的状态之中难以自拔。

中国中产阶层的信用额度情结

无抵押、无担保、可循环使用的信用额度是信用卡产业赖以存在和发展的基础，中产阶层是信用卡持卡人的主体人群，也是信用额度最主要的使用者和受益者。在成为信用卡持卡人前后，中国中产阶层对信用额度往往都带有某种特殊的情结，这种情结与中产阶层"消费前卫"的行为特征不仅密切相关，而且具有某种放大效应，使信用卡迅速成为中国中产阶层创造财富和消费财富的助力器。

发卡授信准则

信用额度是信用卡区别于其他所有金融产品的本质所在，信用卡持卡人获得信用额度既不需要提供抵押，也不需要提供担保，完全是凭个人的资信状况和信用能力，并且只要按时偿还所持信用卡的应付账款，其信用额度就可以循环使用。对发卡银行来说，信用卡持卡人的客户价值就在于不仅持卡和用卡，而且在持续持卡和频繁用卡之余不发生信用风险并带来一定的收益，而实现客户价值的关键就是甄选那些资信状况良好、信用能力强健的客户。为了能有效锁定这些目标客户、充分利用现有推广资源，发卡银行通常是以其信用卡授信政策为依据制定统一的发卡授信准则，指导各推广渠道掌握符合其信用卡申办条件的目标客户的基本特征，用行话来说，就是各推广渠道须预先知道"本行想要的客户是什么长相"。现阶段中国各发卡银行在制定其发卡授信准则时遵循的基本逻辑是：稳定的工作、稳定的收入意味着资金流量稳定、还款来源稳定，是确保信用卡持卡人保持良好资信状况、维持强健信用能力的基础。在多数情况下，信用卡持卡人工作和收入的稳定程度与其身处的行业、从事的职业密切相关，因而发卡银行的征信审核大都依照如下顺序：信用卡申请人的行业、职业是否属于发卡授信准则所认定的范围，若属于该范围则优先予以征信审核及综合评分，再依据其结果决定是否发卡及给予多少信用额度。

现阶段中国各发卡银行制定并实施的发卡授信准则大都包含了表 5.1 所列的 15 类优质行业及职业，其收入都比较稳定且高于全国平均水平。从这 15 类优质行业及职业来看，现阶段中国信用卡产业的目标客户与构成中国中产阶层的七类人群高度重合。但行业、职业只是发卡银行筛选其申请人的"优选条件"，要成为持卡人，申请人首先必须具备以下基本资格：工作或生活在发卡银行设有营业性分支机构的城市；具有完全民事行为能力；无信用不良的记录；收入稳定且所从事的行业、职业不属于禁止推广或暂不推广之列（当地户籍的申请人通常可放宽暂不推广行业的限制）；若为中国大陆公民，年龄必须在 18—65 周岁之间；若为港澳台人士及外籍人士，则年龄必须在 25—65 周岁之间。申请人具备基本资格但不在发卡银行认定的行业、职业范围内，通常可以通过以下三种方式成为发卡银行的信用卡持卡人：其一，主动与发卡银行续做该行其他零售银行业务并保持良好的信用记录；其二，持有其他发卡银行的信用卡并在一定时间内保持良好的信用记录；其三，在发卡银行已设有营业性分支机构的城市参加社会保险并在一定时间内保持良好的缴款记录。若申请人为私营企业主或自由职业者，只要提供有效的财力证明（企业或住宅的产权证明）或收入证明，也可以成为发卡银行的信用卡持卡人。

信用额度是发卡银行发卡授信准则的另一项重要内容。目前中国各发卡银行所发行的信用卡大都分为以下三个等级：普卡，信用额度通常是 1000—1 万元人民币（或等值外币）；金卡，信用额度通常是 1 万—3 万元人民币（或等值外币）；白金卡，信用额度通常是 3 万—5 万元人民币（或等值外币）。每一个等级的信用卡都设有两类信用额度：其一是固定额度，即发卡银行允许持卡人在每个账单周期（相邻的两个账单日之间的时间段）之内占用其信贷资金的累计最高限额，属于一次申请之后即可循环使用的信用额度；其二是临时额度，即发卡银行允许持卡人在该额度授予期（通常以 51 天为限）之内临时占用其信贷资金的累计最高限额，属于必须由本人事先提出申请、不可以循环使用的信用额度。一些发卡银行还设有所谓永久性临时额度。1999 年 1 月 5 日，中国人民银行颁布

表 5.1　　　　　　国内各发卡银行认可的 15 类优质行业及职业

行业类别	职业范围
银行业	国有商业银行、股份制商业银行、外资银行、政策性银行、城市商业银行
保险业	中资和外资人寿保险公司、财产保险公司
证券、基金及其他金融机构	证券交易所、期货交易所、证券公司、基金公司、信托投资公司
国家党政机关和社会团体	各级党委、人民政府、人大、政协；中国人民银行、中国银行业监督管理委员会及其分支机构、直属单位、相关机构；各级法院、检察院、海关；各级政府的各个职能部门；各民主党派、妇联、工会、共青团、残疾人联合会、红十字会、宗教团体；行业协会、专业协会；外国驻华机构、大使馆；市级（含）以上博物馆、纪念馆等
公用事业单位	供电公司、供水公司、煤气公司、热力公司
全国性电信公司	中国电信、中国移动、中国联通、中国网通、中国铁通、中国卫星通信
医院以及其他医疗卫生机构	一级以上医院、妇幼保健所、卫生防疫站、药物检验所
高等院校及科研机构	高等院校、中等专科学校、市级（含）以上科研机构
中小学校及其他教育机构	中学、小学、市级（含）以上幼儿园、知名的全国性培训机构
专业性事务所	律师事务所、会计事务所、审计事务所
传媒业	省、市级（含）以上电视台、电台、省、市级（含）以上党政机关报社、出版社、大型知名广告公司
交通运输业	航空公司、机场公司、航运公司、省市级隧道/收费道路/码头/港口、铁路、地铁等大型陆上交通运输企业
邮政业	
高档酒店	四星级（含）以上
绩优企业	"《财富》全球 500 强企业"在华机构，国家产业政策扶持企业，境内上市公司（排除 * ST 公司）

的《银行卡业务管理办法》第四十五条规定，"同一账户月透支余额个人卡不得超过人民币 5 万元（含等值外币）"，但最高 5 万元的信用额度不能满足一部分高端持卡人的用卡需要，于是一些发卡银行想出了规避这一刚性限制的应对之策：这些高端持卡人不仅拥有 5 万元固定额度，而且还拥有金额不等的临时额度（可以高达 15 万元）。这种临时额度也属于一次申请之后即可循环使用的信用额度，其效能类似于固定额度。

调高信用额度

信用卡划分为不同等级，这就使持卡人在无形中与某个社会阶层发生了若实若虚的关联，而信用卡的不同等级又主要是通过信用额度的高低和多少来区分的，因而信用额度成为很多持卡人的烦恼之因和困扰之缘。和讯网（www. hexun. com）于 2008 年 11 月发布的《2008 信用卡持卡人研究报告》显示，目前中国信用卡持卡人不满意的十大用卡因素中，"信用额度太低"排在第 9 位，认为"信用额度太低"的持卡人多达 26.3%。该研究报告是和讯网与益派咨询（ePanal）[1] 联合进行的在线调查所取得的研究成果。和讯网立志成为"中国财经网络领袖和中产阶层网络家园"，发起此项在线调查，目的在于深入了解中国信用卡市场的基本状况和变化趋势，分析中产阶层持卡人的用卡需求。此项在线调查历时 5 天（2008 年 10 月 20—24 日），参与调查的信用卡持卡人来自全国 14 个一、二线城市（北京、上海、广州、深圳、天津、重庆、成都、武汉、西安、沈阳、郑州、南京、杭州和大连），年龄都在 18—50 周岁，是目前中国信用卡持卡人的主体。在前文中，我们推算出目前中国的信用卡持卡人至少在 4712 万人以上，多达 26.3% 的持卡人认为"信用额度太低"，也就意味着有近 1240 万人因信用额度而产生烦恼，甚至受到困扰。因此，信用额度决不是发卡银行与信用卡持卡人之间的一种数字游戏。

信用卡持卡人对已有的信用额度不满意，是可以向发卡银行申请调高的。持卡人申请调高其固定额度，通常必须满足持卡 3 个月以上的条件，如果不满足，则需额外提供财力证明或收入证明。无论首次申请是否成

---

[1] 全称为"北京益派市场咨询有限公司"。

功，持卡人都可以在 6 个月之后再次提出申请，以后照此类推。持卡人申请调高其临时额度，通常必须满足以下条件：本账单周期内无逾期款项，且最近三期账单都没有逾期还款记录；最近三期账单中至少一期有消费记录及至少一次还款记录，且还款金额不低于最低还款额。是否逾期以是否有滞纳金来判认定，滞纳金已调减视同没有逾期还款。非持卡人主观原因造成的逾期还款且在约定的还款日还清账款，视同没有逾期还款记录。持卡人的信用卡账户留存了资金但没有消费记录，视同没有还款记录。调整固定额度和临时额度，都必须由主卡的持有人本人向发卡银行提出申请。如果持有人拥有多张信用卡，发卡银行对其信用额度实行归户管理，每次只允许调高其中一张信用卡的临时额度。持卡人名下的任何一张信用卡存有逾期还款记录，则该持卡人名下的所有信用卡都不能调高临时额度。持卡人的信用卡为双币卡，发卡银行可以根据其实际用卡需求在人民币或美元额度中择其一调高其临时额度，也可以采取人民币和美元相加的方式予以调高。临时额度到期自动归零，持卡人有需要可以再次申请。

表 5.2 中国信用卡持卡人不满意的十大用卡因素

不满意的用卡因素	不满意持卡人占比（%）	信用卡产业的相关主体
刷卡消费优惠不够	52.9	特约商户
刷卡积分太少	42.7	发卡银行/特约商户
积分计划缺乏吸引力	41.3	发卡银行/特约商户
跨行存取手续费太高	40.5	各商业银行
逾期还款利息太高	39.6	中国人民银行
还款网点太少	37.4	各商业银行
异地存取手续费太高	32.5	发卡银行/各商业银行
年费太高	30.7	发卡银行
信用额度太低	26.3	发卡银行
联名/合作商户太少	21.5	发卡银行/收单机构

资料来源：和讯网：《2008 信用卡持卡人研究报告》。

　　发卡银行也会有选择地主动调高部分持卡人的信用额度，选择的标准主要就是看持卡人的用卡情况和还款情况。由于信用卡业务领域的同业竞争日趋激烈，发卡银行大都把调高信用额度作为改善持卡人的用卡感受、增进其忠诚度的常规手段来运用。但是，我们必须看到问题的另一面：有那么多的信用卡持卡人认为"信用额度太低"，而发卡银行却在承受信用卡过度授信的负担。中国人民银行的统计数据显示，截至 2007 年年末，中国所有信用卡（含贷记卡和准贷记卡）的总授信额度高达 6300 亿元、未清偿信贷余额只有 750 亿元，信用额度使用率仅为 119%，也就是说，有 5550 亿元的信用额度没有发挥什么作用。从 2007 年年报披露的信用卡信用额度使用率数据的 8 家上市银行的情况来看，招商银行最高，达到 29.53%，而累计发卡量排在第 1 位的中国工商银行只有 7.21%，排在第 2 位的中国建设银行只有 9.20%。信用卡持卡人普遍认为信用额度太低，发卡银行给出的信用额度海量闲置，这两个极为矛盾的现象只能有一个合理的解释：中国目前的信用卡持卡人均属于新兴的中产阶层，相当一部分人对信用卡的认识尚处于启蒙阶段，对他们来说，信用卡不单纯是可带来诸多便利的金融产品，而是社会阶层的标志和个人财富的象征，信用额度就是这种标志和象征的载体，于是他们便产生了"信用额度"情结。

表 5.3　　　　　　　8 家上市银行已发行信用卡的信用额度使用率　　　　单位:%

发卡银行	2007 年年末	2006 年年末	增长
招商银行	29.53	24.25	5.28
上海浦东发展银行	21.29	16.79	4.50
中信银行	19.66	13.21	6.45
深圳发展银行	18.59	15.20	3.39
中国民生银行	16.95	10.82	6.13
兴业银行	13.24	11.76	1.48
中国建设银行	9.20	8.25	0.95
中国工商银行	7.21	5.46	1.75

资料来源：各行 2007 年年报。

沈宏非先生的词可谓点破了"信用额度"情结带给信用卡持卡人的焦虑：月球在远，月饼在近，神话高悬，美味当前，照无眠。

信用卡：中国中产阶层的助力器

"信用额度"情结根源于中国中产阶层在迅速变革的中国社会中所处的特殊的社会地位。中国中产阶层同样有旧式和新式，他们的差异性甚于趋同性，消费是他们寻求身份辨识和群体认同的一种重要方式，信用卡则成为他们寻求身份辨识和群体认同的助力器。

中国中产阶层的新旧之分

在中国传统社会中，就消费文明与消费模式而言，两大因素对其消费文化的形成有着重要的影响。一是儒家文化的影响。儒家文化的核心"仁、义、礼、智、信"在中国传统的消费文化上留下了深刻的痕迹：讲求中庸、变通，重视人际关系，尊重历史沿革和各行各业的规则；注重礼仪、信誉，崇尚商业智慧，人际信任关系高于商业契约关系。二是短缺经济的影响。中国长期处在短缺经济的状态下，勤俭的生活方式与实用的消费取向一直是中国消费文化的主流，消费需要与欲望长期处于压抑状态，统治阶级是社会群体的一小部分，其奢侈消费并不构成全社会消费文化的主流。新中国成立后，中国社会进入以平均主义为主要特征的"去阶层化"阶段，所有社会成员的财产和收入差异很小，其生活必需品都是通过政府发放票证的方式实行定量配给，这个社会处于"只有生活，没有消费"的状态。

改革开放以来，中产阶层得以在中国重新成长并迅速发展。中国实行改革开放有两个基本目标：一是逐步实行市场经济制度，并逐步实现个人财产合法化；二是使国民经济逐步纳入全球化的轨道。这种政策取向使原有的国家垄断与配置资源的制度发生变化，多元化资源配置体系导致资产拥有者发生了变化，新的社会阶层不断形成，直接促进了中产阶层的培育。在政策、经济、社会、文化多种因素的合力推动下，中国的社会结构出现了巨大的变迁，社会各阶层的分化越来越明显。同时，随着经济的持续发展、社会的不断进步，中国国民的物质生活日见宽裕，社会财富与个人财富不断累积，国民消费的广度与深度急剧扩大。在社会的大变动中，中产阶层正在以一个相对独立的社会阶层的姿态迅速崛起，消费社会的特征在中国初步显现，中国社会正在经历一个重构新的消费文化的过程。

广东省社会科学院现代化发展战略研究所研究员郁方认为，中国现有的中产阶层可以划分为两大群体。其一是 1978—1992 年产生的旧式中产阶层，人们称之为"暴富阶层"。这个暴富阶层主要就是在改革开放初期就从事商品经济活动并取得成功的个体工商户、私营企业主，大都没有良好的教育背景，这就与 19 世纪西方国家的旧式中产阶级以小店主、小商人、小企业主为主体的情况比较类似。中国民众与学者比较普遍的看法是暴富阶层不能算作中产阶层，但从收入与消费的角度来看，他们是当今中国最早进入中间阶层的群体。其二是 1993 年至今形成的新式中产阶层，人们称之为"经济精英"，是比较符合中产阶层定义的社会群体。与早期的新富阶层相比较，这些经济精英大都受过良好的教育，财富来源更为合法、透明，财富累积主要是依靠其个人才智和个人努力，基本得到社会的认可并拥有一定的社会声望。"经济精英"群体的迅速成长不仅提高了中国中产阶层的整体素质和社会形象，也极大地改变了整个社会对个人成功的价值评判：把个人成功与个人财富关联起来的中国国民越来越多，以平和的心态接纳中产阶层这个新兴社会阶层的中国国民也越来越多。

中国中产阶层的消费文化特征

消费文化有广义和狭义之分：广义的消费文化即消费物质文化和消费精神文化的总和；狭义的消费文化则是消费在人们的观念形态上的反映，包括消费哲学、消费价值取向、消费道德、消费行为、消费品位、消费审美、消费心理等，这是人们在其消费实践中形成的反映消费特点和理解的观念形态的总和。从社会学的视角来看，消费文化也可以看做是引导和约束消费者消费行为与偏好的文化规范，人们的消费模式主要受他们所处的文化环境的影响，并通过人们的消费行为折射出两个层面的内容：一是个人生活形态，消费是一种个人需求和选择，直接体现了消费者的价值观念和个性特征；二是社会群体关系，消费并不仅仅是个体的行为，同时也是身份辨识和群体认同的方式。可见消费不仅是一种经济现象，同时也是一种社会现象、文化现象，是消费者在传统和现实的双重影响下做出的一种社会选择。

当代法国思想家皮埃尔·布尔迪厄（Pierre Bourdieu）从社会学的角度把资本看做是权力的一种形式，认为资本是个人对自己的未来和他人的未来施加影响、予以控制的能力。在他看来，资本可以调节个人与社会的关系：一方面，社会是由资本的不同分配构成的；另一方面，个人又要竭力扩大自己的资本。由于资本界定了个人的机遇或生活的可能性，个人的社会轨迹取决于他能够积累的资本，因而资本可以再生产社会阶层。皮埃尔·布尔迪厄创造性地把资本区分为经济资本、社会资本和文化资本三种形态，系统地研究了三者之间的区别和相互作用。经济资本是资本的最有效形式，本身能以适合各种用途的、可转换成金钱的形式从一代人传递给下一代人，表现了资本主义的特性。经济资本可以比较容易、比较有效地被转换成象征资本（即社会资本和文化资本）；反之则不然。尽管象征资本最终可以被转换成经济资本，但这种转换不是即时性的。象征资本可以掩饰经济资本分配权力和财富的过程，使社会阶层再生产合法化[①]。皮埃尔·布尔迪厄的资本理论，特别是经济资本与象征资本可相互转换的观点极富创见，有助于我们分析和理解中国中产阶层的消费文化特征。

中国的大多数暴富阶层原本处于社会的底层，因把握了某种机遇且积聚了个人财富而实现了经济地位的转换，总体上是属于经济资本相对雄厚但文化资本相当薄弱的群体。这种先天"不足"使暴富阶层的消费模式呈现出以下两个典型的文化特征：一是其消费心理倾向于炫耀和挥霍；二是其消费需求的实用性和功利性目的非常明显。暴富阶层来自社会底层，在经济收入大为提高之后急于向社会显示身份和地位的变化，而在中国当时的社会背景下炫耀性、挥霍性消费是显示财富、能力与地位的最佳手段。暴富阶层的炫耀性、挥霍性消费主要有两种目的：一是树立和固化某种个人形象，显示自己的经济实力和经济地位的变迁，以使自己的经济资本更高效地转换成文化资本；二是维系和发展某些社会关系，营造个人发

---

① 《文化资本与社会炼金术——布尔迪厄访谈录》，上海人民出版社 1997 年版，第 218 页。

展与生存的关系网络，以使自己的经济资本更高效地转换成社会资本。由于有这些特殊的目的和背景，中国的暴富阶层都是最具实力、最敢花钱的消费者，一度引起人们的普遍反感甚至是扼腕痛斥。客观地看，私有财产的合法性问题迟迟没有明朗的说法，社会投资与消费品种尚不丰富，也是造成暴富阶层选择奢侈、恶俗的炫耀性、挥霍性消费方式的重要原因。

中国的经济精英又可以粗略地分为四大群体：一是具有社会资本比较优势的各类人群，如国有企业的高级和中级管理人员、"三资"企业的高级和中级管理人员、各类高级和中级专业人士等；二是具有文化资本比较优势的各类人群，如供职于教育科研文化卫生系统的高级和中级专家、演艺界的明星人物、传媒业的知名人士等；三是经济资本正在快速累积的各类人群，如个人创业者、自由职业者、信息技术业的知名人士等；四是很有经济资本增长潜力的各类人群，即各行各业正在努力奋斗的年轻的都市白领，人们称之为"新富阶层"。这四类经济精英的成长背景、价值观念、生活方式、消费旨趣都存在很大的差异，作为当今中国中产阶层的主体，其生活方式和消费模式总体上还处于学习与模仿阶段。中国中产阶层目前还属于一个成长之中的社会阶层，代际沿袭、童年教育、家庭背景、社会关系、政治地位等因素对其生活方式和消费模式的决定作用并不明显，而接受教育程度的高低（从中国的实际情况分析，是否接受过正规的大学教育是十分重要的分水岭）、个人经历与社会关系、从业经历与职业环境、经济收入与家庭结构是影响其生活方式和消费模式的重要因素。

总体来看，目前中国中产阶层的生活方式和消费模式处于将经济资本转换成象征资本的初期，浮现出如下五个群体性特征：

1. 品牌消费。中国中产阶层大都非常看重品牌的身份辨识和群体认同功能，竭尽所能地发掘自身的资源潜力，力求将已有的经济资本快速转换成社会资本。如今已经很难找到不拥有任何一个国际品牌的中产群体：高端中产人群用国际顶尖品牌，中端中产人群用国际著名品牌，低端中产人群用国际知名品牌。冠以这些品牌的商品绝大多数都属于奢侈品，其符号价值足以使拥有者的自信心和好胜心膨胀。

2. 时尚消费。中国中产阶层十分关注国际、国内流行趋势，努力保持始终"入流"（In vogue）的生活态度和个人形象。年轻的都市白领尤其如此，他们对未来的预期通常都比较乐观，时尚消费使他们的消费水平总是略高于收入水平。他们甚至还把经常光顾快餐连锁店当做一种时尚，快餐消费成为他们展示其白领风范的重要方式。而在美国，快餐连锁店的常客通常是与低收入、低品位联系在一起的。

3. 文化消费。中国中产阶层有着向上跃升的强烈愿望，这种愿望强化了他们的学习意识和"充电"动机，在工作之余参加各种培训和考试是中产阶层群体、尤其是都市白领生活的重要内容。中产阶层也是目前中国各社会阶层中文化消费支出最大的群体，购买书籍和杂志是其文化消费的大项，影剧院、音乐厅、艺术馆、博物馆则是其文化消费的主要场所，中国的文化产业主要是靠他们来推动。

4. 品位消费。中国中产阶层比中国的其他任何一个社会阶层都更在意格调和品位，"有格调"、"有品位"已成为整个中国社会区分经济精英与暴富阶层的两个关键词，也是各中产人群相互区隔的两个风向标。这都是美国人保罗·福塞尔（Paul Fussell）惹的祸：你的书取名为《格调》也就罢了，还用副标题把生活品位与社会等级拉扯到一起，这不是要命嘛！在1999年的中国，这本书成为畅销书。

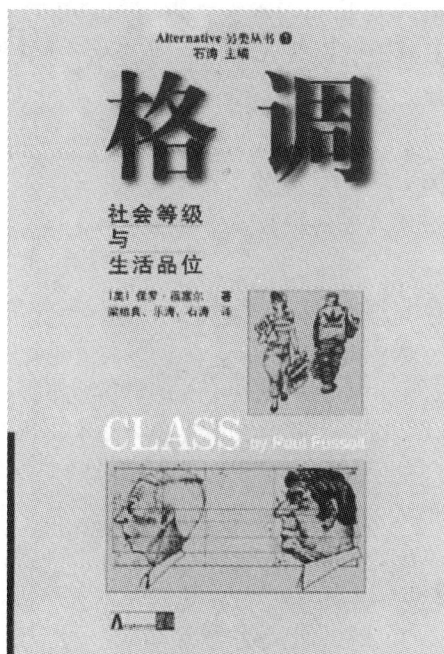

5. 休闲消费。努力工作、享受闲暇已成为大多数中国中产阶级典型的生活方式，他们把休闲消费当做提升生活质量的重要途径。勤劳的父辈依然是他们的榜样和楷模，但只知工作不懂休闲、一味节俭不去消费的生活方式已经过时。在公共媒体、商业机构的刻意包装和精美广告、时尚杂志的推波助澜下，呈现在社会大众面前的中国中产阶层已经是一个在整体上有个性、有品位、舒适、从容的社会群体。

从文化认同与文化交融的角度看，成长之中的中产阶层正是目前中国受外来文化影响最深的群体，他们借由人际交往（工作圈和生活圈）、视觉碰撞（影视作品和书报杂志）、直接感受（公务出访和出国旅游）、人口迁徙（城市之间和国家之间）等方式接触和感受外来消费文化，是在当今的中国社会中引领消费文化潮流、奠定消费文化基调的主体人群。大量事例证明，消费已成为中国中产阶层，尤其是都市白领身份辨识与群体认同的主要方式。众多资料显示，中国年轻一代已经成为超前消费和奢侈消费的主体人群，采用透支消费的方式购买品牌商品、时尚用品的消费行为已日渐普遍。消费是消费者经济资本、社会资本、文化资本相互作用和相互转化的过程，有着很强的传承性和影响力。在过去短短的 30 年里，中国国民脱离了极其窘迫的消费处境，旋即进入一个物质财富相对丰裕的商业社会，消费体验非常有限。因此，中国中产阶层只能是在成长之中学习消费，进而构建新的消费文化。可以预见，新的消费文化将是有中国特色的消费文化：脱胎于中国的传统消费文化，衍生于当下的制度环境，在一定程度上受现代消费文化（包括消费主义文化）的影响。

中国中产阶层的消费行为模式

2006 年 6 月 30 日，由中国国情研究会和万事达卡国际组织联合发布了《2006 中国生活者报告》，该报告也是万事达卡国际组织发布的第一份针对中国中高端中产阶层的调查报告。此项调查的调查对象为 1.5 万名年收入 1 万美元以上的人员，涵盖一、二线城市（北京、上海、广州、深圳、天津、成都、重庆、武汉、南京、杭州）。此项调查显示，中国中高端中产阶层的大致轮廓：以年轻人为主，62% 的人年龄在 25—34 岁之间，23% 的人年龄在 35—39 岁之间，年龄在 40 岁以下的人所占的比例达到

90%以上；受教育程度高，65%的人具有大学本科以上学历，仅有7%的人学历在高中以下，这个数据与拥有大学本科以上学位的人口占中国人口总数的8%、具有大学学历但还没有拿到学位的人口占中国人口总数的15%的整体预测形成明显的对照。这表明，在刚刚过去的20年里，中国的年轻一代凭借和依靠自己的雄心、信心、良好的教育背景、不懈的个人努力，在改革开放的大环境中更好地把握住了经济持续发展所带来的机遇。

此项调查同时还显示，中国的中高端中产阶层已经开始形成新的消费行为模式：年收入超过2.1万美元时，他们开始使用外汇账户和国际信用卡，开始打高尔夫球；年收入达到2.2万美元时，他们开始定期到海外旅游；年收入超过2.8万美元时，他们开始购置住房；年收入达到3万美元时，他们开始购买轿车。此项调查表明，住房和轿车已成为中高端中产阶层的"标准配置"：绝大多数人都已经拥有自己的住房，其中50%以上的人有1套，33%的人有2套，10%的人有3套以上，仅有5%的人还没有自己的住房；大多数人都已经拥有自己的轿车，其中81%的人有1辆、8%的人有2辆、1%的人有3辆以上。此外，经常外出就餐也是中高端中产阶层生活方式的重要组成部分：40%的人每周外出就餐2—3次，10%的人每周外出就餐达到5次之多。在投资理财上，中国的中高端中产阶层显得有些保守：87%的人都选择定期储蓄这一低回报和低风险的投资方式，只有48%的人投资于股票，25%的人购买了基金，22%的人购买了债券，18%的人将不动产作为投资选择。由此可见，中国的中高端中产阶层已经具有较强的消费意识和消费能力，但投资意识和投资能力尚需锤炼。

对于中国的中高端中产阶层来说，住房和轿车是显示经济成就和财富规模的最佳载体，却不是身份辨识和群体认同的理想符号，因为住房和轿车都不能随身携带。任何用做身份辨识和群体认同的符号的器物都必须符合两个条件：一是能够随身携带，便于当场展示；二是得有"范儿"、拿得出手。"范儿"一词来源于北京话，其词义比较丰富，简单地说就是"派头"、"做派"的意思，最初是指京剧演员唱念做打的要领和技巧，如今的意思类似于英文的"Style"，也就是气质、行为、姿态有模有样。举例来说，这就好比扮孙悟空顶不济也得有根烧火棍一样，想摆什么"范儿"最起码也要置办相应的行头。真要感谢两大竞合组织的启蒙，中国的中高端中产阶层从中找到了很有"范儿"、很好随身携带，因而也很适合充当身份辨识和群体认同符号的器物，这就是信用卡。

中产阶层要扮演好其社会角色，信用卡是必不可少的、能助一臂之力的行头：支付购房、买车首付款项，可以刷信用卡；购买品牌商品、时尚用品，可以刷信用卡；亲朋相聚，在觥筹交错、尽欢而散之余，可以刷信用卡；出国旅游，当阅尽美景、饱尝佳肴之时，可以刷信用卡……对于那些已经养成刷卡消费习惯、很了解信用卡的中高端中产阶层来说，刷信用卡已经成为一种生活常态。对于那些刚刚成为信用卡持卡人不久的都市白领来说，刷信用卡不仅可以满足生活中的实际需要，而且可以满足"被制造出来和被刺激起来的欲望"，因而可以帮助他们学习消费。作为中国消费时尚的积极推动者和消费文化的构建者，中产阶层是已经或基本跨越了温饱阶段的社会阶层，面对以精英、品位、时尚、浪漫为精神诉求的各种营销攻势的诱惑，他们的"欲购情结"随之膨胀，开始追求和模仿消费主义生活方式，他们的刷卡消费有时会超出其实际需要，甚至超出其实际经济能力。套用 17 世纪法国哲学家笛卡尔的名言"我思故我在"，中国已有相当一部分中产人群达到了"我刷故我在"的境地，"信用额度"情结可以说众多信用卡持卡人力求及早达到这种境地的一种反证。

∞ ∞ ∞ ∞ ∞ ∞ ∞ ∞ ∞ ∞ ∞ ∞ ∞ ∞ ∞ ∞ ∞

说文解字——信用额度（Card Line）

Line 源自古英语 ln，意思是"亚麻布"。在美国双解辞典中，Line 这个词最主要的意思就是"限度、额度"，此外还有两个词义。其一是"职业，某人的职业所及"，如：What line of work are you in?（你做什么工作？）其二是"家系、血统"，如：comes from a long line of bankers（出身银行世家）。理想（跻身上流阶层）与现实（缺乏象征资本）之间的反差困扰着缺乏血统传承的、新兴的中国中产阶层，而发卡银行以职业甄选目标客户、以信用额度区分优质客户，致使他们普遍产生了"信用额度"情结并承受着由此带来的种种焦虑。

2006 年 3 月初，清华大学教授、社会学家孙立平在接受《第一财经日报》专访时表示：中国的经济增长模式必须转变，即从"内需不足→依赖出口→低价竞销→利润低下→工资增长缓慢→内需不足"的恶性循环转变为一种"收入增加→内需增长→降低对出口的依赖→避免竞销→收入增加"的良性循环。从新兴工业化国家的情况来看，这种转变是困难的，甚至需要较长时间，但却是必须的。而在这种转变的过程中，扩大内需无疑是最关键的环节之一。孙立平教授将中国目前内需不足的经济特征概括为如下"四个并存"：经济快速增长与物价低迷并存；物价低迷与生活负担沉重并存；生活负担沉重与高储蓄率并存；高储蓄率与高负债并存。他认为，扩大内需的根本就在于富民，主张实行如下七大举措：遏制贫富差距扩大的速度；培育社会消费的主体——中产阶层，使之成为消费的主要群体；增加社会保障开支，这类开支本身就可以创造巨大的需求，同时也会通过强化居民对未来的稳定预期而促进居民的消费；解决劳动报酬在 GDP 和国民收入分配中所占比重过低的问题；增加就业，特别是改善中小企业的生存环境、扩大中小企业的生存空间，中小企业可能对 GDP 和税收做不了太大贡献，但却可以为许多人提供就业机会；促进中国的城市化进程，持续缩小城乡差别；提高农民收入，启动农村市场。

时近 2008 年岁末，中国实体经济正承受着美国金融危机的严重拖累，若要问中国中产阶层此时的心态，那可真是：怎一个"囧"字了得！"囧"看上去就像一个人沮丧的表情，其本义是"光明"，但是因为字形独特，"囧"被赋予的新意却是表达忧伤、无奈或非常尴尬的心情。"囧"的发音又和"窘"一致，更使"囧"成为表达沮丧的情绪绝好的代用词。2007 年 10 月至 2008 年 10 月末，沪深两个股市的总市值从 28.6 万亿元下跌到 11.2 万亿元（跌幅超过 70%），市值损失达 17.4 万亿元（超过中国 1.9 万亿美元的外汇储备），以 2008 年 10 月底的 1.2 亿户股东账户做简单折算，意味着平均每个账户损失 14.5 万元。更为糟糕的是，大部分中产人群对住房的投入远远超过了股市，房价下跌 10%，损失就超过了 10 万元，这个数字是众多股市参与者的投资上限。相关报道显示，北京、上海、广州、深圳的房价最近一年来的跌幅至少都在 20% 以上，最大跌幅甚至达到 36.5%。对大部分中产人群而言，股市和楼市的资产可能占了其家庭资产的一半甚至更多，这两项资产的大幅缩水意味着很多家庭已经退出中产阶层队伍，即便是能挺过去的也不得不在家庭财富大幅缩水之后变得精打细算起来（从消费者信心指数和社会消费品零售总额的下降即可窥见一斑），中国中产人群的消费支出将有可能持续处于低迷状态。

股价和房价的大幅下跌吞噬了中产阶层的巨额财富，众多年轻的中产人群还是头一次承受这样的悲凉体验。面对财富迅疾幻灭的冷酷现实，所有跻身上流阶层的美好理想都已折戟沉沙，而这一切仿佛就发生在晨昏之间，真叫人心有不甘！当年，鲁迅先生将他唯一的一部回忆散文集《旧事重提》改名为《朝花夕拾》，借以追忆那些美好却已经一去不复返的往昔，大约也是出于这样的心境吧。智威汤逊广告公司（JWT）大中华区首席执行官（CEO）兼东北亚区总裁唐锐涛（Tom Doctoroff）是一位在香港工作了 4 年、上海工作了 8 年的美国人，他认为，中国新崛起的中产阶层一代已构建起"投资→生产→消费"的链条，而这根链条的形成及不断强化正是 20 世纪美国迅速成为工业强国的秘诀。现在的中国正处于全面建设小康社会的关键时期，希望这根链条不会因中国实体经济受美国金融危机拖累而折断。

第六章　美妙人生

> 你站在桥上看风景，看风景的人在楼上看你；明月装饰了你的窗子，你装饰了别人的梦。

> ——卞之琳

女性经济是国际妇女解放与发展事业取得的重大成果，也是当今全球经济发展和社会进步的重要因素。职业女性是信用卡产业忠诚度最高的目标客户群，女性信用卡已在中国信用卡产业异军突起，女性经济必将成为推动中国信用卡产业持续、蓬勃发展的中坚力量。

男女平等与妇女发展

肇始和兴起于西方国家女权运动的世界妇女事业是人类文明的重要体现，伴随着人类物质文明和精神文明的发展而发展。中国妇女事业始终围绕着妇女解放和妇女发展两大主题发展，为推进当代中国经济持续发展和社会不断进步作出了积极而重大的贡献。

女权运动

女权运动是 18 世纪启蒙思想和工业革命的直接产物，欧洲中产阶级妇女首倡。法国大革命期间的 1789 年 10 月 5 日，以妇女为主体的巴黎群众攻克凡尔赛宫，依据"天赋人权"的启蒙思想向国民议会要求享有与男子平等的合法人权，揭开了女权运动的序幕。1791 年，法国女作家奥普兰·德·古日发表《妇女和女公民权利宣言》，明确提出："对妇女权利的无知、遗忘和忽视是造成公众灾难和政治腐败的唯一原因"、"妇女生而自由，在权利上与男子是平等的。"这是人类历史上的第一个妇女权利宣言，有人认为，这标志着西方女权主义思潮和运动的正式形成。1792 年，英国女作家玛丽·沃斯通克拉夫特发表《为女权辩护》一书，系统地分析了社会对女性的偏见和束缚，要求社会把妇女当人来看待，把男人所争取到的人权延伸到妇女身上。这是人类历史上第一部站在妇女立场研究妇女权利的理论著作。

19 世纪以来，女权运动经历了一个不断发展的过程，出现了两次女权运动浪潮。第一次浪潮始于 19 世纪后半叶，到 20 世纪初第一次世界大战时达到最高点，历时 70 余年。女权运动第一次浪潮的抗争目标有三个：首先是争取选举权，女性也可以参政议政；其次是争取受教育权，解决女性是否应该享有受教育权、应该受什么样的教育的问题；最后是争取就业权，解决女性的就业问题，尤其是已婚女性的就业问题。女权运动的第一次浪潮取得了极大的成就，有越来越多的妇女获得了选举权，妇女教育广泛开展，妇女就业增加。第二次浪潮始于 20 世纪 60 年代，一直持续到 80 年代。1966 年，美国成立了全国妇女组织（National Organization for Women，简称 NOW），其宗旨是：献身于这样一种信念，即妇女首先是人，是个像我们社会中的其他人一样的人，妇女必须有机会发展她们作为人的潜能；立即行动起来，使妇女充分参与到美国社会的主流当中去，享有真正平等伙伴关系的一切特权和责任。女权运动第二次浪潮的目标就是要消除两性差别，因为两性差别是造成女性对男性的从属地位的基础，各个公众领域都要对女性开放，以缩小女人和男人的差别，达到两性趋同。

20 世纪中期，女权运动进入了理论大发展时期，涌现了一大批女权运动理论家。1949 年，法国女作家西蒙娜·德·波伏瓦（Simone de Beauvoi）发表了《第二性》一书，触发了女权运动第二次浪潮的到来。该书运用哲学、心理学、人类学理论和历史、文学、轶事资料证明：女性自由的障碍不是其生理条件，而是政治和法律的限制造成的。该书对近代以来女权运动的实践和理论进行了系统总结，奠定了当代女权运动理论的方向和研究基础，并被奉为当代西方女权运动的圣经。有人认为，《第二性》确立了西蒙娜·德·波伏瓦作为现代女权运动奠基人的地位，树立了世界女权运动的一个丰碑。"美国女权运动之母"贝蒂·弗里丹（Betty Friedan）是当代西方妇女理论研究的另一个著名代表，她的著作《女性的奥秘》于1963年问世，在美国引起了极大的轰动。该书批判了男主外女主内才是最完美的互为补充的结合的论调，认为美国妇女问题的实质是缺乏平等的权利和自由，要获得平等的社会地位，就必须改变不公正的社会环境。该书直接推动了女权运动第二次浪潮的兴起，是美国自由主义女权主义的代表作，被认为是西方女权运动的第二部圣经、女权运动的里程碑。

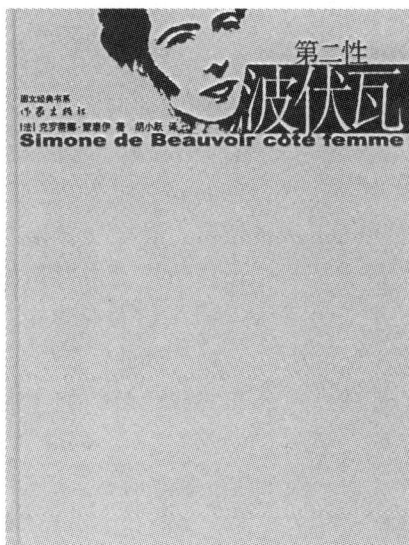

　　20世纪70年代以后，各国的女权运动逐渐融合并演变成为世界妇女事业。1972年，联合国妇女地位委员会将1975年确定为"国际妇女年"。1975年6月19日至7月2日，联合国主持召开了第一次世界妇女大会。1975年12月，第30届联合国大会通过决议，确定1976—1985年为"联合国妇女十年"，较大地促进了各国对妇女问题的重视。1976年，联合国为推动"联合国妇女十年"活动开展而创建了"'联合国妇女十年'自愿

基金会"，1984 年，改名为联合国妇女发展基金会。1979 年 12 月 18 日，第 34 届联合国大会正式通过《消除对妇女一切形式歧视公约》。该公约是联合国所制定的最重要的维护妇女权利的国际法律文件，被称为《妇女权利宪章》，1980 年 3 月 1 日提交给各国政府签署和批准，1981 年 9 月 3 日在 20 个国家向联合国秘书长递交了批准书和加入书后开始生效，已有 100 多个国家批准和加入。该公约得以制定和通过，既反映了联合国对妇女问题的深切关注，也反映了各国女权运动不断发展所产生的重大影响。

妇女解放

马克思主义者从人类社会发展史的角度探求妇女受压迫的根本原因。在 1884 年出版的《家庭、私有制和国家的起源》中，恩格斯分析了妇女受压迫的三个根源。第一，生产资料私有制出现使男人既成为土地的主人也成了女人的拥有者，这是"女性的具有世界历史意义的失败"。第二，单向一夫一妻制使女子处于从属地位。恩格斯根据人类学家摩尔根《古代社会》一书提供的研究成果指出：历史上由对偶婚过渡而来的一夫一妻制只是对妇女有约束，男子可以随意纳女奴为妾，而妻子则要严守贞操；丈夫在家庭中居于统治地位，妻子除了生育以外不过是婢女的头领。可见"现代的个体家庭建立在公开的或隐蔽的妇女的家庭奴隶制之上"。第三，体力弱小也是妇女受压迫的根源之一。随着私有制的出现，妇女被排除于社会生产之外，而只限于从事家庭的私人劳动。此时妇女的家务劳作失去了往日的公共性质，成为家庭的奴仆。由此可见，马克思主义者认为，妇女受压迫的三个根源都与私有制密切相关，而其中经济因素是关键。

马克思主义者高度重视被压迫的妇女在创造历史、推动社会伟大变革中的重要作用。不仅充分揭示了妇女受压迫的根源，而且指明了妇女争取解放的途径。在《家庭、私有制和国家的起源》中，恩格斯明确指出：妇女争取解放的第一个先决条件，就是一切女性重新回到公共的劳动中去，而要达到这一点，就要求个体家庭不再成为社会的经济单位；只要妇女仍然被排除于社会的生产劳动之外，只限于从事家庭的私人劳动，那么妇女的解放、妇女同男子的平等，现在和将来都是不可能的。针对妇女体力弱小这一特点，恩格斯认为，妇女解放只有依靠现代大工业才能办到，因为现代大工业不仅容许大量的妇女劳动，而且真正需要大量的妇女劳动，还越来越要求把私人家务劳动融化在公共事业中。在马克思主义者看来，妇女真正获得解放的根本前提应该是消灭私有制。马克思主义者是站在解放无产阶级和全人类的高度设想了妇女解放的前景：到了共产主义社会，孩子将由国家来扶养，国家提供托幼中心、公共食堂、医疗设施等，国家承担由家庭履行的经济职能，家庭的概念取消了，妇女得以进入公共产业，便能结束"家庭内丈夫是资产阶级，妻子则相当于无产阶级"的局面。

马克思、恩格斯都非常赞赏法国空想社会主义者夏尔·傅立叶的名言："妇女解放的程度是衡量普遍解放的一个天然标准。"马克思主义者认为，妇女解放是无产阶级解放的重要组成部分，妇女解放就是推翻妇女所受到的压迫、解除妇女所受到的束缚、使妇女最终得到自由和发展。妇女解放运动是妇女走出家庭、走向社会的过程，包括阶级解放、社会解放和彻底解放三个阶段。实现妇女解放，第一步必须走与阶级解放相结合的道路，其标志是废除私有制，实现法律上的男女平等；第二步则必须走全方位参与社会劳动的道路，实现从社会解放向实际平等（真正平等）的过渡，达到彻底解放。妇女解放可以用一定的社会标准来衡量：政治上获得参政权、议政权、选举权、被选举权及管理国家的权利；法律上享有与男子完全平等的权利和义务；经济上有充分的就业机会和广阔的就业途径，对个人和家庭生活资料拥有占有权、使用权、处置权、继承权；意识形态上完全消除男尊女卑的性别歧视，形成尊重妇女的良好社会风尚；婚姻以爱情为基础，家庭内部夫妻平等，实现家务劳动的现代化、社会化；普遍享有接受义务教育的机会，接受符合自身发展能力的教育，才智得到充分发挥。

马克思主义者主张的妇女解放与西方国家盛行的女权运动有着本质的区别。女权运动的理论基础是"人性自由论"，而妇女解放的理论基础则是"阶级革命论"。在马克思主义者看来，女权运动不能完整地体现妇女解放的内涵，真正意义上的妇女解放应该包括四层含义：第一，女性解放是人类解放的组成部分，这是女性解放的终极含义；第二，实现男女性别平等，其基本精神就是男女在政治、经济、文化及家庭生活的各种权利、义务和机遇面前都要平等；第三，女性自身的解放，做到自我主体意识的觉醒和实现自我价值，找到最适合自己的目标和位置；第四，实现两性的和谐发展，在承认性别差异的前提下相互吸收对方的优点，抛弃自己不适合社会发展的弱点，缩小性别差异，相互理解，相互支持，树立平等合作意识，使其都能发挥自己的潜能，实现自我的价值，创造美好和谐的人类社会。

中国的妇女运动和妇女事业

中国曾经是一个最传统、最典型、发展时间最长、发展程度最高的男权制社会，从 20 世纪初的"五四"运动开始中国传统的男权制开始受到冲击和挑战，经过近一个世纪的努力，中国女性的地位有了极大的提高。参照中国社会科学院社会学研究所研究员李银河教授的观点，笔者将中国妇女运动和妇女事业的发展历程大致上划分为以下三个时期：启蒙时期、进入主流社会时期和全面发展时期。

1911—1949 年为启蒙时期。这个时期的妇女运动以封建王朝覆灭之后成长起来的"五四"青年及其思潮为代表，完成了对蒙昧的女性和男性的启蒙，使他们意识到他们生活于其中的社会已有四千年男权制历史，进而认识到女人和男人一样是人、男人能够做的事女人一样能够做、女性应当拥有与男性一样的权利。在这一时期，与性别平等问题有关的妇女运动包括：反缠足，废科举，兴女学，提倡婚姻自由，反对包办婚姻和买卖婚姻，妇女参与社会变革，等等。发生在这一时期的重大历史事件主要有：1911 年，留日女学生林宗素在上海发起设立女子参政同志会；1912年，10 名妇女当选为广东省临时议会议员，这在中国是破天荒的事；1920 年，北京大学第一次招收女大学生到人文科系旁听，首开大学男女同校的先河；1922 年，北京高校成立了女权运动同盟会，在宣言中第一次把妇女争取参政议政权的斗争同反帝反封建的民族民主革命联系起来；1922 年，中国共产党第二次全国代表大会通过了《关于妇女运动的决议》，这是中国共产党关于妇女运动的第一个纲领性文件；1931 年，苏维埃政府颁布《中华苏维埃共和国宪法大纲》，是中国第一部体现男女平等和婚姻自由原则的根本大法。

1949—1978 年为进入主流社会时期。在这一时期，男女平等意识进入国家的主流意识形态，广大中国女性开始走出家门、在各个领域中培养和显露自己的才能。在这个时期，有两个象征着实行男女平等的口号传遍了全国：一是"妇女能顶半边天"，二是"时代不同了，男女都一样"。这一时期的重大历史事件主要有：1949 年 3 月 24 日，中国妇女第一次全国代表大会召开，宣布成立中华全国民主妇女联合会①，作为中国妇女组织的最高领导机构；1949 年 7 月，新中国第一份全国性妇女刊物《新中国妇女》创刊②，毛泽东、朱德分别为创刊号题词。1950 年 5 月 1 日，《中华人民共和国婚姻法》正式实施，实行一夫一妻、男女权利平等的婚姻制度，这是新中国颁布的第一部基本法；1954 年 9 月 15 日，第一届全国人民代表大会在北京召开，出席会议的女代表有 147 人、占代表总数的 12%，妇女代表以新中国主人的身份参政议政；1957 年 11 月 17 日，郑凤荣在北京以 1.77 米的成绩打破女子跳高世界纪录，成为第一个打破田径世界纪录的中国人；1959 年 3 月 7 日，由陈以芬主持设计的"三八妇女"号拖轮下水，这是中国第一艘由妇女完成全部设计的船舶。1960 年 3 月 5 日，全国妇联首次表彰中国妇女的先进人物和先进集体，并授予"三八红旗手"、"三八红旗集体"的荣誉称号。

1978 年以后至今为全面发展时期。国民经济的持续发展使女性的经济地位与政治地位都相应得到了提高，中国妇女事业取得了全面发展。这一时期的重大历史事件主要有：1980 年 7 月 17 日，中国正式签署《消除对妇女一切形式歧视公约》，是最早签署该公约的国家之一；1981—1986 年，中国女排在世界大赛中赢得"五连冠"的殊荣，不畏艰难、奋力拼搏的"女排精神"在整个 80 年代备受国人推崇；1988 年 9 月 1 日，中国妇女第六次全国代表大会召开，确立中国妇女"四自"精神③；1992 年 10 月 1 日，《中华人民共和国妇女权益保障法》正式施行；1995 年 9 月

---

① 1957 年 9 月改名为中华人民共和国妇女联合会，1978 年又改名为中华全国妇女联合会，简称"全国妇联"。

② 1956 年 1 月改为《中国妇女》。《中国妇女》杂志社是中华全国妇女联合会直属的一个事业单位，负责编辑出版《中国妇女》杂志。

③ "四自"精神即自尊、自信、自立、自强。

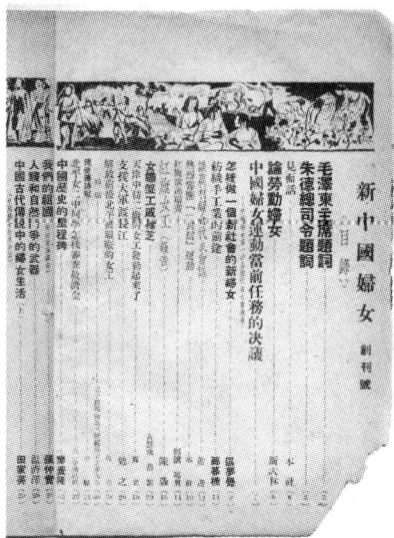

15 日，联合国第四次世界妇女大会在北京闭幕，中国对国际社会做出了"把男女平等作为促进中国社会发展的一项基本国策"的郑重承诺；2001年 5 月 22 日，国务院发布《中国妇女发展纲要（2001—2010 年)》，确定了中国妇女事业的 6 个优先发展领域（即妇女与经济、妇女参与决策和管理、妇女与教育、妇女与健康、妇女与法律、妇女与环境)，并把促进妇女发展的主题贯穿始终；2005 年 8 月 24 日，中国发布《中国性别平等与妇女发展状况》白皮书，介绍了中国妇女在政治、经济、文化、社会和家庭生活等方面享有与男子平等的权利；2005 年 8 月 28 日，《中华人民共和国妇女权益保障法》修订，男女平等成为基本国策。

李银河教授认为，从中国妇女解放的历史进程看，真正改变中国女性命运的有三大因素：其一是女性参与社会生产；其二是女性普遍受教育；其三则是通过婚姻自由（结婚自由、离婚自由、婚姻自主）得以实现的家庭内部的男女平等。她指出：中国的妇女事业在世界上备受瞩目，这是因为中国女性的进步不仅具有改善中国女性自身处境的意义，而且对全世界的女性更具有榜样的意义；中国女性的解放和进步将向全世界的女性表明，经过努力，在一个男女曾经最不平等的国度男女平等事业能够达到什么样的高度。

经济发展与女性经济

在英文中，"历史"是"history"，这就表示历史是由"他"（he）创造的、是男人的"故事"（story）。回眸往昔，绝大多数历史事件确实是由男人创造的。然而，女性经济在 21 世纪的兴起似乎预示着女性将要彻底改变自己的命运，女人将要改变"历史"的写法。

她世纪

1999 年，国际顶级化妆品品牌克里斯汀·迪奥（Christian Dior）推出一款名为"真我"（J'adore）的女士香水，立即得到了世界各地数以百万计女性的青睐。在"真我"香水发布会上，克里斯汀·迪奥的市场总监萨宾娜·蓓丽（Sabina Belli）曾讲了这样一番话："我们回望过去 30 年，女性努力争取与男性同等的地位，但在这个过程中她们通常要借鉴搏斗精神、竞争力、勇气以及野心等传统的男性价值观。现代女性比以往更加独立、自信、自由，可是这却使她们无形中迷失了女性特有的气质，包括敏感性、感情、幻想力、创造性、直觉等。"而克里斯汀·迪奥的"真我"香水正是要塑造 21 世纪新女性的"真我"形象：坚强、温柔、智慧、魅力。

经济发展的全球化为女性与男性展开平等竞争提供了更为广阔的舞台。美国《财富》杂志从 1998 年开始每年评选"美国商界最有影响力的 50 位女性"，进入 1999 年度该排行榜的美国波士顿银行副董事长兼财务总监苏姗娜·斯威哈特自信地说："社会越来越习惯于女性担任重要的职务。"对 1999 年度"美国商界最有影响力的 50 位女性"，《财富》杂志曾有这样的评价："这些成功的商界女性善于在男性的世界里发挥女性的特长。她们也像男性一样在对立的气氛中竞争，但是她们懂得适时发挥女性特有的亲和力。"而亲和力是女性与男性竞争的优势所在。英国《今日管理》杂志记者鲁弗斯·奥林斯在一次调查中得出结论："过去人们常说，女人如果想要像男人那样有成就的话，就应该像男人那样拼命；而现在，如果男人想要像女人那样成为一个成功的管理者，那就不妨向你的女同事

克里斯汀·迪奥于 1999 年推出的"真我"香水

学两招。"

2000 年 1 月，成立于 1889 年的美国方言学会曾举行过一次有趣的"世纪之字"评选活动，**自由、正义、科学、自然、OK、书、她**等字均获得提名，但进入决赛的只有**科学**和**她**两个字，最终结果是她以 35 票对 27 票战胜**科学**，夺得桂冠，成为"21 世纪最重要的一个字"。有论者因此推断，这一评选结果"具有划时代意义"，意味着女人在 21 世纪将发挥"更重要的作用"。美国人类学家海伦·费希甚至认为，女人将是 21 世纪的"第一性"。她在《第一性：女性的天赋及她们如何改变世界》里指出："男性的特点可能使他们在工业社会略胜一筹，但在由电子商务、网络社会和协作精神构成的新背景下，男性的优势就不那么明显了。"美国未来学家约翰·奈斯比特也认为，如果说过去典型的产业工人是一位男性，那么今天典型的信息工作者则是一位女性。基于此，有人将 21 世纪称为"她世纪"。

女性经济的兴盛是"她世纪"已经到来的显著标志。英国《金融时报》美国版主编克里斯蒂娅·弗里兰认为，女权运动与市场经济相结合的女性经济是全球经济发展的重要力量。她在 2006 年 8 月 29 日发表于英国《金融时报》的《女性：经济增长的"隐形"发动机》中这样写道：

一场革命正悄无声息地改变着女性的角色，尤其是在发达国家。不妨称之为资本主义女权运动——市场力量与女性才能、抱负与欲望的有力结合。占全世界一半人口的女性，终于摆脱了压抑她们数千年之久的法律和社会束缚。……从根本上来说，市场经济的力量正发挥着比任何运动或宣言都要大的作用，将女性推到了权力强大的位置上，而职业女性是第二次世界大战后推动世界经济突飞猛进的最重要动力之一。《经济学家》（Economist）杂志已将全球国内生产总值的这种女性化现象冠以"女性经济"（womenomics）的称号，并在一项令人震惊的分析中发现，过去 10 年间有偿劳动力中女性人数增加对世界经济增长所做的贡献超过了迅速崛起的中国或新技术。

《经济学家》杂志 2006 年 4 月号刊载的《女性经济管窥》（*A Guide to Womenomics*）一文用 women 和 economics 拼缀成 womenomics 这个新词，用于描述这样一种现象：女性不仅是很舍得花钱的消费者，同时也是精明能干的企业家和投资者，对促进全球经济的发展起着重大作用。

女性的消费能力是女性经济兴盛的重要原因。"如今 80% 的商品被女性购买，现代经济至少在很大程度上依赖于女性对产品和服务的消费。"英国著名女权主义领袖杰曼·格里尔在其《完整的女人》（*The Whole Woman*）一书中这样评价女性对消费的推动作用。但是，这位被美国《时代》杂志形容为"连男人都会喜欢的女权主义者"也看到了问题的另一面："女人并不是仅仅满足于当前消费带来的愉悦。"女性的消费能力对产品设计、生产、销售已产生了日益明显的影响。美国独立妇女论坛（Independent Woman Forum）于 2006 年发布的《女人与信息技术革命：捕捉市场的信号》报告指出："在高技术领域，男性以开发者的角色起着主导作用，但女性作为主要消费者的作用也不容忽视；目前大部分厂商对此缺乏认识，开发的产品仍主要取悦于早期用户（大部分为男性），而忽略了女性的消费力量；真实的市场需求早已不是那样，女性已经是重要的目标市场。"该报告还建议，企业推出新技术、新产品，必须考虑到女性消费者的偏好并在设计上做出相应的调整，这种调整有可能极为简单

（比如不使用过小的手机按键以免女性因指甲较长而使用不便），也有可能相当复杂（比如为女性设计的电脑游戏）。可以预见，女性的消费能力将使女性经济在全球范围内日趋繁荣兴旺、使"她世纪"更加丰富多彩。

女强人

汉语原本是不区分男女第三人称单数代词的，几千年来似乎无人觉得有必要做这种区分，这个问题是在与西方语言、特别是英语接触之后才逐渐出现和凸显出来的。今天我们早已习惯的"他"、"她"之别，乃是五四时期新文化人的创造性贡献，而主张以"她"字对应英语中的"She"则公认是刘半农的发明。1917 年，刘半农和周作人等人开始在《新青年》编辑圈内部讨论"She"的对译问题，刘半农为此最早提出了创一个"她"字的建议。康白情、俞平伯、王统照等新文学探索者成为使用"她"字的早期代表人物，而在早期创造性地使用"她"字的新文学探索者当中俞平伯是用得最多、最坚定，也最娴熟的一位。1920 年，"她"字引起舆论界的关注并由此引发一场关于该字存废问题的激烈争论。1920 年 8 月 9 日，刘半农在《学灯》杂志上发表著名的《"她"字问题》一文，首次正式而全面地申述了自己主张使用"她"字的理由。1920 年 9 月，刘半农写下脍炙人口的白话诗歌《教我如何不想她》，经赵元伦谱曲之后成为传唱极广的流行歌曲，刘半农发明的"她"字由此在全国范围内得到推广，逐渐形成了用**他**、**她**分别指代男、女第三人称单数的现代汉语规范。

新中国成立后，中国妇女以社会主义建设者姿态投身于体现男女平等的社会劳动中，逐步赢得了一个响亮的称呼：**半边天**。中国人民大学耿化敏博士的相关研究表明：1956 年 5 月 16 日《人民日报》发表《保护农村妇女儿童的健康》，文中提及湖南农村有句"妇女是半边天"的俗话，这是见于《人民日报》的以"半边天"指代妇女的最早记录，该文的历史背景是农业合作化高潮中妇女对农业社会生产的广泛参与；1960 年 4 月 27 日《人民日报》发表全国妇联主席蔡畅的《循着列宁所指引的妇女彻底解放的道路前进》，引用了"妇女力量大无边，顶住跃进半边天"。这是全国妇联的负责人在官方媒体上首次公开使用该提法。1964 年 7 月 10

日《人民日报》以文章的标题形式首次使用《"妇女能顶半边天"》的提法，这表明"半边天"的提法已经获得了广泛的认同。耿化敏认为，"半边天"的含义经历了从单纯指代和强调妇女作为劳动者的"劳动力"角色到复合指代和强调妇女在政治、经济、文化等社会各个领域与男性平等的社会地位的全面转变。"半边天"这个称呼逐渐成为代表和象征当代中国妇女解放和发展的最重要的符号，国人至今依然经常使用。

改革开放以来，那些在市场经济中勇于迎接挑战的中国妇女逐渐有了一个新的称呼：**女强人**。2006 年 10 月 17 日，日本《经济学家》杂志刊载富士通综合研究所研究员柏木理佳的文章——《勤劳开拓的中国女性：中国经济发展的强大动力》，文章对中国的"女强人"表示了赞赏：在中国，自古就有"巾帼不让须眉"的说法。中国的"女强人"们撑起了半边天。在中国开展业务的日本企业，是否已经充分认识到这种女性的力量了呢？文章开篇就指出了如下事实：美国著名的商业杂志《福布斯》在 2006 年 8 月末发表了一篇题为《世界上最有影响力的 1000 位女性》的文章，有三位中国女性的排名非常靠前，就是排在第 3 位的中国副总理吴仪、排在第 35 位的中国人民银行副行长吴晓灵、排在第 70 位的海尔集团总裁杨绵绵。文章注意到"在全球受到很高评价的中国女性们大都集中在经济界"，并用美国著名经济杂志《财富》评选的"经济界（美国之外）50 位最有影响女性"来证明其观点：在 2005 年"50 位女性"排行榜中，上海宝钢集团公司总裁谢企华排在第 2 位，联想集团执行董事马雪征排在第 9 位，海尔集团总裁杨绵绵排在第 15 位，香港信德集团执行董事何超琼排在第 39 位，香港溢达集团总经理杨敏德排在第 44 位，珠海格力电器公司总经理董明珠排在第 48 位，都属于中国经济领域的明星人物。

柏木理佳认为，自 1978 年改革开放以来，中国经济一直呈现出快速发展的势头，而中国女性在这一过程中所发挥的作用是非常巨大的。在关注中国女性中的这些明星人物的同时，她也注意到"并不是只有大企业的高级管理人员才能代表中国女性的风采"。她在文章中特别列举了如下两个事实：中国国内自主创业的企业家中有 23% 都是女性，2000 年每 100 位上海女性中有 6—7 个人选择自主创业（该比例已经超过了男性）；至少有 85% 的中国女性"对自己的能力充满信心"，81% 的女性具有"如果一事无成的话会不甘心"这样的强烈意识。她用画龙点睛的笔调点出了中国女性的共同特点：无论就职于大型企业，还是选择经营自己的企业，成功的中国女性所共同的一点是，让人吃惊的勤奋和努力。在文章的结尾处，柏木理佳这样写道：在中国展开业务的日本企业已经注意到作为消费者的中国女性的重要地位，不过对于在商业职场上纵横驰骋的中国女性的力量，众多日本企业是否已经充分认识到了呢？对于在自己企业里工作的中国女性，是否已经对她们的工作给予了正确的评价了呢？笔者认为，如果希望企业能够更加成功的话，应该对于这一点给予更大的关注。

从**她**到**半边天**，再到**女强人**，这三个反映时代背景、富有中国特色的称呼标志着中国妇女事业发展的三个里程碑。有趣的是那些被人们视为女强人的女性往往并不认同这个称呼，她们更愿意接受的称呼是"职业女性"，在她们心目中职业女性就是能兼顾事业和家庭的现代女性，她们努力的目标是处理和协调好事业与家庭之间的关系，使两者相辅相成、相互促进，做到事业有成、家庭和睦。

中国的女性消费主义

2007 年 8 月 2 日，全球四大会计师事务所之一的安永会计师事务所发布了题为《女性消费主义在中国兴起》的研究报告。该报告认为，中国消费市场已吸引了众多的零售消费类企业在这个高度消费驱动型经济体进行投资，在未来几年里中国消费市场依然会成为推动国内经济和商业发展的一大因素。该报告指出：对中国消费市场发展趋势的观察发现，女性消费者已成为消费力量的核心。该报告分析了女性消费主义在中国兴起的四大原因：中国的计划生育政策鼓励晚婚和晚育，越来越多的中国女性选择了先发展事业、后考虑婚育；中国十分重视男女平等，过去 50 年女性的政治舞台、经济、社会地位和家庭角色均有长足的发展；过去的近 30 年中国女性受教育的机会和水平都是有史以来最高的，越来越多的女性接受高等教育、掌握专业技能，能够凭自己的技能和资历在大城市里获得薪酬优厚的工作，并可在事业上更上一层楼；中国也努力制定了很多法规，以确保女性能与男性一样平等地享有就业机会、公平而合理地共享经济资源，进而确保女性能够在改善其社会地位和经济状况的同时参与中国的经济发展。该报告的主体部分总结了中国女性消费主义的六大特征。

家庭支出的决策者

中国女性在家庭中的地位不断提高，这从她们在多成员家庭中的发言权可以反映出来。虽然在多数中国家庭中，女性不一定是家庭主要收入来源者，74%的女性的收入比配偶低，但她们在消费方面拥有很大的发言权。全国妇联的调查显示，有78%的已婚女性负责为家庭日常开销和购买衣物作出决定；在购买大额商品时，如房子、汽车或多种奢侈品，23%的已婚女性表示她们能作出独立购买决定，其余的77%女性会与配偶商量后作出决定，但她们的个人好恶仍然会对最终决定产生重大影响。

现代中国女性赞成支配自己工资的概念，只有2%让配偶作出所有财务决策。中国所有女性中，约半数赞同"老公的钱就是我的钱，我的钱还是我的钱"的看法，这显示消费决策力有一大部分最终掌握在这些女性消费者的手中。

即时消费的偏好者

很多中国职业女性奉行消费主义的生活方式，选择"今朝有酒今朝醉"，延迟为未来存钱，65%的女性消费者每月会花掉60%或60%以上的月薪。

此外，储蓄比例与工资水平或职位高低没有直接关联。人力资源门户网站中国人才热线进行的一项调查显示，女性工资和职位越高，储蓄越少；相反，工资和职位较低的女性有更好的储蓄习惯。因此，工资越高，消费力越强。

根据《2006年中国女性生活状况报告》显示，已婚家庭最大的支出为购买房子（20%），购买大型家用电器（19%），子女教育（17%）和投资（13%），而购房支出为无孩家庭的首要支出。

潜力巨大的购买者

预计未来10年，中国女性的潜在消费力将十分巨大。万事达卡国际组织预计，独居或已婚未育的中国年轻女性的总购买力很可能从2005年的1800亿美元增至2015年的2600亿美元；子女已经长大离家的"空巢"

家庭的年长女性购买力预计也将从 2005 年的 1000 亿美元增至 2015 年的
1500 亿美元；独居的一人家庭年长女性的消费力很可能从 2005 年的 500
亿美元增至 2015 年的 1150 亿美元。这三类中国女性的消费能力合计将从
2005 年的 3300 亿美元增长到 2015 年的 5250 亿美元——这样的购买力水
平堪称巨大，能契合这些细分群体消费者的需要的企业，将获得令人吃惊
的好业绩。

奢侈品牌的渴求者

目前，中国已成为全球第三大奢侈品市场，该市场还在中国城市女性
对奢侈品的渴求推动下急速发展。多种奢侈品牌涌入国内零售市场，导致
一个有特殊需求的消费群的崛起。奢侈品牌商店不仅现身上海、北京、广
州，也可见于沈阳、天津、哈尔滨和青岛等二线城市。中国即使是二线城
市，平均人口也达到 500 万人，因此许多奢侈品公司一直试图在这些城市
拓展市场。

奢侈品牌进入中国，不仅为那些现有消费者提供消费渠道，而且也可
让中国更大规模的"觊觎消费者"增加对该奢侈品牌的认知。根据《对
奢侈品牌的狂热：透视亚洲人对奢侈品的强烈兴趣》（*The Cult of the Lux-
ury Brand：Inside Asia's Love Affair with Luxury*）一文的说法，中国消费者
目前处于炫耀阶段，奢侈品被视为财富的象征。西方消费者已转向更为雅
致内敛的品牌商品，而中国消费者还更喜欢"珠光宝气"。这与亚洲往往
把"面子"和身份视为地位进一步提升的途径的文化密切相关。

中国女性消费者越来越愿意购买奢侈品，尤其令人吃惊的是"80 后"
一代，即使每月工资只有人民币 3000—4000 元，这些新女性也愿意购买
奢侈品，因为她们对经济繁荣及其未来的赚钱能力充满信心。这些购物者
对品牌比上一代有更多认识和有更高要求，愿意为"形象"购物，以反
映其正在提高的社会地位。预计到 30 岁以后，这一细分群体将成为奢侈
品的定期消费者。

除传统的店面外，奢侈品零售商逐渐转向一种新型销售渠道——网上
零售，这种销售模式具有将公司业务渗透到每个使用互联网的家庭的巨大
潜力。一家全球领先的奢侈品零售商 Galleria 最近开了一个十分方便用户
的电子店铺，开启了中国奢侈品市场的虚拟之门。该公司甚至提供商品保

真服务，以消除消费者对假冒商品的忧虑。

外柔内刚的奋斗者

零售消费品公司还应谨记现代中国女性消费者扮演独特的双重角色。她们需拥有现代思维的同时，也需谨慎配合根深蒂固的传统文化中的角色。也就是说，她们需同时担任两种截然不同的典型角色：一方面需要担任悉心呵护、关爱、和蔼和善良的母亲和妻子的角色，另一方面也要担任职场战士的角色。

中国女性受到看似对立的两种力量的激励。真正想事业成功的中国职业女性，无论她是谁，在向前迈进的过程中，永不可被视为阳刚、严厉的"女强人"——她们必须内刚外柔。

正是这一基本要求，使中国女性要在保持女性特质和事业成功两者之间保持平衡。因此对企业来说，塑造一种有抱负、能自我实现和兼顾所有事情的形象，可以得到这个含金量最高的细分群体的共鸣。

前景乐观的后来者

中国城市居民的年均收入较农村居民高三倍多。国家统计局的数据显示，2006 年前者的年均收入为 11759 元人民币，后者仅为 3587 元。中国政府正努力缩小这种收入差距，新乡村建设将有利于改善中国农村地区的消费情况。预计中国农村地区将推动下一波消费浪潮。

目前，中国有约 500 个地级市、2100 个县和 5 万多个镇。根据国家统计局的数据，中国农村家庭数量占全国家庭总数的 68%。

华坤女性调查中心对 2000 名农村女性进行的调查结果显示，日用必需品、药品、衣物和食品为 2006 年农村女性的最重要预算项目，2007 年农村女性最向往的商品包括手机、化妆品和珠宝。

女性信用卡：中国女性经济的加热器

女性消费主义在中国的兴起推动了中国女性经济的发展，吸引着各发卡银行借鉴中国台湾"玫瑰卡"的成功经验竞相推出女性信用卡，而积分回馈导向的市场营销则是中国女性信用卡产品的一大亮点，精彩纷呈的女性信用卡迅速成为中国信用卡产业一道亮丽的风景线。

来自"玫瑰卡"的启示

在祖国的宝岛台湾，台新银行发行的"玫瑰卡"曾是女性信用卡的代名词。在该行涉足信用卡业务之前，中国台湾的信用卡市场几乎就是花旗银行与中国信托商业银行的天下：这两家银行以雄厚财力及巨额广告预算为后盾，建立了很高的品牌知名度，占据了中国台湾信用卡市场的绝大部分份额。相关研究资料显示，女性是信用卡业务比较理想的目标客户：工作稳定的女性持卡人通常都拥有较好的信用记录，较少发生呆账；女性消费者比较容易为营销诉求所感动，年轻的女性消费者尤其容易为新的行销活动所吸引；女性的消费能力在不断提升，且品牌认同度及忠诚度都比较高。台新银行据此预测中国台湾的女性信用卡市场将有很大的发展空间，并决定将女性作为该行拓展信用卡业务的目标客户。1995 年 6 月，台新银行正式发行名为"玫瑰卡"的女性信用卡，以 20—35 岁的现代都市女性为首选目标客户。"玫瑰卡"上市短短一年半时间就突破了 10 万张的发卡量（就中国台湾当时的人口数量而言堪称奇迹），到 1998 年年底，已累计发行了 55 万张有效卡，占台新银行信用卡发卡总量的 80%，在中国台湾所有女性信用卡中发卡量是最大的，台新银行也因此成为中国台湾第三大信用卡发卡银行。

玫瑰卡的成功秘诀在于其品牌定位和产品诉求。玫瑰卡第一阶段的品牌定位是"最女人的信用卡"，清晰地传达了玫瑰卡的产品属性并建立起玫瑰卡是现代都市女性的代言人的品牌形象，其品牌广告则通过塑造玫瑰卡的独特个性来取得目标客户群的认同，使目标客户群在接触到该广告的瞬间即为其产品诉求所感动，相信自己就是那一位拥有玫瑰卡的独特女性。玫瑰卡第二阶段的产品诉求转换为"认真的女人最美丽"，使"认真"与生活态度、消费主张相关联，迎合女性热衷于追求"美丽"、喜欢被赞美的心理。为了使这一产品诉求深入人心、影响久远，台新银行成功地进行了富有特色的事件营销（Event Marketing），在每年的两个"情人节"（西方的圣瓦伦丁节和中国的七夕节）均推出玫瑰卡营销活动，逐渐

使"情人节"成为推广玫瑰卡的节日，"认真的女人最美丽"这句广告词
则成为中国台湾人耳熟能详的广告流行语。2003 年 6 月，台新银行正式
发行玫瑰白金卡，以 30—55 岁的成熟而成功的女性为首选目标客户，其
产品诉求强调成熟而成功的女性不但"懂得爱，更值得被宠爱"，玫瑰卡
由此进入第三个发展阶段，其营销重点是：给予高端女性客户更多的呵护
和体贴。

第一张女性信用卡

2002 年 10 月 31 日，广东发展银行在上海首发名为"广发真情卡"
的贷记卡，这是中国第一张女性信用卡。广发真情卡分为金卡和普卡两
种，均采用了在国内属于首创的透明卡版设计，除了具有刷卡消费、预借
现金、挂失"零风险"（卡片挂失即时生效）、安全网上购物等功能外，
还提供一系列专门服务，如特设女性专用网页、建立广发女性俱乐部、提
供专属的女性保险、实行"消费积分奖励计划"和"广发真情卡商户优
惠计划"等。2006 年 3 月 7 日，该行在上海举办"贴心保障，真情升级"
新闻发布会，宣布广发真情卡的服务已全面升级，其中包括：自选商户类
型三倍积分计划，持卡人可以根据自己的消费习惯从百货、餐饮、旅游、
娱乐四种消费类型中任选一类作为三倍积分的指定商户类型，在自己指定
类型的商户刷卡消费可以获得三倍的信用卡积分；48 小时失卡保障，持
卡人失卡后只要及时向该行挂失并履行简单的手续，就可以在一定范围内
无须承担挂失前 48 小时内所发生的卡片被盗用损失，保障金额最高可达
人民币 1 万元；自选开卡保险计划，成功申请真情卡的新客户只要开卡，
就可以根据自身的需要自主选择一种保险产品由该行免费投保，可供选择
的保险产品包括惠及持卡人本人的女性健康保险、重大疾病保险、购物保
障保险以及惠及持卡人全家的旅游意外保险四种。

2006 年 5 月 16 日，广东发展银行在北京举行了"广发真情白金卡"
首发仪式，这是中国第一张女性白金卡，填补了国内女性信用卡高端市场
的空白。广发真情白金卡吸引高端女性的两大亮点是：积分计划升级，持
卡人可从百货、餐饮、旅游、娱乐四种消费类型中任意选择两类作为五倍
积分的指定商户类型，在自己指定类型的商户刷卡消费就可以获得五倍的

信用卡积分；保险计划升级，成功申请白金卡的持卡人只要开卡，就可以
免费享受到高额旅游意外保险（价值高达 500 万元）、女性健康保险（价
值 10 万元）、重大疾病保险（价值 10 万元）、购物保障保险（价值 2 万
元）中的任意两项。广东发展银行副行长郑廉明在首发仪式上说的一段
话揭示了广发真情白金卡的产品诉求：现代知识女性不仅希望事业成功，
而且追求绚丽多姿的品质人生和博大深厚的自身修养，以使自己成为魅力
四射的现代成功女性；广发真情白金卡就是为这些自信、独立的女性提供
无微不至的关怀和高附加值的服务，使她们能够完美地平衡生活与工作、
家庭与事业，从而体味到生活和工作中的点滴乐趣，享受集万千尊宠于一
身的白金感觉。这一产品诉求确实顺应了女性经济发展的趋势。

广发真情白金卡采用万事达卡品牌，高雅清丽的卡面设计和纯净的银
色卡面都力图凸显女性持卡人独立高贵的非凡气质。在广发真情白金卡的
产品发布会上，万事达卡国际组织的资深副总裁兼大中华区总经理冯炜权
如是说：

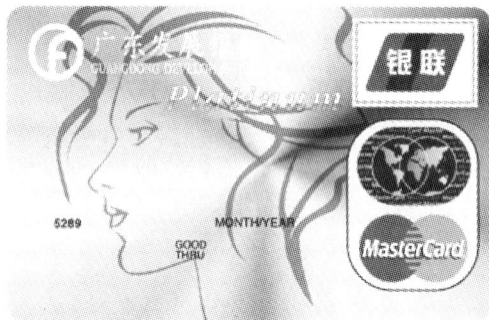

广东发展银行于 2006 年 5 月 16 日推出的广发真情白金卡

"万事达卡国际组织高度关注现代商业女性的社会、政治、经济地位
与心理状态，在有关女性的研究上已投入广泛的资源，进行了深入的了
解，在过去的一年里，万事达卡国际组织陆续发表了一系列关于区域内女
性消费及旅游的相关报告。此次能够携手广东发展银行推出广发真情万事
达卡白金卡，就是我们重视中国女性持卡人的最好体现。万事达卡将为她
们提供高规格的服务，帮助这些女性在各自的工作和生活中更上一层楼。

与此同时，万事达卡的白金尊贵礼遇还将为持卡人在两岸及中国香港和全球范围提供顶级商户的尊贵服务。对女性的持续关注也将为我们的会员金融机构提供超凡的商业价值，万事达卡相信知性从容的现代女性'万事皆可达，真情挚爱总无价'。"

可见，万事达卡国际组织对中国女性经济非常关注。该组织于2005年3月7日首次发布万事达卡亚太地区女性先驱指数，该指数设置就业市场参与度、高等教育、管理阶层职位和超过中等层级收入水准4个指标，借以考察亚太地区13个国家和地区女性社会和经济地位的年度变化及与男性的对比，供其会员金融机构参考。

女性信用卡领域的竞争

广东发展银行在女性信用卡领域的作为对其他发卡银行产生了显著的示范效应，截至2008年年末已经有6家全国性商业银行、1家城市商业银行（北京银行）发行了女性信用卡，且都注入了旨在吸引女性信用卡持卡人的现代时尚元素：中信银行中信魔力信用卡，国内首张采用闪亮夜光和魔幻温变技术的信用卡；招商银行瑞丽联名信用卡，国内首张有香味的信用卡（卡片带有淡淡的玫瑰花香味）；兴业银行都市丽人信用卡，可以体验该行国内首创的"积分消费"、"预借积分"等特色功能的信用卡；中国民生银行民生女人花信用卡，国内首张异型女性信用卡；中国光大银行光大—法瑞儿联名信用卡，国内首张倡导法（国）式生活风尚的信用卡；北京银行凝彩卡，国内首张具有购物差价补偿功能的信用卡。中国工商银行与雅芳中国有限公司合作发行的牡丹雅芳联名卡、华夏银行发行的钛金丽人信用卡虽没有定位于女性信用卡，但其目标客户也同样是以女性为主。《中国经济时报》记者范思立曾撰文评述中国女性信用卡领域的竞争：为了获得女性的认同，各大发卡银行均以女性主题切入细分市场，不仅在卡面设计上独具匠心、在服务上重视女性需求，而且还提出各种符合女性心理的营销理念，争取女性客户。关于发卡银行"在服务上重视女性需求"，最主要也是最直接的体现就是在积分回馈上大做文章。

表 6.1   7 家发卡银行发行的女性信用卡一览表

发卡银行	女性信用卡名称	首发时间
广东发展银行	广发真情卡	2002 年 11 月 1 日
中信银行	中信魔力信用卡	2005 年 9 月 1 日
招商银行	瑞丽联名信用卡	2005 年 9 月 10 日
兴业银行	都市丽人信用卡	2007 年 5 月 16 日
中国民生银行	民生女人花信用卡	2007 年 9 月 28 日
中国光大银行	光大—法瑞儿联名信用卡	2008 年 11 月 2 日
北京银行	凝彩卡	2008 年 12 月 16 日

资料来源：各银行网站。

　　中信银行用三年时间完成了中信魔力信用卡从普卡到金卡、再到白金卡的"魔力三部曲"：2005 年 9 月 1 日，中信魔力信用卡普卡的首发仪式在北京举行，采用维萨品牌，定位于"时尚，独特，自主"的女性；2006 年 3 月 8 日，中信魔力信用卡金卡的首发仪式在上海举行，仍采用维萨品牌，定位于"成熟、时尚、优雅"的女性；2007 年 5 月 15 日，中信魔力白金信用卡的产品发布会在重庆举行，采用维萨和万事达卡双品牌，定位于"成熟、优雅、高贵"的女性。中信魔力信用卡的积分回馈包括："生日积分"回馈，普卡持卡人在生日当月的消费均可获得双倍积分；"亲子欢乐"积分回馈，金卡和白金卡持卡人及其子女在生日当月的消费均可获得 4 倍积分；"魔力日"积分回馈，将"情人节"、"三八妇女节"、"母亲节"这三个节日特设为"魔力日"，所有持卡人在这三个"魔力日"当天的消费均可获得 4 倍积分。2008 年 9 月 13 日，中信银行在深圳举行中信魔力信用卡面世三周年庆典，宣布中信魔力信用卡累计发卡量已突破了 100 万张，其高管人员非常自信地宣称，中信魔力信用卡"已经开启了未来发展的一个新纪元"，立志成为"中国女性信用卡领导品牌"。

　　兴业银行的都市丽人信用卡使积分等同于现金。兴业银行与福建新华都百货有限责任公司合作，于 2006 年 8 月在福建省 15 家新华都门店推出信用卡"积分消费"功能：持卡人在这些门店的专用 POS 机刷卡消费，就可以按"400 积分＝人民币 1 元"的比例用积分抵扣全部或部分消费款项。"预借积分"则是与之配套的辅助功能：如果持卡人的积分数量不足以抵扣全部消费款项，可以在刷卡消费时先行扣减相应积分，随后按"400 分＝1 元钱"的比例扣收相应余款。在此之前，各发卡银行的信用卡积分回馈活动全都是用积分兑换积分目录所指定的礼品，可供持卡人选择的礼品非常有限。"积分消费"功能和"预借积分"功能使合作商户的所有商品都变成了礼品，为持卡人带来了更多的便利和实惠。2007 年 2 月 1 日，兴业银行推出"信用卡境外消费可获得双倍积分，持卡人生日的交易可获得三倍"的积分回馈计划。2008 年 9 月 29 日至 10 月 12 日，兴业银行又推出"积分消费节"活动，持卡人在指定合作商户用积分消费，所消费的纯积分累计达到了 1 万积分即返赠 5000 积分、累计超过了 1 万积分即返赠所消费的纯积分数一半的积分，同一持卡人最多可返赠 10 万积分。

中国城市女性的积分回馈情结

中国城市女性中的相当一部分产生了与女性经济相伴随的"积分回馈"情结，积分回馈和销售折扣都可以满足女性消费者自我实现的心理需求，但积分回馈更能满足女性持卡人的自主性追求，这为发卡银行实现信用卡网络效应内部化、建立双边互动市场提供了契机。

信用卡积分回馈的"魔力"

华坤女性消费指导中心成立于 2005 年 12 月 5 日，是由中华全国妇女联合会主管、《中国妇女》杂志社主办的从事非营利性社会服务活动的社会组织，也是全国唯一的女性消费指导机构，以"积极引导女性科学消费行为，努力拓展女性消费市场，促进社会主义市场经济繁荣"为宗旨，服务于社会、企业、广大女性消费者。2007 年 10 月至 2008 年 1 月，华坤女性消费指导中心与华坤女性生活调查中心开展并完成了"2007 城市女性消费状况调查"。此项调查选取国内 20 个大中城市（北京、上海、广州、深圳、天津、重庆、长沙、成都、大连、哈尔滨、杭州、昆明、兰州、南京、南宁、宁波、青岛、武汉、西安和郑州）发放等量样本，在数据处理过程中还依据当地女性人口数量做了事后加权。整个调查回收的有效问卷共计 2345 份，样本中亦包括调查地的追踪样本。2008 年 3 月 5 日，《中国妇女》杂志社与华坤女性消费指导中心在北京联合发布了"2007 城市女性消费状况调查报告"，结论是：刷卡消费已成为城市女性的主流消费方式。

此次调查的主要发现如下：（1）当前城市女性的持卡动机总体上比较理性。在接受该调查的女性中，持有信用卡的占 68.6%，持卡数量达到 3 张以上的女性占比为 29.2%，因"时尚流行"而使用信用卡的女性只有 9.3%，把信用卡当做"身份和地位的象征"来使用的女性只有 3.2%。（2）刷卡消费已成为城市女性消费的典型特征。在接受该调查的女性中，刷卡消费达到消费总额一半以上的占 67%，每月至少刷卡一次和每周至少刷卡一次的女性占比分别为 41.2% 和 36.8%。（3）方便快捷是城市女性使用信用卡的首要原因。在接受该调查的女性中，认为信用卡"方便快捷"的占 79.8%、"使用安全"的占 37.5%、"可以透支"的占 34.4%，看重信用卡"积分活动"的占 29.3%，认为使用信用卡可以"享受折扣"的占 21.3%，"便于理财"的占 18.2%。（4）全额还款是多数城市女性偏好的还款方式。在接受该调查的女性中选择"全额还款"的占 73.6%，"还大部分"的占 10.8%，还有 2.8% 的女性选择"超额还款"，只有 12.8% 的女性选择了"最低还款额"。值得注意的是，因看重"积分活动"和借以"享受折扣"而使用信用卡的女性持卡人占比合计为 50.6%，假设女性持卡人占比为 50%①，按照前文中我们推算出的目前中国信用卡持卡人至少在 4712 万人以上的数字来推算，这样的女性持卡人至少在 1192 万人以上。

积分和折扣对相当一部分中国城市女性有吸引力，是因为积分和折扣能够满足她们自我实现的心理需要。实现远大的理想和抱负固然是自我实

---

① 由尚诺集团和中央人民广播电台都市之声于 2007 年 1 月 15 日至 3 月 28 日期间主办的"首届中国信用卡排名"活动所进行的问卷调查表明：女性信用卡持卡人占比达到了 53.26%。该项调查面向全国 100 多个城市的 2 万多名持卡人，并以北京、上海、广州、深圳、重庆、天津等主要城市为调查重点。

现，不期而至的意外收获也能让人产生自我实现的成功体验和由衷喜悦。女性的性别特征之一就是比较容易因取得小成就而感到愉悦，在消费时表现出来的就是典型的"少花钱，多办事"、"好而不贵，真的实惠"的消费心理，而这种消费心理在家庭主妇身上尤其明显。在购买商品时，如果自己购买的物品比别人更价廉物美，女性往往会有一种特殊的成就感，为自己拥有"出众"的理财能力而自鸣得意。因此，女性消费者在购买商品时往往会不厌其烦地挑选，反复权衡其消费决策的利弊得失，同样的产品比品牌/性能，同样的品牌/性能比价格/优惠，同样的价格/优惠比服务/环境，精美的促销礼品和热情的服务态度往往会影响女性消费者的购买决定和消费偏好。同样是促销手段，积分回馈和销售折扣给予女性的心理满足却有着本质的不同：积分回馈是持卡人"挣"的，不是发卡银行"给"的，多刷可多得，少刷则少得；而销售折扣则是促销商家"给"的，不是消费者"挣"的，少买是这个折扣率，多买同样是这个折扣率。与销售折扣相比，积分回馈的"好处"是女性获得了更多的"选择权"，掌握了更多的"自主性"，从而诱发了女性持卡人的"积分回馈"情结。

信用卡积分回馈的"真相"

积分回馈是发卡银行维系和融洽客户关系，提高信用卡持卡人的品牌忠诚度和利润贡献度而惯常采取的一种促销手段。在第二章我们曾谈及网络外部性内部化是双边互动平台必须解决的关键问题，积分回馈有助于发卡银行实现网络外部性的内部化：发卡银行的积分回馈活动以免费、低价，甚至倒贴的方式向目标客户提供能满足其需要的某种商品，人为地营造出一个由发卡银行持卡人、积分回馈商品供应商构成的双边互动市场。在积分回馈活动中，发卡银行持卡人可以低价或免费获取积分回馈商品，其主观感受是消费选择的增多和个人效用的增加，如果积分回馈商品正好契合了持卡人的某种需要或为持卡人所偏爱，则这种感受往往会更加强烈；积分回馈商品的供应商低价或免费提供积分回馈商品，其成本的相当一部分由发卡银行来分担，其收益通常是多方面的，诸如固定成本摊薄、产品价格降低、用户数量增多、销售总额增加、品牌形象提升、市场份额提高，等等；发卡银行分担了积分回馈商品所产生的高额成本，可以借此增强消费者的办卡意愿、持卡人的开卡意愿和用卡意愿（包括刷卡消费意愿和预借现金意愿），提高其信用卡业务的发卡量、开卡率、交易金额（包括刷卡消费交易金额和预借现金交易金额）等项关键指标和总体收益。由此可见，积分回馈活动可以实现持卡人、供应商、发卡银行"多赢"。

发卡银行的积分回馈最为多见的就是办卡积分、开卡积分、刷卡消费积分和预借现金积分四种类型。前两种分别用于诱导消费者办卡和开卡，后两种分别用于鼓励持卡人刷卡消费、预借现金。发卡银行设定的积分有效期通常与卡片有效期（一般为 3 年）一致，也有一些发卡银行因同业竞争的需要而实行永久有效的积分回馈策略。就法律意义上而言，积分是发卡银行向履行相关义务符合约定条件的持卡人提供的增值服务，持卡人如有以下情形发卡银行有权取消其参加积分回馈活动的资格：所持信用卡存在伪冒风险且被停用或被管制，自行注销掉整户信用卡，违反发卡银行的《信用卡领用合约》、积分回馈活动规则及其他相关规定。如上述情形已消失，持卡人可以申请继续参加积分回馈活动，发卡银行同意之后会酌情恢复持卡人业已累积的积分。积分最常见的用途就是兑换发卡银行所指定的商品，关于积分的性质发卡银行通常都会有如下声明：在兑换为发卡银行指定的商品之前，积分不构成持卡人的个人资产，持卡人不得将积分转让给其他持卡人或任何第三人，任何转让对发卡银行均不产生效力。

积分规则是发卡银行业务运作的基本规则之一，其内容通常包括但不限于积分适用范围、积分累计方式、积分倍增计划、积分的查询和兑换、例外条款、免责条款等。例示如下：

1. 积分适用范围。持卡人使用其信用卡刷卡消费、分期付款、预借现金、产生循环信用利息，均可获得积分回馈。但发卡银行对持卡人的以下交易项目通常不予积分回馈：各类代缴代付业务，如代缴代付电话费、煤气费、水费、电费、保险费等；在特殊类型商户，如医疗机构、教育机构、房地产公司、房地产代理机构、汽车销售机构、汽车销售代理机构、批发机构、博彩机构、公用事业单位、政府机构等，刷卡消费；信用卡年费、预借现金手续费、滞纳金、信用卡挂失补卡费及发卡银行约定的其他费用；发卡银行指定的其他交易项目。

2. 积分累计方式。持卡人的每 1 元持卡交易人民币积 1 分、美元积 8 分，单笔交易金额低于 1 元的不予积分，单笔交易金额超过 1 元但余数不足 1 元的交易金额按四舍五入的规则累计积分。主卡和附属卡持卡交易所累积的积分都归属于主卡持卡人。持卡人因交易失效（如取消已发生的交易，将商品或服务退还商户，与商户发生签账单争议等）而退还交易款项，发卡银行将按既定比例扣除相应的积分。积分的有效期为 3 年（即 36 个月），有效期的起始月是持卡人信用卡账户中的首张信用卡的核卡月，3 年到期之后须重新累积信用卡积分。

3. 积分倍增计划。持卡人在约定的日期以前办卡可以获得 1000 个积分，持卡人在约定的日期以前开卡可以获得 2000 个积分，所获得的积分将在第一个账单日统一回馈至主卡持卡人的积分账户。在约定的"积分倍增"活动期间，持卡人在指定类型商户刷卡消费可以获得两倍积分，预借现金且达到约定的金额可以获得三倍积分，分期付款（账单分期、邮购分期、商户分期均可）且达到约定的金额可以获得五倍积分，循环利息可以获得十倍积分，所获得的积分将在"积分倍增"活动截止日的次月某日统一回馈至主卡持卡人的积分账户。

4. 积分的查询和兑换。持卡人可以借助发卡银行提供的以下三种方式了解积分账户信息：登录发卡银行的信用卡网站，即可查阅积分账户中的所有相关信息；查阅每期信用卡对账单，即可看到账单日前已入账的积分；拨打发卡银行客户服务电话，即可查询此时已入账的积分。持卡人的积分达到某商品所要求的数量时，主卡持卡人可使用积分兑换该商品，发卡银行将即时从持卡人的积分账户扣减相应数量的积分。商品所要求的积分数量以兑换当时的兑换规则为准，有数量限制的商品兑完即止，优惠凭证超过有效期限的均不可使用。

5. 例外条款。持卡人用积分兑换的商品折价券、商品兑领券及其他优惠凭证都有使用期限，须于该折价券、兑领券及优惠凭证所载明的有效期限内使用，否则即丧失使用权利，也不可退换或延续。持卡人所兑换的商品如有质量问题或服务问题，由提供该商品的供应商负责处理和解决，发卡银行将给予持卡人必要的协助。持卡人兑换商品或享受优惠所发生的相应所得税均须自行承担。如某商品已兑换的数量达到发卡银行设定的限量，持卡人不得坚持兑换该商品，发卡银行将尽量协助持卡人改为兑换其他商品，直至所有商品兑换完毕。

6. 免责条款。积分回馈活动所提供的商品均由约定的供应商直接提供给持卡人，发卡银行与该供应商没有直接的利益关系，若持卡人因该商品有质量问题或服务问题而与供应商发生争议，概由该供应商负责处理和解决。发卡银行保留对积分回馈活动规则的解释权，有权根据需要取消积分回馈活动，有权根据需要增删、修订积分回馈活动规则（包括但不限于持卡人的参加资格、积分计算、回馈项目、兑换标准等），并在发卡银行相关媒体（如账单、网站、电话语音等）及营业网点公告之后生效。积分规则的最终解释权属于发卡银行。

"女卡神"的故事

2006 年 3 月 30 日，人民网以《信用卡存"套利空间"，女卡神刷卡两月赚百万》为题转载了 27 岁的中国台湾"女卡神"杨蕙如用刷卡积分赚取积分赠品的差价，获得百万收益的报道。"女卡神"的故事除杨蕙如这个主角外，还有两个重量级的配角：其一是中国信托商业银行，中国台湾第一大信用卡发卡银行；其二是东森购物台，中国台湾第一大电视购物频道。"女卡神"的故事梗概是这样的：

时年 27 岁的中国台湾"女卡神"杨蕙如

中国信托商业银行的信用卡持卡人可以参加一项"特别优惠"的积分倍增计划：持卡人只要每月预付 800 元会费，即可享有所有刷卡消费均可获得 8 倍积分回馈的优惠，外加 2‰ 的电信费回馈。而东森购物台的白金会员可以参加用信用卡购买"东森礼券"的优惠活动：支付 1.9 万元，即可购买 2 万元礼券；如果礼券一年到期没有用掉，其持有人既可以选择兑换 2 万元的等值支票，也可以选择兑换 2 万元的等值提货券，再加 4000 元的购物折价券。这两种优惠活动在大多数人看来毫不相干，杨蕙如却从中发现了"商机"。2005 年 10 月，杨蕙如办理了中国信托商业银行的信用卡并预付一年的会费 9600 元，随即向亲友集资 600 万元，存入其信用卡，然后通过网络刷卡，将 600 万元全部购买东森礼券。她在拍卖网站上拍卖这些东森礼券，亲友买到之后再拍卖，她再买回来，这样不断买进卖出，她的信用卡积分迅速累积到 800 多万分。杨蕙如用这些积分兑换中国信托商业银行赠送的礼品，每 32 万分积分可兑换一张中国台湾长荣航空公司美国航线的头等舱机票，再把兑换来的 20 张机票在网站上以每张 4.5 万元的价格出售。后来，中国信托商业银行允许持卡人相互转让积分，她又在网络上以 1000 积分折让 300 元现金的价格出手。借助这些"套利"交易，杨蕙如获得的累计收益高达 100 多万元。

"女卡神"的故事没有到此结束。杨蕙如把自己"套利"的消息报料给当地新闻媒体，引得报纸、电视纷纷报道。中国信托商业银行坐不住了，先是致电杨蕙如要求她不要再这样做了，在多次规劝无效之后又发出了书面通知函，但杨蕙如却"屡教不改"。中国信托商业银行于 2006 年 1 月 10 日宣布：对杨蕙如采取强制停卡措施，以维护银行权益及确保所有持卡人正确使用信用卡。该行此举的理由是：持卡人与亲友私下进行大额刷卡交易，借以获取高额信用卡积分，用积分换取机票后转卖获利，已涉嫌共谋欺诈。根据相关规定银行可以对她做出降低其信用额度或停止其卡片使用的处罚。该行声称将保留法律追诉权，随后又对杨蕙如的父母、亲友所持有的 30 多张信用卡做出停卡处理。此消息一出，舆论哗然，许多人支持杨蕙如。一些法律界人士指出：以最小成本取得最大利润是私人交易的最大目的，只要是合法取得的利润就没有任何法律问题；杨蕙如个人拥有的资产、资金足够支付刷卡金额，她的行为未损及社会公益、不违反道德、不影响市场秩序，如果不能举证她有欺诈意图，就不能说她违法。

杨蕙如则通过媒体指责中国信托商业银行违反了双方为期一年的合约，而且还以"株连九族"的方式停了她父母和亲友的卡，如果该行不在她给定的期限内解决，就要起诉该行违约，打赢官司后还要狠狠地刷卡。

中国台湾消基会①最终介入此事，使"女卡神"的故事有了一个完满的结局。消基会指出：中国信托商业银行"预防性地"对杨蕙如及其父母停卡，属于"行为过当"，应立即恢复卡片使用；任何制度设计都难免有漏洞，如果消费者按游戏规则行事得到了这样的结果，不是消费者的过错。杨蕙如与中国信托商业银行的这场争端和纠葛在中国台湾轰动一时，网上纷纷赞她为"卡神"，迅速树立起她作为理财高手的形象。有的金融机构甚至还与她本人接触或通过记者转达，希望延揽她担任其财务顾问或为其信用卡代言。"女卡神"的故事至少向我们传递了两个信息：其一，中国台湾的信用卡市场已趋于饱和，发卡银行不得不采取各种各样的营销手段吸引消费者，留住持卡人，高额积分只是其营销手段之一，如果没有这个大背景，杨蕙如再怎么精明也是不可能"套利"成功的；其二，杨蕙如的成功终究是个案，是特殊背景下的偶发事件，持卡人，尤其是女性持卡人应理性消费、理性用卡，时刻牢记："天底下没有免费的午餐"、"买的没有卖的精"这样的常识。

∞ ∞ ∞ ∞ ∞ ∞ ∞ ∞ ∞ ∞ ∞ ∞ ∞ ∞ ∞ ∞

说文解字——积分回馈（Bonus point）

Bonus 源自拉丁语，意思是"好的"。在美国双解辞典中，Bonus 这个词最主要的意思是"奖金、额外津贴"，如：The workers got a Christmas bonus（工人们得到了圣诞节奖金）。Bonus 还有另外两个意思：其一就是意外收获，如：It is a real bonus that there is a swimming pool nearby our new house（我们的新房子附近有一个游泳池，这对我们来说真是一个意外收获）；其二是（购货时奉送的）附赠品，如：Every purchaser of a pound of coffee received a box of cookies as a bonus（每买一磅咖啡就可得

---

① 全称台湾消费者文教基金会，是与大陆的中国消费者协会（简称"中国消协"）类似的消费者权益保护组织。

到一盒免费奉送的饼干）。我们或许可以认为，女性经济的兴盛和女性消费主义的兴起是妇女事业的意外收获，女性信用卡则是女性经济兴盛和女性消费主义兴起的意外收获。

女性与男性共处于这个世界，男女平等本应该是这个世界最自然的状态。然而，历史却与人类开了一个大玩笑，人类社会自古以来似乎还没有出现过一个男女平等的国度。2006年4月，英国《经济学家》杂志创造了女性经济（womenomics）这个新词，单凭这一点就可以判定男女平等还远没有真正实现。1935年10月3日，"新月派"①的后期代表人物之一卞之琳的现代派短诗《断章》问世，全诗如下：你站在桥上看风景，看风景的人在楼上看你；明月装饰了你的窗子，你装饰了别人的梦。对这首被誉为中国现代派诗歌经典的短诗，多年来，人们有着各种各样的解读，笔者也不妨强作解人，来一番望文生义的解读。

解读之一：在男性占绝对主导地位的传统社会里，女性最好的景况不过是为男性所欣赏，这种欣赏是单向的、居高临下的，说白了就是再杰出的女性都只能处于从属地位，所能扮演的角色就是给男性装点生活、为男性粉饰门面。

解读之二：在女性消费主义兴起和女性经济兴盛的当今社会中，女性信用卡是女性持卡人欣赏的风景，女性持卡人是发卡银行欣赏的风景，女性信用卡为女性持卡人提供了便利和实惠，女性持卡人给发卡银行带来了口碑和利润。

解读之三：女性消费主义和女性经济之所以会广受关注，乃是因为女性依然处于需要男性表示欣赏的地位，这种欣赏依然是单向的、居高临下的。

女性消费主义和女性经济的副产品之一是女性，特别是职业女性所承受的压力越来越大，有时候甚至可以与男性比肩。2008年8月21日，英国《金融时报》中文网刊载了特约撰稿人萧大圣的《中国女性会挣敢花》一文，描述了非理性购物对中国职业女性的心理健康所具有的重要作用：

---

① 在中国新文化运动中形成的一个著名的诗歌流派，大体上以1927年为界分为前后两个时期，前期自1926年春开始，后期至1933年6月结束。

中国知名市场调查公司思纬在一份关于中国女性的财政状况与购买力的调查报告中指出，75%的中国女性现在可以不向自己的另一半伸手，而是用自己的收入随心所欲地购物。……（该）调查还显示，87%的中国大陆女性表示她们将购物视为一种具有治疗作用的消遣活动，她们逛街后感觉身心愉悦。这个爱好无疑相当费钱，但购物的确是很多女人缓解工作和生活压力的发泄途径。疯狂加班后要买，受了老板同僚的气要买，因为别人买了所以也要买，无所事事的时候更要买。提着大大小小的购物袋、踩着颤颤巍巍的高跟鞋坐进出租车回家，才是完美的一天。我们的观念中已充满了关于勤于工作、只买必需品少买奢侈品、养成省钱习惯而不是冲动购物的种种说教，然而一项关于消费者购买行为的专题调查①显示，考虑到短期的后悔让消费者变得节制、俭省，考虑到远期的后悔则让消费者变得放纵、奢侈。如果女性持卡人在非理性购物、对积分回馈着迷、购买奢侈品的消费中能更加真切地感受到美妙人生，何乐而不为呢?!

---

① 该项调查由哈佛商学院工商管理学助理教授 Anat Keinan、哥伦比亚商学院的市场营销学教授 Ran Kivetz 共同完成，参见《第一财经周刊》2008 年第 23 期的专栏文章《当美德给你遗憾》（翻译：范颖）。

第七章　花样年华

> 同学们，大家起来，担负起天下的兴亡！……我们今天是桃李芬芳；明天是社会的栋梁；我们今天是弦歌在一堂，明天要掀起民族自救的巨浪。
>
> ——田汉《毕业歌》

中国已完成了高等教育从精英时代到大众时代的转变，正从高等教育大国向高等教育强国迈进。旨在发掘优质持卡人后备军的大学生信用卡是中国信用卡产业发展的一个特殊领域，而大学毕业生转变为主流持卡人则是决定中国信用卡产业发展后劲和前景的重要因素。

精英时代与大众时代

1999 年开始的连年"高校扩招"使中国的高等教育迅速从精英时代进入大众时代，然而，高等教育资源的扩张与理想就业机会的增加并不匹配，逐年凸显的"大学生就业难"问题引起了社会各界的广泛关注，也触发了对"高校扩招"利弊得失的深刻反思。

精英时代

20 世纪 70 年代末的中国百业待兴，即将大规模开展的经济建设迫切需要各种各样的专业人才，而 1977 年冬季恢复高考的初衷之一就是解决人才奇缺问题，力求"早出人才，快出人才"。1977 年参加高考的考生总数为 570 万人，录取新生 27.3 万人，总体录取率仅为 4.79%。1978 年参加高考的考生总数增加到 610 万人，录取新生增加到 40.2 万人，总体录取率有所提高，但也只有 6.59%。是高考使他们在一夜之间从栖身于草莽之间的"知识青年"转变为端坐于讲台之前的"天之骄子"，他们一毕业就被当做栋梁之才分配到最需要人才的单位工作。在本职工作中，他们以无比的报国热情投身于国家的经济建设事业和社会进步事业之中，勤奋工作，各展所长，最终成为各行各业的精英人物。因此，1977 年恢复的高考制度就是一项在全社会选拔和培养精英阶层的国家制度安排，"统筹安排，集中使用，保证重点，照顾一般"的高校毕业生统筹分配制度则是确保这一精英阶层的使用及成长符合国家需要的配套制度。据统计，1978 年中国高等教育毛入学率[①]仅为 1.4%，1990 年提高到 3.7%，1999 年再提高到 10.5%[②]。由于入学率低和毕业生数量少，在 1999 年高校扩招之前大学在校生、大学毕业生一直享有"天之骄子"的赞誉，大学在社会公众心目中也一直是培养专业人才、培育社会精英的场所。

恢复高考的意义不只是恢复大学入学考试，更主要的是在全社会范围内确立了"尊重知识，尊重人才"的价值观念和社会风尚，进而实现了社会公平与公正的重建。首先，高考制度的核心就是文化知识考试和考生择优录取，文化知识考试的恢复使"尊重知识，尊重人才"的价值观念得以迅速传播、"崇尚文化，崇尚学习"的社会风尚得以快速形成；而"自愿报考，择优录取"的竞争规则既是现代社会公平与公正的深切要求，也是社会公平与公正的重要体现，因而恢复高考对当时的社会起到了拨乱反正、弘扬正气的作用。其次，恢复高考的种种政策设计鲜明地体现了对教育公平与公正的诉求，这突出地表现为高等教育的机会向更广泛的人群开放。对考生报考资格的政治审查不受曾经盛极一时的"血统论"、"出身论"的禁锢，强调重在个人表现；对考生报考资格的学历要求作出统一的、明确的规定，保证了考生报考的公平性、严肃性；全国统一命题、

---

① 高等学校在校人数占 18—22 岁学龄人口的比率，是衡量一国高等教育发展水平的重要指标之一。

② 纪宝成：《中国高等教育大众化趋势的政策选择》，《中国高等教育》2000 年第 24 期。

温元凯：第一个向邓小平建议恢复高考制度的人

试卷可以复查则使高考录取工作变成了一种公开运作过程，确保了整个高考制度的公平与公正。恢复高考被誉为"一个国家和时代的拐点"，不仅因为高考制度推动了"尊重知识，崇尚文化"作为全社会主流价值观的确立，更是因为高考制度为在全社会范围内重建公平与公正的社会制度树立了典范，中国由此进入了一个通过公平竞争改变个人命运的新时代。

恢复高考使大学生成为有知识、有文化、有理想、有抱负的社会精英，使大学成为再造精英阶层的场所，高等教育由此承担起了弥合原有社会鸿沟、建构新的阶层差别的重要领域。在1999年高校扩招之前，人们把考上大学比喻为"鲤鱼跳龙门",考上大学,对农村考生来说,更是跳脱"农门"进入城市、超越三大差别(工农差别、城乡差别、脑力劳动和体力劳动的差别),进入社会精英阶层的大喜事。当时的社会组织体系相对稳定和封闭,个人超越其出身和户籍而获得向上的阶层流动的可能性比较小,考上大学对那些处于社会底层的人群具有巨大的导向意义:只要考上大学,他们就可以获得全社会认可的文化资本,大学毕业他们就可以获得相应的经济资本和社会资本。杨学为研究员是1977年、1978年高考招生工作的参与者之一,曾在教育部高校学生管理司担任招生处副处长、处长、副司长,1987—1999年任国家教委考试中心主任。在教育部2007年3月27—28日举行的"纪念恢复高考三十周年"座谈会上,他谈道:"恢复高考,恢复了什么?表面看,恢复高考只是招生的一个环节,但作用不仅在此。我父亲是农民,但在我这一代发生了变化。在目前的情况下,普通百姓改变身份的途径虽然很多,但最多的和最有效的途径却还是高考。这是社会之所以如此关注高考问题的原因所在。"

高校扩招

1999年高校扩招,经济学家汤敏、左小蕾夫妇被认为是其重要推手。1998年金融危机席卷亚洲各国,中国正试图通过扩大内需来启动经济,当时一个广受关注的焦点就是寻找新的经济增长点。当时供职于亚洲开发银行经济发展研究中心的汤敏回国,一位亲戚的孩子在高考中落榜,令全家沮丧不已。出于做经济研究的"敏感",汤敏从这一现象立即想到了当时的经济环境和启动内需,与几个朋友议了一下,觉得在诸多选择中高校扩招将是一项国家投资少、刺激内需力度大,又能实现群众迫切愿望的有效措施。他和夫人左小蕾便把这个想法写成了《关于启动中国经济有效途径的思考:扩大高校招生一倍的建议》的信,于1998年11月呈交给国务院领导。在这封信中,他们建议,在3—4年内使高校的招生总量扩大一倍,新增学生实行全额自费,同时国家建立助学贷款系统,给部分有困难的大学生提供贷款。他们估算,扩大高校招生每年可增加1000亿元左右的消费需求,同时可以使每年100万—200万新增的劳动力延迟进入市场,缓解当前的就业压力。对于正处在改革攻关的关键时刻又恰遇亚洲金融危机的中国经济改革来说，这几年的缓冲期无疑将发挥重大作用。他们的信得到了高层领导的重视，很快就在新华社"参考清样"上发表，对推动高校扩招起了重要作用。汤敏因此被称为"中国高校扩招之父"。

"中国高校扩招之父"汤敏

　　1999 年高校扩招是中国教育史上的一件大事。1 月 13 日，国务院批转教育部制定的《面向 21 世纪教育振兴行动计划》，该计划提出了"到2010 年高等教育毛入学率接近 15%"的行动目标。6 月 16 日，国家计划委员会联合教育部发出《关于扩大 1999 年高等教育招生规模的紧急通知》，宣布在 1999 年年初原定扩招 23 万人的基础之上再扩招 33.1 万人，要求各地通过发挥现有办学潜力和创造条件并举的方式创造性地实现扩大招生规模。6 月 25 日，全国各大新闻媒体头版头条均以"今年全国高等教育招生大幅增加"的通栏标题报道了高校扩招的消息：为了进一步落实科教兴国战略，提高全民族的整体素质，为了使教育更好和更快地适应现代化建设对人才、社会各界对子女接受高等教育的需要，正确引导消费，扩大社会需求，拉动经济增长，国家决定抓住当前的有利时机，进一步扩大 1999 年全国高等教育招生规模。……根据最近党中央、国务院的决策，结合当前各类高校的办学条件和实施操作中的一些具体问题，决定今年秋季在原定招生规模的基础上再扩招 33.1 万人。……这样，我国普通高等教育今年秋季的招生规模将从去年的 108 万扩大到 156 万人，增幅超过 44%。这条消息在社会各界引起了强烈反响。高校扩招给无数考生和家长带来了希望，成为 1999 年最受老百姓欢迎的教育政策之一。

高校扩招的原因是多方面的。其一是中国经济持续快速发展需要更多的高素质人才，但人才培养的速度和规模越来越难以适应社会的需求，围绕高等教育的供求矛盾越来越突出。1998 年中国高等教育毛入学率只有 9.8%，低于 15% 的水平。按照美国著名教育社会学家马丁·特罗（Martin Trow）教授的高等教育发展"三阶段"理论，一国的高等教育毛入学率低于 15% 属于精英阶段，介于 15%—50% 之间属于大众阶段、超过 50% 属于普及阶段。其二是广大国民普遍渴望子女能受到高等教育，政府有责任尽量满足他们这种愿望。其三是扩招可以推迟学生就业，增加教育消费，是拉动内需、带动相关产业发展的重要举措。其四是由于以往招生比例低，录取人数少，考大学显得非常难，迫使基础教育须集中力量应付高难度的考试，在很大程度上影响了素质教育的全面推行。2000 年高校继续扩招，此后每年都是以 40 万人以上的速度递增，大学新生从 1998 年的 108 万人激升至 2007 年的 567 万人，增长 4.25 倍。2002 年，中国高等教育毛入学率达到 15%，进入国际公认的高等教育大众化阶段，2007 年这一比率提高到 23%。2007 年 12 月 22 日，时任国务委员的陈至立在教育部召开的一次会议①上发表讲话，指出中国已经成为在校生规模居世界

---

① 2007 年 12 月 21—22 日在北京召开的教育部直属高校工作咨询委员会第十八次全体会议。

第一的高等教育大国，要从高等教育大国向高等教育强国迈进。

大众时代

高校扩招最直接的影响就是每年有数百万人得到接受高等教育的机会，社会公众对高等教育的渴求得到了较大程度的满足，促进了人与人之间教育机会的均等，有力地促进了中国人力资源开发水平的提升，推动了中国经济社会的持续快速发展及综合国力和国际竞争力的快速提高。1978—2008 年，全国普通高校招生报名总数约 1.28 亿人，录取总数约5386 万。其中，1999—2008 年十年间的录取人数约 4010 万人，2008 年全国普通高校录取人数约 600 万人、录取率为 57%，录取人数约为 1978年的 15 倍，录取率则比 1978 年提高了 50.4 个百分点①。高校扩招给无数考生和家长带来了希望，也给高校带来了迅速发展的机会，在扩招的同时，中国高校史无前例地进行了大规模的后勤社会化改革，大大增强了办学实力。但是，扩招也带来了高校办学资源全面紧张、教学管理压力巨大、教师队伍建设滞后等问题，由此引发的另一些问题也接踵而来：扩大招生规模的辅助性政策和措施没有配套，高校教学条件和生活条件的约束成为高校稳定问题的新因素；一些学校由于扩招造成学校升格或教学条件下降而导致教学质量的严重滑坡；一再上涨的高昂学费在一定程度上加重了在校生家庭的经济负担；应届毕业生就业的难度逐年加大。

大学生就业难的问题引发了关于高校扩招是与非、对与错的激烈争论。2006 年 2 月 6 日，汤敏在新浪网发表了题为《扩招扩错了吗》的文章，指出：假如没有扩招，目前在校大学生的一半以上、上千万人已提前4—7 年进入就业或失业大军；学费增加对一部分贫困家庭形成了很大的压力，但因交不起学费而上不了学的只是个案；对不同收入水平的家庭给予程度不同的助学补助，或许可以解决贫困大学生上学难的问题；高等教育适用于"谁受惠，谁付费"的原则，大学收学费并不就是教育产业化；当前大学生就业难的原因比较复杂，既有经济转型、就业结构变化的问

---

① 周逸梅：《2008 年全国高考录取人数约 600 万，录取率达 57%》，《京华时报》2008 年10 月 8 日。

题，也有大学生就业观念待调整、高等教育改革滞后于社会经济发展的问题；当前中国高等教育的种种问题并不是扩招的方向错了，也不是教育与市场相结合的改革错了。2月17日，和讯网转载《南风窗》杂志记者郑作时在该刊2006年第4期发表的文章《汤敏先生，扩招没有错吗》，提出了三个问题：读大学合不合算？中国需要什么人才？一夜之间造出来的是好大学吗？其结论是：汤敏的"扩招"建议是错误的。3月6日，和讯网转载汤敏在该刊2006年第4期发表的回应文章《再谈扩招扩错了吗》，逐一回答了这三个问题，汤敏的观点是：不反对对改革中出现的一些问题进行反思，但不同意以偏概全、否定市场化改革大方向的议论。

2002年，中国高等教育进入了大众时代，人们不得不面对这样的现实：上大学也不能保证就业，通过上大学改变社会地位、改善经济状况的动力就此消失。不少家庭认为，大学教育已经失去了意义，甚至有不少大学毕业生后悔上大学。2006年5月，《中国青年报》记者原春琳在高考临近的时候，就考生关心的就业问题采访了教育部高校学生司有关负责人，这位负责人明确地指出：应该说，大众化时代的大学生不能再自诩为社会精英，要怀着一个普通劳动者的心态和定位去参与就业选择和就业竞争；这需要广大毕业生尤其是家长更新就业观念、调整就业期望，在正确判断形势的前提下适度选择，通过多种方式努力实现广泛就业。在"毕业即失业"已变成严峻的社会问题的环境下，来自农村的大学生就业尤其困难，原本以拥有大学生为荣的农民家庭陷入了尴尬境地，所带来的心理压力比勉为其难培养大学生所欠下的巨额债务更为沉重，从而在一定程度上、一定范围内造成了新的"读书无用论"。因此，大规模的高校扩招削弱了高考在此之前原本具有的调节社会阶层流动的功能，尽管高考仍发挥着为社会底层人群提供某种向上流动的希望、缓解社会矛盾的功能，高考仍承担着实现社会公平和公正的职能，但实际作用已显得比较有限。大众时代的高校教育显而易见已不能承载从精英时代传承下来的社会期望。

有关高校扩招是与非、对与错的争论一直没有停息。在2007年恢复高考30周年之际，汤敏接受了《广州日报》记者的采访，表示不后悔谏言高校扩招。2008年10月9日，教育部在新闻发布会上首次表示：1999年决定的全国高校大规模扩招太急促，一些学校由于扩招造成学校升格或教学条件下降，导致教学质量滑坡，造成高校毕业生的就业困境；1999年全国高校扩招了48%，今后高校的扩招步伐将有所放缓，2009年扩招幅度将不超过4%，2010年将不超过3%。这是官方首次承认大学生就业难和高校扩招有一定的关系。

大众教育与精英教育

高校扩招的深远意义和经济效益还没有显现出来，却已经引发了关于大学理念的争论，并进一步演化为关于中国高等教育的大众教育取向与精英教育取向之间的争论。以市场化为导向的高校扩招引起了人们对高等教育精英时代的追思和对当今大学精英教育的向往。

博雅教育与职业教育

大学起源于中世纪欧洲，基督教会的发展、罗马法的复兴对早期大学的兴起发挥了重大作用。中世纪欧洲的主要大学最初所关注的是专门的职业训练，基本上都是职业训练机构，但牛津与剑桥两所大学却是例外，本质上属于培养绅士的教育机构，其教育目的并不是传授实用知识和技能，而是训练某种礼仪、风度、德行。这就是英美国家所谓的博雅教育（liberal education）。19世纪，牛津大学学者约翰·亨利·纽曼（John Henry Newman）的演讲集《大学的理念》是第一部专门讨论大学目标的著作，也是在英美传统中影响最大的关于大学的著作之一。在这部著作中，他认为，职业教育（professional education）以某种实用知识或技能为目标，而博雅教育的目标则是追求知识本身的价值，知识确实可以为其追求者带来某种外在的利益，如财富、权力、荣誉、便利与舒适的生活，但他强调"知识本身就是目标，知识自身的本质就是真正的、无可否认的善"。在他看来，知识的"善"就在于知识本身，只有知识可以陶冶人的情操，使人达到"绅士"的境界，进而"形成一种可以终身受用的心智（mind）的习惯，这一习惯的重要特性包括自由、平衡、冷静、节制与智慧"。他主张：大学教育的目的在于提高社会理智的格调、培养大众的心智、净化民族的情趣，使学生"能够胜任任何职位，并容易掌握任何一门学科"。

汉译世界高等教育名著丛书

大学的理想(节本)

THE IDEA OF A UNIVERSITY

[英]约翰·亨利·纽曼 著
徐辉 顾建新 译

浙江教育出版社

　　美国已形成了多元化的高等教育体系，其高等教育机构主要分为研究型大学、教学型大学或学院和大专型学院三种类型，研究型大学主要培养硕士、博士，教学型大学或学院则是以培养学士为主（有的也培养少量硕士），大专型学院大都属于两年制的、只颁发大专文凭的学校。此外，美国还发展了许多社区大学、职业学院。多元化的高等教育体系避免了仅有某一种类型的大学的单一性，使美国的高等教育达到了精英教育与大众教育的有机结合，既能让众多美国国民享受到接受高等教育的机会，又使许多大学保留了精英教育的特征。

　　美国的本科院校制度承继和发扬了牛津和剑桥两所大学的博雅教育传统，本科生不仅要成为掌握普遍性知识（universal knowledge）的人才，而且必须是有文化、有教养、认同主流价值观的公民。博雅教育源于古希腊的所谓"七艺"，即通称"三学科"的语法、修辞和逻辑与通称"四学科"的算学、几何、天文和音乐。美国的本科院校以通识教育（general education）为起点、以博雅教育为目标，本科生必须全面学习人文科学、社会科学和自然科学三大领域的知识。通识教育强调的是知识层面，博雅教育的内涵比通识教育更丰富，其目标不仅在于知识的广博、而且在于精神的高雅，通过知识的"博"达到精神的"雅"。博雅教育既包含以自然科学与社会科学为内容的科学教育，也包含人文教育，不仅培育学生的科学精神，而且养成学生的人文精神。在科学精神与人文精神结合的基础上，学生不仅具有广博的知识储备，而且具备良好的道德品质。美国的本科生毕业后往两个方向分流：大部分人走向劳动力市场，成为白领职员，白领工作并不要求他们掌握高深的专业知识和精湛的专业技能，但却要求他们具备较高的综合素质，不仅了解人文科学、社会科学、自然科学诸方面的基础知识，而且有一定的语言沟通能力、人际交往能力；小部分人则进入研究型大学或教学型大学深造，攻读硕士学位、博士学位。

　　美国的研究型大学只占高等院校总数的3%，主要目标就是培养硕士和博士研究生，使之获得硕士和博士学位。在多数情况下，硕士研究生在获得硕士学位之后会继续攻读博士学位。研究生的职责就是从事科学研究，并在研究中有所创新、有所贡献。硕士与博士的培养目标是传授高深的专业知识、培养独立的科研能力，使完成了本科生博雅教育的研究生得到专业、系统的训练，以培养其专业研究能力和知识创新能力。只是到了硕士研究生和博士研究生阶段，学生才成为某一领域的专才，终生从事该领域的教学与研究工作。美国还建立了以培养高层次专业人才（professional）为主要目标的专业类硕士教育制度，其中最成功、社会需求量最大的就是工商管理硕士（Master of Business Administration，MBA）。专业类硕士与研究型硕士最主要的区别在于：前者培养的是某一领域的管理人才，毕业后从事该领域的专职管理工作；后者培养的目标是某一领域的研究人才，毕业后从事该领域的专职研究工作。就其本质而言，专业类硕士教育应当归属于职业教育，因为其培养目标与大专型学院、职业学院一致，都是传授实用知识和技能，所不同的是专业类硕士教育把博雅教育与职业教育紧密结合起来，使学生可以在完成本科生博雅教育之后继续接受更为专业、系统的职业训练，因而是一种更高层次的职业教育。

厦门大学的高尔夫必修课

汤敏在《扩招扩错了吗》一文中强调：教育不能市场化，但不与市场结合、不为市场经济服务的教育一定没有出路。扩招的深远意义及经济效果将来肯定会显现出来。以市场化为导向的高校扩招使中国高等教育从精英时代转入大众时代，这进一步引发了关于大学理念的激烈争论。北京大学李强教授认为，人才培养、科学研究与社会服务是研究型大学的三大基本职能，不可偏废。他曾撰文指出，国内不少论者往往倾向于强调大学职能的某一方面、贬低其他方面，其中最有影响的是两种倾向：其一是十分强调大学的社会服务职能。主张大学必须开设社会所急需的专业与课程、从事社会所急需的教学和研究、为社会财富的创造作出贡献，对大学的基础教学与研究则颇不以为然。其二是对大学的"功利主义"倾向深恶痛绝。强调大学的人文教育职能，希望将大学建设成为纯粹的"象牙塔"。李强指出，这两种倾向看似对立、实质都是在走极端。笔者以为，前一种倾向是以大众教育、职业教育作为中国高等教育的发展方向，突出了大众教育与精英教育之间的矛盾；后一种倾向则是以博雅教育、精英教育作为中国高等教育的发展方向，割裂了博雅教育与职业教育之间的联系。李强认为，实现大众教育与精英教育、博雅教育与职业教育的协调发展，关键是要处理好大学与高等教育体系之间的关系。

厦门大学校长朱崇实教授就是一位精英教育与大众教育协调发展论的探索者。2006 年 10 月 14 日，在山东大学举行的高校合作与发展论坛上，朱崇实在自己的发言中谈道："两个月后，目前国内最漂亮的高尔夫球练习场将在厦门大学建成并投入使用。06 级厦门大学学生都有机会上高尔夫球课，特别是对管理、法学、经济、软件这四个学院的学生，我希望它能成为体育必修课，每个学生都要学会打高尔夫球。"各大网站、新闻媒体随后向朱崇实展开轮番轰炸，这使他即刻站到了风口浪尖上，"厦大高尔夫事件"瞬间成为社会舆论的焦点所在，引发了"高尔夫球该不该进校园"的争论，一向低调和务实的他"不经意间成了名人"。在这次发言中，朱崇实真正想阐述的主题是"精英教育是高等教育大众化阶段特别要注意的问题"，却被社会舆论所忽略。2007 年 9 月 28 日，《中国青年报》刊发了对他的专访，标题为《高水平大学必须坚持精英教育》。这是该报为纪念恢复高考 30 周年而推出的"大学之道"系列访谈之一，受访者都是 1977 年或 1978 年考上大学、如今奋战在高等教育改革第一线的大学党委书记或校长。在这次专访中，朱崇实明确阐述了"大学不能完全被市场牵着鼻子走"的观点，并提出了他对"精英教育"的看法，那就是"精英教育既要根植于市场，同时又必须高于市场"。

记者：1999 年以来，中国的高等教育实现了超常规发展。在社会强烈呼吁教育公平的今天，你在一些场合的讲话中一直强调高水平的大学要坚持精英教育，为什么要提出这个问题？

朱崇实：我想首先应该对什么是精英要有一个准确的理解。现在社会上有一些人把精英等同于贵族，把精英理解为高高在上、和人民大众相对立的一个群体，我觉得这是完全错误的理解。我个人认为，精英是这样一个群体，他们有着远大的理想，他们愿意为社会的进步、为国家的进步、为民族的进步贡献自己的一切。这个群体不仅有理想，同时还具有多方面的才能和素质。他们都已具有某一个领域、某一个方面的才干，能够用自己的言行影响周边的人，而且能把周边的人都团结在自己的周围，为崇高的理想和目标去奋斗。在高等教育大众化阶段，要特别、特别地注意精英教育问题。我的理解，在大众化教育阶段，教育要紧紧把握市场的脉搏，要紧紧把握市场的导向，要按照市场的规律去办学，但千万、千万要注意，在这样的一个阶段，我们的教育不能完全跟着市场走，甚至被市场牵着鼻子走。这就是我理解的精英教育，它既要根植于市场，同时又要高于市场。

记者：我们知道，世界上许多著名大学的校长都非常强调大学的使命是为未来培养青年领袖，而我们现在的大学教育则更多地强调要为就业做准备，你怎样看待这样一个看似矛盾的问题？

朱崇实：不同类型的大学应当有不同的目标。我觉得，中国现在有 2000 多所大学，99％ 都应该以市场为导向，让毕业生将来有自己的就业岗位。但是至少要有 1％ 的大学或是四五十所高水平的大学与国外那些世界一流大学追求一样的目标，志在培养领袖型人才。

美国不少大学校长就明确提出，他所培养的学生不单单是在自己的国家和社会成为领袖型的人，而且要成为世界的领袖，他主张他的学生要有国际视野和全球化思维。如果中国没有这样一批学校、没有这样一批校长具有这种眼光，而只是焦虑我的学生将来出去时能不能找到一份工作，那就危险了。

记者：那么，你的意思是不是认为，在进入高等教育大众化阶段的情况下中国不能忽视一批高水平大学的建设、不能忽视对优秀人才的培养？

朱崇实：中国应不应该有若干所世界一流大学，应不应该有一批世界知名的高水平大学？目前社会对这个问题的认识并不统一。中央提出了实施"211 工程"、"985 工程"这样的战略构想，有很多人对此不理解，甚至批评和反对，认为北大、清华拿那么多钱，干什么啦？其实这都是非常短视的看法。中国必须建设一批具有很强实力的高水平大学参与世界竞争，中国一定要有若干所一流大学来培养社会所需要的精英。我认为，国家和政府就是要对这样的学校给予更多的帮助和支持，同时提出更高的要求。

按朱崇实校长的观点，高水平的大学是中国高等教育体系的重要组成部分，其定位应当有别于其他高等教育机构，即始终以培养社会精英，特别是领袖型人才为己任，使学生能够在德、智、体、美四个方面接受博雅教育、得到全面发展，开设高尔夫球课程只是全面培养学生的手段之一。朱崇实坦言："高尔夫球是一项很有益的高雅体育运动，同时也是一种非常好的社交手段，这 4 个学院的学生今后走上社会，跟方方面面的人打交道的机会相对会更多，如果他们在学校就能够掌握这项运动，对今后的发展是有益的。"

中国高校富豪校友榜

2008 年 12 月 26 日，新浪网的"新浪教育"频道以《中国造富大学排行榜出炉，北京大学问鼎榜首》为题转载了中国校友会网发布的"2008 中国高校富豪校友排行榜"的相关资讯。"中国校友会网大学评价课题组"对 1999—2008 年荣登"中国四大富豪榜"① 的 1500 多名亿万富豪的毕业院校展开了调查和统计，发现这 1500 多名亿万富豪中有 436 人

---

① "中国四大富豪榜"包括胡润中国百富榜、福布斯中国富豪榜、南方周末中国（内地）人物创富榜、新财富 500 富人榜。

曾接受过高等教育（占比接近 30%），这些亿万富豪的毕业院校达 147 所。该课题组组长、中国校友会网总编赵德国表示，该榜单"旨在让社会了解我国高校培养的自主创业的富豪企业家的状况"。这些具有高等教育背景的亿万富豪可以说是"知识创造财富"社会价值观的践行者，他们在积聚个人财富的同时创造了更多的社会财富，因而该榜单的积极意义在于宣示了这样一个事实：改革开放 30 年来，高等院校确实已经为国家培养了一大批社会精英。

表 7.1　　　　　　　　　1999—2008 年中国造富大学排行榜

名次	序号	学校名称	所在地区	富豪人数
1	1	北京大学	北京	35
2	2	浙江大学	浙江	23
3	3	清华大学	北京	22
4	4	复旦大学	上海	20
5	5	中国人民大学	北京	16
6	6	中南大学	湖南	9
	7	华南理工大学	广东	9
	8	上海交通大学	上海	9
7	9	深圳大学	广东	8
	10	南京大学	江苏	8
8	11	哈尔滨工业大学	黑龙江	7
	12	山东大学	山东	7
	13	南开大学	天津	7
9	14	华中科技大学	湖北	6
	15	华东师范大学	上海	6
	16	北京航空航天大学	北京	6
10	17	西安交通大学	陕西	5
	18	暨南大学	广东	5
	19	东北财经大学	辽宁	5
	20	厦门大学	福建	5
	21	电子科技大学	四川	5
	22	四川大学	四川	5

资料来源：新浪网"新浪教育"。

　　该榜单显示，培养出了 10 名以上亿万富豪的大学有 5 所，依次是北京大学、浙江大学、清华大学、复旦大学和中国人民大学，共计培养出了116 名亿万富豪、占 436 名亿万富豪的 26.6%；而培养出了 5 名以上亿万富豪的大学有 22 所，其中，综合性大学 10 所，理工类大学 10 所，财经类大学 2 所，共计培养出了 228 名亿万富豪，占 436 名亿万富豪的52.3%。据该课题组的调查和统计，中国亿万富豪就读的高校相对集中在经济比较发达的东部地区，毕业于中部和西部地区高校的亿万富豪相对较少。调查和统计结果显示，北京、上海、广东、浙江、江苏 5 个省市的高校培养出的亿万富豪人数远远高于其他省市，合计约占总数的 58%。该课题组的学术负责人、中南大学蔡言厚教授指出：在我国传统人才观念、仇富心态和贫富差距加大等问题的影响下，与政治家、科学家和艺术家相比，企业家远没有得到应有的社会尊重。他表示，中国经济发展、社会进步需要数以万计的领袖型人才、数以千万计的高素质人才、数以亿计的合格人才，高校不仅要培育更多的政治家、科学家和艺术家，而且要培养更多的企业经营管理人才，特别是可能成长为亿万富豪的自主创业的企业家。

　　受过高等教育的亿万富豪在某种程度上已成为精英教育最直观的符号。该课题组的专家、云南师范大学青年学者冯用军指出：由于"名校"可以为富豪企业家增添良好的知识背景和品牌效应，同时也有助于富豪企业家扩大人际网络和社会网络，那些已获得成功的富豪企业家纷纷选择富豪校友多的高校深造，以拓展所经营的企业的发展空间。名校作为"亿万富豪摇篮"的"马太效应"就此形成，其社会效果是促成和扩展了"高校富豪校友网络"。冯用军认为，富豪校友与母校之间已经形成了良性互动，这种良性互动对其他高校及其富豪校友具有日益明显的示范效应。一方面，富豪校友通过各种形式反哺母校，主要包括：向母校捐款捐物，用于改善教学和科研条件；设立专门的奖学金和助学金，资助品学兼优的在校生；通过捐资设立科研基金、联合建立实验室等形式支持母校的教学和科研，在一定程度上弥补母校教学和科研经费的不足；甚至有向母校捐建教学大楼、研究中心的。可以说，富豪校友的捐助已经成为高校办学不可或缺的资金来源之一。另一方面，母校为富豪校友提供了优良的人才储备和先进的科研成果，有助于富豪校友所经营的企业持续、稳健发展。

富豪校友的符号作用扩展了精英教育的想象空间，同时也拓宽了大众教育的现实路径。在当今的中国，"亿万富豪"具有超乎寻常的社会关注度和社会影响力，受过高等教育的亿万富豪对母校的招生和毕业生就业都有着不可估量的影响：富豪校友的"广告效应"是母校高考招生和研究生招生宣传的"最佳广告"，因为用富豪校友来诠释精英教育是再自然不过的事；而富豪校友既可以大量招收母校的应届毕业生，也可以委托母校定向培养和培训员工，从而大大减轻母校的毕业生就业压力。在目前全球金融危机加剧、中国就业形势更为严峻的环境下，富豪校友的就业资源尤其宝贵，可以解母校毕业生就业的燃眉之急。2008 年 11 月 8 日是中山大学的首个校友日，黄达人校长破天荒地恳请毕业已届 20 周年的 800 多名校友施以援手："希望已有成就的校友利用手头资源，多提供就业岗位给师弟师妹们。"更为重要的是，受过高等教育的亿万富豪已成为其年轻校友崇拜的偶像和人生的楷模：对于正在求学的学子来说，他们的就读经验和成长道路具有积极的、强烈的示范作用；对于即将创业的学子来说，他们成为财富精英的创业经历和奋斗历程极具借鉴意义或参考价值。

当代大学生的自主消费风尚

当代大学生身处中国高等教育的大众时代，其价值观虽未成型却已呈现出双重性。总体来看，与精英时代的大学生相比，大众时代的大学生自主消费意识和经济独立意识更强，这不仅影响到他们的消费观念及支出模式，而且也影响到他们的持卡意愿及用卡行为。

当代大学生价值观的双重性

在高校扩招的 1999 年，上海社会科学院青少年研究所所长杨雄研究员曾撰文阐述了 20 世纪七八十年代出生、在市场经济中长大的"第五代青年"的价值观。在杨雄看来，第五代青年既没有统一的豪言壮语，也没有标语口号，只有各自喜好的发型、五花八门的服饰和不加掩饰的神情；他们不再追求螺丝钉的价值，却要把自己的大脑变成不断地"录入"新知识的电脑；他们生长在一个越来越开放和自由的社会里，他们的生活方式、思想观念、道德标准、美学趣味、价值追求、时空观念都与前几代人不同；既不能用旧尺度来量度他们的行为规矩，也不能用旧眼光来看待他们的生活方式。杨雄认为，第五代青年的优点包括：（1）接受新事物的意识和能力强，思维独立，具有批判精神；（2）有较强的平等意识、法律意识和自我保护意识；（3）热心社会活动和公益事业，公民意识和自主意识强；（4）相信事实，做事认真，有自己的原则；（5）兴趣爱好广泛。杨雄指出，第五代青年的价值取向未来将在以下四个方面趋同：（1）政治观、经济观非常现实与理智，在经济领域内求得自我实现并保障自身的经济利益将成为指导大多数青年行为的价值观念；（2）主体价值选择寻求自我与社会之间的平衡，注重自我实现与服务社会相结合；（3）教育需求越来越高；（4）更加注重消费品位的提高和生活质量的改善，追求物质生活和文化生活的新颖性和个性化。

2005 年秋季，北京师范大学历史学院李志英教授领衔的"当代中国社会阶层分化与大学生"课题组的调查显示，当代大学生的主流价值观是积极的。该课题组向北京 10 所高校的本科生、硕士研究生和博士研究生发放了 3200 份调查问卷、收回有效问卷 2887 份，并在其中 4 所高校进行了个别访谈。在被调查者中，同意"诚信受益"的高达 91%，同意"人民是历史的创造者"的为 87.6%。对于"当个人利益与国家利益发生冲突时该如何处理"，选择"为了国家利益可以牺牲部分个人利益"的占 52.4%，选择"个人利益最为重要"的只有 1.5%。对于"个人社会价值实现的首要判断因素"，选择"社会贡献大小"的占 52.8%，选择"金钱多少"、"社会地位高低"、"权利大小"的分别只有 2.4%、5.1%、1.5%。对于"一个人主要依靠什么在社会中生存和发展"，选择"个人能力和自我奋斗"的比例达到了 62.5%，表明当代大学生崇尚通过自身努力实现自我价值，这体现了他们勇于迎接挑战、乐观面对未来的价值观和人生观。对于"金钱是人生幸福的决定性因素"，选择"不同意"的占 59.9%，选择"难以判断"的占 18.8%，选择"同意"的只占 21.3%。该课题组在调查中发现，社会阶层分化对当代大学生的人生选择和价值取向产生了深刻的影响，经济因素对其生活方式和就业选择的影响已经非常明显。

2007 年 12 月 27 日，一位名叫范锐的在校学生在南京大学历史学系
网站上发出了题为《当代大学生的价值观》的帖子，指出了当代大学生
价值观的双重性：当代大学生的价值观具有双重性。大学生们一方面相信
一见钟情、相信永恒、相信完美，另一方面却又认为社会太黑暗、太复
杂、太肮脏。这种双重性并不是独立存在于大学生群体中间，而是同时存
在于同一个人心里，其影响让大学生们进入迷茫的泥淖。影响大学生价值
观形成和发展的主要因素来自三个方面：中华民族传统思想观念；西方思
想文化观念；改革开放及市场经济体制下的新思想观念。这三个方面的影
响程度，在不同学生身上反应是不同的：有的人受传统思想影响多，有的
人受现代思想影响多，有的人受中国的思想影响多，有的人受外国的思想
影响多。这是由于各人从小所处的家庭环境、社会环境、受教育的状况不
同所造成的。多数学生都受到这三方面的影响，具有双重性，既有传统的
又有现代的、既有积极的又有消极的。例如，中华民族传统思想观念中的
爱国主义、艰苦朴素，西方思潮中的竞争意识、民主意识，市场经济体制
下的自主意识、质量观念，都是有积极意义的。又如中华民族传统思想观
念中的故步自封、墨守成规，西方思想中的凡事都以个人为中心、极端利
己主义，市场经济活动的重索取轻奉献、一切向钱看，都是消极的。

当代大学生的消费观念

2004 年 12 月 28 日，中华全国学生联合会携手新生代市场监测机构、
中国青年校园先锋文化有限公司发布《2004 中国大学生消费与生活形态
研究报告》，报告显示，当代大学生渴望成为有独立风格的人；他们追求
经济的独立，享受自主消费的满足，拥有日渐强烈的品牌意识；他们相信
能力与知识主导未来，积极地通过各种途径（如在校学习、额外培训和
社会实践等）锻造自身。该研究报告是简称为 CUS21 的 "21 世纪中国大
学生消费与生活形态研究"（Consumption and Lifestyle Study on 21 Century
Chinese Undergraduates）的年度研究成果。CUS21 是由新生代市场监测机
构（Sinomonitor International）与中国青年校园先锋文化有限公司（Zeit-
geist）合作，以当代大学生群体为对象进行的一项年度连续性调查研究，
调查内容涵盖了当代大学生的消费趋向、品牌观念、媒介接触、价值观

念、生活形态，调查范围覆盖了全国 34 个重点城市、126 所高校的近万名大学生，研究结论可以推及这 34 个重点城市的约 1000 万名大学生。

按照《2004 中国大学生消费与生活形态研究报告》的主要研究成果，当代大学生有着强烈的自主消费欲望，不少高端消费品正越来越多地进入大学生的个人消费图谱：60.4% 的人有手机，27% 的人有个人电脑，19.6% 的人有 PDA，11.9% 的人有 MP3，6.6% 的人有数码相机；阿迪达斯、耐克在大学生市场的市场份额都超过了 10%。当代大学生具有明显的品牌偏好，57.7% 的人"喜欢购买具有独特风格的产品"，"单纯追求流行、时髦与新奇的东西"的人仅占 30.4%，他们心目中的先锋品牌大都带有青春气息和跃动因子。在强烈的自主消费欲望的驱动下，当代大学生的透支消费正日渐增长，10.48% 的大学生需要经常性地借款。为了能达到收支平衡，当代大学生积极寻求收入增长的途径，其课余兼职或打工场所已经从校内走向校外、从家教走向职场、从勤工俭学走向自主创业。伴随而来的是，当代大学生的经济自主和独立能力显著增强，拥有自筹收入的人多达 71%，自筹收入和奖学金已覆盖其支出的 18%。经济自主和独立能力增强的背后是当代大学生个性与自我的释放，一个最显著的标志就是以"我"为核心的理念已大行其道，"我有我的选择"、"我选择，我喜欢"、"我的地盘，听我的"等都是他们推崇的流行语，他们的自主和独立世界就是一个"没有什么不可能"（Nothing is impossible）的世界。

2007 年 4 月 6 日，中华全国学生联合会携手央视市场研究股份有限公司（CTR）、中国青年校园先锋文化有限公司发布《2006 中国大学生调查报告》。报告显示，高达 74.6% 的大学生赞成"我要经济独立，不依赖父母"，表现出很强烈的经济独立意识。该报告的主要研究成果还包括：当代大学生的品牌意识比较强，78% 的人认同品牌是质量和服务的保证，而将品牌看做是身份象征的大学生比例也比较高，达到了 57.3%；当代大学生对待品牌的态度是适度而理智的，57% 的人赞同"牌子不说明任何问题，重要的是产品本身"；当代大学生的价值取向很务实，有 66% 的人计划毕业后留在国内发展；当代大学生并不崇尚"有钱又有闲"的生活方式，77.1% 的人认为工作是实现个人价值的途径，他们更愿意在工作中体会人生、在奋斗中获得成功；当代大学生对权利、地位和金钱的价值偏好较低，他们更注重自我感受，如友谊、健康等。此次调查覆盖中国

30 个城市，总样本量为 9865 个，研究结论可推及总规模为 492 万人的在校大学生。

当代大学生的持卡意愿

2005 年 5 月 14 日，万事达卡国际组织公布北京 4 所大学大学生理财和信用卡观念调查报告，调查表明，当代大学生的信用卡持卡意愿强烈：在受访者中，仅有约 30.3% 的大学生拥有自己的信用卡，然而却有 58% 的学生认为大学生需要信用卡服务并希望持有信用卡，这一社会群体对于拥有信用卡充满渴望，大学生这一市场对于信用卡行业在未来数年内的积极影响不可忽视。来自北京大学、清华大学、对外经济贸易大学、北京外国语大学的 600 名大学生接受了调查，其内容涵盖了大学生的收入和消费状况、消费意识、校园消费环境、银行卡认知度、理财知识需求度等。该调查取得的主要成果包括：38.7% 的大学生持卡者信用额度在 2000 元以上，24.5% 介于 1000—2000 元之间；47.5% 的大学生持卡者月平均刷卡消费额低于 300 元，75.3% 低于 500 元；50% 的受访者认为有必要申请自己的个人信用卡，申请的主要目的前三位为理财、应急和提前消费；影响大学生申请和使用信用卡的主要因素，一是月消费水平，二是学校周边信用卡使用环境的便利性，月消费水平越高则意愿越强，环境越便利则意愿越强，其他因素与信用卡申请与使用意向的相关度不明显；具有信用卡申请意愿的大学生具有兼职比例高、使用银行卡支付比例更高、现金支付比例更低的特征，并且习惯使用借记卡的学生更倾向于申请信用卡。

2008 年 5—6 月，万事达卡国际组织对五个地区[①]、30 所大学的 2500 多名在校本科生、硕士研究生和博士研究生进行了随机抽样调查，并于 2008 年 9 月 22 日发布《2008 年大学生理财观念与行为调查报告》。万事达卡国际组织执行副总裁暨大中华区总经理冯炜权先生表示："中国大学生的信用卡市场正在快速改变。这份调查报告有助于我们更好地理解这些年轻消费者使用信用卡理财的方式。我们相信，良好的理财教育应该从校园开始、从在校学生开始，我们理解学生的喜好和兴趣，并致力于通过万

---

① 这五个地区是北京、上海、广州、成都和台湾。

事达卡'信用与理财'校园知识普及行动帮助学生们更好地理财。"本次调查的重要成果包括：

大学生的收入现状

大陆学生的月平均收入水平为人民币 709 元，其中北京地区学生的月平均收入水平最高，为人民币 788 元。台湾学生的月平均生活费约为人民币 1682 元（折合新台币约 7427 元）。

大陆学生每月生活费的 85% 来自父母、12% 来自兼职工作，还有 3% 来自奖学金。台湾学生每月生活费的 76.2% 来自父母、21.1% 来自兼职工作，还有 2.7% 来自奖学金。

大学生的用卡习惯

大部分大陆学生（68%）和台湾学生（57.7%）只拥有一张个人信用卡。42.3% 的台湾学生、24% 的大陆学生拥有两张信用卡。64% 的大陆学生申办信用卡的主要信息渠道是银行校园推介活动，63.5% 的台湾学生申办信用卡是受亲友推荐的影响。22% 的大陆学生、20.6% 的台湾学生表示银行网点是其申办信用卡最重要的信息来源。

在各类信用卡推广或营销项目中，27% 的大陆学生最欢迎的促销手段是购物折扣，而 10% 的大陆学生则中意积分回馈。64.1% 的台湾学生认为更愿意使用有现金回馈的信用卡刷卡消费，而认为红利积分对自己更有吸引力的，台湾学生则占 16.6%。倾向于使用信用卡在商场购物的，大陆学生和台湾学生占比均为 63%，曾使用信用卡在网上购物的，大陆学生占比达到 24%，台湾学生占比仅为 18.5%。

倾向于一次性还款的，台湾学生占比高达 90.5%，大陆学生占比也达到了 69%。明确认为信用卡有助于自己更好地理财的，大陆学生占比为 23%，台湾学生占比为 28.5%。

大学生信用卡：信用开创未来

让大学生在毕业之前就积累个人信用，是各发卡银行发行大学生信用卡的初衷。在校大学生刷卡消费激发了关于大学生信用卡的广泛争论，使发卡银行更加明确地认识到：风险控制及大学毕业生转变为主流持卡人，对大学生信用卡的健康发展具有特别重要的意义。

第一张大学生信用卡

2004 年 9 月 20 日，广东发展银行和金诚国际信用管理有限公司在北京大学联合发行大学生信用卡"Fantasy 卡"[①]，这是中国第一张大学生信用卡。"Fantasy 卡"不仅具备刷卡消费、预借现金、特约商户消费折扣等项基本功能，而且可以向持卡人提供与授信额度等额的小额资金助学贷款，还设计了可为持卡人提供就业便利的建立个人信用档案、出具个人信用报告等项增值服务，是为大学生量身定做的信用卡。持卡人的个人信用档案被命名为"大学生信用档案"，包含持卡人在校期间的相关信用记录、出自"金诚信用征信系统"的相关信用评估，持卡人大学毕业，到社会上求职，可以申请定制个人信用报告，作为提供给用人单位的参考资料之一，从而可以为其就业创造更多的便利。"Fantasy 卡"填补了本人经济来源甚少的在校大学生办理信用卡的禁区，其发卡对象主要是非毕业班的在校学生（本科生一年级至三年级，研究生一年级至二年级），他们凭身份证和学生证的复印件就可以申请，但是必须填写"生活费标准"和"生活费供给频率"等项个人信息。作为控制发卡风险的重要手段之一，广东发展银行精心设定了"Fantasy 卡"的有效期和信用额度：有效期设定为持卡人在校期间，信用额度设定为本科生最高 1000 元，硕士研究生最高 3000 元，博士研究生最高 5000 元。

2005 年 10 月 15 日，招商银行在广州首发"Young 卡"，这是中国第一张大学生双币信用卡。"Young 卡"与招商银行的其他双币信用卡一样具有"先消费，后还款"、"一卡双币，全球通用"等项标准功能，同时还具有专为大学生设计的"个人信用报告"、"信用证明"、"每月预借现金免一次手续费"、"e 化管理，e 化生活"等项专属功能。"Young 卡"的有效期设定为持卡人在校期间，信用额度设定为本科生最高 3000 元，

---

①　该信用卡首发时取名为"大学生信用卡"，2006 年 9 月 20 日更名为"Fantasy 卡"。

广东发展银行于 2004 年 9 月 20 日推出的中国第一张大学生信用卡

硕士研究生最高 5000 元，博士研究生最高 8000 元。购买 IT 产品、数码产品的支出在大学生的消费支出中占的比例较高，招商银行针对这一消费特征在其信用卡网站上推出了各种分期付款活动，减轻了大学生一次性付款的经济压力，让他们体验到提前消费和轻松理财的乐趣。招商银行还为 Young 卡持卡人精心设计了"学生毕业转卡"功能：大学毕业的 Young 卡持卡人只要登录招商银行网上银行大众版更新相关的个人信息，通过审核后其 Young 卡即可转换为标准信用卡，其信用额度则相应提升；持卡人在校期间使用 Young 卡所获得的信用记录和积分均自动转入新卡，与使用新卡所获得的信用记录和积分合并累计。"学生毕业转卡"功能具有开创意义：大学生可以从入学之日起累积个人信用记录，毕业时只要信用记录良好，就可以顺利地转变为主流持卡人。

表 7.2　　　　　　　　7 家发卡银行发行的大学生信用卡一览表

发卡银行	大学生信用卡名称	首发时间
广东发展银行	Fantasy 卡	2004 年 9 月 20 日
招商银行	Young 卡	2005 年 10 月 15 日
中国工商银行	牡丹学生卡	2006 年 4 月 5 日
中国建设银行	龙卡大学生卡	2006 年 6 月 10 日
中信银行	I 卡	2006 年 9 月 21 日
中国农业银行	优卡	2007 年 8 月 30 日
中国民生银行	民生留学生信用卡	2008 年 6 月 16 日

资料来源：各银行网站。

2006 年 6 月 10 日，中国建设银行与中国银联在上海举行了龙卡大学生卡首发仪式，这是中国第一张银联品牌的大学生信用卡。龙卡大学生卡的主打理念是"信用成就未来"，鼓励在校学生从大学时代就开始累积个人信用、提升理财能力，毕业时可以免费申请中国建设银行出具的权威个人信用报告。龙卡大学生卡的主要功能如下：特色分期付款功能，持卡人参与大学生团购优惠分期付款计划，就可享有分期付款零利息、零手续费的优惠，从而轻松地拥有优质品牌的数码产品，享受年轻一代所特有的时尚生活；年费终身优惠功能，持卡人办卡首年免收年费，每年只要刷卡消费三次（金额不限）即免收次年的年费；预借现金优惠功能，持卡人可在遍布全国的中国建设银行 ATM、网点及其他有银联标志的 ATM 预借现金，预借现金的手续费仅为同业的一半；免费异地存款功能，持卡人的父母、亲友仅凭卡号就可以向卡内存款（或还款）以满足持卡人的求学所需，且无论同城还是异地存款（或还款）都可获得免手续费优惠、不限次数，从而可节省资金汇划费用。龙卡大学生卡有四种颜色的卡面（图案均为象征学业最高成就的学士帽）可供选择：（1）活力橙，橙色代表光明，是活力的象征；（2）创新绿，绿色代表青春，是创新的象征；（3）独立紫，紫色代表勇气，是独立的象征；（4）智慧蓝，蓝色代表包容，是智慧的象征。

大学生信用卡激发的争议

推出大学生信用卡是中国信用卡产业发展的必然结果。发卡银行发行大学生信用卡，看重的不是他们的现在而是他们的未来。在校大学生的入学年龄基本上都是 18 岁左右，此时申办的信用卡很可能是他们一生中拿到的第一张信用卡，在今后的人生中他们很可能成为该发卡银行最忠实的持卡人。发卡银行将大学生信用卡的目标客户群锁定为全国 211 所重点大学及区域性、综合类重点大学的全日制在校学生，主要是看好这些学生未来的发展前景："好学校的好学生大都能找到好工作"，这些学校的大学生综合素质高、就业前景好、创业成功率高、预期收入相对较好，是发卡银行潜在的优质客户。从群体特征来看，在校大学生对新鲜事物的接受能力比较强，应用新产品的意愿也比较强，比较容易认同信用卡所代表的

"先消费，后还款"的消费理念和理财观念。从更广泛的意义上来说，中国高等教育已经进入大众时代，高等院校是培养未来的中产阶级、职业女性的摇篮，在校大学生必将成为信用卡持卡人的主流人群，在这个领域的竞争对发卡银行无疑具有战略意义。有人认为，招商银行信用卡业务之所以获得成功的"秘诀"在于：90 年代末期，招商银行在全国高等院校大力推广"一卡通"借记卡，这些持卡人毕业后很快成为社会的中坚力量和对招商银行信用卡业务忠诚度最高、贡献度最大的优质客户。

赞成推广大学生信用卡的人士认为，大学生信用卡对当代大学生的影响总体来看是正面的、积极的。首先，大学生是成年人，办理和使用信用卡是他们的权利，持有和使用信用卡让他们明确意识到自己应承担的义务，因而是他们融入社会生活的一种表现。其次，信用卡消费属于新型消费和支付方式，可以督促大学生保持良好的个人信用记录，进而有助于培养大学生的诚信信用观念，并可为大学生毕业后申请个人消费贷款打下良好的信用基础。再次，信用卡的可循环信用额度增加了大学生的可用资金来源，必要时可以为大学生提供备用或应急的资金。大多数大学生透支之后会自己想办法还款，有些大学生还通过勤工俭学的方式挣钱，这是一件好事。最后，信用卡消费可以锻炼大学生的理财能力，有助于他们今后更好地工作和生活。信用卡对大学生而言不是该不该用的问题，而是应当在专家给予适当指导的前提下合理使用的问题，发卡银行和学校都应当充当这个角色，指导大学生适度规划，而不是胡乱透支。中国青年政治学院副院长李家华教授认为，应当客观地、实事求是地分析大学生消费现象，深刻认识和妥善解决如何建设社会主流价值体系问题、如何确立社会行为评价标准问题，不盲目指责在校大学生这个特殊群体，而要在校园文化的建设中为学生树立高尚的精神导引和健康的行为评价。

反对发行大学生信用卡的人士认为，大学生信用卡对当代大学生产生了不少负面的、消极的影响。在许多大学教师看来，信用消费是以信用意识的建立和稳定的收入来源作为保证，而在校大学生大多都不具备这些条件；信用卡消费是一把"双刃剑"，运用不当就会带来难以估量的不良后果。首先，已申请信用卡的在校大学生中有很多人连用卡常识都不了解，因弄不清楚自己的还款周期而多次被银行催缴的持卡人并非少数。其次，在校大学生使用信用卡购买服装、手机、电脑、MP3 等时尚物品，在一定程度上助长了超前消费，容易导致同学之间相互攀比的不良风气。再次，有些大学生因陷入非理性消费而背上了沉重的债务，不得不花费大量的时间挣钱还债，从而影响了学业。最后，持卡人若出现未按时还款的不良记录，不仅会影响后续用卡，而且会给持卡人毕业时的求职和毕业后的生活带来麻烦。反对发行大学生信用卡的最为强烈的呼声来自学生家长和新闻媒体。许多学生家长认为，大学生拥有大额度可透支信用卡，打破了家长与子女之间的理财平衡，子女实际上脱离了家长的消费监督，这无异于打开了子女享乐消费的闸门、增加了家长偿还欠款的负担。一些新闻媒体甚至认为发卡银行"缺乏社会责任"，因为信用卡使用不当就会蜕变为"消费鸦片"，使在校大学生提前步入了"月光族"的行列。

大学生信用卡的风险控制

在校大学生属于无工作、无固定收入的社会群体，对在校大学生发卡而不考虑其还款能力，确有可能造成自制力比较弱的学生超能力消费，若给学生家长带来沉重的经济负担并引发投诉，就会产生较为不利的社会影响，同时也会给发卡银行带来较大的声誉风险。

2007年9月26日，上海银监局[①]发布风险提示，要求各商业银行加强大学生信用卡风险管理。上海银监局指出：部分发卡银行未能按照有关制度对学生卡申请人的还款能力进行严格的授信审核，且未根据申请人资信情况设立有效担保，一些发卡行甚至在《学生信用卡领用合约》中删去"收入情况说明"一栏，完全忽略对学生卡申请人还款能力的审核；某些发卡行在《学生信用卡领用合约》中特别注明联系人"无需承担担保责任"，实际操作却是学生无力还款情况下发卡银行会向其父母进行欠款追偿，这种做法缺乏法律依据，若遭到学生家长的投诉甚至法律诉讼，则将给发卡行带来法律风险。上海银监局要求各商业银行提高内控执行力度、审慎选择发卡对象：对还款能力不符合条件且无法确定有效担保及担保方式的，坚决不予发卡；对已发放的学生卡，要加强风险监测和评估，根据持卡人的资信状况及时调整授信额度、有效规避信用风险。上海银监

---

① 其全称为"中国银行业监督管理委员会上海监管局"。

局同时告诫各商业银行规范逾期欠款催收行为，按信用卡领用合约的约定向持卡人及有担保责任的第三人追偿，杜绝向无担保责任的持卡人直系亲属进行催收或变相催收，以防范法律风险、维护良好声誉。上海银监局强调，如果发卡银行继续向还款能力不符合条件的学生核发信用卡，或产生损害客户合法权益的问题，将按照有关规定予以处罚。

2008 年 11 月 12 日，上海银监局再次发布风险提示，声明家长没有义务为具有完全民事行为能力的子女代偿信用卡欠款。上海银监局指出：部分发卡银行单纯地追求发卡量指标，在营销中确实存在过度宣传、风险提示不足的现象，在授信审核中也没有充分考虑其他发卡银行累计授信总额是否已超过持卡人的还款能力、存在严重过度授信现象；个别银行还有意或无意地忽视持卡人在他行已出现的还款困难问题，仍向其发卡或提高其信用卡额度；部分发卡银行在持卡人出现逾期等异常情况后未及时采取止付、冻结等有效管控措施防止持卡人欠款金额的进一步增加。上海银监局要求发卡银行必须高度重视一人多卡、过度授信可能给银行带来的影响和损失，完善并严格执行科学的授信审核机制，在营销过程中要向申请人充分揭示风险，贷后管理要根据持卡人财力状况的变化，采取及时有效的风险管控措施，对逾期账款催收应严格按法定程序向持卡人本人催收，杜绝为盲目追求商业利益而放松授信标准、不当营销、非法催收等情况的再次发生。针对部分家长在知晓子女有高额信用卡欠款后往往倾全家之力为其还款的现象，上海银监局提醒家长：对具有完全民事行为能力的子女所欠银行债务，家庭其他成员没有代为偿还欠款的法律义务，对银行工作人员直接向持卡人父母催收欠款的行为可不予理会。

从中国信用卡产业发展的走向来看，信用卡进入大学校园应当是一个正常现象。作为当代大学生，必须要有一种责任意识，既对自己负责、也对社会负责，具有独立自主意识与理性消费观念，这是一个大学生应当具备的基本素质。要有效控制大学生信用卡的风险，监管机构、发卡银行、高等院校、学生家长都应当承担起引导在校大学生正确、恰当使用信用卡的职责。一旦发现持卡人存在过度消费、过度透支的问题，学校老师、学生家长要劝导持卡人及时清偿所欠信用卡债务，必要时可督促持卡人注销所持有的信用卡。按照发卡银行通行的操作流程，注销信用卡须由持卡人本人完成，其要点如下：（1）持卡人本人拨打发卡银行的客户服务电话，客户服务人员核实其持卡人身份之后在线进行信用卡注销操作;(2)电话挂断之后注销立即生效,持卡人须将磁条剪断之后方可丢弃卡片,若未剪断磁条即丢弃卡片,须自行承担可能出现的信用卡冒用风险;(3)若持卡人持有同一发卡银行的多张信用卡,可选择单卡注销或整户注销;(4)若持卡人选择整户注销,必须在下一个账单日将所欠款项一次缴清;(5)选择整户注销,持卡人已累积的信用卡积分立即失效、无法使用;(6)持卡人注销主卡,附属卡将一并注销;(7)注销之后6个月内持卡人可以要求复卡,如果原有卡片已剪断磁条并丢弃,可以要求发卡银行补发新卡,但须支付补发费用。

∞ ∞ ∞ ∞ ∞ ∞ ∞ ∞ ∞ ∞ ∞ ∞ ∞ ∞ ∞ ∞ ∞ ∞ ∞ ∞

　　说文解字——催收对象(Collection Objects)
　　Collect 源自中古英语 collecte,意思就是"收集、搜集"。在美国双解辞典中,除收集、搜集外,Collect 还有另外两个词义:其一就是"收款、收账",如:The electrician will come round to collect the electricity fee for the month one of these days(这几天电工会来收这个月的电费)。其二是"聚集、集合",如:A crowd had collected to watch the ceremony(人群会聚一堂观看典礼)。Collection 是由动词 collect 转化而来的名词,不仅保留了"收款、收账"的意思,而且有了一个很特别的词义:(牛津大学各学院的)学期考试。在校大学生原本是不应该成为催收对象的,指导在校大学生正确认识和使用信用卡应当作为通识教育的一项重要内容纳入当今中国的高等教育体系。

　　看过《桃李劫》这部电影的人可能不多,但熟悉《毕业歌》这首歌曲的人一定不少。1934 年上映的《桃李劫》在中国电影史上有着非常重要的地位:这是中国第一部有意识地按照有声电影的艺术规律拍摄的电影,《毕业歌》则是进步人士第一次把抗战歌曲巧妙地用做电影主题歌的典范。影片的主人公名叫陶建平,是一所大学最优秀的学生之一,也是校长寄寓希望最大的学生之一。在毕业典礼上,意气风发的陶建平代表全体毕业生讲话,他慷慨激昂的言辞激励了在场的每一位听众,他们情不自禁地高声齐唱《毕业歌》："同学们，大家起来，担负起天下的兴亡！……我们今天是桃李芬芳，明天是社会的栋梁；我们今天是弦歌在一堂，明天要掀起民族自救的巨浪！"这首歌的词作者是田汉，曲作者是聂耳。1935年，他们又创作了新中国成立之后定为国歌的《义勇军进行曲》。《毕业歌》采用的也是充满战斗激情的进行曲风格，歌词则属于自由体新诗。"天下兴亡，匹夫有责"，何况是作为知识精英和社会栋梁的爱国青年！这首歌就这样向全国的青年发出了战斗的呼唤，激发了无数热血青年的爱国热情，他们高唱这首战歌，义无反顾地奔向祖国的大江南北、走上抗日救国的战场。

2005 年是一个非常有纪念意义的年份：既是科举制度废除一百周年，又是中国电影诞辰一百周年，还是中国第一张信用卡诞生二十周年。2005年6月29日，中共中央办公厅、国务院办公厅联合印发《关于引导和鼓励高校毕业生面向基层就业的意见》，提出要"努力建立与社会主义市场经济体制相适应的高校毕业生面向基层就业的长效机制"，要求各地：积极引导大学生树立正确的世界观、人生观和价值观，自觉地把个人理想与国家的需要、社会的需要紧密地结合起来；通过社会实践等多种方式帮助当代大学生深入了解国情、了解社会，正确认识就业形势，树立行行建功、处处立业的观念，踊跃到基层锻炼成才；加大宣传力度，通过报刊、广播、电视、网络等媒体深入宣传党和政府有关高校毕业生到基层就业的政策，大力宣传高校毕业生在基层创业、成才的先进典型，唱响到基层、到西部、到祖国最需要的地方去建功立业的主旋律，在全社会范围内形成良好的舆论导向。2005年年末，教育部部长周济对全年高校毕业生就业工作作出如下总结：2005 年全国普通高校毕业生 338 万人，比 2004 年增加了 58 万人，增幅达到 20.7%；截至 9 月 1 日，全国普通高校毕业生初次就业率达到 72.6%，实现就业人数 245 万人，比 2004 年同期增加了 41万人；年初确定的高校毕业生就业工作目标基本实现。

2007 年 7 月 9 日，《人民法院报》以《信用卡在大学校园遭遇尴尬》为题报道了上海市黄浦区人民法院审理的一起大学毕业生逃避信用卡债务案。被告秦某曾是上海某名牌大学的学生，2006 年 10 月 20 日办理了一张中国银行的长城信用卡，在不到两个月时间里透支消费达 5500 余元人民币。在接到银行的第一次催款通知之时，秦某承诺一个月后还清所有的欠款，但到期后他又信誓旦旦地向银行保证一两天内还清；银行一次又一次答应了他延期归还的请求，最后一次拨通他的手机时，他说已经回到老家，正忙于找工作，还款的事以后再说，此后他的手机便处于无人接听的状态；银行无奈，只好向黄浦区人民法院递交了诉状。黄浦区人民法院公开开庭审理了此案，作出了秦某应归还信用卡欠款 5540.78 元的缺席审判。该案的一位承办法官感慨地说："这些学生多数是名牌大学毕业生，在学校里受过良好的高等教育，却在个人诚信上出现污点，真是可惜！"报道称此类案件上海市黄浦区人民法院已受理了多起。有识之士奉劝这些正处于花样年华的大学毕业生：千万不要自作聪明、自毁前程，个人信用信息已实现了全国联网，逃债者最终将为自己的逃债行为付出代价。

第八章　盛夏的果实

　　我的梦和你的梦，每一个梦源自黄河，五千年无数的渴望，在河中滔滔过……要中国人人见欢乐，笑声笑颜长伴黄河，五千年无数中国梦，内容始终一个；哪天我中国展步，何时睡狮吼响惊世歌，冲天开觅向前路，巨龙挥出自我。

——黄霑《中国梦》

　　中国信用卡产业目前仍处于起步阶段，我们现在还无法预见这个阶段将会在什么时候结束，但可以肯定的是：中国信用卡产业将随着中国经济的持续发展而持续发展，依次进入成长阶段和繁荣阶段，其主旋律将始终是市场化、专业化。从中国信用卡产业迄今为止的发展脉络来看，未来15年内或2025年以前中国信用卡产业将呈现出借鉴与创新并举的十大发展趋势，实现从起步阶段向成长阶段的跨越。

中国经济未来15年的走向

　　2007年10月15日，中国共产党第十七次全国代表大会在北京召开，会议提出实现全面建成小康社会奋斗目标的新要求，总体而言，就是"增强发展的协调性，努力实现经济又好又快发展"，具体内容包括以下7个方面：（1）转变发展方式取得重大进展，在优化结构、提高效益、降低消耗、保护环境的基础上，实现人均国内生产总值到2020年比2000年翻两番（从1000美元增长到3000美元）；（2）社会主义市场经济体制更加完善；（3）自主创新能力显著提高，科技进步对经济增长的贡献率大幅上升，进入创新型国家行列；（4）居民消费率稳步提高，形成消费、投资、出口协调拉动的增长格局；（5）城乡之间、区域之间的协调互动发展机制和主体功能区布局基本形成；（6）社会主义新农村建设取得重大进展；（7）城镇人口比重明显增加。要实现人均国内生产总值翻两番的目标，就必须确立消费、投资、出口协调拉动的经济增长模式。

2007 年 11 月 12 日，万事达卡国际组织发布研究报告《中国与可持续性经济增长——展望未来 15 年》，分析了全要素生产率（TFP）在过去 20 年对中国经济发展所产生的推动力，阐释了全要素生产率在未来 15 年推动中国经济持续发展的重要性。这份报告认为，过去 20 年中国的 TFP 年均增长率始终保持在 3.5%—4.4% 之间，大大高于发展中国家（通常为 1%—2%）和发达国家（2%—3%）的水平，而推动中国 TFP 增长的主要因素包括：私营经济、城市化、外国直接投资、对外贸易、基础设施建设、教育、研发及政府行政开支。按照万事达卡国际组织的预测：TFP 的增长如果能保持在 3% 以上，未来 15 年中国将可享受到每年 9% 的经济增长率。而要实现这一中期发展愿景，中国应深化市场化取向的经济改革，着力解决结构失衡、市场扭曲、内需不足、效率下降等直接影响经济增长质量的问题。[①]

万事达卡国际组织认为，未来 15 年中国经济增长保持在 9% 以上的关键是提高经济增长的质量，包括进一步提高全要素生产率、减少政府行政开支、提高消费占国内生产总值（GDP）的比例等。该组织亚太区首席经济顾问王月魂博士表示：中国已经通过提高效率为促进经济增长奠定了坚实的基础，未来的挑战将是通过提高效率保证这一增长趋势能够继续，并每年为实际 GDP 贡献平均 3%—4% 的增长。中国需要继续改革，以进一步提高生产率、减少政府行政开支、提高消费在 GDP 中的占比。一系列改革措施的成功实施，对于实现 TFP 增长及经济长远发展至关重要。中国的经济发展正处在一个转折点，中国的领导层过去一直致力于提高经济增长率，未来他们需要保持经济的可持续发展，更多地关注经济增长的质量。该研究报告指出，要达成这些目标，中国必须实行持续的、深

---

① 资料来源：万事达卡国际组织中文网站"新闻中心"（www.mastercard.com/cn）。

入的综合及配套改革，把改革的着力点放在加快城市化进程、减少出口依赖、倡导企业家精神、深化金融改革、控制过度投资和增加研发投入六个方面。

加快城市化进程

城乡之间人口自由流动是中国最成功的标志性改革之一，城市化也是中国 TFP 增长最重要的内生性推动因素之一。按万事达卡国际组织的预测，中国快速的城市化进程将持续到 2020 年，届时中国的城市人口可能占到总人口的 60%。要确保城市化继续顺利推进，中国需要采取更为有效的改革措施，特别是保护进城农民工的权益，改善城市基础设施建设，确保城市居民能够享受到更好的社会保障（包括教育、就业、医疗和社区服务）等，这些改革将有助于促进整个社会的公正和公平、增强城市的辐射能力和释放国民的消费潜力。

减少出口依赖

减少出口依赖，关键在于增加家庭消费。对外贸易目前已占中国 GDP 的 70%，内需不足和过度投资是中国的外贸依存度不断增加的重要原因。由于内需不足，当期产出不能被国内需求完全吸收，故而日益依赖全球性的需求。为了扩大其全球市场份额，中国的生产商和出口商不断地增加资本投入和科技投入。中国的劳动力供给总量非常庞大，但结构性失业、地区性失业现象也非常普遍。这就造成了经济增长的结构性失衡并与中国的劳动力比较优势相背离，从而导致国内储蓄→投资的失衡、生产→消费的失衡。在放慢资本密集型产业增长速度的同时增加劳动密集型产业在 GDP 中的占比，可以提高工资性收入在国民收入中所占的比重。一旦国民形成了家庭收入可持续增长的预期，社会保障和综合福利又有保证，增加家庭消费就有了坚实的基础，这将对 TFP 的增长产生直接的、持久的拉动效应。

倡导企业家精神

活跃于当今中国经济舞台的"第一代"企业家大都崛起于改革开放后的 1992—1997 年，未来 15 年，他们都将步入老年期，成为更成熟的商业领袖。他们的企业家精神对中国的经济发展和社会进步已经产生了巨大的驱动力和推进力，成为继土地、劳动力、资本之后的第四大生产力要素。中国应当倡导以"创业、进取、创新、合作"为内核的企业家精神，大力推行鼓励自主创业，支持自主创新的各项改革措施，诸如更好地保护私有财产、改善融资渠道，等等。这些改革将有助于提高中国企业的整体业绩、推动 TFP 的持续增长。

深化金融改革

1997 年亚洲金融危机爆发以来，中国金融业改革（尤其是银行业改革）一直都在稳步推进且成效显著：不良贷款总量和比率已经得到有效控制，整个行业的市场化程度、抗风险能力不断提高；各类外资金融机构都已经在中国金融市场拓展业务，与中资金融机构展开平等的同业竞争。在未来的 15 年里，中国应当继续推进金融业（尤其是银行业）的市场化改革和产业化发展，进一步向新型投资方式（包括国内、国外金融机构提供的）开放国内的金融市场，特别是零售金融市场，并为私营企业拓宽融资渠道，提高融资效率，这对 TFP 的增长将起到尤为显著的推动作用。这些改革举措还将为中国带来可以预见的其他益处：遏制经济腐败，降低贸易顺差，提高消费在 GDP 中的占比，给企业家以更大的支持。这些推动经济发展的重要因素又可以扩大有效内需，推动商业投资，从而增加中国对世界经济的贡献。

控制过度投资

过度投资是导致经济增长出现结构性失衡的一个因素。过度投资如果超出资源和环境的承受能力，将造成资源浪费和环境污染，引起能源紧张和运输紧张。过度投资还会引发生产能力的过剩，导致市场的无序竞争，形成行业性的经济风险。要成功地减少过度投资，一是改革和完善大中型企业，特别是国有企业的公司治理结构，遏制企业管理层的投资冲动；二是加快利率市场化改革，以市场化的利率形成机制和资金供给机制提高投资门槛。这些改革措施将有助于提高中国的资本分配效率和资金使用效率，从而促进 TFP 的增长。

增加研发投入

中国近年来的研发投入出现了相对较快的增长，2006 年研发投入占 GDP 的比重达到 1.23%，但与 1.4% 的世界平均水平相比尚有明显的差距，与发达国家的 2%—3% 相比则差距更大，还远不能满足中国参与世界科技竞争的需要。中国已确定"到 2020 年进入创新型国家行列，全社会的研发投入占国内生产总值的比重提高到 2.5%"的发展目标。中国应当在增加研发投入的同时加强对知识产权的保护，引导和鼓励中国企业注重创立自有品牌，在国际竞争中逐步成长为"创新驱动型"企业。这对 TFP 的增长也将起到显著的积极作用。

综上所述，中国经济未来 15 年的走向可以概括为三句话：实现人均国内生产总值到 2020 年翻两番的目标，确立消费、投资、出口协调拉动的经济增长模式，推进六大重点领域的综合配套改革。笔者认为，所有这一切都为中国信用卡产业的持续发展提供了难得的历史机遇，未来 15 年里中国信用卡产业将走上市场化程度、专业化程度不断提高的发展道路，并以如下十大发展趋势作为其重要标志。

趋势之一：推广智能卡

1997—2008 年担任万事达卡国际组织全球总裁兼首席执行官的罗伯特·史兰德（Robert W. Selander）曾这样说过："随着时间的推移，智能卡终将像计算机取代打印机一样取代磁条卡，因为打印机和磁条卡都缺乏灵活性和多功能性。"有人认为，磁条卡的爆炸性增长是 20 世纪最伟大的金融成就，因为磁条卡已经成为人们生活中不可或缺的支付工具。但是，持卡人的支付需求正日趋多样化，他们希望在任何时候、在任何地方都能快速完成支付交易，各种虚拟渠道购物方式（如邮购、电话购物、电视购物、电子商务等）的兴起也对支付交易的安全性、便捷性提出了更高的要求。而发卡机构则希望持卡人所持的信用卡除支付功能外还具备其他功能，如客户维系功能、账户管理功能、信息交互功能、安全认证功能等，从而为持卡人提供针对性更强、性价比更高的增值服务。智能卡之所以终将替代磁条卡，是因为智能卡具有磁条卡所无法比拟的兼容性和多功能性：智能卡不仅具有比磁条卡强大得多的数据存储和读取功能，而且具有独立的数据处理功能、灵活的信息交互功能、可靠的安全认证功能，可以更好地满足持卡人的新型支付需要和发卡机构的增值服务需要。

发展智能卡的关键是 EMV 迁移。中国银联于 2007 年 8 月 30 日发布的相关报告显示，截至 2006 年年末，全球的 100 多个国家和地区共计发行 EMV 卡近 5.2 亿张，同比增长近 28%；EMV 受理终端达到 680 万台，同比增长近 51%。① 发卡机构推进 EMV 迁移的动力已逐渐从防范欺诈转向开发创新型产品（如多功能卡、非接触卡等），实现产品差异化，争夺市场份额，亚太地区尤为明显。亚太地区是继欧洲之后伪卡欺诈集团最主要的攻击目标，欧洲 EMV 迁移最根本的动力就是防范伪卡欺诈，而亚太地区 EMV 迁移则更注重多功能和新技术应用（如非接触式支付、生物智能等）。据中国银联发布的这份报告披露，截至 2006 年年末，维萨国际组织在亚太地区的 EMV 发卡量已达到 6300 万张，同比增长了 46%，占该组织在亚太地区发卡总量的 19%；亚太地区已实现 EMV 迁移的 POS 终端达到了 150 万台，同比增长了 81%，占亚太地区终端 POS 总量的 28%；在亚太地区，日本的发卡 EMV 迁移比例已经高达 39%，与中国台湾、马来西亚同处于第一梯队，中国香港、澳大利亚、印度、印度尼西亚、巴基斯坦、菲律宾、新加坡和泰国处于第二梯队，而中国内地则处于第三梯队。②

总体迁移成本高昂，借记卡占主导地位是 EMV 迁移在中国进展相对迟缓的两大客观原因。2004 年 12 月 29 日，中国人民银行正式宣布：中国的 EMV 迁移工作将遵循"积极应对，谨慎实施"的指导方针，采取"先标准，后试点；先收单，后发卡；先外卡，后内卡"的实施策略。2005 年 3 月 10 日，中国人民银行颁布了基于 EMV2000 标准的《中国金

---

① 李强：《银联发布全球 EMV 迁移最新进展情况》，2007 年 8 月 30 日解放网 "即时播报"（www.jfdaily.com/jsbb）。

② 李强：《银联发布全球 EMV 迁移最新进展情况》，2007 年 8 月 30 日解放网 "即时播报"（www.jfdaily.com/jsbb）。

融集成电路（IC）卡规范 V2.0》（PBOC2.0），即"中国 EMV 标准"，为中国的银行卡产业及相关行业的 EMV 迁移确立了规范框架。2005 年 3 月 23 日，中国银联完成了 Visa 芯片卡收单入网集成测试认证，是中国 EMV 迁移的第一个成功案例。2005 年 4 月 19 日，中国银联建立了"多应用智能卡联合实验室"，从而加快了国内银行卡向 EMV 智能卡迁移的步伐。该实验室是中国第一个 EMV 实验室，将成为金融智能卡全产业链解决方案演示中心。另外，中国银联新一代信息交换系统已经按照 EMV 标准进行了系统改造和升级开发，具备银行芯片卡借记/贷记交易信息转接与处理能力。2005 年 7 月 14 日，上海市全面启动银行卡 EMV 迁移试点工作，主要目标是银行卡的多功能应用。2005 年 8 月 10 日，北京市也全面启动银行卡 EMV 迁移试点工作，主要目标是到 2008 年年底可受理 EMV 标准卡的 POS 和 ATM 分别达到市场保有量的 99% 和 40% 以上。

2005 年 6 月 18 日，媒体披露了美国 4000 万张信用卡信息被盗的消息，全球为之震惊。这是美国有史以来最大的一起个人金融信息被盗案，这次事件再次把磁条卡的安全问题摆到人们面前，促使中国银行业加快了 EMV 迁移的进程。2005 年 12 月 16 日，中国工商银行在北京首发牡丹 EMV 标准信用卡，这是中国第一张 EMV 标准信用卡。在牡丹 EMV 标准信用卡的首发仪式上，中国工商银行宣布该行 EMV 卡收单系统改造工程圆满结束，成为国内第一家完成收单系统 EMV 迁移的银行。牡丹 EMV 标准信用卡采用万事达卡品牌，卡片背面带有磁条，卡片正面则带有微晶芯片，是磁条卡与芯片卡的结合介质卡，体现了中国 EMV 迁移的阶段性特征。EMV 芯片的加入使牡丹 EMV 标准信用卡在信息安全保护方面实现了质的飞跃：芯片的智能电路结构检测到非法读取卡内数据，可自行销毁芯片、保护卡内数据，从而极大地化解了用卡风险。牡丹 EMV 标准信用卡不仅能够有效降低伪卡几率和盗用案件，而且还为中国工商银行及其特约商户推出个性化的增值服务提供了理想的跨行业多应用平台。据中国工商银行有关负责人的介绍，今后该行已发行的万事达卡品牌的信用卡将逐步免费升级为智能卡。牡丹 EMV 标准信用卡正式发行，标志着中国 EMV 迁移取得实质性进展、进入 EMV 迁移发卡国行列。

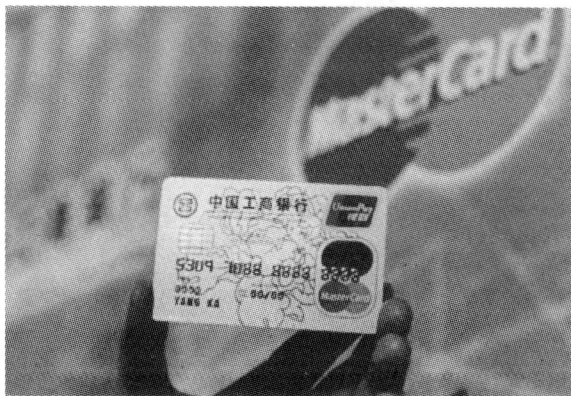

2005 年 12 月 16 日发行的中国第一张 EMV 标准信用卡

2007 年 6 月 20 日，中国银行在北京举行新闻发布会，宣布中银长城国际卡将升级为兼容 EMV 标准的芯片卡，欧元及英镑两个币种的中银长城国际卡首批升级，其他币种的中银长城国际卡年内将陆续进行升级。中国银行由此成为中国第一家全面进行国际卡 EMV 升级的发卡银行。完成升级的中银长城国际卡卡片背面保留磁条，以确保在全球各地持卡消费畅通无阻，卡片正面则会嵌入兼容 EMV 标准的内置微型芯片，持卡人可以得到更安全的消费保障。中国银行的有关负责人表示，由于 EMV 迁移已在世界各地全面展开，欧洲和东南亚的一些国家和地区已经完成了从磁条卡到 EMV 芯片卡的过渡，欧元及英镑两个币种的中银长城国际卡升级，将给出国旅游、留学、商务旅行的持卡人带来更大的用卡便利及保障。中国银行在新闻发布会上还宣布正式推出中银长城国际港澳自由行芯片卡，上市时间定在香港回归 10 周年的 7 月。这张信用卡具有 EMV 卡功能，以港币为结算货币，可为往来于中国内地和香港、澳门的旅客带来最大便利。

中国工商银行、中国银行是中国银行业实行 EMV 迁移的开拓者和先行者，为中国各发卡银行积累了经验、树立了典范。随着 EMV 迁移成本的大幅降低和 EMV 卡用卡环境的逐步改善，智能卡将作为中国信用卡产业持续发展的主流品种迅速取代磁条卡的主导地位。

趋势之二：普及认同卡

1999 年 1 月 5 日颁布的《银行卡业务管理办法》给出的认同卡的定义是：认同卡是商业银行与非营利性机构合作发行的银行卡附属产品，认同卡所依附的银行卡品种必须是已获得中国人民银行批准的品种，并应遵守相应品种的业务章程或管理办法。持卡人领用认同卡表示对认同单位事业的支持。中国认同卡发端于慈善事业：1995 年 12 月 26 日，中国农业银行上海市分行与上海市慈善基金会联合发行金穗慈善认同卡，这是中国第一张认同卡，持卡人在缴纳年费的同时向中国慈善基金会无偿捐赠固定金额的慈善捐款（普卡 10 元、金卡 20 元）。金穗慈善认同卡采用的是维萨品牌，由于其卡面设计非常精美，曾荣获维萨国际组织颁发的 1995—1996 年度最佳银行卡卡面设计奖和最佳社会公益奖，这是中国银行卡产品第一次荣获国际性卡面设计类奖项。校友认同卡是中国认同卡的另一个重要组成部分，关于中国第一张认同卡的另一个说法也得到了人们的认同：1996 年 6 月 26 日，中国工商银行上海市分行与上海交通大学联合发行采用牡丹维萨品牌的交大校友认同卡，其发卡对象就是上海交通大学的海内外校友，著名学者翁史烈、徐祖尧、杨猷等成为其首批持卡人。

1995 年 12 月 26 日发行的中国第一张认同卡

　　万事达卡国际组织于 2007 年 8 月 13 日首次发布的万事达卡中国大陆富裕阶层指数（MasterCard Worldwide Index of China's Affluent）显示，中国大陆的富裕阶层热心公益：73.6% 的人愿意支持社会公益活动；38.9% 的人支持环境保护活动；受访的富裕阶层从事其他社会公益活动的比例分别是献血（29.6%），担任志愿者（21.8%），参与文化遗产保护工作（8.2%）；39.5% 的中国大陆富裕阶层都表示他们已有持续投入社会公益活动及环境保护活动的计划，但还有一大部分富裕阶层尚未作出决定。万事达卡国际组织在北京、上海、广州 3 个城市各挑选 300 名受访者进行面对面的访谈，这 900 名受访者的家庭年收入都在 1.6 万—5 万美元之间或 5 万美元以上，67.1% 的受访者年龄低于 40 岁且受过高等教育，66.9% 的受访者至少拥有学士学位，25% 的受访者家庭年收入高于 5 万美元（已达到富有的标准）。① 万事达卡国际组织所访谈的这些富裕阶层正是信用卡最好的目标客户群，他们热心公益、愿意从事社会公益活动及环境保护活动，这就为慈善认同卡在中国的蓬勃发展提供了契机，他们的价值观念、生活方式、消费方式及消费能力将对中国信用卡产业的竞争格局产生重大的影响。

　　中国是遭受自然灾害影响最频繁、损失最严重的国家之一，随着国民经济的持续发展和社会财富的快速积累，灾害损失有日益加重的趋势。近年来，中国慈善事业发展迅速，在扶危济困、社会救助方面已取得了可喜的成绩，但也存在一些问题，诸如有些尚处于初创阶段的慈善机构资金严重不足、慈善资金捐助和募集渠道不够通畅、慈善资金发放和使用缺乏监督，等等。商业银行有很高的社会公信力和广泛的社会知名度，可以在支持慈善事业发展方面发挥独特的作用，同时也有助于自身发展。首先，商业银行营业网点分布面广、业务网站点击率高，可以将慈善活动的最新信息快速传递给社会公众，迅速建立起信息传播和交流平台。其次，商业银行是社会资金流转的枢纽，其业务平台的最重要职能就是聚集和分配社会资金，因而是建立和扩展慈善资金捐助和募集渠道的上佳选择。再次，商业银行素以业务管理架构严密、业务操作流程严格著称，完全能够在慈善资金发放和使用过程中提供制度和人员保障、起到审核和监督作用。最

---

　　① 资料来源：万事达卡国际组织中文网站"新闻中心"（www.mastercard.com/cn）。

后，商业银行与众多客户保持着密切的业务往来关系，既能吸引更多的组织和机构支持慈善事业，也可吸纳更多的企业和个人从事慈善活动。

银联标准"中国红"慈善信用卡首发仪式

2008 年对全体中国国民来说是不平凡的一年，北京奥运会召开凝聚起强烈的爱国热情，南方罕见雪灾和汶川特大地震激发出广泛的捐助热潮，"爱国与慈善"成为全国人民的共同心声，全国人民众志成城、大爱无疆、甘于奉献、关注公益。2008 年 7 月 25 日，银联标准"中国红"慈善信用卡在北京正式诞生，中国工商银行、中国农业银行、中国银行、中国建设银行和上海银行成为首批发卡机构。这是中国第一张由多家商业银行共同推出的慈善认同卡，具有统一的卡面样式和增值服务：卡面的主要构图元素是以红色祥云勾勒而成的中国地图，匠心独具，精美别致；各家发卡银行、中国银联、广大持卡人则共同响应"购物即慈善"的慈善理念，借助"中国红"慈善信用卡为中国慈善事业奉献爱心。"中国红"慈善信用卡代表着一种可持续发展的、创新的慈善公益模式：持卡人刷卡消费金额越多，中国银联和发卡银行向中国红十字基金会"中国红行动"捐赠的善款数额也就越多；这些善款重点资助"红十字天使计划"，帮助援建乡村红十字博爱卫生院，培训乡村医生，开展贫困农民和儿童大病救助。持卡人由此成为中国银联与发卡银行持续捐赠活动的推动者和见证人。

2008年12月9日，招商银行与李连杰壹基金联合推出的"招行壹基金爱心信用卡"在上海面世，这是中国内地金融消费领域第一张采用"爱心额度"作为信用卡核发及升等标准的慈善认同卡。李连杰壹基金是在中国红十字总会架构下独立运作的慈善计划和专案，系由中国红十字会"博爱大使"李连杰先生发起。招行壹基金爱心信用卡分为普卡、金卡和钻石卡三个等级：申办人从普卡起步，持卡即默认每月固定捐赠人民币1元（也可选择11元或111元）；爱心额度累计达1000元，普卡升级为金卡；爱心额度累计达1万元，金卡升级为钻石卡。招行壹基金爱心信用卡还将持卡人、招商银行、特约商户的爱心慈善行动紧密联系起来：申办人每成功申办一张卡，招商银行即捐赠人民币1元；持卡人每刷卡消费一笔，特约商户即捐赠人民币1元；持卡人每刷卡消费一笔且金额不低于人民币20元，招商银行即捐赠人民币0.1元。招商银行还定期组织持卡人参加1天义工体验活动、明星捐物义卖活动、爱心邮购专属计划，与李连杰壹基金共同传播慈善文化、发展慈善事业。招商银行有关人士预计，招行壹基金爱心信用卡有望在2009年积累高达上千万元的慈善基金。

慈善认同卡的兴起充分说明：支持慈善事业发展，既是商业银行履行企业公民责任的一种重要方式，也是普通民众参与社会公益活动的一条可行途径。随着经济的持续发展和社会的不断进步，慈善认同卡有望在中国广大国民中日渐普及，成为主导认同卡领域的卡种。

趋势之三：网络化营销

互联网的兴盛催生了电子营销（E – marketing）这一新的营销模式的应运而生，并由此衍生出基于网络技术的主动营销与互动营销两种全新的营销方式。基于网络技术的主动营销，是指企业借助网络挖掘技术向其目标客户发布营销信息，这些营销信息在互联网上具有快速传递、快速复制、快速扩散的特征，然后通过目标客户的人际关系网迅速传播开来，使企业的营销信息很快就在更广泛的网络用户中迅速复制并深入人心，从而在最短时间内将营销信息传播给最广大的目标客户，达到推动客户持续购买、促成企业持续销售的目的。基于网络技术的互动营销，是指企业利用互联网互动性非常强的特点，将营销活动由企业单方面努力转变为企业与目标客户双向互动，使目标客户有机会亲自参与产品的设计、研发、生产、销售过程，成为企业经营全过程重要的、积极的参与者和见证人，从而共同创造新的市场需求和新的适销产品。网络营销使传统营销模式发生了革命性的变化，其主动性和互动性可以从根本上改变企业与目标客户之间的关系，同时具有目标明确、手段灵活、成本低廉、可以开展跨地域和跨时空营销诸多优点，因而备受新锐企业的青睐，成为营销创新的热点。

信用卡网络化营销有两条路径可选择：一是自建网站；二是借助外力。目前中国各发卡银行都建立了网站，开设了信用卡频道，主要包括信息查询、网上申请、增值服务和社区活动四大功能。

信息查询功能：发布已发行的各类、各款信用卡产品信息，客户可以在线查询发卡银行每一款信用卡产品的功能、费率；发布即时更新的业务动态信息，客户可以及时了解发卡银行推出的各种信用卡营销活动。

网上申请功能：14 家发卡银行中有 11 家已开通此项功能，其中 5 家可以在线填写申请表、6 家必须下载和打印申请表；招商银行、上海浦东发展银行的持卡客户在线申办新卡，无须重复填写首次申请时填写的信息。

增值服务功能：持卡客户可以在线查询本期和往期账单、查询新增和累计积分、使用积分兑换指定礼品；有些发卡银行开通了在线订购专属商品、申请账单分期、购买邮购分期商品等项功能，为持卡客户提供更有针对性的增值服务。

虚拟社区功能：持卡客户可以在线交流办卡和用卡信息、分享办卡和用卡心得；这是各发卡银行信用卡频道的短板所在，其替代解决方案是成立持卡人俱乐部、不定期举办理财或健康讲座，增进持卡客户与发卡银行之间的沟通和交流。

表 8.1　　　　　各发卡银行"网上申请信用卡"功能一览表

银行名称	网上申请功能	区分持卡客户	区分本行客户	填写方式
上海浦东发展银行	√	√	√	在线填写
招商银行	√	√	×	在线填写
广东发展银行	√	×	×	在线填写
深圳发展银行	√	×	×	在线填写
中国民生银行	√	×	×	在线填写
中国工商银行	√	×	×	先下载后填写
中国建设银行	√	×	×	先下载后填写
交通银行	√	×	×	先下载后填写
兴业银行	√	×	×	先下载后填写
中信银行	√	×	×	先下载后填写
华夏银行	√	×	×	先下载后填写
中国银行	×	×	×	×
中国农业银行	×	×	×	×
中国光大银行	×	×	×	×

资料来源：各银行网站。

　　由于受到网络营销发展阶段的局限，中国各发卡银行自建网站时无一例外的都是以被动营销为初衷。相对而言，借助外力就带有明显的主动营销动机。2006 年 8 月 1 日，兴业银行与业内知名的信用卡门户网站"我爱卡"（www.51credit.com）合作，推出"加菲猫信用卡网上申请服务"，联合打造信用卡网上申请和审核创新平台，在业界引起了强烈反响，有国内财经媒体评价此举"开创了中国信用卡营销推广新地标"。"我爱卡"网站运用网络挖掘技术对会员的上网数据进行定性和定量分析、找出会员的上网规律及行为特征，进而筛选出符合兴业银行要求的、潜在的信用卡客户。"加菲猫信用卡申请网上服务"的便捷性、安全性、优惠性都非常突出：申请人只需花几分钟在线填写申请表，即可得到处理中心的免费专业服务，可节省大量的时间和精力；整个申请流程有强大的技术力量和专业的服务团队提供可靠保障，申请人的个人信息非常安全。兴业银行与"我爱卡"网站合作，主要有两个目的：一是以"我爱卡"网络平台为依托，开辟更为便捷的信用卡申请渠道；二是把该行的信用卡促销活动延伸到网络上来，进一步提升兴业信用卡的市场影响力和品牌知名度。

兴业银行与"我爱卡"网站合作，所采用的网络营销模式是借助外力主动营销，而中国民生银行则另辟蹊径，基于自建网站开展主动营销。2006 年 9 月 19 日，中国民生银行在全国范围内推出"民生 id 信用卡"，这是中国第一张网络个性化信用卡。之所以将这款信用卡取名为"id 信用卡"，除隐含着时尚身份证（ID）的寓意外，还承载着"id 卡"自身的三层意义：张扬自我，诠释个性"我的卡"；浓情蜜意，创作表白"爱的卡"；精彩挥洒，创意无限"idea 卡"。民生 id 信用卡倡导自主创作（DIY）的个性化理念，卡片正面的主体图像可以是申请人上传的网络图片（如生活照片、自选图画等），也可以是由该行图库提供的图片。该行图库提供了大量经过精心选择的特色图像（如风景图、生肖图、星座图等），申请人可以任意选用。确定主体图像之后，申请人可以从"黑白照片"、"浮雕效果"、"怀旧照片"、"还原特效"四种设计效果中任意选择一种。确定设计效果之后，申请人可在线进行"卡样预览"，满意则"提交卡样"。完成卡样设计之后，申请人可在线填写和提交申请资料，该行将完全采用申请人设计的卡样制作卡片，完成申请人 DIY 信用卡的心愿。

被誉为"现代营销管理之父"的菲利普·科特勒（Philip Kotler）教授认为，互联网没有改变营销的本质。2006 年 10 月 20 日，《第一财经日报》记者陈雪频、穆一凡对他进行了独家专访，在专访中他曾说过这样一段话：互联网技术对营销实践确实产生了很大影响，但是我们也注意到，90% 的营销实践其实还是传统的营销方式，人们耳熟能详的 4P 理论（即产品、价格、促销和渠道）依然适用。大规模的广告投放依旧存在，但互联网确实明显改变了信息传递的方式，从而使得网络营销方式更加有效。发卡银行实施信用卡网络化营销，应当正确处理网络营销与实体营销之间的关系，注重提高网络营销的实际效果。首先，分析网民上网习惯，改进在线申请流程，持续提高网上申办信用卡的效率及占比。其次，实行前中后台的一体化运作，运用先进科技手段控制好网上申办的品质节点，在增加有效进件量的同时降低网上申办的欺诈风险，以降低总体运作成本。再次，变被动营销为主动营销，探索网络营销的内在规律，通过数据挖掘持续提高网络营销的成功率。最后，变单向营销为互动营销，锁定网民的行为特征和用卡需求，开发适合网络营销，满足网民需要的信用卡产品。

截至 2008 年年末，中国的互联网普及率已达到 22.6%，超过了全球平均水平①。随着网络应用的不断增多和电子商务的不断创新，中国各发卡银行将竞相涉足网络化营销的全新领域，互联网必将成为发卡银行有效触达潜在的目标客户、成功营销信用卡产品的重要路径。

趋势之四：公司化运作

中国各发卡银行的信用卡业务运作模式经历了一个从总分行制到事业部制的曲折过程：1985—2002 年期间实行总分行制，经营准贷记卡；2002 年至今，实行事业部制，主营贷记卡。目前，各发卡银行正谋求设立信用卡公司，跨入信用卡业务公司化运作阶段。

总分行体制是中国各商业银行通行的经营管理体制，其基本架构如下：总行为一级法人，下辖若干一级分行（省级分行）；一级分行为二级法人，下辖若干二级分行（地市级分行）；二级分行下辖若干支行（城区支行和县级支行）；每个一级分行都是一个在经营管理上拥有充分自主权的利润中心。在总分行体制下，信用卡业务运作模式大致如下：总行信用卡部在全行研发产品、制定业务发展规划、下达业务指标，一级分行信用卡部在其管辖范围内研发产品、确定业务发展政策、下达业务指标，二级分行信用卡部在其管辖范围内确定业务拓展策略、下达业务指标，支行完成业务指标。这种运作模式的最大特点在于：总行信用卡部、一级分行两级的管理职能基本重叠，经营职能上却是总行信用卡部"虚"、一级分行"实"，全行信用卡业务经营的重心是放在一级分行，而不是放在总行信用卡部，从而形成了看似"条块结合"、实则"条块分割"的业务发展格局。而这种运作模式的最大弊端在于：不同的一级分行在授信政策、收费政策、发卡策略、收单策略、风险管理、客户服务诸方面都有明显的差

---

① 资料来源：中国互联网络信息中心（CNNIC）于 2009 年 1 月 13 日发布的《第 23 次中国互联网络发展状况统计报告》。

异，甚至可以说是有多少个一级分行就有多少家发卡银行和收单银行。

招商银行率先突破了总分行制的局限。早在 1996 年招商银行就已明确提出了"双卡营销"的经营思路，"双卡"即万事达卡品牌的贷记卡和"一卡通"借记卡，两个卡种的管理经营都统一由总行个人银行部负责。由于当时国人尚不知道什么是个人消费信贷，也不认同提前透支消费，这张贷记卡的发行步履维艰，自始至终只在深圳地区发行了 8000 张。而"一卡通"借记卡却异军突起，累积发卡量屡创新高，进而带动了全国借记卡市场的急剧升温，于是招商银行倾全行之力营销"一卡通"。经过反复论证，招商银行对"双卡营销"做出全新的定位：借记卡和贷记卡是性质完全不同的两类产品，借记卡是吸收存款的工具，贷记卡则是发放贷款的工具，两者不可替代。基于这种认识，招商银行决定另起炉灶，于 2001 年 12 月 15 日在上海市浦东新区设立实行事业部制的信用卡中心。从成立的那一天起，招商银行信用卡中心就是一个独立运作、集约经营的利润中心，与该行所有的一级分行一样。2006 年 5 月 18 日，招商银行信用卡中心在上海市浦东新区陆家嘴金融贸易区正式挂牌，成为中国银行业第一个获得二级法人资格（与该行所有的一级分行平级）的信用卡专营机构。

中国工商银行是参照事业部制调整其信用卡业务运作模式、突破总分行制局限的第一家国有商业银行。2002 年 5 月 17 日，中国工商银行牡丹卡中心在北京正式挂牌成立，注册资本金 10 亿元，是中国工商银行的全资附属机构。牡丹卡中心的业务运作模式如下：在全国主要的大中城市设立牡丹卡分中心；在业务考核、费用与人力资源调配等方面均实行资源统一调度、内部独立核算、垂直化管理和专业化经营，牡丹卡客户的账户信息数据、财务会计核算、风险控制、交易授权和客户服务等后台业务都由总中心集中处理；牡丹卡中心和工行分支机构之间是一种相互代理、相互计价关系；工行众多的营业网点仍是牡丹卡业务面向客户的零售业务体系，广大客户办理各种牡丹卡业务，只需到工行的网点或有"银联"标志的 ATM 上即可随时操作处理。在牡丹卡中心揭牌仪式上，中国工商银行行长姜建清先生满怀信心地说：工行此次借鉴国际银行卡管理的先进经验、按照现代企业制度的要求全面创新和整合牡丹卡业务的经营体制和管理模式，实行专业化经营和公司化管理，既是工行推进综合改革的突破口，也必将实现工行牡丹卡业务的升级换代及竞争能力、服务质量的提高。

中国工商银行牡丹卡中心于 2002 年 5 月 17 日挂牌成立

继招商银行、中国工商银行之后，其他发卡银行大都实行或参照实行了事业部制的信用卡业务运作模式。事业部制（Strategic Business Unit，SBU）系由 1923 年 5 月担任美国通用汽车公司总裁的小艾尔弗雷德·斯隆（Alfred P Sloan，Jr.）创立，最主要的特点就是"集中决策，分散经营"，其具体做法是：在总公司框架内按产品、区域、销售渠道或顾客类别分设若干事业部，使之成为自主经营、独立核算、自负盈亏的利润中心，总公司只保留制定方针政策、重要人事任免等重大问题决策权，其他权力，尤其是产品开发和供产销等方面的权力尽量下放；总公司是决策中心，事业部是利润中心，而事业部管辖的生产单位则是成本中心；在纵向关系上，各事业部首脑由总公司负责指派，接受总公司总部长期规划和预算的监督，负有完成利润计划的责任，可以得到母公司各职能部门的协助；在横向关系上，各事业部均为独立核算、自主经营的利润中心，事业部之间的经济往来均遵循等价交换、内部结算原则。实行事业部制，有助于各发卡银行解决好集权与分权、条与块有机结合的问题，形成以客户为中心的决策机制和经营机制，完成信用卡业务从准贷记卡向贷记卡的战略转型。

事业部制的精髓就是将市场竞争机制引入公司内部，在公司内部营造出市场竞争氛围。但事业部制也有其局限性，其中最关键的一点就是事业部没有独立法人地位，既不能在资金市场上，也不能在资本市场上融资。目前，国内各发卡银行的信用卡中心大都已转型为信用卡专营机构，对外融资事关其长远、持续发展，而要对外融资，必须走公司化运作的发展道路。2008 年 1 月 30 日，中国民生银行对外发布公告，声称将成立注册资本金 16 亿元人民币的中国民生银行信用卡有限公司。2008 年 8 月 26 日，交通银行董事长蒋超良先生在该行的中期业绩发布会上表示：成立信用卡公司在政策上已没有障碍，技术性问题也得到了解决，正在走监管审批的流程；顺利的话，年内交通银行与汇丰银行有望成立合资信用卡公司。事实上，有多家发卡银行如同中国民生银行、交通银行一样向监管机构报送了设立信用卡公司的申请，但迄今却没有一家获得批准。联想到让业内人士翘首期盼了多年的《银行卡条例》至今尚未出台，人们或许可以换个角度看这个问题：《银行卡条例》取代《银行卡业务管理办法》之日，就是中国第一家信用卡公司获准成立的破冰之时。期待这个时刻早日来临！

趋势之五：外资发卡机构竞渡

外资发卡机构进入中国信用卡市场，是在中国银行业对外开放的过程中逐步实现的。1994 年 2 月 25 日，国务院发布《外资金融机构管理条例》（自 1994 年 4 月 1 日起施行），这是中国对外资银行实施规范管理的第一部法规。该《条例》第十七条规定，外资银行、外国银行分行、合资银行可以按照中国人民银行批准的业务范围部分或者全部依法经营所列明的十三类业务，其中第十类业务就是"代理外币信用卡付款"。这意味着外资银行、外国银行分行、合资银行在中国不能发行信用卡，只能续做外币信用卡代理付款业务。2001 年 12 月 20 日，国务院发布《外资金融机构管理条例（修订版)》（自 2002 年 2 月 1 日起施行），作为中国政府履行加入世界贸易组织承诺的重大举措之一。按照该《条例》第十七条的规定，独资银行、外国银行分行、合资银行可以按照中国人民银行批准的业务范围部分或者全部依法经营所列明的十三类业务，其中的第十类业务改成了"从事银行卡业务"。此时距 2006 年 12 月 11 日还有将近五年的过渡期，但独资银行、外国银行分行、合资银行可以依据这条规定提前进入中国信用卡市场，途径就是选择中资发卡银行开展信用卡业务合作。

汇丰银行拔了头筹：2004 年 1 月 2 日，汇丰银行与上海银行在上海联手推出了卡面带有两行标识的"申卡国际信用卡"，这是中国第一张中外合资信用卡。上海银行负责该信用卡的发行、管理及相关营运，汇丰银行则作为上海银行的外资商业银行股东负责该信用卡的海外推介。

花旗银行紧随其后：2004 年 2 月 4 日，花旗银行与上海浦东发展银行在上海首发带有两行标识的双币种信用卡，著名指挥家陈燮阳成为首位持卡客户。这是中国第一张由外资银行提供技术支持并参与管理的双币种信用卡，合作双方希望将来有机会成立具有独立法人资格的合资信用卡企业。

美国运通公司不甘示弱：2004 年 12 月 8 日，美国运通公司与中国工商银行在北京推出了带有合作双方标识的牡丹运通卡，这是中国第一张美国运通品牌的信用卡，可以在中国国内的牡丹卡特约商户、中国银联特约商户及美国运通公司在全球 200 多个国家的上百万家特约商户使用。

2004 年 1 月 2 日首发的中国第一张中外合资信用卡

汇丰银行再领风骚：2005 年 5 月 13 日，汇丰银行又与交通银行在上海联手推出新版太平洋双币信用卡，这是双方建立战略合作伙伴关系之后正式启动的第一个合作项目，"中国人的环球卡"的主题体现了合作双方的优势互补。

中国银行业对外开放在 2006 年年末迈出了历史性的一步：2006 年 11 月 15 日，国务院发布允许外资银行向中国客户提供全面银行服务的《外资银行管理条例》（自 2006 年 12 月 11 日起施行，这一天恰好是中国加入世界贸易组织五周年纪念日），英国《金融时报》认为此举"具有里程碑意义"。该《条例》充分体现了"法人导向"开放政策：允许外国银行分行转为在华注册的法人银行；已注册的法人银行可以全面开展人民币业务，不受地域和客户限制；法人银行的注册资本要求是 10 亿元人民币，其下设分行营运资金为 1 亿元人民币，资本充足率本外币合并考核。该《条例》第二十九条规定，外商独资银行、中外合资银行可以按照国务院银行业监督管理机构批准的业务范围部分或者全部依法经营所列明的十三类业务，其中第十类业务就是"从事银行卡业务"。该《条例》第三十一条规定，外国银行分行可以按照国务院银行业监督管理机构批准的业务范围部分或者全部依法经营所列明的十二类业务，"从事银行卡业务"不在其列。该《条例》的政策导向非常明确：外资银行想在中国发行人民币信用卡，前提条件就是必须转制成为在中国注册的法人银行（独资或合资银行）。

汇丰、渣打、东亚、花旗 4 家外资银行在中国开设的分行历史性地成为第一批转制成功的法人银行：2007 年 3 月 20 日，中国银行业监督管理委员会批准汇丰银行（中国）有限公司、渣打银行（中国）有限公司、东亚银行（中国）有限公司、花旗银行（中国）有限公司开业（以下简称为"四行"）；2007 年 3 月 29 日，四行领到了上海市工商局颁发的"企业法人营业执照"，这标志着中国《外资银行管理条例》实施以来首批改制外资银行正式取得中国企业法人地位，可以从事包括人民币业务在内的各项金融业务；2007 年 4 月 2 日，四行同一天在上海正式开业，此时四行在中国境内开设的营业网点总数达到 106 个（汇丰 35 个、东亚 32 个、渣打 23 个、花旗 16 个）。开业一年，四行无不额手称庆：网点迅速增多，汇丰增加到 63 个、增长 80%，东亚增加到 51 个、增长率接近 60%，渣打增加到 38 个、增长率超过 65%，花旗增加到 24 个、增长 50%；收益显著增长，2007 年东亚净利润增长率为 20.6%、汇丰税前利润增长率为 28.7%、渣打则实现了"三个"翻番（个人银行业务收入、客户总人数和零售人民币业务存款量均比 2006 年翻了一番）、花旗营运收入增长 99%。

东亚（中国）成为中国第一家发行人民币信用卡的外资法人银行

2008 年 12 月 23 日，东亚银行（中国）有限公司在上海推出了东亚（中国）银联人民币信用卡，成为中国第一家发行人民币信用卡的外资法人银行。该信用卡分为普卡、金卡、白金卡三个等级，大致的区别是：普卡面向大众，月薪达到 3000 元以上就可以申请；金卡则瞄准该行理财客户，月薪 1 万元以上方可申请；白金卡要求申请人在该行的资产达到 100 万元以上。该信用卡的年费政策也遵循了中资银行的游戏规则：普卡首年免年费，首年刷满 5 笔或 2000 元免次年年费；金卡首年也免年费，首年刷满 10 笔或 5000 元免次年年费。但该信用卡的某些增值服务却比中资银行更胜一筹，如：多家中资银行的信用卡提供挂失前 24 小时或 48 小时失卡保障，而该信用卡却提供挂失前 72 小时失卡保障；首家推出汽车健康检查服务，持卡人全年可免费享受一次内容多达 33 项的汽车健康检查；

首家推出境内机场接送服务；在指定日期前成功申请并刷卡消费达到指定金额，即可获得最高 30 倍的积分奖励并可累积抽奖机会。东亚银行（中国）副行长林志民自信地表示："东亚银行已拥有 90 年的银行服务经验，相信内地客户能够体会到与以往不同的信用卡使用享受。"

信用卡市场将是外资法人银行在中国拓展业务、持续发展的必争之地。目前，花旗、汇丰、渣打三家外资法人银行都已积极申请开办人民币信用卡业务，随后会有更多外资法人银行进入这个行列。国人也许很快就能闻到中资和外资发卡银行之间信用卡遭遇战的硝烟。

趋势之六：非银行经济体弄潮

1999 年 1 月 5 日颁布的《银行卡业务管理办法》规定：信用卡属于银行卡，而银行卡是指"由商业银行（含邮政金融机构）向社会发行的具有消费信用、转账结算、存取现金等全部或部分功能的信用支付工具"。按照这一规定，信用卡业务对非银行经济体来说是不可僭越的"禁区"，但中国平安保险（集团）股份有限公司（简称"中国平安"）却一直想突破这个"禁区"。2002 年 7 月 27 日，《南方都市报》刊载了记者谢艳霞的报道，标题为《平安插手外资猛攻，信用卡市场新兵杀到》。该报道中的以下内容颇吸引专业人士的眼球：首家非银行信用卡机构中国平安保险（集团）信用卡中心已进入最终审批程序……相对于股份制银行意欲"后来居上"的态势而言，平安保险申请进军信用卡的动作更令"四大银行"感到压力：现有庞大的保险、证券及信托优质客户群作为依托及风险控制能力将令平安以强势竞争者的角色出现在信用卡市场上。但"进入最终审批程序"之后的结果却是中国平安没能如愿，原因也许就是《银行卡业务管理办法》发生了效力。此后五年，中国平安付出了百般努力，终于拿到了进入信用卡市场的通行证，此时中国信用卡产业早已是今非昔比。

总部设在深圳的中国平安成立于 1988 年 3 月 21 日（同年 5 月 27 日正式对外营业），是中国第一家以保险为核心、融多元金融业务（证券、信托、银行、资产管理、企业年金等）为一体的紧密、高效、多元的综合金融服务集团①。2003 年 12 月 29 日，平安信托投资有限公司与香港上海汇丰银行有限公司分别宣布联合获准收购福建亚洲银行，持股比例均为 50%。收购完成之后，平安信托将持股比例增加到 73%，福建亚洲银行随之更名为"平安银行"。中国平安凭借旗下的平安银行获得了合法的信用卡发行主体地位，遂于 2004 年成立了信用卡业务筹备组。该筹备组骨干人员几经更迭，三年时间没有发出一张信用卡。2007 年 3 月初，来自招商银行的信用卡业务团队进入该筹备组，中国平安的信用卡"梦想之旅"正式启动。2007 年 5 月 21 日，"中国平安万里通联名信用卡"在深圳面世，这是中国平安以新收购的原深圳市商业银行的名义发行的信用卡。成立于 1995 年 6 月 22 日的深圳市商业银行是中国第一家城市商业银行，在被中国平安收购之前已经持有信用卡业务经营许可证，但尚未推出任何信用卡产品，这就给中国平安发展信用卡业务提供了比较理想的平台。

深圳市商业银行被吸收合并进平安银行之后于 2007 年 8 月 27 日正式更名为"深圳平安银行"，发卡区域随即从深圳扩展到上海：2007 年 8 月 28 日，深圳平安银行的"平安信用卡"在深圳、上海两地同时推出，此后发卡总量快速飙升（2008 年 4 月 23 日突破 50 万张，8 月 28 日突破 100 万张，12 月 31 日突破 160 万张），创造了仅在深圳和上海两个城市发卡首年发卡总量达到 100 万张的业内奇迹。中国平安在信用卡领域初战告捷，主要得益于"两条腿"走路：其一是建立了以寿险代理人为主体的销售体系，寿险代理人推广信用卡于 2007 年 6 月 18 日在深圳全面启动，在国内创立了银行、保险联动推广信用卡的信用卡销售新模式，形成了寿险机构为主、银行网点为辅、其他销售渠道作为补充的立体化销售体系。其二是建立了以自助还款方式为主体的还款体系，深圳平安银行力推的"便利店还款"于 2007 年 9 月在上海全面启动，借助"拉卡拉便利支付

---

① 中国平安保险（集团）股份有限公司控股设立中国平安人寿保险股份有限公司（"平安人寿"）、中国平安财产保险股份有限公司（"平安产险"）、平安养老保险股份有限公司、平安资产管理有限责任公司、平安健康保险股份有限公司，并控股中国平安保险海外（控股）有限公司（"平安海外"）、平安信托投资有限责任公司（"平安信托"）、深圳平安银行。"平安信托"依法控股平安证券有限责任公司，"平安海外"依法控股中国平安保险（香港）有限公司及中国平安资产管理（香港）有限公司。

网点"有效解决了以往信用卡持卡人还款依赖银行网点、等候时间过长的问题，从而形成了自助还款（"信付通"便利店还款）为主、银行网点为辅、其他还款渠道（如网上支付、手机支付等）作为补充的立体化还款体系。

深圳平安银行①在上海发行信用卡时只有一个营业网点，能获得成功的制胜之道就是"'信付通'智能刷卡电话＋连锁便利店网络"的全新支付模式。"信付通"智能刷卡电话是中国银联自主研发、通过银行卡检测中心认证、由中国银联跨行信息交换和清算网络提供支持的固网支付创新产品，"信付通"业务依托中国银联跨行信息交换和清算网络、固定电话网络、各商业银行的客户及商户资源，为银行卡持卡人提供基于智能刷卡电话的刷卡支付自助服务，便捷地办理银行跨行转账（含信用卡还款）、公共事业缴费、手机充值、机票订购等项支付业务。2006 年 5 月 23 日，中国电信集团公司与中国银联股份有限公司在北京举行全面战略合作签字仪式，宣布正式启动银行卡的固网电话支付业务并展示了智能刷卡电话。业内专家指出，智能刷卡电话将带来交易模式和支付方式的重大突破，给广大消费者以极大的支付便利，进一步促进中国银行卡的应用和发展；作为一种新兴自助支付方式，固网电话支付将弥补网上支付和手机支付的不足，有效地改善国内银行卡受理环境，加快中国电子商务的发展进程。中国电信集团公司由此得以进入支付业务领域（含信用卡还款业务领域）。

推广固网电话支付业务，一个重要路径就是建立基于连锁便利店的自助支付网络。2006 年 11 月，拉卡拉（北京）电子支付技术服务有限公司（简称"拉卡拉"）与中国银联签署战略合作协议，拉开了推广"银联标准卡便民服务网点"的序幕。2007 年 5 月，"拉卡拉"正式启动北京地区、上海地区"拉卡拉便利支付网点"建设，6 月和 8 月先后与上海联华快客集团、北京我爱我家房地产经纪公司签署了独家合作协议，上海地区1300 多家快客便利店、北京地区近 500 家我爱我家门店均成为拉卡拉便利支付网点。2007 年 9 月，深圳平安银行与"拉卡拉"签署战略合作协议，双方在信用卡还款、电子账单支付等领域开始全面战略合作，并以"便利还款，积分赠享"为主题推出"便利店还款"这一全新的信用卡还

---

① 深圳平安银行已于 2009 年 2 月 26 日正式更名为"平安银行"。

款方式（持卡人在指定便利店用"信付通"还款机具为平安信用卡还款成功，即可获得深圳平安银行赠送的 1000 积分）。截至 2008 年 10 月，"拉卡拉"已进驻的城市达到 15 个、便利支付网点数量超过 1.5 万家（覆盖了全国主要城市办公区、住宅区周边的便利店、超市、便民药店），坐镇北京的"拉卡拉"就此拥有了中国目前最大的固网电话便利支付网络。

固网电话支付的勃兴掀起了中国信用卡产业发展的新浪潮，中国平安、中国电信、"拉卡拉"敢于弄潮、勇于创新，成为中国各发卡银行关注的焦点。作为全球金融业持续发展的两大主要推动力，金融创新和科技进步将吸引更多的非银行经济体进入中国信用卡产业。

趋势之七：中部崛起战略孕育巨大商机

2008 年 2 月 18 日，英国《金融时报》发表题为"中国中部地区开辟自己的路子"的文章，评述了中国中部地区未来五年经济发展的走向。文章指出：中国的经济"奇迹"迄今为止基本上限于中国东部沿海地区，中央政府正在想方设法将经济发展扩展到中部地区，今后五年中国中部地区将迅速发展。文章认为，模仿东部地区出口主导型经济发展模式将不会是中部地区的主要增长途径，由于东部沿海地区成本增加，中部地区出口加工行业低端产品生产将迅速发展，向中国其他地区（尤其是富裕的东部沿海地区）供应低成本商品，成为"中国的中国"，正如中国向世界其他地方供应低成本商品一样。这篇文章对安徽和江西两省给予了特别的关注：同广东相比，安徽省的工人平均月薪低 32%，江西省低 40%；江西省九江市和安徽省芜湖市都是长江流域的港口城市，可为产品运往上海集装箱码头提供便利条件；两省的出口增速已经超过了全国平均水平，2003 年以来的公路建设分别居全国第五和第十位；两省的省政府都提出了"3＋2"的战略，就是长江三角洲的江苏省、上海省、浙江省加上安徽省、江西省，这一发展战略乃是中央政府于 2004 年年底宣布的"中部崛起"经济发展布局的产物。

中部崛起是继东部腾飞、西部开发、东北振兴之后中国政府作出的推动国民经济持续发展的又一重大决策。2004年3月5日，第十届全国人民代表大会第二次会议在北京开幕，温家宝总理代表国务院作《政府工作报告》，明确提出，"要坚持推进西部大开发，振兴东北地区等老工业基地，促进中部地区①崛起，鼓励东部地区加快发展，形成东中西互动、优势互补、相互促进、共同发展的新格局"。2004年12月3—5日，中央经济工作会议在北京召开，确定了中部崛起的重大战略决策。2006年4月15日，中共中央、国务院发出《关于促进中部地区崛起的若干意见》，要求把中部地区建设成为全国重要的粮食生产基地、能源原材料基地、现代装备制造及高技术产业基地和综合交通运输枢纽（简称"三基地一枢纽"），以使中部地区在发挥承东启西和产业发展优势中崛起。2006年5月19日，国务院办公厅出台了56条政策措施②，特别指出要"以省会城市和资源环境承载力较强的中心城市为依托，加快发展沿干线铁路经济带和沿长江经济带。以武汉城市圈、中原城市群、长株潭城市群、皖江城市带为重点，形成支撑经济发展和人口集聚的城市群，带动周边地区发展"。

中部崛起战略实施以后，中部六省呈现出竞相发展、活力增强的良好态势，国内生产总值、社会消费品零售总额、进出口总额、财政收入等主要经济指标增幅均高于全国平均水平。中部崛起对金融服务提出了更高要求，金融机构必须顺应中部崛起的发展趋势，不断更新理念，加快金融创新，充分发挥促进中部崛起的杠杆作用。关于加快中部地区资源向资本转化问题，北京大学教授、著名经济学家厉以宁于2007年4月26日提出四条建议：中部六省组建一家区域性的商业银行，以带动高新技术、民间融资等的发展；仿照渤海产业基金建立一个中部产业投资基金，帮助中部地区承接东部地区产业转移、改造传统产业；加快发展中部地区创业投资，促进技术创新；进一步加强农村金融工作，包括建立更多乡镇银行。2008年6月7日，《金融时报》记者王晓欣撰文指出：中国经济已走到了新的十字路口，产业升级和梯次转移是我国现阶段的必然选择，中部地区为

---

① 中部地区包括山西、河南、湖北、湖南、安徽、江西6个相邻省份。

② 2006年5月19日，国务院办公厅发出《关于落实中共中央、国务院关于促进中部地区崛起若干意见有关政策措施的通知》。

东部经济快速增长提供的保证和支持作用不可忽视；中部地区将成为支撑全国经济增长的"第四极"（继珠三角、长三角、环渤海地区之后），成为支撑中国经济增长的新动力，成为促进中国经济均衡发展的重要一环。

中部崛起发展战略给中部地区六个省份的经济发展注入了强劲活力，进而对外资银行产生了显著的吸引力。2006 年 10 月 22—27 日，中国银行业监督管理委员会组织 35 家外资银行亚太区或中国区高管赴武汉、长沙、太原三地考察，旨在加快中部地区银行业对外开放的步伐，迅速提升其金融发展及服务水平。改革开放以来，外资银行在中国的网点布局高度集中于上海、北京、深圳、广州，其次是富裕的东部沿海省份，中部六省 2005 年年末仅湖北省武汉市拥有 2 家外资银行分支机构和 3 家外资银行代表处，其他五省均为空白。此次考察成为外资银行加大中部地区网点布局力度的契机：2008 年 2 月 28 日，汇丰银行（中国）有限公司长沙分行正式开业，成为首家进入湖南省的外资银行；2008 年 10 月 8 日，汇丰银行（中国）有限公司郑州分行正式开业，成为首家进入河南省的外资银行；2008 年 11 月 11 日，渣打银行（中国）有限公司南昌分行正式开业，成为首家进入江西省的外资银行；2008 年 12 月 22 日，东亚银行（中国）有限公司合肥分行正式开业，成为首家进入安徽省的外资银行。至此，在中部地区六个省份中仅山西省尚无外资银行进驻，令人略感遗憾。

中部崛起的战略决策已产生显著效力。2009 年 2 月 24 日，新华社记者苏晓洲、戴劲松发出的一则报道令人振奋：2008 年湖南省与湖北省经济增长呈现低开高走、迎难而上的"弯道超车"态势，两省相继宣布 2008 年全年 GDP 总量突破了 1 万亿元大关；加上 2005 年 GDP 总量已超过 1 万亿元的河南省，中部六省在全国 13 个"万亿元俱乐部"成员中已占据了 3 席；安徽省 2008 年全年实现的 GDP 总量达到 8874.2 亿元，比上年增长 12.7%，位居全国第 14 位，如果能够继续保持稳定增速，2009 年有望突破万亿元。目前已进入"万亿元俱乐部"的 13 个省市包括：2001 年的广东省，2002 年的山东、江苏两省，2004 年的浙江省，2005 年的河南、河北两省，2006 年的上海市，2007 年的辽宁、四川两省，再就是 2008 年的北京市和福建、湖南、湖北三省。在这 13 个"万亿元俱乐部"成员中，2008 年 GDP 总量超过了 2 万亿的省份有广东、山东、江苏、浙江。国家发改委①已于 2008 年制定《促进中部地区崛起规划》，目前正在征求各省政府的意见，很快就将出台，规划期涵盖的时间是到 2015 年，届时中部六省将实现经济腾飞，中部崛起的发展战略取得决定性的成果。

中部六省的省会城市现阶段仍属于各发卡银行拓展信用卡业务的第二类市场（仅武汉市）和第三类市场。随着中部崛起发展战略的持续实施和深入推进，这六个城市有望在 2015 年前后晋级为第一类市场和第二类市场，成为中外各发卡银行信用卡业务的新增长点。

趋势之八：农村金融改革培育广阔市场

2005 年 10 月 8 日至 11 日，十六届五中全会②在北京举行，会议通过了《中共中央关于制定国民经济和社会发展第十一个五年规划的建议》，做出建设社会主义新农村的重大战略决策，对农村金融发展和改革提供了更高的要求。为了贯彻落实十六届五中全会精神，切实为"三农"服务及为广大农民工办好事、办实事，中国人民银行自 2005 年年末开始大力推行农民工银行卡特色服务。2005 年 12 月 29 日，农民工银行卡特色服务试点在贵州省启动，发卡行包括中国工商银行贵州省分行、中国农业银行贵州省分行和贵州省农村信用社，受理行为贵州省县及县以下农村信用社。试点阶段，每张银行卡每天累计支取现金金额不得超过 5000 元，每笔支取现金业务按交易金额的 1% 收取业务费。截至 2007 年年末，农民工银行卡特色服务已经从贵州省推广到 14 个农民工输出大省（区、市）③，基本上满足了绝大部分农民工的异地存款和取款需求。相关数据显示，截至 2007 年年末全国农民工银行卡特色服务的总交易笔数累计已达到 415.87 万笔（包括取款和查询交易），其中，取款笔数达到了

---

① 全称为"国家发展和改革委员会"。
② 全称为"中国共产党第十六届中央委员会第五次全体会议"。
③ 即贵州、山东、湖南、重庆、福建、江苏、江西、四川、陕西、云南、河南、广西、湖北、安徽 14 个省（区、市）。

255.33 万笔，占总交易笔数的 61.4%；取款金额达到了 22.18 亿元，笔均取款金额为 868.7 元。

　　开展农民工银行卡特色服务是中国人民银行推动农村地区金融基础设施建设和金融服务功能提升、增强农村信用社生命力和竞争力的一项重要措施。中国农民工总数早已经超过了 1 亿人，农民工每年向家乡汇款的数额多达数千亿元，而且在以每年数百亿元的速度快速增长。但农村地区的汇款体系不健全，汇款方式单一、周期长，难以满足农民工对方便、安全、快捷的资金转移服务的需求，使许多农民工不得不携带大量现金回家。开展农民工银行卡特色服务，不仅可以充分利用农村信用社遍布乡镇的网点资源，使农民工真正享受到联网通用的实惠，而且拓展了发卡行、农村信用社和中国银联等各银行卡业务经营机构的业务空间，有利于实现多方共赢。农民工银行卡特色服务以便利农民工快捷、安全取款为基本目标，不仅能够方便农民工异地存款和取款、为农民工排忧解难，而且可以减少现金使用，提高农村地区信用水平，从而体现社会主义新农村的文明形象。2008 年农民工银行卡特色服务的交易金额增长迅猛，突破了 80 亿元。目前这项服务已覆盖全国 6.4 万个农村金融网点，农民工可在遍布全国的 164 家银行业机构办卡、存入现金、查询余额、取出现金。

　　农村金融发展和改革在 2006 年取得了重大突破。2006 年 12 月 20 日，中国银监会①发布了《关于调整放宽农村地区银行业金融机构准入政策，更好地支持社会主义新农村建设的若干意见》，从 7 个方面调整和放宽了农村地区银行业（含村镇银行、农村资金互助社、贷款公司三类新型农村金融机构）金融机构准入政策，其中最具吸引力的就是村镇银行准入政策：积极支持和引导境内外银行资本、产业资本和民间资本到农村地区新设村镇银行；在县（市）设立的村镇银行注册资本不得低于人民币 300 万元，在乡（镇）设立的村镇银行注册资本不得低于人民币 100 万元；村镇银行应采取发起方式设立，且应有至少 1 家境内银行业金融机构作为其发起人；鼓励大型商业银行创造条件在农村地区设置 ATM 机，并根据农户、农村经济组织的信用状况向其发行银行卡，支持符合条件的农村地区银行业金融机构开办银行卡业务。为确保这一新政策达到预期效果，中

---

　　①　全称为"中国银行业监督管理委员会"。

国银监会将按照"先试点、后推开；先中西部、后内地；先努力解决服务空白问题、后解决竞争不充分问题"的原则和步骤稳步推开，并选定四川、青海、甘肃、内蒙古、吉林、湖北 6 省（区）的农村地区展开首批试点。

中外商业银行很快就做出了积极反应。2007 年 3 月 1 日，四川仪陇惠民村镇银行在四川省仪陇县金城镇挂牌开业，这是中国第一家村镇银行，标志着中国银监会放宽农村地区银行业金融机构准入政策进入实施阶段。该行注册资本为 200 万元，南充市商业银行作为发起人出资 100 万元控股，5 家四川企业分别出资 20 万元。2007 年 12 月 17 日，湖北随州曾都汇丰村镇银行在湖北省随州市曾都区开业，汇丰（中国）有限公司成为第一家发起设立村镇银行的外资银行。该行注册资本为 1000 万元，由汇丰（中国）有限公司全资发起。2008 年 8 月 18 日，汉川农银村镇银行、克什克腾农银村镇银行分别在湖北省汉川县、内蒙古自治区克什克腾旗开业，中国农业银行成为第一家发起设立村镇银行的国有商业银行。汉川农银村镇银行的注册资本为 2000 万元，由农行和当地 5 家企业法人共同发起。克什克腾农银村镇银行的注册资本为 1960 万元，由农行和当地 6 家企业法人共同发起。2008 年 9 月 12 日，四川彭州民生村镇银行在四川省彭州市正式开业，中国民生银行成为第一家发起设立村镇银行的全国性股份制商业银行。该行注册资本为 5500 万元，由中国民生银行全资发起。

中国银监会于 2009 年 1 月 12 日发布的最新统计数据显示：截至 2008 年年末，全国已有 105 家新型农村金融机构（村镇银行 89 家，农村资金互助社 10 家，贷款公司 6 家）获准开业，另有 5 家机构已获准筹建，近期将申报开业。中国银监会认为，新型农村金融机构的试点工作正稳步推进，并已取得了显著成效。一是增加了中西部地区农村金融供给。已开业的 105 家机构中有 77 家设在中西部地区金融机构网点覆盖低、竞争不充分的乡镇和行政村，有效地改善了当地的金融服务状况。二是"筑渠引水"的作用业已初步显现。已开业的 105 家机构共吸纳股金 40.4 亿元，吸收存款 42.8 亿元，贷款余额达到 27.9 亿元，累计发放贷款 39.7 亿元，96.8% 的贷款都投向农村中小企业和农户。三是较好地满足了当地农民和农村中小企业的金融需求。多数机构都能够结合当地实际开展业务创新、

中国第一家村镇银行于 2007 年 3 月 1 日在四川省仪陇县金城镇挂牌开业

推出金融产品。四是激活了农村金融市场。有竞争、有合作的农村金融市场开始逐步形成，城市居民享用的一些金融服务开始惠及广大农民朋友。中国银监会正着手研究和制定新型农村金融机构未来三年的发展规划，力求通过三年的努力基本实现县（市）及县以下乡镇、行政村金融服务的全覆盖。

农民工银行卡特色服务使为数众多的农民工借记卡持卡人，村镇银行使商业银行金融服务从城市延伸到村镇，这两件事对中国信用卡产业的发展有着深远的意义。建设社会主义新农村的发展战略将推动广大农村地区逐步走向富裕，并促使信用卡从大城市走向小村镇。

趋势之九：竞争与合作

发卡银行主要从两个层面展开竞争：一是比拼发卡数量，关注的指标是新增发卡数量、累计发卡总量；二是争夺持卡人的"钱包份额"，关注的指标是开卡率、实动率。对发卡银行来说，信用卡的意义不是"发"、而是"用"，要想方设法让持卡人不仅激活，而且使用本行的信用卡。对持卡人来说，信用卡的价值不在于"有"而在于"好"，基本功能、用卡服务（特约商户分布、商户折扣、积分回馈）、还款途径、专属增值服务都可影响持卡人的用卡意愿，其中用卡是否实惠、还款是否便利更是关系到持卡人是否持续用卡的两大关键因素，因而成为各发卡银行竞争的焦点。为了能"激活"持卡人手中的信用卡，在"跑马圈地"之后各发卡银行很快就投入新一轮的竞争：培养客户使用信用卡的习惯，而非仅仅刺激他们一次性的牟利行为。为了扫除睡眠卡和低效卡、为未来的营利抢占先机，招商银行推出了一波接一波的"激活"营销活动，甚至在 2004 年 12 月 1 日至 2005 年 2 月 28 日期间推出了"天天刷卡，现金回馈"的活动：客户坚持每天刷卡，就可以获得当月消费金额 6% 的现金回馈；当月客户连续刷卡 16 天，也可以获得这 16 大消费金额 3% 的现金回馈①。

为了能让持卡人享受到尽可能多的用卡实惠，各发卡银行通常都采取双管齐下的竞争策略：一是投入大量资源开展收单业务，快速扩张特约商户数量；二是与拥有大量客户资源的特约商户（如大型航空公司、大型超级市场、连锁百货公司等）发行联名卡，既可增加发卡量又能提升持卡人的品牌忠诚度。2006 年 9 月 12 日，交通银行与苏宁电器签署排他性的合作协议，联合推出"交通银行太平洋苏宁电器信用卡"。这张全国性的电器行业联名信用卡于 2006 年国庆节期间在上海首发，随后即逐步推广到全国，覆盖交通银行 2600 多个经营网点和苏宁的近 400 家连锁店。交通银行太平洋苏宁电器信用卡是交通银行的第一张全国性联名信用卡，持卡人享有的增值服务主要包括：在苏宁电器门店内刷卡消费，可以获得交通银行信用卡与苏宁电器会员卡的双重积分，苏宁的积分回馈比例最高可达 2%，交行的积分回馈比例最高可达 1%；购买任何价值超过 1500 元的商品可享受交通银行提供的分期付款服务；苏宁电器在适当的促销期内提供专属购物优惠。交通银行选择苏宁电器签署发行联名信用卡的排他性合作协议，目的之一就是要在协议期内屏蔽掉其他发卡银行的竞争。

---

① 开卡率也称"激活率"，是指已激活的卡量占发卡总量的比例；实动率也称"活卡率"，是指有交易的卡量占发卡总量的比例。

交通银行与苏宁电器签署排他性的联名信用卡合作协议

　　各发卡银行之间既有竞争，也有合作。2001 年 9 月 9 日，10 家股份制商业银行①的行长在苏州签署合作协议，组建战略联盟，今后客户只需在其中任何一家银行开户，就可以在这 10 家银行的营业网点办理存取现金、借记卡转账、信用卡还款等业务。中央电视台"央视国际"频道次日即报道了这一消息。2004 年 6 月 28 日，8 家股份制商业银行②发起的"柜面通"业务在上海正式推出，持卡人只要持有其中任何一家银行的借记卡，即可在这 8 家银行的营业网点进行刷卡存款，不仅金额实时到账，而且不需要支付任何手续费。这 8 家银行营业网点最多的不过 30 多家，柜面互通之后各行可利用的网点总数达到近 200 家，规模接近甚至超过了四大国有商业银行各自在上海的营业网点数量。2004 年 8 月 13 日，4 家股份制商业银行③签署"跨行转账实现信用卡现金还款服务"协议，将这

　　① 　这十家银行是交通银行、中信银行、招商银行、深圳发展银行、广东发展银行、兴业银行、中国光大银行、华夏银行、上海浦东发展银行、中国民生银行。
　　② 　这八家银行是深圳发展银行、中信银行、中国民生银行、华夏银行、招商银行、广东发展银行、兴业银行、中国光大银行。
　　③ 　这 4 家银行是深圳发展银行、中信银行、广东发展银行、中国民生银行。

4 家银行遍布全国 48 个城市的近千家营业网点整合成为一个庞大的信用卡还款网络，免除了持卡人往返奔波之苦。2007 年 11 月 19 日，中国人民银行小额支付系统跨行通存通兑业务在全国范围内开通，北京市有 14 家银行首批开通了该项业务①，四大国有商业银行北京市分行均名列其中。

兴业银行开辟了另一个合作领域。2005 年 5 月 23 日，兴业银行的银行同业代理业务平台"银银平台"开发完成，其中的"柜面通"业务将签约的各地中小银行（城市商业银行、信用社、邮政储汇局）接入其骨干网中，实现了该行与合作银行之间的通存通兑。2007 年 12 月 1 日，兴业银行在上海举办新闻发布会，宣布推出中国第一个银银合作业务品牌"银银平台"，标志着该行正在向中小型金融机构银行服务的专业提供者转变。2008 年 6 月 14 日，兴业银行与九江市商业银行签署协议，拟出资 2.9 亿元入股，持有其 20% 的股权，成为其第二大股东。与九江市商业银行的合作使兴业银行的银银合作一举实现了从业务代理到战略投资的跨越。截至 2008 年 8 月上旬，兴业银行"柜面通"业务已连接了 30 多家城市商业银行和农信社，可资利用的联网网点数量扩大到了 1 万个，而兴业银行自身的分支机构却只有 400 多个。此时兴业银行已经与 182 家中小金融机构签订"银银平台"框架性合作协议，预计两年后联网网点将扩大到 2 万个，这一数字将接近甚至超过部分国有商业银行的网点数量。兴业银行的合作模式很有独创性，增强了该行与其他发卡银行相抗衡的竞争实力。

各发卡银行之间的竞争与合作推动了中国信用卡产业的快速和持续发展，经过这五年的合纵连横，中国信用卡产业的总体格局已经初步明朗。2008 年 7 月 5 日，腾讯网发布《腾讯网 2008 信用卡测评报告》，从用卡成本、选择信用卡、申请信用卡、使用信用卡、信用卡增值服务这五个方面进行信用卡测评，测评对象是已发行信用卡的中国 14 家全国性银行，

---

① 这 14 家银行是中国工商银行北京市分行、中国农业银行北京市分行、中国银行北京市分行、中国建设银行北京市分行、交通银行北京分行、中国光大银行北京分行、中信银行总行营业部、华夏银行总行营业部、中国民生银行营业部、深圳发展银行北京分行、兴业银行北京分行、上海浦东发展银行北京分行、北京银行、北京农村商业银行。

测评结果如下：4 家银行（招商银行、中国工商银行、广东发展银行和中国建设银行）位居第一梯队，其中两家国有商业银行因规模大、网点多而具有用卡成本比较优势，两家股份制商业银行在增值服务上表现出色；5 家银行（中国银行、中国民生银行、中信银行、中国光大银行和交通银行）位居第二梯队，相对于另外 4 家银行而言交通银行的改善空间较大；5 家银行（中国农业银行、兴业银行、上海浦东发展银行、深圳发展银行和华夏银行）位居第三梯队，相对于另外 4 家银行而言华夏银行的改善空间较大。此次评测截止日期为 2008 年 6 月 30 日，测评体系由 5 个方面、14 个测评项目、48 个测评指标组成。该报告显示，商户优惠、专属服务已经成为发卡银行在信用卡业务领域展开竞争的最重要手段之一。

《腾讯网 2008 信用卡测评报告》所公布的测评结果

总排名	银行名称	综合得分
1	招商银行	97.94
2	工商银行	96.30
3	广发银行	91.64
4	建设银行	90.28
5	中国银行	89.89
6	民生银行	87.85
7	中信银行	86.19
8	光大银行	85.38
9	交通银行	85.16
10	农业银行	77.66
11	浦发银行	76.41
12	深发展	75.57
13	兴业银行	70.04
14	华夏银行	69.65

　　信用卡业务竞争与合作目前主要是在已发卡的中资银行（特别是全国性商业银行）之间展开，因而这一总体格局应该是暂时的。随着外资

银行和中小金融机构大举进入信用卡市场，竞争与合作的形式将更加多样、内涵将更加丰富，进而造就中国信用卡产业的新格局。

趋势之十：优胜和劣汰

到 2025 年中国信用卡产业会是怎样一个状况？我们运用帕累托法则（Pareto Principle）① 做相关的数字推演和远景展望。2006 年 12 月 29 日，国务院发布《人口发展"十一五"和 2020 年规划》，明确了到 2020 年"人口总量控制在 14.5 亿人左右"的人口发展目标。假设 2025 年中国人口总量为 15 亿人，其中 20% 的人有能力持有信用卡，中国信用卡市场的总体规模就是 3 亿个持卡人。再假设每 500 万个持卡人足以支撑一家发卡机构盈利，那么这个市场总共可以容纳 60 家拥有 500 万个持卡人的发卡机构。按帕累托法则来推演，这个市场的总体状况大致如下：假设 80% 的利润被 20% 的发卡机构获得，也就是说，总共会有 12 家发卡机构能够获得比较丰厚的利润；其余 80% 的发卡机构（48 家）将争夺另外 20% 的利润，再假设其中又有 20% 的发卡机构胜出，获得其中 80% 的利润，也就是说将有 9.6 家发卡机构能够幸运地分享到 16% 的利润、处于略有盈利状态。概而言之，2025 年中国信用卡市场将是一幅典型的优胜和劣汰并存的图景：仅 21.6 家发卡机构盈利或略有盈利，占比为 36%；其余的 38.4 家发卡机构大幅亏损或处于亏损边缘，需要通过并购或重组找出路，占比为 64%。

中国信用卡产业迄今为止还没有并购和重组的先例。中国已初步建立了社会主义市场经济体制，成为发展中的市场经济国家，并购和重组是法人企业通过资本市场运作优化其资源配置的重要手段，提升其经营绩效的有效途径，引入并购和重组机制可以加快产业内的优胜和劣汰、对中国信用卡产业的成长和发展将大有裨益。但这必须满足三个前提条件。其一，

---

① 意大利著名经济学家、社会学家维尔弗雷多·帕累托（Vilfredo Pareto）观察到意大利存在"20% 的人口拥有 80% 的财产"的社会现象，美国现代质量管理学家约瑟夫·朱兰博士将该现象概括为"帕累托法则"，也称 80/20 法则、二八法则。

允许发卡银行现有的信用卡专营机构获得独立的法人资格，成为信用卡公司，在组织形式上既可以是有限责任公司也可以是股份有限公司，既可以是发卡银行的全资子公司也可以是发卡银行的控股子公司。其二，允许非银行经济体参股或控股已成立的信用卡公司，单独发起或共同发起设立新的信用卡公司，在出台准入政策时可以先对非银行金融机构（特别是对信托、证券、基金、保险四类公司）开放，后对非金融企业开放。其三，允许符合条件的企业收购和重组信用卡公司，同样可以采取先对非银行金融机构（特别是对信托、证券、基金、保险四类公司）开放，后对非金融企业开放的准入政策。而要满足上述这三个前提条件，首先需要突破由来已久的金融业分业经营格局，加快金融业综合经营及制度创新的步伐。

最近五年来，中国金融业的发展和改革取得了显著成就，特别是在资本市场基础性制度建设、金融业综合经营试点、商业银行赴境外收购三大领域都有重大突破，为信用卡产业最终引入并购和重组机制创造了条件。

1. 资本市场基础性制度建设得到了全面加强，上市公司股权分置改革基本完成。2005 年 4 月 29 日，中国证监会①发布并实施《关于上市公司股权分置改革试点有关问题的通知》，正式启动股权分置改革试点工作。2005 年 5 月 9 日开始试点、9 月 12 日全面推开的股权分置改革使国有股和法人股取得了流通资格，从而使上市公司可以通过股权交易进行资产并购和重组，达到资产市场化配置的目的。截至 2006 年年底，上海和深圳两个证券交易所已完成或者进入改革程序的上市公司共 1301 家，占应改革上市公司的 97%，所对应的市值占比 98%；没有进入改革程序的上市公司仅 40 家。股权分置改革至此基本完成。中国证监会认为，股权分置改革的基本完成意义重大，不仅有利于消除长期存在的上市公司非流通股与流通股的制度差异，构建起各类股东在公司治理中的共同利益基础，而且也有利于进一步完善上市公司的公司治理结构，提高上市公司核心竞争力。

2. 作出了金融业综合经营试点的重大决策，中国金融业可以逐步摆脱分业经营的束缚。2005 年 10 月 8—11 日，十六届五中全会在北京召开，会议通过了《中共中央关于制定国民经济和社会发展第十一个五年

---

① 全称为"中国证券监督管理委员会"。

规划的建议》，做出了"稳步推进金融业综合经营的试点"的重大决策。2006 年 7 月 27 日，渤海银行董事会主席羊子林表示，渤海银行将争取成为金融业综合经营试点单位，已着手研究和制定试点申报方案。2007 年 4 月 24 日，交通银行举行首次公开发行 A 股网上推介会，该行董事长蒋超良对媒体和投资者表示：未来 3—5 年，交通银行的战略重点就是加快战略转型、提升创新能力、优化经营结构、推进综合经营及增强人力资本。2008 年 2 月 19 日，中国人民银行、中国银监会、中国证监会、中国保监会①共同制定的《金融业发展和改革"十一五"规划》正式公布，"稳步推进金融业综合经营试点"成为其中一项重要内容：鼓励金融机构通过设立金融控股公司、交叉销售、相互代理等多种形式开发跨市场、跨机构、跨产品的金融业务，发挥综合经营的协同优势，促进资金在不同金融市场间的有序流动，提高金融市场配置资源的整体效率。

3. 商业银行赴境外收购捷报频传，集团化、国际化进程明显加快。2006 年 12 月 29 日，中国建设银行宣布，该行收购美国银行持有的美国银行（亚洲）股份有限公司 100% 股权的交易已经正式完成交割，随后美国银行（亚洲）股份有限公司将更名为"中国建设银行（亚洲）股份有限公司"，所有营业网点、合同凭证及往来文件等也将完成标识与名称的更换。2007 年 10 月 8 日，中国工商银行收购南非标准银行 20% 股权的交易完成交割，一举成为该行的第一大股东。这是中国工商银行有史以来最大的一笔投资，其出资总额折合人民币达到 338.15 亿元。2008 年 3 月 1 日，中国民生银行董事会发布公告，中国银监会已同意该行参股美国联合银行控股公司，持股比例为 4.9% 。这是中国的商业银行首次收购美国的银行股权，据中国民生银行此前发布的公告，2009 年 6 月该行对美国联合银行控股公司的持股比例将增加至 20% 。2008 年 10 月 28 日，香港永隆银行暂停在香港联合证券交易所挂牌交易，招商银行斥资 363 亿港元收购永隆银行的交易正式落幕。整个收购交易始于 2008 年 5 月 30 日，历时近 5 个月，是招商银行建行以来金额最大的并购交易。

中国信用卡产业要做大、做强，就必须走优胜和劣汰并举的发展道路。综合经营从试点到推广、最终取代分业经营是中国金融业改革和发展

---

① 全称为"中国保险监督管理委员会"。

的大势所趋，信用卡专营机构转为信用卡公司、非银行经济体入股或设立信用卡公司、并购和重组信用卡公司都将变成现实。

∞ ∞ ∞ ∞ ∞ ∞ ∞ ∞ ∞ ∞ ∞ ∞ ∞ ∞ ∞ ∞ ∞ ∞

说文解字——开卡率（Activation Rate）

Activation 是 Activate 的名词化，意思是"激活、活化"。Activate 的本意是"使…活动，对…发生作用"。此外，还有两个含义：其一是"开动，激发"，如：We must activate the youth to work hard（我们要激励青年人努力工作）。其二则是"创设，成立"，如：The company was activated by them（这家公司是他们创办的）。Activate 系从 Active（意思是"积极的、精力充沛的"）演化而来，而 Active 又是从 Act 演化而来。Act 作动词用，主要有两个意思：其一是"行动"，如 we must act now（我们必须立即行动）；其二是"产生作用"，如 The medicine acts well（这药非常有效）。Act 作名词用，除表示"行为，举动"外还有"法令，条例"的意思，如 Companies Act（公司法）。

中国信用卡产业有着非常广阔的发展前景，但要让这个前景变成现实，还必须以产业化、国际化的视野审视中国信用卡产业的现状和潜能，进一步激活并拓宽整个信用卡市场：不仅需要制定规划，而且需要采取积极的、有效的行动；不仅需要从微观层面鼓励发卡银行积极进取和稳健经营，而且需要从宏观层面加大整个金融业制度创新力度、放宽信用卡产业市场准入政策；不仅需要为信用卡经营机构的竞争与合作创造宽松的政策环境，而且需要给信用卡产业的优胜和劣汰提供高效的市场机制；不仅需要着眼现在，而且需要面向未来。

在1984年中央电视台春节联欢晚会上，名不见经传的香港青年张明敏因演唱《我的中国心》而一夜成名，大受国人欢迎，这首歌曲的词作者是黄霑，曲作者是王福龄。在1985年中央电视台春节联欢晚会上，香港著名歌星罗文演唱了《中国梦》，这首歌曲的词作者也是黄霑、曲作者则是赵文海。如今，对《我的中国心》仍记忆犹新的国人众多，而知道《中国梦》的国人却比较少。这两首歌曲的歌名中都有"中国"，歌词里也都用了"梦"这个字,《我的中国心》抒发了海外游子对祖国的眷念之情,而《中国梦》则向全世界宣告了根植于每一个中国人内心深处的强国之梦:哪天我中国展步,何时睡狮吼响惊世歌,冲天开觅向前路,巨龙挥出自我。罗文在1985年春晚演唱时把这句歌词改成"哪天中国展开大步,要那全世界都看着我,冲天飞向前路,巨龙声蜚传播",比原来的歌词更为直白一些。1985年正是中国第 张信用卡诞生的年份,《中国梦》的唱响似乎预示着信用卡注定要在中国人实现中国梦的宏图伟业中发挥重要作用。

人们通常认为,"睡狮"一说出典于1816年拿破仑与阿美士德的一段对话。2004年5月5日,广东汕头人士陈南阳在新加坡《联合早报》的"天下事"版发表了《"睡狮论"出自梁启超》一文,认为这个说法并非出自拿破仑,而是梁启超。陈南阳指出:曾国藩的长子曾纪泽曾先后担任清政府驻英公使、驻法公使,1887年著述《中国先睡后醒论》,提出"强兵"优于"富国"的变革主张;梁启超著述的《饮冰室文集》中有一篇《动物谈》,文中把中国比作"睡狮"并向四万万同胞大声疾呼,听中国"非更易新机,将长睡不醒矣"。谈到梁启超,就不能不提他的传世之作《少年中国说》,文中富国、强国的"中国梦"跃然于纸上:少年富则国富,少年强则国强……少年胜于欧洲则国胜于欧洲,少年雄于地球则国雄于地球。这篇文章写于1900年2月10日,就在这一年八国联军侵略中国、洗劫北京,次年清政府与列强签订了赔款4.5亿两白银的《辛丑条约》,《饮冰室文集》中的文章于1902—1907年在《新民丛报》半月刊发表。

青年时代的毛泽东曾深受梁启超的影响。1918年他组织了学生社团并取名为"新民学社",很难说没有梁启超创办的《新民丛报》的影子。1936年,他与斯诺谈话,提到1911年辛亥革命爆发之后,他曾撰文主张孙中山当总统,康有为当总理,梁启超当外交部长,谈话的内容载入斯诺于1937年10月首次出版的《红星照耀中国》(1938年2月中译本在上海出版,书名改为《西行漫记》)。20年之后,毛泽东赋予"中国梦"以全新的内涵:中国应发展成为一个强大的社会主义工业国。1956年11月12日,他在《纪念孙中山先生》一文中这样写道:1911年的革命,即辛亥革命,到今年不过45年,中国的面目完全变了。再过45年,就是2001

年，也就是进到 21 世纪的时候，中国的面目更要大变。中国将变为一个强大的社会主义工业国。中国应当这样。因为中国是一个具有 960 万平方公里土地和 6 万万人口的国家，中国应当对于人类有较大的贡献。而这种贡献，在过去一个长时期内，则是太少了。这使我们感到惭愧。

经过 30 年来的改革开放，中国人的"中国梦"正在从梦想变成现实。2006 年 5 月 15 日，中国科学院—清华大学国情研究中心主任胡鞍钢教授在《钱江晚报》上发表题为《中国的和平崛起及其对世界的影响》的文章，指出中国正在和平崛起，并将中国和平崛起对世界的影响概括为五大规模效应，即：巨大的人口规模效应、更大劳动力参与就业规模效应、迅速扩大的经济规模效应、开放市场和贸易规模效应、最大资源消耗规模效应。2008 年 11 月 26 日，胡鞍钢在网易财经聊天室与网民在线交流，认为改革开放 30 年来中国对人类发展作出了三大贡献，即：经济增长的贡献、贸易增长（特别是出口增长的贡献）、减贫的贡献。他指出：未来 30 年的"中国梦"可以定义为"富民强国"，富民就是到 2020 年全面建设小康社会，强国就是到 2030 年或者在此之前中国发展成为世界上最大的经济体、最大的贸易体，成为真正意义上的强国；届时，中国的人均收入水平与发达国家相比差距还很大，但总量上的确是一个名副其实的强国。胡鞍钢还特别强调中国人要敢于做"中国梦"，并且断言：从世界现代经济发展的历史来看，中国正处在战略机遇期（即迅速崛起期），中国的和平崛起对全世界而言无疑是创造和展示了一个崭新的、巨大的发展机遇，不仅可以深刻改造中国，而且还将重新塑造世界。

尼古拉斯·尼葛洛庞帝（Nicholas Negroponte）[1] 曾说过，"预见未来的最好办法是创造未来"（The best way to predict the future is to invent it）。推动目前中国信用卡产业从起步阶段进入成长阶段，成为盛夏的果实，不仅要有预见未来的眼光，更要有创造未来的实践。

---

[1]　尼古拉斯·尼葛洛庞帝是《数字化生存》一书的作者，1996 年 7 月 15 日被美国《时代》周刊列为当代最重要的未来学家之一。

参 考 文 献

导论

程亚婷:《神奇的卡片》,《环球企业家》2006 年第 10 期。

《今天的 27 个参与者能有几个是赢家?》,《IT 经理世界》2007 年第 10 期。

［美］戴维·M. 布泽尔等:《银行信用卡》,中国计划出版社 2001 年版。

余惠、柳瑛:《网络:信用卡的天使之翼》,《当代金融家》2007 年第 5 期。

第一章

［美］科林·鲍威尔:《我的美国之路》,王振西主译,昆仑出版社 1996 年版。

［美］伦德尔·卡尔德:《融资美国梦:消费信贷文化史》,严志忠译,上海人民出版社 2007 年版。

国务院发展研究中心"新型工业化道路研究"课题组:《美国工业化特点及其对我国的借鉴意义》,载中国权威经济论文库。

［美］保罗·肯尼迪:《大国的兴衰》,陈景彪、王保存等译,国际文化出版公司 2006 年版。

赵一凡:《美国文化批评集》,生活·读书·新知三联书店 1994 年版。

［德］马克斯·韦伯:《新教伦理与资本主义精神》,于晓、陈维纲等

译，生活·读书·新知三联书店 1987 年版。

[英] 亚当·斯密：《国民财富的性质和原因的研究》，郭大力、王亚南译，商务印书馆 1972 年版。

[美] 戴维 S. 兰德斯：《世界上最伟大的家族企业》，黄佳、李华晶译，机械工业出版社 2008 年版。

[美] 小艾尔弗雷德·斯隆：《我在通用汽车的岁月》，刘昕译，华夏出版社 2005 年版。

王诜编：《世界著名作家访谈录》，江苏文艺出版社 1991 年版。

第二章

中国银联战略发展部：《银行卡时代：消费支付的数字化革命》，中国金融出版社 2006 年版。

杜丽虹：《信用卡泡沫，美国运通轻资产战略值得借鉴》，2007 年 4 月 16 日和讯网（www. hexun. com），转载自《证券市场周刊》。

孙立林、舒冲：《美国运通经营状况及策略演变分析》，《银行卡研究资讯》2008 年第 5 期。

[美] 劳拉·罗利：《低价不是法宝：零售骄子塔吉特如何分庭抗礼沃尔玛》，宋洁等译，上海远东出版社 2007 年版。

周琼：《近年美国银行卡市场的新动向》，《银行卡与受理市场》2007 年第 7 期。

李智良：《汇丰银行收单业务策略转移分析》，《银行卡研究资讯》2008 年第 7 期。

辛乔利、孙兆东：《次贷危机》，中国经济出版社 2008 年版。

第三章

林铁钢：《中国银行业改革：历史回顾与展望——访中国银行业监督管理委员会副主席唐双宁》，《中国金融》2005 年第 3 期。

林丹：《珠海人成中国最早"卡民"》，《羊城晚报》2008 年 8 月 25 日。

张琪：《金卡工程八年回顾》，《中国计算机报》2001 年 6 月 4 日。

《假如没有一卡通 招行将会怎样?》，《投资导报》2000 年 11 月

22 日。

彭宇：《携手两大国际组织，招行发行"纯正"信用卡》，《北京现代商报》2002 年 12 月 7 日。

《招商银行信用卡突破 500 万的营销智慧》，《中国电子商务》2007 年第 2 期。

《招商银行信用卡跨越 2000 万爱心操场拔头筹》，《中国青年报》2008 年 2 月 20 日。

于俊：《招商银行在中国首次推出免息分期付款新业务》，新浪网（www.sina.com）2003 年 10 月 9 日。

石明舟：《信用卡账单也可分期还款》，《现代快报》2007 年 1 月 16 日。

薄继东、徐可奇：《五大行信用卡市场占有率达 74.8%》，《青年报》2008 年 8 月 18 日。

王芳艳：《发卡量倒逼服务，招行信用卡艰难转身》，《21 世纪经济报道》2008 年 9 月 26 日。

第四章

胡润、东方愚：《胡润百富榜：中国富豪这十年》，中信出版社 2008 年版。

滕泰：《人口迁徙定律与财富效应》，《21 世纪经济报道》2008 年 8 月 25 日。

王桂新：《迁移与发展——中国改革开放以来的实证》，科学出版社 2005 年版。

刘彦：《消费主义时代来临?》，《中国新闻周刊》2007 年第 7 期。

第五章

谢衡：《信用卡不存在恶意透支——访 VISA 中国区总经理熊安平》，《三联生活周刊》2002 年第 47 期。

杨磊：《惹眼的信用卡中国机会》，《中国经营报》2003 年 1 月 21 日。

［美］查尔斯·莱特·米尔斯：《白领：美国的中产阶级》，周晓虹译，南京大学出版社 2006 年版。

〔英〕阿兰·德波顿：《身份的焦虑》，陈广兴、南冶国译，上海译文出版社 2007 年版。

〔日〕大前研一：《M 型社会：中产阶级消失的危机与商机》，刘锦秀、江裕真译，中信出版社 2007 年版。

蒋蓓丽：《炒股所得列入个税申报，12 万元门槛遭质疑》，《中国产经新闻》2007 年 11 月 21 日。

包亚明译：《文化资本与社会炼金术——布尔迪厄访谈录》，上海人民出版社 1997 年版。

谢九：《股市和楼市的救赎》，《三联生活周刊》2008 年第 41 期。

〔美〕唐锐涛：《亿万市场——洞察中国新兴消费群》，张渊、程瑞芳译，东方出版中心 2008 年版。

第六章

陈功：《家庭革命》，中国社会科学出版社 2000 年版。

李静之：《马克思主义妇女观》，中国人民大学出版社 1991 年版。

李银河：《性别平等尚未实现，女性男性均须努力》，《东方早报》2005 年 8 月 25 日。

李幸、朱虹：《她世纪》，《新周刊》（第 101 期）2001 年 3 月 9 日。

黄兴涛、杨念群主编：《新史学：感觉·图像·叙事》，中华书局 2008 年版。

葛一山：《她世纪的若干问题》，《新周刊》（第 101 期）2001 年 3 月 9 日。

陈耀明：《女人：21 世纪"第一性"》，《东西南北》2000 年第 7 期。

耿化敏：《关于〈"铁姑娘"再思考〉一文几则史实的探讨》，《当代中国史研究》2007 年第 4 期。

安永：《女性消费主义在中国兴起》，《商务周刊》2007 年第 17 期

汪洪洋：《国内首张女性信用卡亮相上海》，新浪网"新浪财经"（finance. sina. com. cn）2002 年 11 月 1 日。

《广发银行真情卡推出全新"量身定做"新功能》，新浪网"新浪财经"（finance. sina. com. cn）2006 年 3 月 13 日。

《广东发展银行推出全国首张女性白金卡》，证券之星网"银行新闻"

（bank. stockstar. com）2006 年 5 月 17 日。

《中信银行魔力卡三周年，开辟百万新纪元》，上海热线网"热线财经"（rich. online. sh. cn）2008 年 10 月 21 日。

李春莲：《六成城市女性全权当家热衷理财》，《青年报》2008 年 3 月 24 日。

范思立：《信用卡带动女性经济升温》，《中国经济时报》2005 年 3 月 8 日。

第七章

张乐天：《恢复高考的意义诠释》，《南京师大学报》（社会科学版）2007 年第 6 期。

雷启立：《从精英教育到大众教育》，《文景》2007 年第 4 期。

朱振国：《高考应成为推进素质教育的"指挥棒"——众专家感言恢复高考三十年》，《光明日报》2007 年 3 月 30 日。

欧钦平：《经济学家汤敏左小蕾夫妇被认为是扩招重要推手》，《京华时报》2008 年 10 月 21 日。

王辉耀：《海归时代》，中央编译出版社 2005 年版。

原春琳：《教育部：大学生应定位为普通劳动者，不再算精英》，《中国青年报》2006 年 5 月 22 日。

李强：《大学理念再思考》，《北京大学教育评论》2005 年第 2 期。

杨雄：《第五代青年价值观特点和变化趋势》，《青年研究》1999 年 12 期。

李志英/课题组：《当代中国社会阶层分化与大学生思想动向调查》，《中国党政干部论坛》2006 年第 4 期。

孟丽君：《中国大学生：我的地盘听我的》，《中国经营报》2005 年 1 月 23 日。

虞宝竹：《Vip：大学生数码消费 73 亿折射价值取向生活态度——访 CTR 媒介与产品研究副总监袁恒》，《中华新闻报》2007 年 4 月 10 日。

邓敏：《为学子量身定制 首张"大学生信用卡"亮相北京》，中国新闻网"经济新闻"（chinanews. com. cn/economic. shtml）2004 年 9 月 21 日。

朱桂芳：《我国首张大学生双币信用卡诞生》，《南方日报》2005 年 10 月 17 日。

刘长忠：《中国首张银联品牌大学生信用卡在上海面世》，中国新闻网"经济新闻"（chinanews. com. cn/economic. shtml）2006 年 6 月 11 日。

冉阳：《学生信用卡透支消费的"寅吃卯粮"之辩》，《现代教育报》2006 年 1 月 12 日。

郑申：《信用卡校园行应引导为先》，《金融时报》2008 年 10 月 15 日。

邹靓：《上海银监局发布大学生信用卡风险提示》，中国证券网"本网快讯"（www. cnstock. com）2007 年 9 月 26 日。

李强：《上海银监局提示信用卡过度授信风险》，解放网"即时播报"（www. jfdaily. com/jsbb）2008 年 11 月 12 日。

第八章

丘慧慧、雷中辉：《科技大国的中国路径》，《大地》2006 年第 2 期。

李强：《银联发布全球 EMV 迁移最新进展情况》，解放网"即时播报"（www. jfdaily. com/jsbb）2007 年 8 月 30 日。

陈勇：《美国信用卡失密案带来沉痛教训》，人民网"纵论天下"（world. people. com. cn）2005 年 6 月 22 日。

甄世宇：《银行卡变芯　工行今天率先发行芯片卡》，《北京娱乐信报》2005 年 12 月 16 日。

李强：《中行国际卡率先兼容 EMV 标准　国内银行启动磁条换芯片行动》，解放网"即时播报"（www. jfdaily. com/jsbb）2007 年 6 月 20 日。

程芬：《卡奴》，中国文联出版社 2009 年版。

张国丰：《漫话认同卡》，《国际金融报》1999 年 11 月 16 日。

王宇、李延霞：《中国银联携多家银行发行"中国红"慈善信用卡》，新华网"新华财经"（news. xinhuanet. com/fortune）2008 年 7 月 25 日。

谢卫群：《招商银行壹基金爱心信用卡在上海上市》，人民网"新闻中心"（http：//www. people. com. cn/GB）2008 年 12 月 10 日。

肖平：《兴业银行信用卡联手"我爱卡"网站提供增值服务》，人民网"新闻中心"（http：//www. people. com. cn/GB）2006 年 9 月 1 日。

余彦君：《民生银行首推个性化信用卡》，《晶报》2006 年 9 月 21 日。

陈雪频、穆一凡：《菲利普·科特勒：互联网没有改变营销的本质》，《第一财经日报》2006 年 10 月 30 日。

李硕、于江：《中国信用卡冲过大拐点》，《数字财富》2003 年第 4 期。

杨丽华：《国内首家银行卡专业化经营机构工商银行牡丹卡中心挂牌成立》，《国际商报》2002 年 5 月 26 日。

王芳艳：《民生银行：16 亿元筹建全资信用卡公司》，《21 世纪经济报道》2008 年 1 月 31 日。

郭雪莹：《交通银行：与汇丰合资信用卡公司有望年内成立》，《第一财经日报》2008 年 8 月 27 日。

王文韬：《汇丰与上海银行联手开拓信用卡市场》，新华网"财经频道"（www.xinhuanet.com/fortune）2004 年 1 月 2 日。

朱桂芳：《首家外资银行介入人民币卡业务 花旗与浦发双币卡在沪首发》，《南方日报》2004 年 2 月 6 日。

单羽青：《牡丹运通卡中国首发》，《中国经济时报》2004 年 12 月 9 日。

王欣：《交行推出双币信用卡》，《新民晚报》2005 年 5 月 14 日。

王明、森迪普·塔克：《中国允许外资银行提供全面服务》，陈家易翻译，英国《金融时报》2006 年 11 月 16 日。

李涛：《外资银行管理条例昨日正式发布》，《第一财经日报》2006 年 11 月 16 日。

俞靓、高改芳：《银监会批准汇丰等 4 家改制外资银行正式对外营业》，《中国证券报》2007 年 3 月 21 日。

俞丽虹：《中国首批改制外资银行领到"法人营业执照"》，新华网"财经频道"（www.xinhuanet.com/fortune）2007 年 3 月 29 日。

潘清：《首批四家外资法人银行正式开业》，新华网"财经频道"（www.xinhuanet.com/fortune）2007 年 4 月 2 日。

王芳艳：《东亚银行首发人民币信用卡 外资信用卡发卡破冰》，《21 世纪经济报道》2008 年 12 月 24 日。

徐瑾：《外资法人银行一周年盘点》，《中国经营报》2008 年 4 月

6 日。

张小乐：《东亚中国推外资银行首张信用卡》，《解放日报》2008 年
12 月 24 日。

谢艳霞：《平安插手外资猛攻 信用卡市场新兵杀到》，《南方都市
报》2002 年 7 月 27 日。

赵庆平、汤颖民：《平安汇丰 联手收购福建亚洲银行》，《海峡都市
报》2003 年 12 月 30 日。

齐中熙：《"智能刷卡电话"问世》，中青在线网"中青在线新闻"
（news. cyol. com）2006 年 4 月 27 日。

王思睿：《人民币业务全面开放在即 银监会鼓励外资西进》，《第一
财经日报》2006 年 10 月 24 日。

尹丹丹、何晓聪、史宝银、李志全：《厉以宁建议组建中部银行 助
力中国中部地区发展》，中国新闻网 2007 年 4 月 26 日。

王晓欣：《中部崛起：中国经济增长新动力》，金融时报网 2008 年 6
月 7 日。

苏晓洲、戴劲松：《"两湖"GDP 双超万亿元 中部"弯道超车"显
活力》，新华网 2009 年 2 月 24 日。

肖明：《中部崛起规划征求地方意见 "十二五"投资加快》，《21
世纪经济报道》2009 年 2 月 18 日。

张旭东：《"取款难"得到突破 农民工银行卡特色服务贵州试点》，
新华网"财经频道"（www. xinhuanet. com/fortune）2005 年 12 月 29 日。

姚均芳、王宇：《农民工银行卡特色服务已推广到 14 个省区市》，新
华网"财经频道"（www. xinhuanet. com/fortune）2008 年 1 月 23 日。

王宇、李延霞：《2008 年农民工银行卡特色服务交易额突破 80 亿
元》，新华网"财经频道"（www. xinhuanet. com/fortune）2009 年 2 月
2 日。

于晶波：《中国新型农村金融机构超百家"筑渠引水"初显效》，中
国新闻网"财经频道"（www. chinanews. com. cn/finance）2009 年 1 月
12 日。

徐琳玲：《银行第二轮信用卡竞争关键——"激活"之战》，《21 世
纪经济报道》2005 年 6 月 11 日。

苏艳丹：《交通银行苏宁电器合作推出联名信用卡》，《长春晚报》
2006 年 9 月 13 日。

李峻岭：《四股份制银行合作　信用卡跨行还款弥补网点劣势》，《国
际金融报》2004 年 8 月 17 日。

袁满：《上海 8 家银行结盟推出"柜面通"通存业务》，《北京晨报》
2004 年 6 月 28 日。

周亚琼：《北京 14 家银行 19 日起开通通存通兑业务》，和讯网"银
行频道"（bank. hexun. com）2007 年 11 月 18 日。

郭茹、王春霞：《银银平台：打造中小型金融机构银行服务专业提供
商》，《第一财经日报》2008 年 8 月 11 日。